广视角·全方位·多品种

权威·前沿·原创

皮书系列为
"十二五"国家重点图书出版规划项目

国家社会科学基金资助项目成果

中欧关系蓝皮书
BLUE BOOK OF CHINA-EU RELATIONS

中欧关系研究报告（2014）
盘点战略伙伴关系十年

REPORT ON CHINA-EU RELATIONS (2014)

Reassessing China–EU Comprehensive Strategic Partnership

主编／周弘

社会科学文献出版社
SOCIAL SCIENCES ACADEMIC PRESS (CHINA)

图书在版编目(CIP)数据

中欧关系研究报告. 2014：盘点战略伙伴关系十年/周弘主编.
—北京：社会科学文献出版社，2013.12
（中欧关系蓝皮书）
ISBN 978-7-5097-5213-5

Ⅰ.①中… Ⅱ.①周… Ⅲ.①中外关系-研究报告-欧洲-2013
Ⅳ.①D822.35

中国版本图书馆 CIP 数据核字（2013）第 248464 号

中欧关系蓝皮书
中欧关系研究报告（2014）
——盘点战略伙伴关系十年

主　编／周　弘

出 版 人／谢寿光
出 版 者／社会科学文献出版社
地　　址／北京市西城区北三环中路甲29号院3号楼华龙大厦
邮政编码／100029

责任部门／全球与地区问题出版中心 （010）59367004　　责任编辑／王晓卿
电子信箱／bianyibu@ssap.cn　　　　　　　　　　　　　 责任校对／王明明
项目统筹／祝得彬　　　　　　　　　　　　　　　　　　责任印制／岳　阳
经　　销／社会科学文献出版社市场营销中心 （010）59367081　59367089
读者服务／读者服务中心 （010）59367028

印　　装／北京季蜂印刷有限公司
开　　本／787mm×1092mm　1/16　　　　　　　　　　 印　张／29
版　　次／2013年12月第1版　　　　　　　　　　　　　字　数／470千字
印　　次／2013年12月第1次印刷
书　　号／ISBN 978-7-5097-5213-5
定　　价／98.00元

本书如有破损、缺页、装订错误，请与本社读者服务中心联系更换
▲ 版权所有　翻印必究

主编简介

周　弘　中国社会科学院欧洲研究所研究员、所长，中国社会科学院学部委员、国际学部副主任，中国欧洲学会会长。主要研究领域：欧洲当代历史与政治、福利国家与社会保障、对外援助等。主要著作包括：《福利的解析》（1998）、《对外援助与现代国际关系》（主编，2002）、《国外社会福利制度》（主编，2003）、《欧洲文明的进程》（合著，2003）、《中欧伙伴关系：差异与共性》（主编，2004）、《福利国家向何处去》（2006）、《外援在中国》（合著，2007，第二版2013）、《欧盟是怎样的力量》（主编，2008）、《欧盟治理模式》（合编，2008）、《中国人的国际观》（副主编，2009）、《中欧关系：观念、政策与前景》（合编，2010）、四卷本《社会保障制度国际比较丛书》（主编，2011）、《中国援外60年》（主编，2013）、《认识变化中的欧洲》（合编，2013）。

摘　要

2003~2013年是中欧关系发展中重要的十年。2003年，中国与欧洲联盟各自发表对欧与对华政策文件，并在第六次中欧领导人会晤期间表示愿意发展全面战略伙伴关系。中欧关系由此进入一个新的阶段。

中欧关系在新阶段中走得如何，其发展前景怎样？本报告从政治、经济、文化等视角做出了全面解读，并就全球治理中的中欧关系、中国与欧盟成员国双边关系等不同层面上的发展状况进行专题研究；同时，本报告还将中欧关系与欧美关系做了比较研究。

中欧关系十年发展历程表明，在经历了高涨、下滑和恢复并提升的曲折之后，中欧关系正处在平稳发展的路上，虽然还有不尽如人意之处，还有冲突与矛盾，但均属不可避免。无论从国际环境来看，还是从双方各自发展的需要来看，中欧关系在未来的十年将向更好的方向发展，其前景值得期待。

目录

BⅠ 总报告

B.1 盘点中欧战略伙伴关系（2003~2013） …………… 周　弘 / 001

BⅡ 中欧关系三支柱

B.2 中欧政治关系 …… 李靖堃　赵　晨　张　磊　曹　慧　张海洋 / 028
B.3 中欧经贸关系 ………………………………………… 陈　新 / 058
B.4 中欧人文交流 ………………………………………… 田德文 / 080

BⅢ 全球治理中的中欧关系

B.5 国际和平与安全与中欧在安理会中的合作 ………… 程卫东 / 090
B.6 全球贸易治理（WTO）中的中欧关系 ……………… 刘　衡 / 101
B.7 全球金融治理中的中欧关系 ………………………… 熊　厚 / 120
B.8 全球能源治理框架与中欧能源关系 ………………… 薛彦平 / 133
B.9 全球气候治理中的中欧关系 ………………………… 傅　聪 / 143

BⅣ 中国与欧盟成员国的双边关系

B.10 中德关系：中欧关系的领跑者 ……………………… 杨解朴 / 159

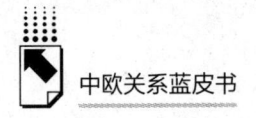

B.11 中法关系：稳定中有曲折的战略合作 ………………… 张金岭 / 189
B.12 中英关系：稳定中求深化 ………………………………… 李靖堃 / 216
B.13 中国与中东欧国家：中欧关系新亮点 ………………… 孔田平 / 240
B.14 中国与南欧国家：经受危机考验的双边关系 ………… 张　敏 / 260
B.15 中国与北欧国家：互利共赢与意识形态分歧 ………… 郭灵凤 / 281

ⅩⅤ 中欧关系与欧美关系比较研究

B.16 中欧与欧美政治关系比较研究 ………………………… 赵　晨 / 294
B.17 中欧与欧美的部门合作比较研究 ……………………… 张海洋 / 308
B.18 欧美双边条约与中欧双边条约比较研究 ……………… 叶　斌 / 324
B.19 中欧、欧美贸易投资关系比较研究 …………………… 陈　新 / 351
B.20 中欧和欧美科技创新合作比较研究 …………………… 孙　艳 / 364

ⅩⅥ 中欧关系的民意认知

B.21 中国人的欧盟观 ………………………………………… 刘作奎 / 382
B.22 欧洲人的中国观 ………………………………………… 刘作奎 / 393

ⅩⅦ 附录

B.23 中欧关系大事记 ………………………………………… 钱小平 / 411
B.24 Abstract ……………………………………………………………… / 439
B.25 Contents ……………………………………………………………… / 440

总 报 告

General Report

B.1
盘点中欧战略伙伴关系
（2003～2013）

周 弘[*]

摘　要： 中国和欧盟宣布建立"全面战略伙伴关系"已历十年。在这十年间，中欧关系经历过起伏，但总体呈向前不断推进态势。双方既有战略合作、相互促进发展的表现，亦有竞争和矛盾，但在渐变向好中孕育着突进的机遇。作为本期蓝皮书的总报告，本文将简单概括中欧关系十年之利弊得失，扼要介绍中国与欧盟在各领域的合作关系及重要的多边和全球交往机制和平台，并就中欧关系和欧美关系的比较展开讨论。在盘点十年中欧关系进展的基础上，探讨中欧关系进一步发展的动力和方向。

---

[*] 周弘，比较历史学博士，中国社会科学院学部委员，欧洲研究所所长，中国欧洲学会会长。

关键词：

中欧关系　中欧关系三支柱　全球治理中的中欧关系　中国与欧盟成员国关系　中欧和欧美关系对比

中国与欧盟的前身——欧洲共同体（以下简称欧共体）早在1975年就建立了官方关系，从而奠定了中国与欧共体及其成员国关系的法律基础。嗣后，中国和欧共体/欧盟关系的稳步发展得益于三个基本要素：中国改革开放的逐步深入和各项事业的全面发展，欧共体/欧盟的逐渐扩大和自身能力的不断加强，全球化进程的推动。在全球化提供的便利、中国发展带来的机遇和欧盟扩大及深化造就的规模和能力的基础上，中欧关系发展形成了特定的轨迹：一种先经贸、后政治、再文化的发展路径。1978年中国与欧共体签署贸易协议，相互给予最惠国待遇；1985年中欧签署贸易和经济合作协定，双方在工业、农业、科技、能源、交通、环境保护和发展援助等领域里的合作迅速推开；1988年中国和欧共体互派外交使团，为进一步推动双边关系提供了官方渠道。1989年，欧共体由于政治原因对中国实施包括武器禁运在内的制裁措施，使中欧关系一度跌入低谷。不久，由于经贸关系的推动，中欧关系再度得到恢复。随着欧洲一体化建设、欧元的问世、欧盟的扩大，中欧之间的经贸关系不断扩大，促进了政治关系的改善，并带动社会文化等层面交往的加深和各领域合作的加强。

中欧关系能够循序渐进发展的前提是：中欧将对方视为战略伙伴而非战略对手。中国最高领导人"支持建立一个强大的团结的欧洲"[①]的战略方针，以及从政治和战略的高度出发，在对欧盟外交中包容分歧、争取对话的政策为中欧之间经贸关系的顺利发展铺平了道路。虽然社会制度、政治理念、文化传统和发展阶段各不相同，但是中欧关系仍能够得以推进。作为强大的经济实体，欧盟从经济贸易角度进行全球的战略谋划，并在1994年出台《新亚洲战略》文件，继而在1995年出台《中欧关系长期政策》文件。此后，欧盟更是根据形势的不断

[①] 《邓小平年谱1975～1997》（上），中央文献出版社，2004，第72～73、123、942页。

变化而更新其对中国和欧中关系发展的战略判断、政策目标、工作重点和实施工具。中国方面亦积极发展对欧共体/欧盟的关系，使中欧关系进入一个不断升温的十年发展期。1996年，在中国倡议下中欧之间开始人权对话，结束了多年围绕人权问题的外交对抗。1998年，中欧领导人建立首脑会晤机制，开始直接的战略沟通。2000年中欧就中国加入世界贸易组织达成协议，双方开始在同一个贸易机制和法律框架下进行交易。1998年中欧双方协议建立"合作伙伴关系"，2001年升格为"全面伙伴关系"，2003年中欧领导人共同宣布建立"全面战略伙伴关系"，实现了中欧关系的阶梯式发展。

一 2003年：中欧"全面战略伙伴关系"的开局

2003年10月，欧盟正式发表第5份对华政策文件。中国在高度默契的氛围下也于2003年10月发表了第一份中国的对欧盟政策文件。两份文件相互"对视"，形成一次政策对接，为2003年10月底"中欧全面战略伙伴关系"的宣布提供了水到渠成的政策和舆论条件。

2003年10月30日，中国和欧盟领导人在北京举行第六次会晤期间共同宣布中欧建立全面战略伙伴关系，从而开启了中国和欧盟之间发展全方位、宽领域、多层次关系的新阶段。这次领导人会晤发布的联合新闻公报林林总总列举了中国和欧盟在各个领域里业已存在的合作关系，提出中欧关系进一步发展的方向，还涉及一些中欧之间就不同观点和立场进行的讨论。

首先，在联合新闻公报中，中国和欧盟双方共同将中欧伙伴关系定义为"日臻成熟""战略性更加突出"的关系。联合新闻公报中列举双方签署的《伽利略卫星导航合作协定》《中欧旅游目的地国地位谅解备忘录》《关于防扩散与军备控制的联合声明》《中国海关合作协定》《中欧科技合作协定》等新签和续签的合作协议，祝贺中欧双方工业政策对话机制，透过这些协议与合作的内容，可以清晰地看出中欧合作的战略性特征[①]。

---

① 关于中欧关系中的战略性内涵，参见周弘《中欧关系中的认知错位》，《国际问题研究》2011年第5期，第34~43页。

其次，联合新闻公报对中国和欧盟各自发表的有关中欧关系的政策文件表示欢迎，特别是对两份政策文件中就中欧关系未来发展所做的规划表示支持。中国于2003年10月3日发布的第一份也是迄今唯一的一份《中国对欧盟政策文件》第一次公开阐释了中国政府对欧盟在地区和国际事务中重要作用的判断，重申中国政府对于欧洲一体化事业的支持并对其发展前景表示乐观。中国政府积极评价中国欧盟关系的发展，认为"中欧之间的共同点远远超过分歧"，提出中国将"致力于构筑中欧长期稳定的全面伙伴关系"①。同日，欧盟外长会议通过欧盟委员会于9月10日提交的对华政策文件：《走向成熟的伙伴关系——欧中关系之共同利益和挑战》。该文件将欧洲和中国乃至世界的变化②作为中欧关系的重要变量，提出"欧盟和中国比以往任何时候都更需要在战略伙伴关系的框架内开展合作，维护和促进可持续发展、和平和稳定。……重视联合国在维护世界安全以及环境安全方面的作用……推动贸易更大自由化……"③

再次，2003年的联合新闻公报还就中国和欧盟关系的未来发展进行了一系列的展望，提出了中欧共同工作的重点领域，包括共同加强联合国在促进世界和平、安全和可持续发展方面的作用，巩固在人权领域的合作，在司法与内政领域应对跨国挑战，在中国改革进程中开展合作，在能源、环境、监管和产业政策、社会信息、竞争、知识产权、宏观经济、卫生、就业以及教育等领域进行对话，等等。总而言之，2003年的中国和欧盟关系不仅沐浴在友好合作的氛围中，而且润泽到中国和欧盟经济、政治、社会和文化等各个方面，体现了一种战略眼光和合作精神，一种发展取向和互利的可能，一种全方位、多层次、宽领域的特性。

---

① 中国外交部：《中国对欧盟政策文件》，2003年10月。参见新华网，http://news.xinhuanet.com/zhengfu/2003-10/13/content_1120537.htm。
② 文件提到的欧洲方面的重要变化包括：欧元的问世、"9·11事件"后欧盟共同外交与安全政策和欧洲安全防务的发展、欧盟面临的2004年大规模扩大等；中国方面的变化包括：经济的快速增长、社会改革和开放以及领导班子的新旧交替等。
③ 欧盟委员会政策文件：《走向成熟的伙伴关系——欧中关系之共同利益和挑战》（2003年9月10日），转引自弗朗西斯·斯奈德编著《欧洲联盟与中国（1949~2008）：基本文件与评注》（上），李靖堃等译，社会科学文献出版社，2013，第342~370页。

有趣的是，联合新闻公报还提出，"将探讨用一项新的双边协定取代已经过时的1985年贸易与合作协定的可行性"，并首次在议程中讨论"欧盟对中国武器禁售""在反倾销调查中的中国市场经济地位"等有争议的问题，承认中国和欧盟之间在一些重要领域存在分歧，从而使中国和欧盟关系中一些尚待解决的问题外交化了。在中欧关系后来的发展过程中，这些领域的分歧不仅依旧存在，而且还与人权问题等一道成为时常对中欧关系健康发展产生不良影响的因素。有些分歧和争议甚至掩盖了务实领域里的合作，给中欧关系"共同点远远大于分歧"和"战略性""全面性"等总体判断蒙上了一层阴影。

撇开分歧领域，中国和欧盟的合作关系在2003年前已经历了一段顺风顺水的发展。共同投资开发伽利略全球卫星定位系统（GNSS）的决定（2002年）以及2003年中欧卫星导航合作中心在北京的建立等实质性的合作，都表明中欧之间存在战略合作的广阔空间。毋庸置疑，2003年中欧全面战略伙伴关系宣布建立伊始，中欧之间无论从氛围、意愿，还是从态势、内容等方面看都开局良好。这一良好开局使得2004年几乎成为中国外交的"欧洲年"，同时也成为欧洲外交的"中国年"。中欧双方高层频繁互访，中国和法国、英国，以及地处南欧的多个欧盟成员国之间相继建立了双边的"战略伙伴关系"。随着欧盟在2004年一次历史上最大规模的扩大，欧盟成为中国的第一大贸易伙伴，而中国则成为仅次于美国的欧盟第二大贸易伙伴。中欧不仅在经贸和科技等领域的合作发展顺利，而且在一些重大国际问题上也表现出越来越多的共识与互动。

二 有关"全面战略伙伴关系"的讨论

一个良好的开局并不意味着一帆风顺的进程。在过去十年间，中欧关系的重要性已得到广泛认同，中欧双方的观察者、评论者、政府官员都认为，中欧关系是世界事务中最重要的一环[1]。中国前国务院总理温家宝曾一再表示，

---

[1] "Introduction," David Shambaugh, Eberhard Sandschneider, Zhou Hong（eds.）, *China-Europe Relations: Perceptions, Policies and Prospects*, Routledge, 2008.

"中欧关系核心在战略性，内涵在全面性，关键在与时俱进"①，中国政府的立场是"始终抱定互利友好的决心和信心不动摇"②。欧盟领导人的表述则更倾向于将中欧战略合作伙伴关系看作一个发展方向、一种有发掘潜力的领域，而不是一种可以全面界定的状态。欧洲理事会主席范龙佩表示，欧盟国家和政府的领导人对与中国发展一种可靠的、创造性的和前瞻性的战略伙伴关系抱有强烈的**愿望**③，中欧有理由就今天和明天的挑战，如能源安全、食品安全、网络犯罪等进行战略讨论，"中欧战略伙伴关系**应当**成为一种稳定的力量"④。欧盟委员会主席巴罗佐说："中欧战略伙伴关系在一个迅速全球化的世界里**比以往更加**切题。"⑤欧盟委员会副主席、外交事务高级代表阿什顿则解释说："如何充分开发我们和中国战略合作的潜力是欧盟领导层**讨论**的决定性议题。"⑥虽然在表述上存在细微的差别，但双方对中欧关系的重视是共同的。

中欧宣布建立"全面战略伙伴关系"后最初的两三年是双方公认的中欧关系"蜜月期"。欧盟一些大国在美伊战争（2003）中表现出与中国类似的立场给中欧关系带来了一种战略互信的气氛。在中欧关系"蜜月期"内，双方对共同发展前景抱有极大的期望，也开拓了更多领域的合作。2004年欧盟史无前例的扩大使欧盟一跃成为中国最大的贸易伙伴，而中国对WTO规则的适应和连续年均两位数的经济增长也给欧盟带来增长良机。但是这个"蜜月期"没有维持多久，到了2006年10月，随着欧盟委员会新的对华政策文件

---

① 温家宝与欧盟领导人会见记者时的讲话，http://www.china.com.cn/news/txt/2009-05/21/content_17809667.htm。
② 《温家宝出席第六届中德经济技术合作论坛并致辞》，http://gb.cri.cn/27824/2011/06/29/3245s3290820.htm。
③ 此处及以下3处的强调符号为本文作者所加。
④ Speech by Herman VAN ROMPUY President of the European Council at the Central Party School, "Europe and China in an Interdependent World," http://www.consilium.europa.eu/uedocs/cms_data/docs/pressdata/en/ec/122013.pdf.
⑤ "Statement by President Barroso Following Executive-to-Executive Meeting with Chinese Premier Wen-Beijing," 29th April 2010, http://europa.eu/rapid/press-release_SPEECH-10-197_en.htm.
⑥ "Speech of High Representative Catherine Ashton at the EU Strategic Dialogue with China," Gödöllö, April 17, 2011, COMM-SPP-HRVP-ASHTON@ec.europa.eu, http://www.eeas.europa.eu.

的出台①,"增长的责任"和"竞争与伙伴关系"就日益成为欧方界定欧盟与中国关系的关键词,人们也开始对中欧"全面战略伙伴关系"的提法、性质和内涵不断发出彼此相左乃至相反的意见。《里斯本条约》(2007年)签署以后,欧洲联盟在对外政策领域获得更多权力,也给欧盟双层外交的形式、规则、工具和方式带来更多变数,使中欧之间的相互理解变得更为困难,加大了产生误解的空间和可能。

自2007年始,针对"中欧全面战略伙伴关系"的定义注家蜂起。克罗斯克和吕特主编的《中国和欧盟:一个共同的未来》(2007)试图证明,中国和欧盟面临着共同的挑战,具有很多的"共同性"(commonalities),中欧关系具有全局性和战略性,中国和欧盟享有"共同的未来"②;霍斯拉克的《欧洲与中国:大失望》(2007)③则批评布鲁塞尔对中国实行的"有条件接触"(conditioned engagement)政策不起作用,还预言由于中国的快速崛起,而欧洲相对缺乏创新力,中欧关系将愈发具有竞争性。霍斯拉克的《无从捉摸的轴心:评估中欧战略关系》、福克斯和顾德明的《中欧关系的力量评估》等文章都要求欧盟就对华关系进行大幅度的调整,反对欧盟实行对华"无条件接触"政策。在他们看来,中欧之间的"全面战略伙伴关系徒有虚名",欧盟采取"以利益对利益,关切对关切"的对冲方式处理中欧关系才是妥当的④。2008~2009年间,中国学者及其合作伙伴也发表了一系列有关如何认识中欧关系的著作和文章,分析中欧之间,特别是双方在社会、民众和观念层面的矛盾与分歧,同时试图扩大并寻找中欧之间的

---

① 该文件由两个部分组成,经贸部分以工作文件的方式公布,提出欧盟与中国在贸易和投资领域里的关系是"竞争和伙伴关系"。政治部分以《通报》的形式提交欧洲理事会和欧洲议会,强调欧盟和中国之间"增长的责任",见欧盟委员会工作文件《竞争与伙伴关系:欧中贸易和投资政策》(2006年10月24日),载弗朗西斯·斯奈德编著《欧洲联盟与中国(1949~2008):基本文件与评注》(上),李靖堃等译,社会科学文献出版社,2013,第468~481页。

② Crossick, Stanley and Reuter, Etienne (eds.), *China - EU: A Common Future*, World Scientific, Singapore, 2007.

③ Holslag, Jonathan, "Europe and China: The Great Disillusion," *Asia Paper* Vol. 1 (3), 5 November 2006.

④ Thomas RENARD, "The Treachery of Strategies: A Call for True EU Strategic Partnerships," *EGMONT PAPER* 45, April 2011.

合作点①。

显而易见，中欧对于"全面战略伙伴关系"的理解的确存在分歧甚至争议。中国和欧盟各有自己的不满和诉求②。中国不满意欧盟迟迟不解除武器禁运，不承认中国的市场经济地位，且不断对中国的人权状况横加指责，不时地在达赖喇嘛问题上挑战中国的核心利益。欧盟在贸易赤字、知识产权、人权状况、市场准入等问题上频频向中国提出批评，还不断启动针对中国的反倾销和反补贴调查。从在欧洲和中国分别进行的民意调查来看，更多欧洲人对中国可能形成的竞争感到担忧，甚至有人表示，中欧关系既不"全面"（在重要领域里缺乏合作），也不"战略"（只能在低政治领域里发展局部合作），甚至连"伙伴"都谈不上。中欧"竞争关系"逐渐取代"战略伙伴关系"而成为一些欧洲人士的口头禅，致使欧盟理事会主席范龙佩不得不就中欧之间竞争与合作的性质进行说明，提出中欧之间的竞争不像体育赛场上那种"你输我赢的竞争关系"，中欧"社会和经济的互动有潜力改变我们（中欧）之间正在进行的赛事"③。也就是说，中欧之间存在竞争关系，但不是零和关系，中国和欧盟有可能通过合作共同把"饼"做大。当然更多的意见认为，分歧和争议的出现源于中国和欧盟自身的变化并导致 2006 年以后中欧关系进入重要的调试期，中欧应当面对"成长中的烦恼"④，从理性的角度重新审视对方，改变不切实际的期待和误判，脚踏实地地寻求合作的机遇与方式。

事实上，2006 年以后的中欧关系不仅没有停滞，反而在各个领域里得到稳步推进。在双方高层的战略互动中，一个又一个合作机制得以建立，一股又一股合作动力被调动起来。2008 年国际金融危机的冲击将中国和欧盟更紧

---

① 如沈大为等的《中欧关系：观念、政策与前瞻》[Routledge, 2008（中文版 2010）]、周弘等的《欧盟"中国观"的变化》（《欧洲发展报告（2008~2009）》，社会科学文献出版社，2008）和《2008 年中国人的欧洲观》（《欧洲研究》2009 年第 5 期）等等。

② Cameron, Fraser, *An Introduction to European Foreign Policy*, Second Edition, London: Routledge, 2012, pp. 179 - 182.

③ Speech by Herman VAN ROMPUY President of the European Council at the Central Party School, "Europe and China in an Interdependent World," http://www.consilium.europa.eu/uedocs/cms_data/docs/pressdata/en/ec/122013.pdf.

④ 赵怀普:《中欧关系》，http://www.china.com.cn/international/txt/2009 - 07/28/content_18220101.htm。

密地联系在了一起,中国市场成为欧盟唯一增长的出口市场,而且中欧之间的科技合作、政党交往、社会对话、文化交流也在顺利发展,中欧之间的对话交流机制增加到50多个。大量的交流与合作使得中欧之间初步呈现"你中有我、我中有你"的互动现象,双方于2008年建立中欧(副总理级)经贸高层对话机制,2010年提升了中欧战略对话机制(国务委员级),2012年启动了中欧高级别人文交流对话机制。正当世界困扰于源自美国的金融危机带来的衰退时,中国和欧盟就"中国的十二五规划"和"欧洲2020战略"开始进行治国理政的交流和政策对接,政党和地方政府层面也开始了广泛对话和相互学习。

由此可见,中欧关系在务实合作和舆论认知上出现相互矛盾的现象。对于这种错位的解释是多重的。欧盟与中国在体制、机制、利益、规则等方面的差异是显而易见的[1],双方缺乏相互的深度了解和理解,存在对号入座的现象[2],个别评论者为了轰动效应而有意造势[3]。此外,双方在如何定义"战略伙伴"的问题上存在分歧,在确定相互关系的优先目标时缺乏认同,致使"共同性"的深度开发受到阻碍[4]。中国前驻德国大使和前外交学会会长梅兆荣认为,关键问题在于欧洲领导人对中国的认识出现误差,不是将中国当作"全面战略伙伴",而是当作"强劲的竞争对手",从而导致对华贸易政策趋硬,意识形态色彩加浓,在关乎中国核心利益的问题上立场倒退,甚至干涉中国内政,要求中国承担"不断增长的国际责任"。梅大使的分析认为,出现这种状况的深层原因在于欧洲国家自身竞争力的衰退和贸易保护主义的抬头,错把中国的迅速"崛起"与欧洲的"下降"相联系,加上欧洲中心主义和文明优越感、美

---

[1] 参见周弘主编《欧盟是怎样的力量》,社会科学文献出版社,2008。
[2] 周弘:《中欧关系中的认知错位》,《国际问题研究》2011年第5期,第34~43页。
[3] 很多人认为,François Godement 在 "A Global China Policy"(POLICY BRIEF, European Council on Foreign Relations, ecfr. eu.)一文中的观点是为了轰动效应。
[4] 中国人将"市场经济地位"和"结束武器禁运"作为战略优先目标,而欧洲人则将"更加公平和自由的中国市场准入"作为战略优先目标。瑞典前首相佩尔松、法国前总统希拉克、美国学者和查尔斯·库普乾的相关评论参见:叶江《中国全面战略伙伴关系面临新挑战》,《国际问题研究》2011年第3期,第6页。又见袁雪《市场准入:欧盟对华核心利益之首》,《21世纪经济报道》,2010年12月21日,http://epaper.21cbh.com/html/2010-12/21/content_137167.htm。

国因素等作祟，但根本原因还在于欧盟对华政策的本质是"利用中国潜力巨大的市场获取经济利益，而方法则是"以各种方式渗透中国"，"并设法把中国纳入西方主导的国际政治经济体系"①，而这些目标并未按照预期得到实现。

为了更好地解读错综复杂的中欧关系，本报告拟就中欧关系过去十年的发展进行多聚点的盘点，并选择四个方面的视角：中欧关系的三根主要支柱，中国与欧盟在全球治理机制中的关系，中国与欧盟成员国的关系，以及中欧关系与欧美关系的结构性对比。在方法上，我们于数字说明的基础上更聚焦于对行为主体和行为方式的分析，更注重事实的阐述和脉络的梳理。

三　中欧关系的三支柱

中欧关系三支柱，指的是中欧在政治、经济和人文领域里的对话、交流与合作机制。在政治领域里，中欧关系以对话机制为主，中欧对话机制是多重的，既包括领导人会晤，又包括高级别战略对话、部长级会议、不定期专题会议、专家层面的对话等机制。此外，欧盟机构依据各自在对外关系中的授权、权力格局及利益分配参与中欧关系，开拓中欧之间多种对话渠道，中欧关系议题因此不断扩大，目前已涵盖从战略方向到安全防务、危机管理、非洲事务、发展问题、保护人权、联合反恐、核不扩散、传统武器出口、网络安全、危机管理等许多领域，既涉及双边关系，也涉及全球治理。从中欧关系政治支柱的严密布局和广泛议题中可以窥见中欧政治交往的高密度和高频率。

经济贸易支柱历来是中欧关系中最具有活力和推动力且坚实稳固的支柱。在过去的十年中，中欧贸易额翻了4倍多，即使受到世界金融危机和欧债危机的影响而出现短期波动，也能迅速得到恢复。受到"中欧全面战略伙伴关系"的利好刺激，中欧贸易在2003~2004年中欧关系"蜜月期"中迅速增长，中国对欧出口年增长率接近50%，与中欧战略伙伴关系的发展互为因果。2005年以后，中欧经贸关系起起落落。2008年以后，中欧贸易在中国对外贸易中

---

① 梅兆荣：《对中欧关系的再认识》，http：//www.gmw.cn/01gmrb/2010－04/30/content_1107337.htm/。

的比重缓慢下滑。2012年欧盟继续保持中国第一大贸易伙伴和第一大进口来源地的地位，但是作为中国第一大出口市场的地位为美国所替代[①]，其中既有全球经济不景气的冲击，也有中欧各自经济结构调整的影响，还有中欧经贸关系中长期未能得到解决或达成共识的沉疴，包括中欧在中国市场经济地位、贸易赤字、知识产权、市场准入、倾销和补贴等方面的歧见。要进一步发挥中欧关系中经济支柱的支撑作用，还必须逐步清除一些障碍。

中欧关系在务实领域与认知领域之间的巨大差异说明中欧必须增进民间交流与友谊，人文交流机制应运而生。在欧方，人文交流虽然由欧盟倡导，但是却因欧盟多元文化的特质而由成员国和成员国的社会扮演主角，中国和欧盟层面的人文交流很难避免"空洞化"倾向，与中国和欧盟成员国之间色彩斑斓的文化交流活动形成鲜明对比，中国和欧盟人文交流机制如何引领时代精神并指导中欧民间交流尚待破题。

中欧之间通过政治、经济、文化等领域种类众多的渠道日益扩大交流与合作，这些渠道便成为中欧之间紧密而难以分割的纽带。但是，中欧之间在结构和体制上的不同、在价值观和思维方式方面的差异，再加上第三方（特别是美国）因素的影响，致使中欧之间的矛盾和分歧长期存在，给中欧双边关系增添了一些不确定因素。

四 在全球治理中体现中欧关系的"战略性"

中欧关系是否真正具有战略性，这是很难在双边场合下进行评估的。中国和欧盟之间的贸易增长或文化交流可以具备战略意义，也可以不需要战略性。能够衡量中欧关系战略性质的平台是中欧在全球事务中合作的可能、方式及潜力。中欧在全球治理中的合作关系不仅可以检验中欧关系的战略性质，也是中欧彼此认识对方在国际事务中的地位和作用，并就未来合作进行战略性筹划的机会。因此，本报告就中国和欧洲（联盟）在全球治理的一些机构、机制和

[①] 郑跃声：《欧盟为第一大贸易伙伴，我对美顺差扩大了80%》，http://finance.people.com.cn/n/2013/0110/c1004-20156785.html。

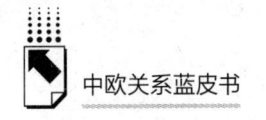

场合（如联合国安理会、世界贸易组织、全球金融治理、全球能源治理、全球气候变化治理等）中的关系进行了重点考察。

报告认为，由于欧盟在安理会中地位特殊①，且中欧对安理会优先事项的选择有所区别，在一些地缘问题上有不同的利益和关切，对某些带有基本性的国际原则（如人道主义干预和保护原则的责任及执行方问题）有认知差异，因此，尽管中欧都支持联合国安理会在维护世界和平、应对全球威胁等领域的关键作用，双方都有在联合国安理会进行合作的意愿、表达和一些局部合作，甚至是十分密切且具有战略意义的局部合作，但"战略伙伴关系"还是一个方向和目标。

世界贸易组织是中欧处理双方关系的重要场所。本报告注意到，在加入世界贸易组织后的前期，中国快速学习并适应世界贸易组织的制度环境和规则，但在与欧盟的互动中明显处于弱势和守势。随着欧盟于2004年后成为中国最大的贸易伙伴，双方之间的贸易争端日益增多，反映出中欧经贸关系规模在不断扩大，紧密程度在不断加深。2006年以后，中国开始成为欧盟利用争端解决机制的最主要的指控和申诉目标，中国也逐渐学会使用争端解决机制解决与欧盟之间的贸易争端，双方互有攻守。中欧还共同参与多哈回合的谈判，在"一揽子承诺"方式、产品地理标志和贸易便利化等方面有相同或类似的观点或利益，中欧贸易发展总体是健康的。2008年以后，中欧在世界贸易组织的关系开始向对等方向发展，但欧盟依然是多边贸易体制的领导者，而中国作为多边贸易体制的积极参与者，其能力和地位与欧盟相比尚有较大差距。

本报告观察到，席卷全球的世界金融危机正在开始改变中欧之间的合作关系。危机爆发前，中国在全球金融治理机制中尚处于边缘，因此，中欧在该领域的关系主要体现为双边性质。由于美元迅速贬值，欧元对于人民币的战略性意义一度提升。中国和欧盟在金融监管方面有高度的认同，欧洲对于中国金融改革有深度的参与。在世界金融危机冲击下，20国集团

---

① 指欧盟本身不是联合国安理会常任理事国，但是欧盟有两个成员国是安理会常任理事国。欧盟在联合国安理会的代表性是间接的。

（G20）取代7国集团（G7）成为国际金融事务中最重要的治理机制，中国和欧洲在多边层面也开始加强合作，交流机制日渐成熟。中国和其他主要新兴经济体构成的"金砖国家"在与欧洲合作和相互学习而非对冲的情况下推动了全球金融治理的改革，这种合作尚属起步，中国的作用还显微弱，但是就确定未来发展方向的角度来看，中欧在该领域里的合作具有战略特征。

全球能源治理格局主要分为产油国（"石油输出国组织"）和消费国（"国际能源署"）两大主体部分。欧盟是世界上最主要的能源消费方之一，但受欧债危机影响，能源需求出现下降趋势，而中国、印度、巴西等新兴工业化国家的能源消费需求则快速增长，石油日消费量超过西欧地区；与此同时，俄罗斯作为世界第一大产油国的地位上升。传统的全球能源治理体制之外的能源交易额的增长，已经对以欧盟为主要成员的国际能源署的影响力和话语权形成挑战。但中欧在能源问题上并不是零和关系，中欧能源关系的特点是合作与竞争并存。中欧对外能源依存度巨大，有类似的能源战略发展方向，在传统能源的投资、新能源的发展方面，双方既存在竞争现象，也有相互学习、取长补短、共同开发的战略机遇。中欧在全球能源治理改革和在G20框架下扩大产油国、消费国和中转国之间的合作等方面有相同或类似的观点及立场，中欧在能源领域里的合作对于中国和欧盟的未来发展都将是具有战略意义的。

在全球应对气候变化的治理机制中，中国和欧盟都是举足轻重的角色，中欧合作对全球气候治理意义重大。本报告发现，在全球气候规则，如联合国《气候变化框架公约》和《京都议定书》的谈判过程中，在温室气体责任分配、减排目标设想、气候资金、"三可"（可测量、可报告、可核实）的适用范围等方面，中欧之间出现博弈和竞争关系，但同时，中欧之间的合作也呈现发展趋势。在气候协议谈判中，中欧之间已经历了从有限合作、开放合作到相互倚重三个阶段。发展低碳经济，通过强制减排、碳交易、清洁能源技术推动经济低碳转型是欧盟的中长期战略，保障能源安全、保护生态环境、推动经济转型是中国的既定政策目标，在全球治理领域，中欧有机会融入对方的发展战略，实现发展共赢的目标，并成为战略伙伴。

五 体现在与成员国双边关系中的中欧战略伙伴关系的"全面性"

中欧关系的结构性特征主要体现在两个方面：一是受到欧盟机构有限权能的制约，二是受欧盟各个组成部分之间，特别是欧盟和成员国之间的权力互动的影响。因此，中国和欧盟虽然建立了"全面战略伙伴关系"的"三根支柱"，但要使这种战略伙伴关系得到"全面"发展，就离不开中国与欧盟成员国双边关系的深化。

总体来看，2003年中国和欧盟宣布建立"全面战略伙伴关系"，对中国与欧盟成员国的关系发展起到了重要的推动作用。中国和法国、英国以及地处南欧的多个欧盟成员国在2003～2005年间相继宣布建立成员国层面的"战略伙伴关系"（与德国的战略伙伴关系建立于2010年），国家双边层面上的贸易、投资、政治、社会、文化等领域的对话与合作也得到迅速推进，有些已经形成机制，有些则深入到民间和基层，极大地丰富了中欧关系的内涵。不过，中国和欧盟成员国之间双边关系的发展并不均衡，有些发展快，有些则受到经济（如欧债危机冲击）或政治（如人权、达赖等问题）方面的不良影响。这些双边关系的特点也因为欧盟成员国或国家群特点的不同而各有侧重，形成了丰富多彩的中欧关系格局。可以说，没有中国与欧盟成员国关系的发展，中欧战略伙伴关系就是空洞的、不全面的和缺乏生命力的，因此，有必要对欧盟成员国层面上的中欧关系作细致的讨论。

中德关系是中欧关系领跑者之一。随着中德两国经济均呈现快速发展的良好势头，中德贸易水涨船高，甚至世界金融危机也没有对中德贸易产生重大负面影响。危机后的2010年中德贸易重又大幅攀升，并向2015年双边贸易额达到2000亿欧元的目标前进。在经济贸易关系强力推动下，中德在"中欧全面战略伙伴关系"框架下建立起中德"具有全球责任的伙伴关系"，创立两国总理年度会晤机制并开通中德首脑之间的热线电话。在世界金融危机的艰难时刻，中德发表共同稳定世界经济形势的联合声明（2009年）和全面推进战略伙伴关系的联合公报（2010年），表示出共同应对危机的战略选择，并且建成政府磋商机制，对政治、经济、文化和社会等领域的28项合作进行全面规划，在财金、科技、环境等领域里的关系也由交流转为合作，各种合作机制丰富多样。在高等教育、职业教育、基础教育和语言教学等人文和民间领域的合作也得到蓬勃开展。尽管中德关系中有不少一时难以解开的难题，如德方在人权和达赖问题上的成见，中德在贸易和知识产权保护领域的争端，但是这些都没有能够阻止中德关系不断向纵深、全面、具有战略性的方向发展。2013年李克强总理访问德国期间，再次与默克尔总理就加速中德合作进行战略规划。这些共同规划的落实将决定中德关系的战略性质，同时，中德战略关系的发展也将继续丰富中欧战略伙伴关系的内涵并使之更加具有全面性。

中法关系也是中欧关系的领跑者之一。半个世纪以前，法国冲破以美国为首的西方国家阵营设置的重重障碍，率先与中国建立外交关系，领中国和西欧国家发展双边关系之先，现又在中欧战略伙伴关系框架下与中国在空间技术、航空、能源、核电、军事、司法、医药、农业、环保等多个领域开展合作，在有的领域还具有领先作用。在政党交流、文化对话、全球治理等领域，法国更是中国十分活跃的合作者或对话者。在过去十年中，中法关系继续体现中法两个经济、政治和文化大国的比较优势，在努力发展经济关系的同时，在文化多样性等问题上双方拥有相同或类似的观点。但是，一些政治性事件，如萨科齐会见达赖、奥运火炬传递受阻等事件，也对中法关系产生了负面影响。中法在维护世界和平方面持共同立场，但在如何解决国际争端以及维护怎样的国际干预原则等全球治理问题上，中国和法国的观点并不完全一致。在世界金融危机冲击下，法国经济结构的调整更加需要将国外的市场和资源，特别是中国的市场和资源作为一个积极的利好因素。中法战略伙伴关系的"新型化"（2010年）还有待开发和推展。

中英关系在中国与欧洲国家的双边关系中别具特色，不仅因为英国是最早承认新中国的西方大国，而且也因为中英通过谈判和平解决了香港归还中国的问题；英国还率先制定出针对中国的国别政策。英国公开阐释的"中国观"，强调中国对于英国的重要性以及中英关系以合作为主的特征，但同时也体现了英国对中国政策的两面性。在中欧宣布建立战略合作伙伴关系之后，英国与中国于2004年建立国别层面的战略伙伴关系，中英关系进入良性发展的快车道，

双方在多领域和多层次搭建互动和合作机制，双边贸易额的增幅在2004年高达37%，此后也一度维持了20%以上的增长幅度。中英关系也有起伏，特别是英国首相卡梅伦和副首相克莱格在2012年5月会见达赖以后，中英政府首脑会晤与战略对话均被推迟，中英关系走入低潮。受制于政治和战略关系的退步，2012年英国在欧盟对华投资中所占比例骤降36%。发展良好的中英关系有很多优势，包括较强的经济互补性、开放和自由的理念、全球视野和务实传统，但是在错误的战略选择背景下，各个领域的关系都会不同程度地受到负面影响。

2004年大批中东欧国家加入欧盟，这次国际地缘政治的剧变使中国和中东欧国家关系，乃至中国和欧盟关系都发生了结构性变化。欧盟规则适用到中东欧国家不仅使欧盟的国际地位和作用得到很大提升，也给中国更全面地开展对欧关系提供了机遇。中国重新审视并调整了与中东欧国家之间的关系，融合了传统外交与现实外交。2008年世界金融危机以后，中东欧国家不同程度地受到冲击，中国与中东欧国家彼此加强合作的需求和意愿明显加强。针对中东欧国家独特的历史文化、地缘政治和经济基础，中国自2011年开始以适合中东欧国家特点的地区方式处理与中东欧国家的关系，从而丰富了中国与欧盟之间的战略合作伙伴关系。2012年，中国与中东欧国家16国领导人在波兰华沙会晤并发表新闻公报，强调"中国与中东欧国家传统友好，其相互关系是整个中欧关系的重要组成部分"[①]，中国与中东欧国家关系进入一个新的快速发展的历史阶段。

南欧国家在欧盟层面和重大国际事务中都对推动中欧建立持续、稳定和健康的关系有着重要作用。在中国和欧盟建立了全面战略伙伴关系之后，中国在2003~2005年间相继与意大利、西班牙、葡萄牙和希腊四国将双边关系升格为全面战略伙伴关系，并且渐进性地建立起一套双边合作机制。在过去十年间，随着《里斯本条约》的通过，欧盟整合协调对外政策，使中国与南欧国家关系中的欧盟因素有所增强。由于受到世界金融危机的沉重打击，南欧国家更加积极地开展与中国的交流合作。中国在道义和实际行动中都积极支持南

---

① 《中国与中东欧国家领导人会晤新闻公报》，http：//www.gov.cn/jrzg/2012-04/27/content_2124462.htm。

欧国家克服欧债危机带来的困难。中国公开强调相信欧元区能够冲出债务重围，这与一向"唱衰欧盟""唱垮欧元区"的美国舆论形成鲜明对照。不可否认，中国和南欧国家之间尚存在贸易不平衡、民众间缺乏了解等问题，但是在良好的合作氛围中，中国与南欧关系不乏继续挖掘深度合作的机会和取得成功的实例。近年来，特别是经受住欧债危机的历史性考验之后，中国与南欧国家在经贸、科技、能源、气候、环境等方面的合作均有所加强。

瑞典、丹麦、芬兰、挪威、冰岛等北欧五国都是最早或较早与新中国建交的西方国家，五国中有三个国家是欧盟成员国，即瑞典、丹麦、芬兰，它们在过去十年中对欧中战略伙伴关系发挥了独特的影响力。由于欧盟中的北欧国家经济对外依存度高，与世界经济联系密切，因此它们都主张开放的贸易竞争政策，反对贸易保护主义，与中国有许多相同或类似的观点。北欧国家经济与中国经济互补性强，在经济、技术、投资等领域的交流与合作十分密切。欧盟中的北欧国家是世界上发达和典型的福利国家，在中国民众中的形象总体良好，中国与它们在治国理政经验和社会发展模式的交流方面更是十分深入全面。北欧国家积极参与全球治理，在国际冲突解决、环境保护和民主人权法治等领域扮演积极角色，同时也设法对包括中国在内的发展中国家施加影响。由于欧盟政策的影响，北欧五国中的欧盟成员国对华关系相对稳定。

欧盟中还有一些成员国在中欧关系中作用独特，如比利时、荷兰、卢森堡和奥地利等。碍于人力，本报告未一一涉猎。总之，欧盟虽然在对华关系问题上力争"用一个声音说话"，但是由于受到欧盟特殊的体制机制和权力结构的影响，成员国在欧盟对华关系中的作用不可替代也不可或缺。

六 从与欧美关系的对比中看中欧关系

中欧关系不仅受到欧盟内部各种力量的影响，也受到外来力量的影响。中欧关系中始终存在着第三方、第四方或第五方的问题。不久前，一些中国学者尝试在多边框架下，或在加入第三方因素的条件下考察中欧关系，如陈志敏的《中国、美国和欧洲：新三边关系中的合作与竞争》、冯绍雷的《冷战后欧、美、俄三边关系的结构变化及未来趋势》、熊厚的《中、欧、非贸易关系及发

展前景》①等。本书选择一种第三方的视角，即将中欧关系与欧美关系进行比较，通过对两组双边关系在政治、经济、规则、民间以及科技等方面的合作情况的分析，考察中欧关系的性质及其与欧美关系的差异。

从政治关系角度看，中欧之间和欧美之间都没有地缘政治利益分歧，但是欧美之间保持着一种特殊的军事和政治联盟关系，建立了"基于共同价值的"跨大西洋安全体系②；在中欧之间不可能存在类似北约的组织。欧美之间设有专门针对中国的战略对话机制，即副国务卿/副外长级的"关于中国的跨大西洋战略对话"，而在中欧之间不存在针对美国的类似协调机制。欧美不断宣称拥有共同的价值观和类似的社会制度，却都将中国看成"异质文化"，对中国快速发展均有不同程度的担忧，并都希望用西方价值观念同化中国。近来，美国对欧洲多国盟友的电子监控充分地暴露出欧美之间霸权与从属之间的利益矛盾和信任缺失。尽管如此，欧美之间的综合信任度仍大于中欧。中欧之间虽然在"非传统政治"领域里存在着大量的合作共赢关系，而且有些领域里的关系具有战略性质，但是在传统政治领域里，中欧战略伙伴关系仍难以和欧美关系比肩。

在非传统政治领域，中欧合作和欧美合作在各个部门都呈广泛深入的态势，但又各具特点。欧美合作的重点在规范全球市场的规则和技术标准，包括在贸易和原材料领域协调针对第三方的立场；在高新科技领域里，双方合作也十分密切深入。中欧合作重点集中在经贸、农业、环境和能源等领域。欧美合作不仅在密切程度、社会参与水平和机制化成熟度方面远高于中欧之间的合作，而且欧盟和美国在2011年将冷战后建立的"新跨大西洋议程"升格为欧美关系第三支柱的"跨大西洋理事会"，还设定建立统一的跨大西洋共同市场的目标。最近以来更是紧锣密鼓地开始跨大西洋贸易投资协定的谈判，摆出要建立一个"经济北约"的架势，不仅在信息技术、新能源、新一代制造业和医疗技术等领域要领先于世界，而且要建立一套凌驾于WTO体系之上的、排他的规则。中欧之间虽然已经建立50多个对话平台，其中不乏一些围绕敏感话题和全球战略的议题，但是因为总体目标和方向并不明确，有些平台的合作

---

① 以上三篇均录入周弘主编《认识变化中的欧洲》，社会科学文献出版社，2013。
② Speech by G. Robertson at the Annual Session of the NATO Parliamentary Assembly, Amsterdam, 15 November 1999, NATO Speeches, http: //www. nato. int/docu/speech/1999/s991115a. htm.

形式大于合作内容。在方式上，中欧主要通过交换信息、协调意见来解决分歧和建立共识，而且主要是政府机构对政府机构的合作，尚未能有效地调动市场和社会的力量。

欧美关系的特殊性还在于规范这些关系的法律框架和条约体系相对完备。欧美之间具有共同的法律传统和司法文化。现行国际法诞生于欧洲，二战之后美国在国际法的实施和更新方面更具主导性，欧美在使用国际法作为对外交往的工具方面不仅经验丰富而且合作紧密。中国自鸦片战争以后才被动地接受并使用国际法，在对外交往中更倾向于采用政治对话和双边谈判的方式。截至2011年1月1日，欧美之间有效的双边协定共有61项，中欧双边协定仅9项，数量差异十分明显。从双边条约的范围和性质看，欧美双边条约关系不仅涉及面更广（涉及贸易、科技合作、空间合作、原子能、能源、防务、教育、司法协助、海关合作等多个方面），而且可操作性更强。对比中欧双边条约，虽然也涉及贸易、科技合作、空间合作、原子能、海关合作、海运、旅游签证和打击毒品生产源等多个领域，但这些条约多为框架性或原则性协定。在经济贸易领域，欧美共有24项生效条约，中欧仅有1项有效条约，即1985年《中欧贸易和经济合作协定》。在防务领域里，欧美共享机密并为情报安全制定共同规则，表明跨太平洋防务关系发展到较高的阶段。中欧之间尽管已经开始防务方面的对话，但并无涉及防务的双边协定。在司法合作领域，欧美达成6项协定，涉及引渡、司法协助、打击恐怖主义和国际犯罪以及人员资料互换等多个方面，充分证明欧美社会交往的密度和融合度已达相当高的程度；而目前中欧司法合作仍停留在中国与欧盟成员国的关系层面。

从经济贸易投资角度看，2004年以来，欧盟连续8年保持中国最大贸易伙伴的地位，在中国对外贸易关系中作用巨大。特别是2009年世界金融危机之后，中欧贸易额曾经连续两年（2010年和2011年）逆势攀升。但是，中欧贸易的结构、内涵以及稳定性不能仅靠表层数字来说明，对比欧美贸易，2012年，中国与欧盟共占全球GDP的34.4%，而欧盟与美国共占全球GDP的45.5%[1]，这表明，欧美之间有远大于中欧之间的贸易需求，欧洲发展离不开中国，但更加离不

---

[1] 世界银行国家数据库，http://data.worldbank.org/country。

开美国。从货物贸易角度看，中欧出口合计占全球的42.7%，欧美出口合计占40%，中欧进口合计占全球的41.7%，欧美占44.5%[1]，中国对欧贸易出超，而欧盟对美贸易出超，在这种全球循环的相互依存格局中，欧盟保持贸易的总体平衡；从服务贸易角度看，中欧共占全球的45%，欧美共占52%，其中欧盟占39.6%，美国占12.4%，而中国只占5.4%[2]，欧美之间的服务贸易关系远多于中欧，在该领域还谈不上平衡。更重要的是企业内部的跨国贸易分别占美国和欧盟进出口的60%和30%[3]，美跨国公司在全球的主导地位稳固，而中国出口的一半为加工贸易，较容易转移。所以，从结构和质量看，中欧贸易关系远在欧美关系之后，而且远不如欧美贸易关系密切。

从投资关系的角度看，美国依然是全球最大的资本输出国，美资的流向主要是欧洲，而欧资的流向主要是美国，欧美两国在大西洋两岸的投资高达37000亿美元或28000亿欧元，[4] 远远高于它们在中国的投资。中国对欧洲的投资虽然增长迅速，2010年中国对欧盟投资仅7亿欧元，2011年骤升至32亿欧元[5]，但是相比欧美投资关系仍然微不足道。相互投资将欧美企业和社会紧密地联系在一起，是它们之间牢固的社会和政治关系的基础。

从科技合作角度看，近些年来，中欧政府间签订了一系列科技合作协定，并成立中欧科学技术合作指导委员会。2005年双方发表中欧科技合作联合声明，确定"中欧科技合作年"（2006～2007年），签署《中欧科技伙伴合作计划》（2009年），中欧科技合作可谓轰轰烈烈。但是欧美之间的科技合作项目更多、范围更广、层次更高，特别是空间技术、原子能、网络安全、疫病防治等领域的合作十分密切，双方民间和学界的科学研究和技术合作更是每时每刻都在发生。从原创性研究论文的合作来看，虽然科技前沿领域的国

---

[1] 世界贸易组织数据库，http：//stat.wto.org/StatisticalProgram/WSDBViewData.aspx? Language＝E。
[2] 世界贸易组织数据库，http：//stat.wto.org/StatisticalProgram/WSDBViewData.aspx? Language＝E。
[3] Daniel S. Hamilton and Joseph P. Quinlan, *The Transatlantic Economy 2011*, Center for Transatlantic Relations, Johns Hopkins University, 2011.
[4] Daniel S. Hamilton and Joseph P. Quinlan, *The Transatlantic Economy 2011*, Center for Transatlantic Relations, Johns Hopkins University, 2011.
[5] Eurostat news release, "EU27 Investment Flows with the Rest of the World Recovered in 2011," 88/2012, 13 June 2012.

际合作十分活跃，中国驻欧美学者也大量地参与各类科学研究，但是作为最终成果，欧美科学家联署发表的科学论文远远超过中欧科学家合作的成果。由此可见，欧美之间的科学技术交往远较中欧之间的科学技术合作更为广泛深入。

综上所述，欧美之间不仅仍然存在着传统的战略合作纽带，而且由于它们在经济、科学、社会和政治等领域里的大量交流和合作，早已形成远远高于中欧的相互依存关系。除少数领域外，欧美之间的科学和学术合作很少受到国界限制，双方社会各部门的合作已将建设"跨大西洋共同市场"确定为最终方向，并朝着更加协调、更加统一的方向发展。中欧战略伙伴关系与跨大西洋战略伙伴关系虽然同名为"战略伙伴关系"，但是它们之间从战略定位到机制建设都存在着质和量的巨大差别，特别是欧美之间的合作有大量法律和条约作为保障，而中欧关系依然以政治对话和行政推动为主要方式，缺乏欧美关系的那种社会性和稳定性。

七　关注中欧民众的相互认知

能够推动国际关系快速发展的因素既包括国家领导人的战略判断和选择，也包括经济贸易关系的自然增长，还包括社会观念的潜在影响。这些推动力之间的关系有时候是良性互动的，有时又是相互制约的。中欧领导人正确的战略选择为中欧战略合作确定了方向，而经济技术领域的迅速发展将中国和欧盟不可分割地联系在一起。但是这种关系的发展速度却可能带来认识和理解上的扭曲。

本报告选择了中欧关系的社会观念视角，通过考察"中国人的欧洲观"和"欧洲人的中国观"，揭示中欧关系运行的社会背景。从考察中可以看出，影响民众对外国观念的因素非常复杂，既有官方的作用和媒体的引导，也有经济利益的推动和知识普及的作用，民众对本国发展前景的预期也影响他们对外国的观念。当前，中国和欧盟双方社会均不同程度地出现了消极看待对方的迹象，这是值得忧虑和重视的。在双方社会日益不友好的氛围中，战略合作伙伴关系的推进将是十分艰难的。

八 结论与展望

盘点十年来的中欧战略伙伴关系，可以看出，中欧双方的交往与合作已经达到前所未有的密度、广度和深度。这种相互关系的发展不仅受益于中国和欧盟自身的发展变化，反过来也促进各自的未来发展。

欧盟自2004年完成历史上最大一轮扩大后，其疆域和方式都发生了变化，在地理上与中国更加接近，虽然在思想和观念上仍然距离遥远。2007年欧盟通过《里斯本条约》以后，对外关系开始前所未有的整合，虽然成员国仍然保留自主的外交权力，但是欧盟自身的外交机构也在加强，内部协调更加机制化和频繁化。在对华政策领域，欧盟内部形成了一整套政策协调机制，包括每周各成员国驻布鲁塞尔使馆工作人员的协调，欧盟与成员国驻北京使团之间的内部协调，每月各国主管司局长集中在布鲁塞尔的协调，再加上各成员国和欧盟机构领导人之间的沟通协调。世界金融危机爆发以后，欧盟忙于处理内部事务，对外关系出现分散的迹象。但是随着欧盟应对债务危机的内部治理改革和一体化的进一步加深，对中国的政策和方式将进一步得到调整。特别是全球化的影响已深刻地触动了欧盟传统的生活方式和治理方式，迫使欧盟必须与其各主要战略伙伴在全球层面开展更多更深的交往与合作。

中国在过去十年中经历了持续快速的发展，这些发展离不开与欧盟及其成员国多层面、多领域和多种方式的合作。中国在战略层面上坚持发展对欧战略合作伙伴关系，在政府各部门、政党、地方政府、社会各界广泛发展对欧盟及其成员国的关系。针对欧盟各职能机制权能的不同、各成员国发展优势的差别、国家和地区发展特点及需求差异较大等特点，中国对欧外交一方面加强各驻欧使团之间的沟通协调，另一方面根据欧盟不同地区的不同特点开展深入的交往与合作，以推进"全面的"战略伙伴关系。

2013年是"中欧（盟）全面战略伙伴关系"十周年。这是中欧双方共同就过去十年的战略合作伙伴关系做出全面评估，并对未来十年中欧关系进行展望的契机。虽然中欧关系在过去十年中取得了巨大进展，但是，中欧双方社会对于"全面战略伙伴关系"的提法仍然存在相当大的歧义，中欧的政治体制和政治理念相距较远，中欧贸易投资关系存在着不平衡和竞争的现象，中欧民众在价值观和历史观方面有很多差异，中欧战略伙伴关系也不断受到美国因素的干扰和制约，特别是中国和欧盟在十年前的政府联合公报中提出的目标并没有得到完全实现。但同时，中欧双方也均对发展彼此间更加紧密的关系，使中欧战略伙伴关系更加具有全球性的战略意义抱有期待，并积极地朝着这个方向努力。这一共同性是更新思路、放开眼界、积极沟通，将中欧关系中的一些不利因素变为新突破点的动力。

当前，中国和欧盟面临的挑战既有区别也有共通之处。欧盟要恢复在全球市场上的竞争力，正在内部进行艰难的治理转型、产业转型和社会转型，包括削减公共财政、促进青年就业、提高竞争力和扩大外部市场。中国要在保持并加强国际竞争力的同时，大力推动产业转型、城乡均衡发展、环境保护和治理、社会进步和文明建设。两种转型过程有差别、有类似、有交集，这就为双方提供了相互学习借鉴、合作和共同进步的机会，而且这种机会在历史上并不多见：在两种截然不同的文明之间，在没有战略冲突的情况下，谋求共同发展的机遇。这种合作的成功对于人类进步的意义将远远大于欧美之间的合作。

（一）中欧关系未来发展的基础和重心仍然是经贸领域的合作

经贸关系在中欧关系中占据主要成分并作为主要推动力量，不仅因为中欧是世界上举足轻重的经济和贸易体，更因为欧盟的主要权能和实力以及欧盟在世界格局中的权重，也主要体现在经贸领域。因此，考察中欧关系的发展，经营中欧关系的未来，需要首先从经贸领域入手。欧债危机以后，欧洲经济发展的不平衡尚未得到解决，正面临由内到外的全面战略调整，其中包括对外战略调整，以及以开启欧美自贸区谈判为主要标志，以重新规范全球市场为主线的攻略。对于欧盟来说，中国是其最终实现和平与繁荣目标的不可或缺的正能量，中欧在未来世界经济战略格局中应当形成合作而非竞争的态势。未来十年，欧盟将继续是中国的第一大技术来源地。中欧贸易关系将继续保持稳定增长。这种增长的实现有赖于中国和欧盟自身的经济进步。中国国内服务业的现代化与开放度是中欧服务贸易增长的重要因素。在中欧经贸关系的发展中，双向投资的拉动作用将更加具有发展潜力。中国的经济转型升级和城乡一体化建

设，欧盟的经济治理和竞争力提高，都需要双方更好地吸收来自对方的资金、技术、经验，实现共同利益的融合。

贸易和投资是欧盟的专属权能，这意味着，在贸易和投资领域里中国必须与欧盟打交道，而不可能绕开欧盟分别与成员国交易。但是，即使在贸易和投资领域里，欧盟的权限也多为规范性和框架性的，这种作用的特点是：欧盟作为一种规制性的治理机构，在多数情况下发挥管控而非推动的作用，只有在重大协议签订的时候，才可能成为推动力量。例如，欧盟经常性地发起反倾销反补贴调查，就是一种规范性治理；而中欧签订中国加入 WTO 的相关协议，就一度成为中欧经济贸易关系迅速发展的推动力量。中国和欧盟在双边投资协定谈判方面的进展将有利于双方的投资管理和合作，为中欧关系带来稳定性，推动中欧在发展战略方面实现务实对接。

（二）中欧将多领域全方位地开展合作

发展中欧之间的贸易和投资关系，需要有一个良好的社会和人文环境。中欧社会之间的相互了解和理解可以减少对冲性贸易争端，促使中欧更多地通过协商与调解方式调节利益分歧，创造一个更好的投资环境。投资关系远比贸易关系复杂，牵涉双方社会的很多层面，包括市场环境、法律保护、民众情感、国家形象等很多因素，不是单靠资金投入就能够取得成功的。对于尚待发展的中小企业投资来说，社会环境和民众认可尤为重要。在中欧官方往来的基础上，未来十年，中欧社会之间的交往与合作密度将随经济贸易关系的发展而更加丰富，各行业交往的积极性会随着经济和业务活动的频繁而更加广泛地调动起来，人文交流将更加活跃。除了文化产业以外，教育合作、思想对话、改革经验交流、智库沟通也会得到发展，多种文化形式中的内容和思想还需要中欧人民去共同挖掘。社会交往媒体的发展将促进欧洲人与中国人之间的顺畅沟通，从而对经贸关系产生推动作用。可以想象，当中国和欧洲的思想家们开始交流并共同讨论"人类生存环境""永久和平方式"等深层问题，相互切磋各自社会面临的问题及解决方式的时候，当他们开始共同引领时代思想和时代观念的时候，中欧社会之间的相互了解将会产生怎样的进步，中欧经济合作将会得到怎样的拓展。

（三）中欧政治关系更加务实

处于转型期的中国和同样处于转型期的欧盟在未来十年将需要面对许多新的挑战，例如中国和欧盟在转型过程中会出现很多机制不对接而产生的误解，中国作为最大的发展中国家对世界事务的态度和作用可能与作为世界最大发达国家集团的欧盟不尽一致，在价值观和信任度方面的分歧和矛盾将继续存在，等等。但是，在中国和欧盟之间不存在根本的战略冲突，且具有共同发展的战略利益，因此，中欧政治关系可望在过去十年的合作基础上，共同发展危机管理机制，共同维护海上航行安全，在国际事务中及时协调立场，并针对中欧在经济贸易和社会文化领域里日益活跃的合作关系提供战略支持和保障。由于中国和欧盟同为世界上致力于和平发展的力量，因此，也应当共同维护国际伦理的基本准则，反对任意践踏国际法和国际共约的行为，并针对网络媒体时代的霸权行为表示出正义的立场。

（四）中国与欧盟成员国发展更加广泛、深入并且全面平衡的关系

中国和欧盟发展关系须臾也不能忽视欧盟成员国的作用。欧盟成员国不仅各有利益，而且各有自己的历史文化，都希望得到理解和尊重，又各有比较优势，都希望得到进一步发展。中国能否在适应欧盟规则的条件下根据欧盟各成员国的不同特点开展经济贸易活动，也是推动中欧经济贸易关系持续增长的重要因素。如果没有与欧盟成员国关系的良好发展，中欧战略伙伴关系就将失之于空洞化。但是，有些欧方人士将中国根据欧盟的体制特点开展对欧盟成员国关系的政策错误地诠释为"分裂欧洲"。事实上，中国历代领导人都多次强调支持欧洲一体化，钦佩欧洲各民族国家为实现欧洲永久和平而做出的努力和取得的巨大成就，赞赏欧盟在多个国际场合和全球议题上扮演的重要和积极的角色，鼓励并且支持欧盟克服欧债危机，同时中国也在多层次多议题上开展与欧盟及其成员国的国际合作。但是，由于欧盟体制机制中不同权能的限制，中国与欧盟的合作不可能只停留在布鲁塞尔的欧盟机构中。欧盟各成员国社会中孕育着巨大的推动中欧关系健康发展的动力，是中欧关系进一步深入和丰富的不竭源泉。

（五）中欧应共同推动公平合理的世界贸易投资规则的建设

中欧关系未来十年合作的重大议题和重大挑战之一是如何应对世界贸易投资规则的变动，进而共同致力于规则的公平化和合理化。这也是中欧战略伙伴关系深入发展的重要机遇。就目前世界经济发展的趋势看，一个 WTO 和 FTA 规则并存的时代已经到来。多边贸易组织是一个公平有效率的机制，但也是决策迟缓，多方利益平衡起来十分艰难耗时的机制。多重双边贸易谈判虽然推展迅速，但是由于政府的推动作用和地缘政治的考虑，致使双边贸易安排难以完全排除非经济和排他性因素。在这种情况下，中国和欧盟作为世界贸易格局中最重要的贸易伙伴，需要共同谋划世界经济贸易秩序的未来。在未来十年中，中欧可望在国际多边贸易和投资体制中有更多地接触、合作乃至实现共赢。

（六）中国和欧盟将越来越多地在全球和多边场合开展合作

在一个全球化进程迅速推进的时代，无论是在联合国、世界贸易组织、世界发展机构等国际组织中，还是在多边经济合作、国际安全和国际金融等体系中，或是在能源、气候、环境等领域里，中国和欧盟的角色和相互关系都至关重要，甚至不可或缺。在未来十年中，不仅中欧在全球领域会开展越来越多的相互合作，而且也应当出现越来越多的中欧美、中欧非、中欧俄等三边合作。中欧美之间虽然各有不同的利益和诉求，甚至存在多重双边的对冲或博弈，但是在全球舞台上、在人类共同的利益问题上，三方的关系有可能也应当向交流与合作的方向发展。

综上所述，中欧关系基础坚实，但是也存在巨大的挑战。中欧制度结构的不对称，价值观念的差异性，相互了解的不充分等问题将继续对中欧关系的顺利发展形成制约。但是，在经济力量和共同利益的强力推动下，中欧将会在各领域加强合作，并在合作中减少误解和成见。转变思想、更新观念、加强沟通、增进理解是改善中欧关系必须要加倍努力去实现的目标。

未来十年，中国和欧盟及其成员国在许多方面还存在着进一步发展关系的可能。在防务合作、军事训练、危机管理、网络安全、太空技术、能源战略、治国理政、环境保护、劳动力转移、城市化进程、社会治理、人文交流等领域大有加强合作的可能性。

中国新一届领导人习近平最近说,"中欧关系是世界上最重要的双边关系之一。中欧经济互补性强、合作潜力大、内生动力足。由于双方国情民情、文化传统、政治制度不同,合作中存在分歧和摩擦在所难免。为此,我们更应该倡导相互尊重、互利共赢的合作精神,通过对话和磋商妥善解决分歧和摩擦"①。我们相信,通过双方努力,中欧关系会有一个更加具有全面性和战略性的、更加美好的未来。

---

① 习近平:《推动中欧关系在更高水平上发展》,厦门网,2013年7月6日,http://news.xmnn.cn/a/gnxw/201307/t20130706_3397963.htm。

中欧关系三支柱

Three Pillars of China-EU Relations

B.2
中欧政治关系

李靖堃　赵晨　张磊　曹慧　张海洋*

摘　要： 自2003年中国和欧盟建立"全面战略伙伴关系"以来，中欧政治关系先后经历"蜜月期"、调整期和全面恢复期三个阶段，总体上发展平稳。本文首先对中欧战略伙伴关系的10年历程进行总体回顾，然后探讨中欧政治对话机制的作用、欧盟主要机构对中欧关系的态度及其影响，最后通过中欧双方在安全、防务、危机管理和人权领域的合作与对话，对中欧关系进行具体分析。本文认为，就未来中欧政治关系而言，总体发展趋势不会发生太大改变，但仍然存在一些不确定因素，矛盾和曲折也将难以避免。

---

* 李靖堃，法学博士，中国社会科学院欧洲研究所欧洲政治研究室主任，研究员；赵晨，法学博士，中国社会科学院欧洲研究所欧洲政治研究室副主任，副研究员；张磊，法学博士，中国社会科学院欧洲研究所欧洲政治研究室助理研究员；曹慧，博士，中国社会科学院欧洲研究所欧洲政治研究室助理研究员；张海洋，中国社会科学院欧洲研究所《欧洲研究》编辑部助理研究员。

关键词：

全面战略伙伴关系　中欧峰会机制　欧盟机构　安全合作　人权对话

一 2003~2013年中欧政治关系的三个阶段

2003年以来，中欧政治关系先后经历了"蜜月期"、调整期和相对平稳的恢复发展期。

（一）2003~2004年：中欧关系"蜜月期"

2003年是中欧关系史上具有重要意义的一年，双方各自就中欧关系发表政策文件，并将中欧"全面伙伴关系"提升为"全面战略伙伴关系"。

是年6月，欧盟出台"欧洲安全战略计划"，确认中国为欧盟主要战略伙伴之一。9月，欧盟发表第五份对华政策文件[①]：《走向成熟的伙伴关系——欧中关系之共同利益和挑战》（A Maturing Partnership—Shared Interests and Challenges in EU-China Relations）[②]。该文件指出，欧盟的最终目的是与中国建立"战略伙伴关系"，即"平等伙伴之间一种充满活力、持久和互利的关系"。

同年10月，中国发表首份对欧政策文件[③]，这也是中国首次在对外关系领域针对特定国家或地区发布政策文件。该文件承认"欧盟是世界上一支重要力量"，认为未来欧盟将在地区和国际事务中发挥越来越重要的作用。文件指出，中欧之间不存在根本利害冲突，互不构成威胁，尽管在某些问题上存在

[①] 前四份对华政策文件分别为：1995年《中国—欧盟关系长期政策》、1996年《欧盟对华新战略》、1998年《与中国建立全面伙伴关系》、2001年《欧盟对华战略——1998年文件实施情况及进一步加强欧盟政策的措施》。见中华人民共和国驻欧盟使团网站，http://www.chinamission.be/chn/sbgx/zogx/t142798.htm。

[②] 中文文本参见商务部网站，http://eu.mofcom.gov.cn/article/jmjg/ztdy/200409/20040900273716.shtml。

[③] 参见中华人民共和国驻欧盟使团网站，http://www.fmprc.gov.cn/ce/cebe/chn/sbgx/zogx/t69236.htm。

不同看法和分歧,但双方之间的共同点远远超出分歧。加强与不断发展中欧关系是中国外交政策的重要组成部分。

在随后举行的第六次中欧领导人会晤期间,中欧双方领导人表示愿意发展全面战略伙伴关系,认为中欧关系已经形成一种多层次的架构,"表明中欧伙伴关系日臻成熟,战略性更加突出"[1]。自此,中欧关系进一步升温,并迅速进入"蜜月期"。

在这一背景下,2004年,中欧高层互访呈现出前所未有的热度。温家宝总理在5月访问欧盟总部期间在中欧投资与贸易研讨会上发表演说[2],阐述"全面战略伙伴关系"的内涵:"全面"是指双方的合作全方位、宽领域、多层次;"战略"是指双方合作具有全局性、长期性和稳定性;"伙伴"是指双方合作是平等、互利、共赢的。在此期间,中欧双方建立了涵盖多个领域的政治对话机制,而且致力于在多边机制中加强合作。为此,欧洲媒体将这一年称作"中国的欧洲年",在学术界甚至有人断言"中欧轴心"已经出现[3]。

(二)2005~2008年:中欧关系"调整期"

自2005年起,欧盟方面对中国相对实力地位的增长"似乎产生了疑虑"[4],其对华政策开始发生很大变化,总体趋向强硬。中欧关系在日益深入中出现新的矛盾和紧张,摩擦比前一阶段明显增多。由此,中欧关系进入一个复杂的调整期。其中,最具标志性的事件是欧盟委员会于2006年10月以"1+1"形式发表的两份对华政策文件,即以"通讯"形式发表的《欧盟与中国:紧密的伙伴,更大的责任》(EU-China: Closer Partners, Growing Responsibilities)和以"工作文件"(working document)形式发表的

---

[1] 《第六次中欧领导人会晤联合新闻公报》,中华人民共和国外交部,http://www.fmprc.gov.cn/chn/pds/ziliao/1179/t39657.htm。
[2] 温家宝总理2004年5月6日在布鲁塞尔中欧投资与贸易研讨会上的讲话:《积极发展中国与欧盟全面伙伴关系》,人民网,http://www.people.com.cn/GB/shizheng/1024/2481360.html。
[3] David Shambaugh, "China and Europe, The Emerging Axis," *Current History*, September 2004, pp. 243–248.
[4] 周弘:《中国与欧洲关系60年》,《欧洲研究》2009年第5期,第35页。

《竞争与伙伴关系：欧中贸易和投资政策》（EU-China Trade and Investment: Competition and Partnership）①。

在这两份文件中，欧盟明显改变其对华政策的总体基调，对中欧关系的描述从1998年的"全面伙伴关系"、2003年的"成熟的伙伴关系"以及"战略伙伴关系"变成"竞争和伙伴关系"。与以前的政策文件相比，欧盟除继续强调双方合作的重要性，以及将继续支持中国改革进程之外，更多强调中国应承担的"责任"，以及中欧双方的竞争关系。特别是欧盟首次将贸易和投资政策作为一份单独的专门政策文件，并在文件中指出，中国的贸易和投资政策对欧盟而言是最为重要的一项挑战，造成中欧贸易不平衡的原因是中国在市场进入方面的诸多障碍和限制，以及中国在环境、社会保障、知识产权和技术转让等方面的政策对欧盟企业造成的不公平竞争。此后不久，欧盟委员会又发布题为《中欧贸易与投资关系的未来挑战与机遇》（Future Challenges and Opportunities in EU-China Trade and Investment Relations）的一系列研究报告②，针对每个重要部门的情况进行详细分析。

以上述政策文件为起点，中欧之间的摩擦开始增多，在一些领域甚至出现倒退，因此，学界和舆论界普遍认为中欧"蜜月期"已经结束。首先，在这一阶段，中国的两项主要诉求，即给予中国市场经济地位和解除对华军售禁令，均未取得实质性进展。其次，在一些多边问题上双方分歧不仅没有得到解决，相反却有所加剧，例如在伊朗核问题上，此外在非洲问题上的摩擦也更为突出。再次，人权问题重又成为矛盾焦点，欧盟方面有些人甚至认为中欧人权对话未取得任何成果；一些欧洲国家甚至在"人权"的幌子下伤害中国的核心利益，特别是英法德三大国的国家元首或政府首脑先后会见达赖，致使中国被迫推迟原计划在法国举行的第十一次中欧峰会。同时，北京奥运火炬传递在伦敦和巴黎等地受到种种阻挠，使得2008年的中欧关系经受了前所未有的波折和动荡。

---

① 中文版本可参见，弗朗西斯·斯奈德编著《欧洲联盟与中国（1949~2008）：基本文件与评注》，李靖堃等译，社会科学文献出版社，2013，第457~480页。
② http://trade.ec.europa.eu/doclib/cfm/doclib_section.cfm?sec=120&link_types=&dis=20&sta=101&en=1208&page=6&langId=en.

（三）2009年至今：中欧关系恢复正常

中欧关系的波折和动荡显然对双方利益都有伤害，因而引起人们警觉。在双方共同努力下，2009年以后，中欧关系逐步回暖。在中国一方，温家宝总理于2009年年初对欧洲国家的"信心之旅"，对重建中欧双方的信任起到了不可替代的作用。在欧洲一方，英国和德国率先采取措施，与中国恢复关系：英国1月份发表首份对华政策文件，将发展对华关系作为今后数年外交工作的"重大优先目标"；在温家宝总理访问德国期间，中德双方于1月29日发表关于共同努力稳定世界经济形势的联合声明。而4月份举行的20国集团伦敦金融峰会为中欧关系的进一步回暖提供了重要契机，中法两国在峰会前夕发表"中法新闻公报"，为中法关系重回正轨扫清了障碍。

在这样的背景下，推迟半年之久的第十一次中欧峰会于2009年5月在捷克首都布拉格举行。半年之后，2009年11月30日，第十二次中欧峰会在南京举行，从双方对会议的重视程度、对中欧战略伙伴关系重要性的一致确认，以及会后发表的联合声明等来看，中欧关系在经历波折后重新走上正轨。正如会后发表的"联合声明"[①]所强调的："在当前国际形势复杂多变的背景下，中欧关系日益超越双边范畴，具有国际意义……中欧关系有广泛的战略基础，中欧合作的重要意义日益突出。"

2010年以后，中欧政治关系继续回暖。2010年8月，中欧高级别战略对话正式启动。在同年12月举行的欧洲理事会会议上，欧盟高级代表阿什顿提交了关于欧盟与其战略伙伴关系的报告[②]。在该报告列出的欧盟9个战略伙伴中，中国位于第二，仅次于美国。报告还提议欧盟同中美两国建立三边对话机制。与此同时，该报告将共同应对全球挑战、加强全球治理等确立为双方合作的优先领域，并强调中欧双方在全球层面和多边机构中应加强合作，从

[①]《第十二次中国—欧盟领导人会晤联合声明》，http：//www. fmprc. gov. cn/chn/pds/ziliao/1179/t630133. htm。

[②] 该报告内容转引自冯仲平《新形势下欧盟对华政策及中欧关系发展前景》，《现代国际关系》2011年第2期。

而赋予中欧战略关系以具体含义。但是,与此同时,该报告仍将"更加自由和公平的中国市场准入"作为欧盟对华战略的首要目的之一,同时也没有放弃所谓"推广民主治理、法治和人权"等诉求。这再次表明欧盟对华政策的两面性,即既有与中国加强合作的需求,又不愿意放弃某些固有的偏见和怀疑。

随着欧债危机的日益恶化,这种"两面性"暴露得更为清晰。部分欧洲人士对中国表现出双重心态,既盼望中国参与救助,又担心中国崛起,甚至猜疑中国的动机;他们担心中国向欧洲"扩张势力",所谓中国"购买欧洲"(或"争夺欧洲")[1] 的论调也一度甚嚣尘上。在这种情况下,这一阶段的中欧关系表现出既有更多领域的进一步合作,又有起伏与摩擦的特点。而且,在诸如人权、西藏等老问题上,中欧之间的矛盾依旧,例如英国首相卡梅伦2012年5月会见达赖、阿什顿以欧盟高级代表的名义多次批评中国的西藏政策等。

当然,尽管存在上述问题,这并不妨碍中欧关系的继续加强。2013年是中欧全面战略伙伴关系建立10周年,以此为契机,中欧政治关系得到进一步发展。特别是2013年5月,中国国务院总理李克强访问欧亚四国,其中包括德国和瑞士。正如外交部长王毅所说,李克强总理首次出访就包括欧洲,表明欧洲在中国对外战略全局中占有重要地位,体现了中国新一届政府对发展中欧关系的高度重视[2]。而欧盟一方也采取了积极行动。例如,欧盟高级代表阿什顿4月底访问中国,与中国新一届政府举行首次高级别会谈。她还指出:"中国刚刚完成了领导层的更替,我们应该延续欧中关系发展的良好势头,全面审视世界局势,并且正确评估如何推动发展,致力于共同合作。"[3] 由此可见,双方都有致力于合作的良好意愿。良好的意愿,加上10年来中欧战略伙伴关系所奠定的坚实基础,这些都是有利于双方关系进一步深入和不断拓宽的重要

---

[1] 如,François Godement, Jonas Parello-Plesner & Alice Richard,"The Scramble for Europe,"http://www.ecfr.eu/page/-/ECFR37_Scramble_For_Europe_AW_v4.pdf。
[2] 《中欧关系的开拓者和领跑者》,中华人民共和国外交部网站,http://www.fmprc.gov.cn/mfa_chn/zyxw_602251/t1044367.shtml。
[3] 《欧洲外交与安全政策高级代表阿什顿25日来华访问》,人民网,http://world.people.com.cn/n/2013/0424/c1002-21267530.html。

条件。但如何真正实现政治互信和相互理解，消除横亘在双方之间的信任障碍，这仍然是摆在双方面前的重大课题。

二 中欧政治对话

（一）概述

政治对话是中欧关系"三大支柱"之一，也是最重要的支柱，是中欧关系实现机制化所不可或缺的基础，而机制化正是中欧关系的一个重要特点[1]。但是，一方面由于政治对话所涉主题的敏感性，另一方面由于政治对话涉及的很多领域属于欧盟成员国政府间磋商的范围，因此，中欧政治对话并未以双边协定这一"硬法"形式为基础，而是采取以"软法"为基础的较为灵活的"软机制"方式。然而，尽管这些"软法"或"软机制"并不具有明确的法律基础，不具备法律效力，"甚至也不具有得到法律认可的形式"，但它们拥有中欧双方认同的稳定的结构与功能，因而绝大多数都能产生实际效力，甚至会产生法律效力[2]。目前，在中欧关系背景下，软机制与软法已经发展到一种"前所未有的程度"[3]，成为中欧政治对话的重要基础。

中欧双方 1994 年签署政治对话协议，确立了结构性政治对话框架。在 1998 年召开的第二届亚欧首脑会议期间，中欧领导人决定建立年度会晤机制，并于当年举行第一次中欧峰会。自此，中欧峰会以机制化的形式固定下来。2002 年，中欧双方通过互换函件的形式为这一政治对话确定了正式法律基础。随着中欧双方关系不断推进，双边政治对话目前已涵盖几乎所有领域，不仅涉及双边问题，也涉及全球问题，例如核不扩散、亚洲地区安全、全球变暖、打击非法移民和贩卖人口等。

---

[1] 周弘：《中国与欧洲关系 60 年》，《欧洲研究》2009 年第 5 期。
[2] 弗朗西斯·斯奈德编著《欧洲联盟与中国（1949～2008）：基本文件与评注》，李靖堃等译，2013，第 573 页。
[3] 弗朗西斯·斯奈德编著《欧洲联盟与中国（1949～2008）：基本文件与评注》，李靖堃等译，2013，第 575 页。

中欧政治对话为在经济和人文领域开展进一步合作与交往奠定了基础。中欧政治对话由五个层面组成[①]：①领导人会晤。②高级别战略对话。③部长级会晤，包括：中国外交部长与欧盟成员国驻华大使每半年举行一次会晤；除在联合国大会期间举行中欧外交部长年度会晤之外，还可根据需要，随时召开欧盟"三驾马车"外长与中国外长的会议；欧盟"三驾马车"负责全球政治事务的官员以及负责地区事务的官员与中国负责相应事务的官员每年举行会晤；以及欧盟轮值主席国外交部长与中国驻该国大使每半年举行一次会晤。④专题性对话，包括安全、防务、危机管理、非洲事务、发展问题、人权等问题。⑤定期专家级对话，涵盖亚洲事务、核不扩散、传统武器出口、互联网安全等问题。专家层面的对话为避免中欧关系中的一些不良氛围向中欧合作的现实领域扩散发挥了重要作用[②]。

（二）中欧领导人年度会晤

如前所述，中欧领导人年度会晤是中欧之间最高级别的政治对话，在中国和欧洲轮流举行。中方参加人为国务院总理。在欧盟一方，2009年之前参加人为欧洲理事会轮值主席国国家元首或政府首脑，以及欧盟委员会主席；从2010年开始，改由欧洲理事会主席和欧盟委员会主席参加会晤，成员国代表不再参加。此外，欧盟高级代表有时也出席会晤。在某些情况下，出席会晤的还包括双方负责会晤所涉及某一特定事项的最高级别官员。

2003～2012年，中欧双方共举行10次峰会，即第六至第十五次峰会。中欧峰会确认和规划了中欧关系的基本定位，见证了中欧关系不断走向成熟的发展历程，因而成为中欧关系发展制度化的重要标志[③]。它也是中欧政治对话真正实现"战略性"和"长期性"的必要基础。其作用尤其体现在以下几个方面。

第一，中欧峰会本身就具有重要的象征意义。截至2012年年底，欧盟仅

[①] 关于中欧政治对话框架的简介可参见欧洲联盟驻华代表团网站，http：//eeas.europa.eu/delegations/china/eu_china/political_relations/pol_dialogue/index_zh.htm；或可参见欧洲对外行动署网站，"EU-China Dialogue Architecture—Main Elements，"http：//eeas.europa.eu/china/docs/eu_china_dialogues_en.pdf。
[②] 周弘：《中国与欧洲关系60年》，《欧洲研究》2009年第5期。
[③] 房乐宪：《中欧首脑会晤机制对中欧关系的政策含义》，《国际关系学院学报》2008年第2期。

与11个国家和3个地区建立了峰会机制[①]。

第二，中欧峰会不仅为中欧政治关系，而且为中欧双方在各个领域更全面的交往与合作提供了指导，决定着中欧关系未来的发展方向。

第三，中欧峰会是提升中欧政治关系的有效平台，中欧"全面战略伙伴关系"这一定位正是在2003年峰会中提出的，此后历次峰会也得到不断巩固和提升，其内涵也由于峰会所涵盖的领域日益扩大而更加丰富。

第四，中欧峰会是双方创设新的对话机制、达成新的双边协议的重要平台。中欧峰会讨论的事项非常广泛，且多为需要在最高层级进行讨论并可能达成协定的国际事务或地区事务。很多关键领域的对话机制往往是通过在这些会晤中达成的协议而创立的，例如中欧高级别战略对话，以及气候变化、能源、空间技术等领域的对话机制。

第五，中欧峰会是反映中欧关系的"晴雨表"，特别是从参加会议的人数、讨论的议题、对峰会的重视程度等，均可看出一些发展迹象。其中最突出的表现是：2008年12月峰会的推迟，正是由于中欧关系中出现了较大波折；而2009年11月举行的第十二次峰会则是中欧关系全面恢复的最重要标志。

（三）中欧高级别战略对话

中欧高级别战略对话（High Level Strategic Dialogue）的前身是2005年年底启动的副部长级"中欧战略对话"机制，由欧盟轮值主席国副外长与中国外交部副部长共同主持，其目的在于"讨论重大国际和地区问题，并就共同关心的双边问题交换意见"[②]。2005~2009年，中欧双方共举行四轮战略对话。

2010年，中欧双方决定将这一战略对话提升为年度"高级别战略对话"，目的是将其打造成为深入沟通宏观战略问题的重要平台。其主要考虑之一是，

[①] 可参见欧洲理事会网站关于欧盟与第三国和其他地区领导人之间会晤情况的介绍，http://www.european-council.europa.eu/the-president/summits-with-third-countries? lang = en&fromDate = 19000101&toDate = 20130413&type = SummitsWithThirdCountries&topic = ｛5｝&keywords =。

[②] 《第八次中欧领导人会晤联合声明》，http://www.fmprc.gov.cn/chn/pds/ziliao/1179/t365226.htm。

随着《里斯本条约》生效,欧盟设立了外交政策高级代表负责对外事务,并成立对外行动署辅助其工作。外界普遍期待这一改革举措能够提升欧盟的统一对外行动能力,中国也希望能与这位新的"对话者"进行更好的对话。战略对话升级正是中国对欧洲一体化成果的一种肯定①。

中欧高级别战略对话于2010年正式启动,双方最高官员为欧盟高级代表与中国负责外交事务的国务委员。该对话迄今已举行三轮,分别于2010年9月在贵阳、2011年5月在布达佩斯,以及2012年7月在北京举行。

不可否认,中欧高级别战略对话为中欧双方就战略性问题和外交政策交换看法、增进双方之间的政治理解与互信、深化互利合作增添了一个重要渠道,这也是最高领导层与从事实际工作的政府部门之间的一个重要环节。而且,在高级别战略对话启动之初,它也的确为中欧关系摆脱2008年的阴霾发挥了重要作用,但是,不可否认,要想使其真正发挥应有的桥梁作用,中欧双方还有很多工作要做。特别是以下两个问题需要解决:①在上有领导人会晤、下有部门间对话,同时又有与其平行的"中欧经贸高层对话"的情况下,如何为高级别战略对话做更准确的定位?②同中美战略与经济对话相比,中欧高级别战略对话似乎显得过于"安静"(特别是第三轮对话)②。在这种情况下,中欧高级别战略对话如何更有效地发挥作用值得进一步探讨。

三 欧盟主要机构在中欧关系中的作用及其政策立场

相较于中国与国家行为体的双边关系,中欧关系具有高度复杂性,其中一个原因在于,欧方不是单一的"对话者",而是具有双重层面,既有成员国,又有欧盟机构。而欧盟机构体系本身也极为复杂,既有以成员国为主导的政府间机构,又有代表欧盟利益的超国家机构。因此,尽管中欧关系已经实现很大程度的机制化,建立了长期和固定的沟通渠道,但仍然"在很大程度上受制

---

① 黄静:《中欧高层对话静水深流》,《瞭望》周刊2012年第29期,http://www.lwgcw.com/newsshow.aspx? newsid = 27908.
② 黄静:《中欧高层对话静水深流》,《瞭望》周刊2012年第29期,http://www.lwgcw.com/newsshow.aspx? newsid = 27908.

于欧盟对外关系的规制和结构形式"[1]。《里斯本条约》推行的力度较大的机构改革，对欧盟主要机构在中欧关系中发挥的作用产生了不同程度的影响。

（一）政府间机构：欧洲理事会与欧盟理事会

1. 欧洲理事会

欧洲理事会[2]由欧盟成员国国家元首或政府首脑，及欧洲理事会主席（2010年前欧洲理事会主席由成员国轮流担任）和欧盟委员会主席组成，外交政策高级代表参与其工作。欧洲理事会至少每3个月召开一次会议，决定欧盟的总体政治方向和优先事项，但不行使立法职能，不直接参与欧盟的立法与具体政策的制定。在对外领域，欧洲理事会可通过"决定"的形式，就涉及欧盟与某个特定国家或地区的关系问题确定联盟的战略利益和目标，而且，欧洲理事会主席"以其级别和身份在与联盟共同外交与安全政策有关的事项上对外代表联盟"。

鉴于欧洲理事会的上述职能，综合近十年来的发展情况，概括而言，在中欧关系方面，它主要发挥着两个方面的作用和影响。

第一，在实现中欧关系的机制化方面，欧洲理事会起到了不可替代的作用，尤其是自1998年定期举行中欧领导人年度会晤开始，欧洲理事会主席就是欧方"雷打不动"的主要参与者，对于中欧之间的有效交流与沟通发挥了重要作用。如前所述，中欧峰会也是双方对话机制中最重要、最顶端的层级。正是以此为基础，中欧双方才建立起多层次、系统性和全方位的制度性对话体系。

第二，鉴于欧洲理事会对欧盟外交政策的发展方向具有指导作用，因此，它的决定和态度往往决定着中欧关系的走向。从总体上看，近十年来，欧洲理事会对保持并进一步深化中欧关系的可持续发展持积极立场。例如，正是由于

---

[1] 弗兰科·阿尔基里：《关键在于体制：欧盟对华政策的制定及其制度化》，〔美〕沈大伟、〔德〕艾伯哈德·桑德施耐德、周弘主编《中欧关系：观念、政策与前景》，李靖堃等译，社会科学文献出版社，2010，第67页。
[2] 关于欧洲理事会的组成、功能等规定见《欧洲联盟条约》第15条、第22条，载《欧洲联盟基础条约——经〈里斯本条约〉修订》，程卫东、李靖堃译，社会科学文献出版社，2010。本文所引用的欧盟条约文本均引自该书。

2003年3月举行的欧洲理事会认可欧盟委员会的判断，决定欧盟继续维持20世纪90年代以来的对华政策目标，认为应当保持并提升中欧关系的层次①，欧盟与中国才得以在第六次峰会后将"全面伙伴关系"提升为"全面战略伙伴关系"。

但是，欧洲理事会毕竟是个政府间机构，因此有时候少数成员国的立场或政策会影响到整个中欧关系，其中最突出的例子是，2008年法国总统萨科齐执意以欧洲理事会轮值主席国身份会见达赖，从而给中欧关系造成极为不利的影响。另外，在人权、台湾和西藏等中欧关系中的敏感问题上，欧洲理事会的政策和表态仍不够明确。

2. 欧盟理事会

欧盟理事会（简称理事会）也是政府间性质的欧盟机构，是主要立法与决策机构，其成员为成员国部长级代表，代表本国政府的立场和利益。在外交领域，其职责是，"（外交事务理事会）根据欧洲理事会确定的战略方针，确定联盟对外行动计划，并确保行动的一致性"②。作为欧盟决策机构，欧盟委员会起草的对外政策文件均需理事会批准。此外，只有在经理事会授权和批准的情况下，欧盟才能与第三方开启谈判、签署并缔结协议，因此理事会在欧盟的对外决策中发挥着关键作用。

鉴于理事会的上述职能，可以认为，尽管欧盟的六份对华政策文件均是以委员会"通讯"形式发布的，但它们同时也体现了理事会对华政策与立场的发展轨迹：在2005年以前，理事会对中国的国内改革和在国际政治中的地位给予较高评价，尤其高度重视中国在朝鲜和伊朗等问题上发挥的积极作用，并积极推进解除对华军售禁令。例如，2004年12月，欧盟理事会会议决定将解除对华军售禁令纳入欧盟议事日程，并在2006年12月通过一项对华关系决议，重申欧盟将继续致力于中欧全面战略伙伴关系的深化，继续努力推动解除对华军售禁令进程，并首次正式称赞中国的"和谐

---

① EU Commission, "A Maturing Partnership: Shared Interests and Challenges in EU-China Relations," Brussels, 10.9.2003. http://eur-lex.europa.eu/LexUriServ/LexUriServ.do?uri=COM：2003：0533：FIN：EN：PDF.
② 《欧洲联盟条约》第16条第6款。

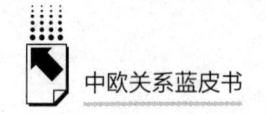

社会"理念①。但随着中欧关系进入调整期,理事会推进这一进程的努力戛然而止。在承认中国市场经济地位问题上,理事会的态度也经历了同样的转变:它本已初步同意委员会要求不再将中国列入"非市场经济名单"的建议,但在2004年后却采取拒绝承认中国完全市场经济地位的立场。这些态势说明,理事会对华立场的变化与中欧关系的发展轨迹几乎完全同步。

总体上看,作为政府间性质的机构,欧洲理事会和理事会均代表成员国的利益,因此,尽管这两个机构的最终决策代表的是欧盟作为一个整体的对华政策立场,但作为成员国利益博弈的场所,它们体现的仍然是成员国意志的集合。而且,由于成员国之间的利益纠葛和立场并不一致,许多问题仍无法在欧洲理事会或理事会层面取得突破,特别是解除对华军售禁令、给予中国市场经济地位等问题。

(二)欧盟委员会

欧盟委员会是超国家性质的欧盟机构,在履行职责方面拥有很强的独立性,其成员不接受任何成员国政府的指示。除了根据理事会决策执行具体政策之外,委员会还拥有立法动议权。此外,根据条约规定,委员会还在除共同外交与安全政策以外的领域(以及基础条约规定的其他情况)对外代表欧盟,并根据理事会授权,代表欧盟进行谈判。特别是在属于欧盟专属权能的共同商业政策(包括对外贸易和外国直接投资)领域,委员会是唯一的立法动议者和政策执行者。

有鉴于此,委员会在欧盟对华政策的制定与实施中发挥着举足轻重的作用,由它拟定的草案在很大程度上成为欧盟对华政策的基础。事实上,在欧盟方面,中欧关系主要是在委员会推动和执行下发展起来的②。作为超国家机构,委员会的对华政策相对也更加客观和务实。

第一,作为政策起草者,欧盟的对华政策文件均由委员会以"通讯"形

---

① 《欧盟"中国观"的变化》,周弘主编《欧洲发展报告(2008~2009):欧盟"中国观"的变化》,社会科学文献出版社,2009,第4页。
② 《欧盟"中国观"的变化》,周弘主编《欧洲发展报告(2008~2009):欧盟"中国观"的变化》,社会科学文献出版社,2009,第5页。

式予以公布，为中欧关系发展确定战略方向，特别是 2003 年政策文件，奠定了中欧"全面战略伙伴关系"的基础。例如，文件认为，"成熟的伙伴关系"意味着中欧关系应当具有全面接触、多层交往、制度连接等特征。从 2003 年以后中欧关系发展情况来看，欧盟的确是在朝这个方向努力。而中欧关系进入较为复杂的调整期，也是以委员会 2006 年发布的对华政策文件为起点和标志。

第二，与意识形态色彩较浓的欧洲议会和受国内政治影响较大的理事会与欧洲理事会相比，委员会对华立场总体上较为中立，较少受意识形态的影响，特别是在 2006 年之前，它对于人权、劳工标准、台湾和西藏等一些较敏感的政治问题采取尽量淡化处理的方式。尽管委员会在 2006 年后对"价值观"的强调更多一些，但与其他机构相比仍较为温和。而且，在同样发表于 2006 年的《中国战略文件：2007～2013》（China Strategy Paper, 2007 - 2013）[1]中，也可以看出，委员会仍然希望就各项国际议题与中国进行深入的战略对话，同时明确表示"支持中国的可持续发展，并支持中国成功发展成为稳定、繁荣和开放的国家"，认为"这一点对于欧盟具有重要的经济和政治意义"[2]。

第三，在中欧关系中，经贸往来是最重要的基础，而委员会正是负责欧盟共同商业政策的机构。总体来看，委员会对中欧贸易持积极和正面的立场。它认为，中欧经贸合作具有重要意义，中国市场的快速发展为欧洲提供了巨大机遇，对于进一步扩大双边贸易和投资，以及进一步加强双边关系能够发挥很大潜力。但委员会仍然认为，中国在市场进入、非关税壁垒、知识产权保护等方面存在着一些问题，不过，"这些不应妨碍双方发展长期合作的视野"[3]。

第四，与欧洲理事会主席一样，委员会主席也自始至终是中欧峰会的参与者之一，对于中欧政治关系的制度化同样起到重要作用。

（三）欧洲议会

欧洲议会是中欧关系中的一个重要行为者。近十年来，欧洲议会通过了大

---

[1] http：//eeas. europa. eu/china/csp/07_ 13_ en. pdf.
[2] EU Commission, "Strategy for Cooperation with China (2007 - 2013)," http：//europa. eu/legislation_ summaries/external_ relations/relations_ with_ third_ countries/asia/rx0025_ en. htm.
[3] http：//ec. europa. eu/trade/creating-opportunities/bilateral-relations/countries/china/.

量针对中国的决议,以此表达自身的关切,既为欧盟发展中欧战略伙伴关系建言献策,发挥其咨询作用,又在一定程度上影响社会舆论。但在《里斯本条约》生效之前,欧洲议会对欧盟外交政策的影响有限。此后,由于《里斯本条约》生效,欧洲议会的权限不再仅限于"咨询权",其在欧盟对外政策领域的权力得到强化,特别是在如下两个方面:①共同商业政策适用"普通立法程序",意味着欧洲议会与理事会共同行使决策权,且二者均有否决权①;②条约规定,"涉及适用普通立法程序领域之事项的协议",须获得欧洲议会同意后才能通过②。也就是说,欧洲议会在对外贸易和对外投资领域对中欧关系施加影响的手段和渠道越来越丰富,因此值得特别关注。

1. 欧洲议会对华立场

总体上看,尽管欧洲议会同样致力于增进欧盟与中国的双边合作关系,特别是在涉及签证、WTO、科技、航运和经贸关系等领域,但与其他欧盟机构相比,欧洲议会对华立场中的意识形态色彩更为浓厚,屡屡将台湾、武器禁运、人权、西藏等问题与所谓的"民主、人权"等挂钩,批评、指责中国,并借此干涉中国内政,为中欧关系制造了诸多"事端"。

人权问题是欧洲议会用于指责中国的最重要手段之一。例如,欧洲议会在2008年7月通过的一份关于中国人权状况的决议中,认为中国人权状况仍然不令人满意。决议谴责中国适用死刑,要求中国政府遵守关于人权、少数民族权利、民主和法治的承诺,向世界人民证明其改善人权的纪录③。欧洲议会还通过决议要求释放刘晓波和艾未未等人④。另外,它还一直试图以正式代表身份参与中欧人权对话,认为理事会和委员会没能使中欧峰会给予人权问题更多政治权重;强调继续执行对华军售禁令,直到中国人权状况有"实质性进展"⑤。

---

① 程卫东:《〈里斯本条约〉:由来、内容及其影响》,《欧洲联盟基础条约——经〈里斯本条约〉修订》,程卫东、李靖堃译,社会科学文献出版社,2010,第19页。
② 《欧洲联盟运行条约》第216条第6款第(1)项。
③ European Parliament Resolution of 10 July 2008 on the Situation in China after the Earthquake and before the Olympic Games.
④ European Parliament Resolution of 21 January 2010 on Human Rights Violations in China, notably the case of Liu Xiaobo; European Parliament Resolution of 7 April 2011 on the Case of Ai Weiwei.
⑤ European Parliament Resolution of 13 December 2007 on the EU-China Summit and the EU/China Human Rights Dialogue.

西藏问题也是欧洲议会频繁制造事端的领域。欧洲议会多次邀请达赖喇嘛访问演讲,并通过了一系列关于西藏的决议。例如,2009年3月,欧洲议会通过一项决议,要求中国政府与达赖喇嘛展开政治对话,以求达成全面的政治协议;要求中国政府立刻释放所有在押的"和平抗议者";要求中国政府允许外国媒体和联合国人权专家以及国际承认的非政府组织进入西藏[1]。2012年6月,欧洲议会通过一份关于西藏人权状况的决议,要求中国政府对西藏的"历史领土"给予真正的自治,尊重西藏人民的言论自由、信仰和结社自由,保证西藏人民的语言、文化、宗教和其他根本自由,不得强迫西藏人民放弃其传统的生活方式等[2]。

欧洲议会也经常借台湾问题大做文章。例如,2003年9月,欧洲议会通过《对亚洲战略报告》,将支持台湾加入世界卫生组织、给陈水扁等人发放访欧签证等9处涉台内容写入报告。2005年7月,欧洲议会通过《欧盟、中国大陆和台湾关系以及远东安全决议案》,反对中国的《反国家分裂法》。2006年4月,欧洲议会通过《欧洲议会关于欧盟委员会对华战略文件的决议》,表示在台湾问题上"不能接受中国保留使用武力权利"。

除上述领域之外,近些年来,欧洲议会关注中国的视角越来越广泛,中欧经贸关系中的市场准入、贸易逆差、人民币汇率和知识产权等问题也成为其关注的焦点。2009年2月通过的决议强调,中欧贸易关系扩展迅速,但对欧盟的贸易关系来说也是最重要的挑战[3];2012年5月通过的决议呼吁与中国建立平衡的贸易关系,以保障欧洲工业的利益。

另外,欧洲议会还通过了一些关于总体中欧关系的决议。例如,2006年9月通过的"中欧关系决议"和2013年3月通过的中欧关系决议[4]等。在这些决议中,尽管欧洲议会承认中欧战略伙伴关系不仅对于中欧关系,而且对于解决包括安全、经济危机、能源等在内的诸多全球问题均具有极端重要意义,也

---

[1] European Parliament Resolution of 12 March 2009 on the 50th Anniversary of the Tibetan Uprising and Dialogue between His Holiness the Dalai Lama and the Chinese Government.
[2] European Parliament Resolution of 14 June 2012 on the Human Rights Situation in Tibet.
[3] European Parliament Resolution of 5 February 2009 on Trade and Economic Relations with China.
[4] http://www.europarl.europa.eu/sides/getDoc.do?pubRef = -//EP//TEXT + TA + 20130314 + ITEMS + DOC + XML + V0//EN&language = EN#sdocta10.

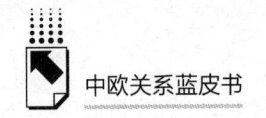

承认中欧关系取得了长足进展,但仍然对中国的人权状况以及宗教、司法等问题提出许多不符合客观事实的指责,这必然会对中欧关系造成负面影响。

2. 立法机构间交流与政党交流

立法机构间交流与政党交流是欧洲议会与中国进行交流的重要平台和渠道,也是增进双方理解、消除猜疑和不信任、促进中欧关系平稳发展的重要渠道。

(1) 立法机构间交流

对华关系代表团(Delegation for Relations with China)是欧洲议会中规模较大的代表团之一,自20世纪80年代起就与中国全国人大举行立法机构间会议,随后逐步建立起定期交流机制。近年来,欧洲议会对华关系代表团与中国全国人大基本上每年进行2次互访。双方交流所涉议题非常广泛,除人权问题,还包括中国的经济发展、民主和法治改革、中欧双方在诸多领域的合作(如安全和军事、网络犯罪)、中欧贸易关系、气候变化等。

例如,在2011年6月举行的中欧立法机构定期交流机制第31次会议上,双方就全球治理、多边主义、与邻国关系等议题进行了交流。在2012年7月举行的第33次会议上,主要交流议题包括中欧关系的发展、法律和人权问题、人员交流、经贸关系和双边投资等[①]。

2012年9月18日,中国欧盟商会代表参加了欧洲议会对华关系代表团的会谈。商会代表报告了其立场文件(position paper)[②],该文件共600条,其中200条重要建议中有40条与市场准入问题直接相关。其他内容包括中国的投资模式、新的发展模式,以及欧盟应以一个声音说话,并作为一个整体加强对华战略,等等。

(2) 政党交流

党团是欧洲议会中最重要的组织结构,主要党团都有与中国的联系渠道。比如人民党党团经常举办非正式的圆桌会议,一方是该党团议员,另一方为中国驻欧盟代表团和驻欧洲国家使馆的相关人员,双方就一些重要问题交流看

---

① http://www.europarl.europa.eu/meetdocs/2009_2014/documents/d-cn/dv/agenda_/agenda_en.pdf, last accessed on 2nd November 2012.

② http://www.europarl.europa.eu/meetdocs/2009_2014/documents/d-cn/pv/912/912774/912774en.pdf, last accessed on 2nd November 2012.

法。2012年5月底6月初，人民党党团曾与中国代表举行研讨会，讨论中国的市场经济地位问题①。另外，主要党团议员还经常访华，与中国保持密切联系。比如，2010年10月，人民党党团主席约瑟夫·道尔（Joseph Daul）率团访问中国，希望加强与中国的合作②。2012年8月底，绿党党团派出小型代表团访华，与中国社会科学院法学所学者交流劳工权利等问题③。

2010年以来，"中欧政党高层论坛"成为中欧政党交流的一项重要活动，这是由欧洲议会主要党团与中国方面共同推动举办的，到2013年已举办4届。党际交流已成为中欧关系的重要组成部分。这4届论坛的主题分别为："全球性挑战与中欧合作""'十二五'规划和'欧洲2020战略'：中欧合作的新机遇、新前景""中欧合作共迎挑战"和"谋合作、求共赢：推动中欧关系新飞跃"。经过4年发展，该论坛更加成熟：①议题更加务实。比如第二届论坛的议题涉及经济发展模式、科技革新、绿色经济、贸易、生物技术、信息技术等，双方期望找出新的合作领域和合作方式。②论坛已成为不同意识形态、不同政治主张的政党之间开展深入对话的渠道。虽然中欧双方的政党对一些问题存在不同看法，但这并不妨碍双方就共同关心的问题进行坦诚讨论。中欧双方对论坛的未来发展抱有期待，希望将论坛打造成中欧政党之间重要的高层、多边、战略性对话平台，使其成为加强中欧战略沟通和深化政治互信的桥梁。

（四）共同外交与安全政策高级代表

共同外交与安全政策高级代表的设立是《里斯本条约》在欧盟对外关系领域的一个重要创新④，其主要职责在于协调欧盟在不同领域的外交政策，并尽可能保证欧盟对外事务的一致性。高级代表既负责主持欧盟理事会外交事务理事会会议，又是欧盟委员会副主席之一，同时还可参加欧洲理事会会议。此

---

① 笔者在欧洲议会（布鲁塞尔）的采访，2012年3月。
② 参见"EU-China: Joseph Daul MEP, Chairman of the EPP Group, Calls for Strengthened Cooperation,"欧洲议会人民党党团网站，http://www.eppgroup.eu/press/showpr.asp?prcontroldoctypeid=1&prcontrolid=9810&prcontentid=16703&prcontentlg=en, last accessed on 20th November 2012。
③ 笔者在欧洲议会（布鲁塞尔）的采访，2012年3月。
④ 程卫东：《〈里斯本条约〉：由来、内容及其影响》，载《欧洲联盟基础条约——经〈里斯本条约〉修订》，程卫东、李靖堃译，社会科学文献出版社，2010，第24页。

外,高级代表还在与共同外交与安全政策有关的事项上代表欧盟与第三方进行政治对话。2010年12月正式运作的欧洲对外行动署(EEAS)负责协助高级代表工作。目前,除共同商业政策和发展援助的决策权之外,欧盟对外政策领域的职能已经从欧盟委员会转移到对外行动署。有鉴于此,高级代表必将在中欧关系中发挥越来越重要的作用。

第一,中欧开启高级别战略对话,直接原因就是由于高级代表的设立,充分说明中方对高级代表的重视程度。该对话能为中欧之间的交流发挥桥梁作用,但如何最大程度发挥其效用还需予以进一步探讨。

第二,尽管不具备决策权力,但高级代表及其下属的欧洲对外行动署负责起草除共同商业政策以外的对外政策报告,并可向理事会提交任何有关共同外交与安全政策的动议,从而能够在欧盟对华政策中发挥不小的作用。例如,如前所述,在2010年12月的欧洲理事会上,高级代表阿什顿提交了"欧盟与战略伙伴关系"报告,这可能成为欧盟对外政策的基础。此外,阿什顿本人还积极开展与中国高层的交往,她上任以来已多次访问中国。但同时她也曾多次错误地指责中国在人权和西藏等问题上的政策。

第三,高级代表与对外行动署对欧盟国家派驻第三国和国际组织的代表团负有领导职责,从而可能间接影响中欧关系。

由于高级代表一职设立时间尚短,因此对其在中欧关系中的影响予以最终判断仍需假以时日。但可以肯定的是,欧盟外交机制方面的一些变动将给中欧关系带来具有两面性的影响:一方面,它有可能给中欧关系带来更长远和更具战略性的视野;但另一方面,欧盟将更有能力在中欧利益发生矛盾的领域对中国施加压力[1]。

四 中欧政治合作的具体领域

中欧政治合作领域十分广泛,包括安全、防务、危机管理、人权、移民、

---

[1] 中国社会科学院欧洲研究所"中欧关系重点课题组":《2010年中欧关系的回顾与展望》,《欧洲研究》2011年第1期,第5页。

发展问题以及在非洲与拉丁美洲和加勒比海地区的合作等各个方面。限于篇幅，本文仅以下两个领域作为案例研究。

（一）安全、军控与危机管理

近十年来，中国与欧盟开展了多项关于安全和军控问题的政治对话，但双方合作的务实领域较少。相反，在联合国框架下开展的《武器贸易条约》谈判，以及双边对话机制以外的中欧反海盗护航，则成为双方合作的亮点。另外，近年来，网络安全和危机管理日渐成为双边对话与合作的重点领域。

1. 中欧峰会中的安全与军控议题

中欧安全与军控方面的对话意愿最早是在 2002 年第五次中欧峰会期间提出的。在会后发表的联合公报中，双方强调在"多边领域的防扩散、军控和裁军等议题上加强对话的重要性"。同时，首次将反恐纳入到磋商议题之中[1]。2003 年，安全成为当年中欧峰会的重要议题，并强调加强防扩散和军控对话的必要性[2]。在 2004 年第七次峰会上，中欧双方签署《中欧防扩散和军控联合声明》，相互确认对方为该领域的重要战略伙伴。同年，欧盟首次明确表示有解除对华军售禁令的政治意愿[3]。然而，由于美国极力反对，在 2005 年第八次峰会上，欧盟转而表示，解除对华军售禁令应在"欧洲理事会有关该问题结论的基础上继续工作。"[4] 此举为欧盟之后在该议题上的态度确定了基调。

随着 2006 年欧盟调整对华政策，在此后几届峰会上，传统安全领域的对话基本"销声匿迹"，而非传统安全领域则成为中欧峰会关注的重点。如在第十三次峰会上提及的亚丁湾反海盗护航行动；在第十四次峰会上，针对网络安全问题，双方同意建立"中欧网络工作组"；在第十五次峰会上，"双

---

[1] 弗朗西斯·斯奈德编著《欧洲联盟与中国（1949～2008）：基本文件与评注》，李靖堃等译，社会科学文献出版社，2013，第591页。
[2] 《第六次中欧领导人会晤联合新闻公报》，人民网，http：//www.people.com.cn/GB/shizheng/1024/2161621.html。
[3] 《第七次中欧领导人会晤联合新闻公报》，新浪网转载《中国日报》，http：//news.sina.com.cn/c/2004-12-09/08184472853s.shtml。
[4] 《第八次中欧领导人会晤联合新闻公报》，新华网，http：//news.xinhuanet.com/newscenter/2005-09/05/content_3448040.htm。

方肯定并强调在危机管理、反海盗护航、海上安全等领域继续开展良好合作"。值得注意的是，在该次峰会上，中欧双方重申在"出口管制、防止武器非法贸易等领域继续合作，并支持在联合国框架内早日缔结《武器贸易条约》"①。

2. 中欧政治对话机制中与安全和军控有关的安排

（1）防扩散和军备控制

2005年，中欧双方设立"传统武器出口专家会议"和"防扩散专家小组会议"（后扩大为"中欧国际安全、军控、防扩散等议题专家会议"），后来又设立"轻小武器控制专家会议"。

尽管有上述机制，但中欧之间的防扩散和军控对话主要是在多边框架下进行。在该框架下，双方交流的主要领域包括防扩散出口管制政策、出口许可证制度和企业自律、出口管制执法等问题。近年来，中欧核不扩散对话的主题主要集中在伊朗核问题上，但双方在这方面存在一定分歧：虽然中国2010年赞成联合国安理会第1929号决议，即同意通过禁止伊朗在国外参与核领域的投资活动，以及禁止伊朗进行任何与运载核武器弹道导弹有关活动等手段制裁伊朗，以阻止其核进程②，但2011年，中国反对英法关于进一步加大制裁伊朗力度的提议③。

在武器出口方面，控制轻小武器出口成为近年来中欧双方共同关注的问题。欧盟意图将不具法律约束力的《武器出口行为准则》转化为法律规则，认为这有助于欧盟依法约束各成员国与第三国进行的武器出口贸易④。而中国则于2005年发布题为《中国的军控、裁军与防扩散努力》的文件，旨在加强对武器出口的管理，并表示："严厉打击轻、小武器领域的非法活动具有重要

---

① 有关第九次至第十五次中欧领导人峰会联合新闻公报参见外交部、人民网等相关内容。
② 《联合国安理会制裁伊朗1929号决议：轻杀伤，重团结》，人民网，http://military.people.com.cn/GB/172467/11851888.html。
③ Justin Vaïsse and Hans Kundnani et al., "European Foreign Policy Scorecard 2012," European Council on Foreign Relations, January 2012, p. 37.
④ 欧洲议会2004年《卢埃达报告》（Rueda Report）建议，取消武器禁运的同时应通过一套具有法律约束力的规则，来取代现行的《武器出口行为准则》；其目标是允许向中国出口武器，但同时又对其进行监督。选自弗朗西斯·斯奈德编著《欧洲联盟与中国（1949~2008）：基本文件与评注》，李靖堃等译，社会科学文献出版社，2013，第665页。

意义。"① 鉴于双方的共同意愿，2006 年，欧盟理事会提出将轻小武器出口纳入到中欧战略对话中②。

在多边层面，自 2006 年以来，以英国为主导的部分成员国积极推动在联合国框架下缔结规范武器出口的《武器贸易条约》。虽然中国广泛支持在国际范围内达成军控贸易条约，但在相当长时间内对该条约持保留态度。中国认为，尽管反对非法武器转让有助于减少冲突和暴力，但从长期来看，只有减少贫穷和发展各国的经济，才能"从根源上铲除轻小武器非法贩运活动滋生的温床"③。因此，中国强调经济发展的重要性，而非武器贸易管控国际体系的建立④。随着《武器贸易条约》谈判的进行，以及国际局势的变化，中国的立场也发生了变化。特别是，由于越来越多的非法武器转让与贩运侵扰了中国的海外利益，中国深感尽快在国际范围内出台武器控制条约的紧迫性⑤。2012 年 11 月，中国投票赞成《武器贸易条约》。此举有助于中国和欧盟开展进一步军售对话以及加强双方在全球事务上的合作。

(2) 网络安全

近两年，网络安全成为中欧高层政治对话中升温最快的议题。在第十五次中欧峰会上，双方同意建立网络工作小组，以期就"共同关心的网络问题开展交流，增进互信和理解"⑥。随后，该小组成立并召开第一次工作会议。

事实上，成立"网络工作小组"符合中国和欧盟对网络安全的日益关注。中国国家互联网应急中心 2012 年发布的《2011 年中国互联网网络安全报告》

---

① 国务院新闻办公室，转自新华网，http：//news. xinhuanet. com/mil/2005 - 09/01/content_3429141. htm。
② Council of the European Union, "EU Strategy to Combat Illicit Accumulation and Trafficking of SALW and Their Ammunition," http：//consilium. europa. eu/en/06/st05/st5319. en06. pdf.
③ 《常驻联合国代表团李保东大使在安理会"非法贩运武器对中非和平与安全的影响"公开辩论会上的发言》，http：//www. fmprc. gov. cn/mfa_ chn/wjdt_ 611265/zwbd_ 611281/t674182. shtml。
④ 《中国代表团张均安参赞在第 65 届联大一委关于常规武器问题的专题发言》，http：//www. fmprc. gov. cn/mfa_ chn/wjb_ 602314/zzjg_ 602420/jks_ 603668/fywj_ 603672/t772776. shtml。
⑤ 何韵：《中国在武器贸易谈判中的立场变化》，http：//www. saferworld. org. uk/news-and-views/comment/65。
⑥ 《第十五次中欧领导人会晤联合新闻公报》，新华网，http：//news. xinhuanet. com/world/2012 - 09/21/c_ 123741988. htm。

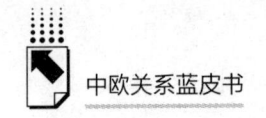

指出，网络新技术的发展使中国面临愈发严重的境外网络攻击和安全威胁。2011年，境外有4.7万个IP地址参与控制中国境内主机，受控制的境内主机数量从2010年的500万台猛增到2011年的近890万台①。中国官员表示，"网络已成为继海陆空天外的第五大空间"，中国愿意在该领域与各国开展平等合作②。

2013年2月，欧盟委员会出台《欧盟网络安全战略》白皮书，旨在加强政府、企业和个人的网络安全，有效保护公民的基本权利和经济安全③。该白皮书指出，以经济利益驱动为目的和由国家资助的网络犯罪正在对欧盟国家的政府和企业网络安全构成威胁④。欧盟高级代表阿什顿则进一步表示，"欧盟网络外交"（EU cyber diplomacy）将成为未来欧盟对外政策中的主要任务⑤。因此，中欧双方对网络安全的共同关注构成了双方未来在该领域开展进一步合作的基础。

(3) 危机管理

在2009年温家宝总理访欧期间，中欧双方就加强应急管理领域的合作达成共识，同意共同开展中欧应急管理项目。2011年，中欧双方成立"危机咨询专家会议"机制，以协调双方处理危机事件的能力。2012年6月，"中欧应急管理学院"在北京成立。该合作项目的设立加强了中欧双方就应急管理开展交流合作的制度化平台。通过双方在食品安全、煤矿塌方、化学物品泄漏、自然灾害等领域的合作，中国可借鉴欧盟经验，提升政府应急管理能力，加强应急管理专业人才的培养。

3. 双边对话机制以外的反海盗护航合作

在国际安全事务中，亚丁湾反海盗护航行动成为中欧双方开展务实性合作

---

① 《中国成网络攻击最大受害国，将深化网络安全国际合作》，人民网，http://politics.people.com.cn/n/2012/0704/c70731-18443353.html。
② 《中国成网络攻击最大受害国，将深化网络安全国际合作》，人民网，http://politics.people.com.cn/n/2012/0704/c70731-18443353.html。
③ The European Commission, "Joint Communication to the European Parliament, the Council and the European Economic and Social Committee and Committee for the Regions, 'Cybersecurity of European Union: an Open, Safe and Secure Cyberspace'," Brussels, 7 February 2013, JOIN (2013) 1 final.
④ Ibid., p. 34.
⑤ Europa press, "Remarks by EU High Representative Catherine Ashton at the Press Conference of the Launch of the EU's Cyber Security Strategy," Brussels, 7 February 2013, A 69/13.

的新领域①，但该合作行动是在双方现有政治对话机制之外开展的。

确保亚丁湾海上通道的安全对中欧双方均具有重要的战略意义。据统计，海上运输承担着95%的国际贸易，而通过亚丁湾海域运送的商品超过全球商品总量的12%。亚丁湾承担着欧盟30%的原油供应运输，而中国途经该通道的海上贸易有80%与欧盟有关②。此外，发展除马六甲海峡以外的其他海上通道，保证海外投资和能源贸易的安全，维护国家利益，对中国而言具有重大战略意义③。为此，在联合国安理会授权下④，中国派出海军到亚丁湾进行护航行动⑤。

正如有学者所指出的，在中国参与反海盗护航过程中，作为第一个进入该地区的军事行为体，欧盟起到了积极的协调作用⑥。而这之前，由于美国的主导，中国未加入"打击索马里海盗"协调机制。随着2009年4月欧盟被邀请担任联合主席，由于共同利益，再加上"欧盟重要的协调作用"⑦，中国决定派出海军护航编队。自2009年至今，中国已派出12批护航编队，同欧盟国家一起在亚丁湾共同打击索马里海盗。中国军方和欧盟均表示，通过军事合作、共享信息，提高了双方的军事互信。双方在军事领域开展务实性合作，将进一步充实和丰富中欧全面战略伙伴关系⑧。

---

① 梁光烈：《护航成为中欧军事领域务实合作新领域》，人民网，http://military.people.com.cn/GB/172467/16000334.html。
② U. S Department of Transportation, "Economic Impact of Piracy in the Gulf of Aden on Global Trade," http://www.marad.dot.gov/documents/HOA_Economic%20Impact20of%20Paricy.pdf.
③ 刘炎迅等：《海军护航索马里背后：中国海军挺进"深蓝"》，中国新闻网，http://www.chinanews.com/gn/news/2009/01-05/1513983.shtml。
④ 2008年，联合国安理会授权各个国家和地区组织"采取一切必要措施……根除海盗和海上劫掠活动的决议出台"，参见联合国安理会第1851（2008）号决议和第1846（2008）号决议。
⑤ 刘炎迅等：《海军护航索马里背后：中国海军挺进"深蓝"》，中国新闻网，http://www.chinanews.com/gn/news/2009/01-05/1513983.shtml。
⑥ 昆丁·威勒、尤里斯·拉瑞克：《在不平静的水域开展海军行动：欧盟、中国在索马里海岸打击海盗的行动》，门镜、[英]本杰明·巴顿主编《中国、欧盟在非洲：欧中关系中的非洲因素》，李靖堃译，社会科学文献出版社，2011，第136页。
⑦ 昆丁·威勒、尤里斯·拉瑞克：《在不平静的水域开展海军行动：欧盟、中国在索马里海岸打击海盗的行动》，门镜、[英]本杰明·巴顿主编《中国、欧盟在非洲：欧中关系中的非洲因素》，李靖堃译，社会科学文献出版社，2011，第136页，第138页。
⑧ 国防部：《愿为充实和丰富中欧全面战略伙伴关系的内涵作出贡献》，人民网，http://military.people.com.cn/GB/16030880.html。

（二）欧盟对华人权政策与中欧人权对话

人权问题在中欧政治关系中扮演着重要角色，并渗透到中欧经贸、文化和社会交往等诸多方面，成为影响中欧关系健康发展的重要因素之一。

中欧在人权问题上的争端始于1989年；而在此之前，人权并未成为中欧关系中的正式议题。1989年6月，欧共体发表对华谴责声明，并出台禁止军售、暂停互访等制裁措施，此外还在联合国人权委员会等多边场合批评中国的"人权问题"。欧共体就是从那时起开始形成在对华人权问题上的"共同立场"，或者说后来欧盟层面上的对华人权政策。在中欧宣布建立全面战略伙伴关系之后的10年中，欧盟对华人权政策和中欧人权对话经历了如下几个阶段的发展和变化。

1. 2003~2005年：欧盟对华"建设性接触"与中欧人权对话

与20世纪90年代相比，21世纪以后，中欧在人权领域的关系总体趋向缓和。2003年，中欧宣布建立全面战略伙伴关系，与此相应，欧盟在人权领域的对华政策基调也相对比较平稳。中欧人权对话在双边沟通中发挥了较大作用。

这项对话始于1995年，每年两次，分别在北京和欧盟举行，中欧双方在有关议题上的发言权、被邀请参与对话的人数，以及对话结果的发表等问题上拥有对等权利。对话由两个部分组成：一是由中欧政府官员就一般性的人权议题和特定的人权个案进行讨论，欧方参加者主要是欧盟理事会人权工作小组（COHOM）组织下的欧盟"三驾马车"（欧盟轮值主席国、欧盟委员会和共同外交与安全政策高级代表指派的专家）[①]，中方参加者包括外交部、人权特别代表，以及各部委官员。二是中欧双方就与人权相关的特定议题召开学术研讨会，也称中欧司法研讨会。欧方组织者为爱尔兰人权研究中心，中方组织者为中国社会科学院法学研究所。研讨会参加者包括双方的政府官员、学者和非政府组织的代表[②]。官方会谈部分主要就一些具体的个案进行探讨，一般不做过多公布；司法研讨会则是对某些与人权相关的议题进行学术性研讨。作为对话

[①] 自2005年起，除"三驾马车"之外，欧盟新任命的人权高级代表也开始参会。
[②] 自2005年起，欧洲议会也开始派代表参加中欧司法研讨会，参见欧盟2005年人权报告中国部分。

的补充，与会双方通常还会在中欧各地就与对话相关的特定议题进行实地考察①。

与针对第三国的很多对外行动方式类似，在这一阶段，欧盟与中国的人权对话及相关项目的实施有如下特点。第一，欧盟采取一种"软性挂钩"策略，即，虽然暂时停止在国际场合指责中国人权，但经常在其他各种场合强调对话是有条件的，如在2004年年度人权报告中指出，维持对话并不意味着排除在其他任何国际场合对中国人权状况进行检查和谴责②。第二，人权对话机制采用一种半开放式的多头参与模式，非公开的官方会谈能够使双方可能存在的政治分歧处于可控状态，而非正式的学术研讨会则比较开放和深入。第三，无论是对话过程本身，还是在与对话相关的各种活动中，欧盟都很重视发挥其经验和知识上的优势。例如，从名称上看，欧盟的一系列援助与合作项目与人权并不直接相关，但几乎所有项目都潜在地与欧盟提倡的人权观念有千丝万缕的联系。第四，欧盟重视其人权观念输出的渠道和网络建设。突出的例子是，由欧盟民主与人权动议基金支持、2002年开始实施的中欧人权网络计划③，该计划的一个重要功能就是增强中欧人权专家的学术交流，建设中国与欧盟人权专家的学术网络。

相较20世纪90年代的硬性对抗，后来的软性接触政策更切合欧盟对华战略的实际。欧盟在中国推行的各种与人权相关的项目也取得了一定成果④。随着中欧双方在人权对话和人权项目上的沟通与合作不断深入，双方在人权领域的关系也得到一定改善。

2. 2006～2008年：中欧关系下行期的人权问题

2006年以后，中欧在人权领域的关系发生新的变化，其直接表现是欧盟委员会2006年8月17日发表的对华关系通讯。相较于以往对华关系文件中积极合作、控制分歧的惯常姿态，这份文件显得非常强硬，在中欧关系的多个领

---

① 如2004年欧盟"三驾马车"对西藏的考察、2005年对新疆的考察，等等。
② 参见2004年欧盟年度人权报告中国部分。
③ European Commission, "Priorities and Guidelines for the Implementation of the 2001 European Initiative for Democracy and Human Rights (EIDHR)," p. 9.
④ 以中欧人权网络计划为例。该计划产出了大量学术成果，后来项目周期又得到了延长。有关项目的具体情况参见黄列、威廉·莎巴斯主编《中国人权年刊》第一卷，序言二，社会科学文献出版社，2004。

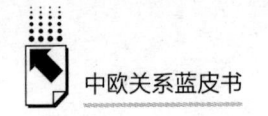

域都向中国表示不满,并突出人权和欧洲价值观在双边关系中的重要性。此后,中欧双方在人权领域的矛盾在多个层面表现出来。

首先,原本处在可控状态下的人权分歧被欧方单方面扩大化。特别是,随着中国国际地位的提升和海外经贸活动的活跃,欧方越来越将中国在苏丹、津巴布韦和缅甸等亚非国家的正常经贸活动与所谓"人权问题"联系起来,屡屡批评中国对这些地区的政策。其次,欧盟层面和成员国层面的部分政治力量在各种场合加大对中国的压力,尤其是欧洲议会通过多个有关所谓"中国人权问题"的决议案,对中国人权的批评一直不绝于耳。另外,在成员国层面上,德国总理默克尔和法国总统萨科齐分别在2007年和2008年会见达赖,对中欧关系造成近年来罕有的破坏性影响。

这些事态给中欧关系在人权领域的发展蒙上阴影,双方在该领域的争端再次升级。这背后有着一些深层次原因。第一,随着中国的发展和中欧双边关系的深化,双方力量对比在发生变化,一些新的利益摩擦点开始出现。特别是在国际层面,非洲问题成为中国和欧洲之间新的分歧点,欧洲一些政治势力把双方在地区发展模式上的差异与人权问题联系起来,这种政治化倾向为中欧在人权领域的互动增加了变数。第二,欧盟主要大国领导人的更迭也影响了中欧关系走向。对华持积极友好态度的德国总理施罗德和法国总统希拉克先后卸任,他们的继任者在人权问题上显然有不同考量。萨科齐一面积极加强与中国的经贸合作,另一方面却大打"西藏牌"以博取民意关注;默克尔则打出"价值观外交"的旗号,以期在国内政治角力中获利[1]。虽然在遭遇欧债危机后,两国都在一定程度上调整对华政策思路,但就人权领域本身而言,其立场并没有根本改变,只是压低了批评中国的调门,体现出一种政治实用主义的色彩。第三,尽管中欧官方层面的外交往来可追溯至20世纪70年代,但双方真正意义上全方位接触的时间并不长,而且双方在不同层级和不同机构的交往深度也不平衡。特别是欧洲议会与中国官方之间的沟通渠道相对比较匮乏,部分欧洲议会议员对中国长期抱有偏见,与中国政府深入接触的意愿也不高[2]。

---

[1] 参见熊炜《中德关系:霜冻之后的小阳春》,《南风窗》2008年第3期,第78页。
[2] 此观点整理自2008年10月笔者与中国驻欧盟使团议会处一位官员的访谈。

3. 2009 年至今：调整中的欧盟对华人权政策与人权对话

2009 年之后，中欧关系开始回暖，在人权领域，双边关系积极向好的迹象虽然并不明显，但政策调整的一些迹象值得关注。

第一，从欧盟对华合作项目的安排上看，如果将欧盟 2007~2010 年对华战略中期评估以及 2007~2012 年对华国家战略报告，与 2002~2006 年对华国家战略报告进行对比，可以发现，2006 年之前，推动中国的民主和人权是欧盟对华行动的优先战略之一①，而在 2007~2012 年报告中，民主和人权不再作为一项独立的优先战略出现②，欧盟转而强调通过部门对话（Sector Dialogue）来支持中国的改革，部门对话下的项目与人权问题并不直接相关，但欧盟也提出支持中国公共管理系统的现代化，并希望市民社会在中国未来的政治、经济、社会和管理环境中发挥潜在作用。总的来说，其人权诉求与援华项目的结合方式发生了变化。

第二，欧盟在最近的人权报告中，表达了在未来的中欧伙伴关系协定（PCA）框架下进行人权对话的意图，并认为这是一个"鼓励中国进一步承担人权责任的重大机会"③，由于欧盟在与第三国签订双边协定中经常沿用条件性原则（conditionality），将人权条款与其他领域的协定挂钩，欧盟这一表态意味着人权问题有可能成为一个潜在的、对中欧其他领域关系有更大影响力的政策杠杆。当然，这一问题的发展也取决于双方在伙伴关系协定谈判中的博弈。

第三，欧盟在近年的人权报告中正式提出将与中国探讨改进中欧人权对话效果的可能性④。当年设立人权对话的一个重要目的，是以这种双边形式的沟通避免双方在国际场合就人权问题进行交锋，使双方分歧控制在一定范围。但欧盟内部一直有人认为，只有在中国人权状况有所改善的情况下，进行人权对话才有

---

① "European Commission Working Document, 2002-2006 Country Strategy Paper, China," p. 25.
② 2007~2012 年欧盟对华合作的三个优先战略是部门对话（Sector Dialogue）、气候变化和人力资源发展，参见 "European Commission Working Document, 2002-2006 Country Strategy Paper, China," p. 4。
③ 参见 European Commission, "Human Rights and Democracy in the World: Report on EU Action," 2010 May, p. 157。
④ 参见 European Commission, "Human Rights and Democracy in the World: Report on EU Action," 2010 May, p. 156。

意义，而当前的人权对话在促进中国人权发展方面效果有限。从中国方面来看，中国政府一直坚定地推动人权改善，但欧盟一直以居高临下而非平等沟通的心态处理人权问题。此外，欧方在对话中经常强调一些个别案例，而非中国总体上的人权状况，并通过公开的官方声明形式进一步表示对这些个案的关注。《里斯本条约》生效以后，欧盟对外人权政策工具得到一定程度的整合，但新任的欧盟共同外交与安全政策高级代表阿什顿在中国人权问题上仍沿用过去的做法，对包括西藏问题在内的一些个别案例多次发表公开声明。这种做法带有明显的公开施压色彩，不利于双方控制分歧。2010年以后，双方人权对话的次数开始减少，显示出中欧双方在该问题上的分歧可能有所加深。总的来看，十年来中欧在人权领域的关系与其他领域的发展并不完全同步。

五 结语：中欧政治关系未来展望

自中欧双方于2003年建立"全面战略伙伴关系"以来，尤其是在经历一段调整期之后，双方政治关系得到全面恢复，总体上发展平稳。就未来中欧政治关系而言，其总体发展趋势不会有太大改变，因为，正如温家宝总理2009年在剑桥大学的演讲中所说："中欧合作基础坚实，前景光明"，既不存在历史遗留问题，又不存在根本利害冲突[①]。中欧之间多层次、全方位的政治对话与合作正是这一"坚实基础"所在。与此同时，同为世界上重要的政治力量，中欧双方在国际层面的政治合作也在日益拓宽和加深。

但是，未来的中欧关系中仍然存在一些不确定因素，双边关系仍会有矛盾和曲折。主要原因如下。

首先，如前所述，欧盟是个具有"双重性"的决策者和对话者，尤其是在外交政策领域（共同商业政策除外），欧盟远未做到"用一个声音说话"，尽管欧盟的对华政策是各成员国利益和立场妥协与中和的结果，但并不能完全等同和取代各成员国的政策和战略立场，来自欧盟成员国的利益、观念和其他

---

① 《温家宝总理在英国剑桥大学发表演讲（全文）》，新华网，http://news.xinhuanet.com/world/2009-02/03/content_ 10755604. htm。

各种力量将继续影响中欧关系的发展。由于欧盟在对外政策的许多领域仍然采取一票否决的决策方式,因此,中欧关系将会呈现出更多不确定因素[1]。

其次,决定中欧关系的不仅仅是单纯的双边因素,美国因素还自始至终发挥着重要作用,有时甚至是关键性影响,例如在是否解除对华武器禁售问题上。正如欧洲理事会在关于欧美峰会的介绍中所说[2],在欧洲人看来,美国是欧洲最重要的战略伙伴,跨大西洋关系是"不可替代的",而欧美双方共同行动将产生"令人畏惧"的力量。而无论是在对欧俄关系,还是欧中关系的评价中,欧盟都没有用过这样高调的修辞,由此可见美国在欧洲对外战略中独一无二的地位。非双边因素的存在,使得原本复杂的中欧关系变得更为复杂。

最后,中欧关系中的某些价值观差异将始终存在。纵观中欧关系历史,价值观始终都是中欧双方产生矛盾和分歧的重大根源,欧盟及其成员国未来也不会停止利用这些问题来制造"麻烦",特别是在人权问题与西藏问题上。而且,随着中欧政治合作领域的内容不断丰富,合作程度日益加深,这些问题可能会更加突出。尽管随着相互了解和信任的加深,有些矛盾和误解可能会减弱,但永远不会消失。

因此,在这种情况下,互相尊重对方的核心利益,平等互利、互相包容和理解,仍是消弭中欧分歧的根本途径,也是确保未来中欧关系顺利发展的基本原则。

---

[1] 参见周弘《中国与欧洲关系60年》,《欧洲研究》2009年第5期,第35页。
[2] "EU-US Summit," http://www.consilium.europa.eu/uedocs/cms_data/docs/pressdata/en/er/126281.pdf.

B.3
中欧经贸关系

陈 新*

摘　要： 本文通过对中欧全面战略伙伴关系建立10年来中欧在贸易、投资等领域发生的变化，中国对欧贸易巨额顺差的成因，中欧之间贸易摩擦现状，以及中欧经贸关系中"市场经济地位"等问题的分析认为，中欧全面战略伙伴关系10年来，中欧双方的实力和地位以及国际环境都发生了很大的变化。如果说10年前，欧盟市场对于中国来说意味着经济增长的来源，那么，现在的中国市场则成为欧盟赋予厚望的未来增长来源。过去10年来，中国对欧贸易关系确实取得了长足发展，但同时我们也应该看到，中欧贸易量的急速上升，一定程度上更带有自然发展态势。中欧双方对贸易量激增明显估计不足，缺乏有效机制来进行积极引导。展望未来10年，中方在经贸关系上应该扭转目前欧方主导议程、中方被动应付的局面，同时中方应该抛弃形式大于实质的双边关系发展方式，构建中欧经贸关系发展的新思路。

关键词： 中欧贸易　中欧相互投资　中欧贸易顺差　中欧贸易摩擦　完全市场经济地位　中欧自贸区谈判

2013年，中欧自建立全面战略伙伴关系后开始进入一个新的10年。经贸关系一直是中欧关系的基石之一，经贸关系的稳定和健康发展为中欧关系的深

---

* 陈新，中国社会科学院欧洲研究所经济研究室主任，研究员。

化奠定了基础,但近年来不断加大的经贸摩擦也给中欧关系带来负面影响。面向未来10年,我们有必要回顾过去10年中欧经贸关系所走过的历程,总结所取得的成就,并探索未来中欧经贸关系的发展走向。

一 中欧贸易

2003年,中欧双方领导人一致同意,将中欧关系提升为全面战略伙伴关系。中欧贸易也迎来强劲增长阶段。

中欧贸易在2003～2012年期间不断上升,翻了4倍多。如图1所示,根据中国商务部数据,2012年中国对欧盟的出口从2003年的721.6亿美元上升到3339.9亿美元,是2003年的4.6倍;中国自欧盟的进口从2003年的530.6亿美元上升到2120.5亿美元,几乎是2003年的4倍。同样,中欧贸易额从2003年的1252.2亿美元上升到5460.4亿美元,是2003年的4.3倍。自2004年以来,欧盟一直是中国的最大贸易伙伴。

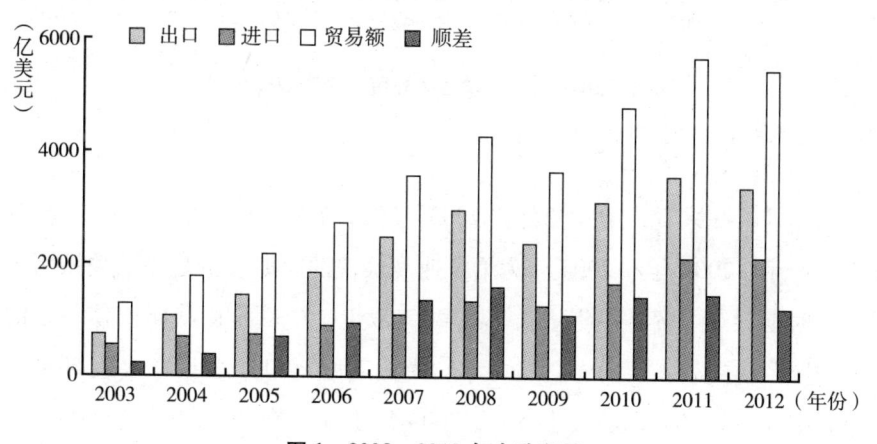

图1 2003~2012年中欧贸易

资料来源:中国商务部网站。

在此期间,中欧贸易曾出现过两次下滑。如图2所示,第一次是受全球金融危机影响,中国对外贸易和中欧贸易均出现下滑。中国对外贸易和中国对欧贸易20多年来的持续增长线第一次遇到气流,出现波动。其中中国对外贸易下滑的幅度远远大于中欧贸易下滑的幅度。在经历2009年的波谷之后,贸易

"发动机"重新启动,并迅速恢复和超过金融危机前的水平。遗憾的是,欧债危机的爆发再次干扰了中欧贸易的发展,欧洲内需出现下滑。2012年,中欧贸易再次滑坡。而与此同时,我们看到,中国对外贸易虽然受到影响,增速放缓,但依然保持增长的势头。这一方面说明,中国的市场多元化战略取得显著进展,另一方面也说明欧债危机对全球经济的影响小于金融危机。欧盟经营多年的中国第一大出口市场地位于2012年被美国取代。

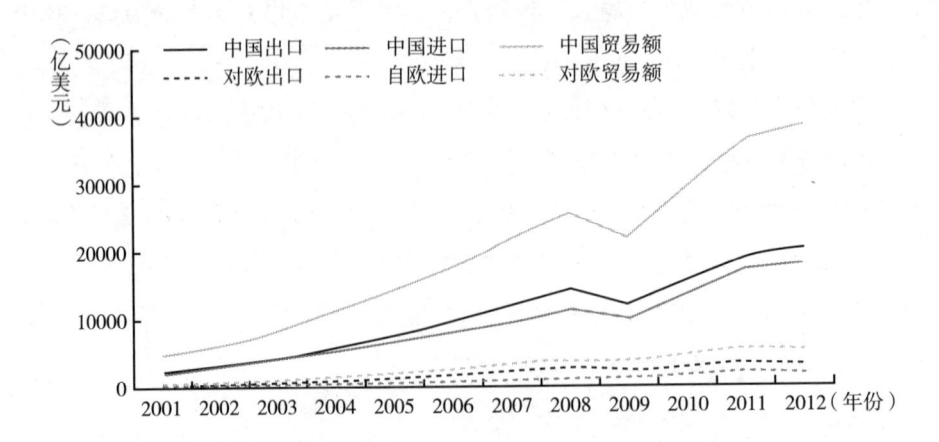

图2　2003~2012年中国外贸和中国对欧贸易

资料来源:中国商务部网站。

从增速情况来看,中欧贸易在2003~2012年的10年间经历了三起三落。如图3所示,2003年和2004年为增长速度最快的时期,也是中欧关系历史上的蜜月时期,双边贸易额年增长率在40%以上。中欧全面战略伙伴关系的启动为中欧贸易注入新的活力。这两年,中国对欧出口年增长率接近50%,进口增长率在2003年甚至达到85%,2004年也保持在30%以上。2005~2007年为第一个调整期,在经历2005~2006年的第一个低谷之后,中欧贸易于2007年重新回到30%的增长轨迹,进口则连续两年保持接近23%的年增长率。受全球金融危机的影响,2008年中欧贸易增速放缓,进出口增长均保持在20%左右。2009年陷入低谷,中欧贸易下降近15%,出现20多年以来的第一次负增长,其中,中国对欧出口下降近20%,进口也下降近4%。2010年,中欧贸易无论是出口还是进口都再次重返30%以上的增长轨迹。但在债务危机的冲击下，2011年中欧贸易增速放缓，为了帮助欧洲应对债务危机，虽然中国加大从欧洲的进口，年进口增幅达25%以上，但欧洲依然未能摆脱危机带来的需求下滑。2012年中欧贸易再次出现负增长，下降3.7%，其中中国对欧出口下降6.2%，自欧进口基本与上一年持平。

尽管这10年的中欧贸易经历了三起三落，但平均增速保持在20%以上，其中进口增速为24.2%，高于出口23.4%的增速。

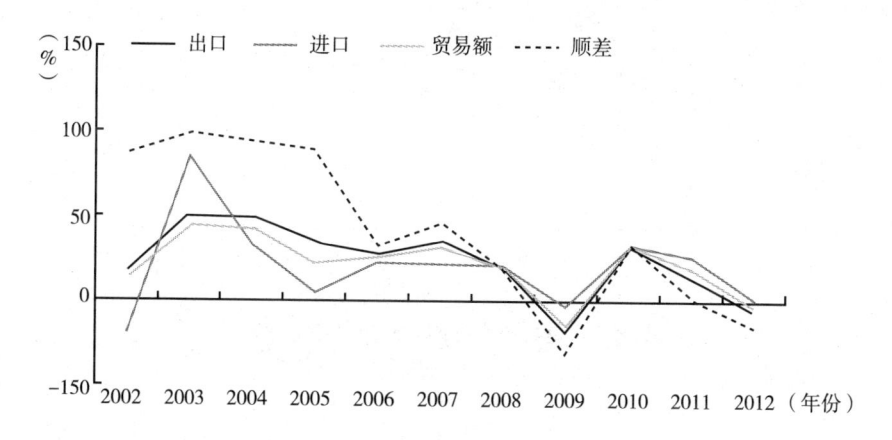

图3　2003~2012年中欧贸易增速

资料来源：中国商务部网站。经作者计算而得。

10年来，中欧贸易虽然大体呈现增长态势，但是在中国对外贸易中的比重却经历了由升到降的过程（如图4所示）。实际上，在20世纪80年代末，中欧贸易在中国对外贸易中的比重一度超过20%，进口甚至接近25%。在经历了1991年2位数以下的低谷之后（贸易额所占比重8.6%，出口占7.5%，进口占9.8%），1992年开始，中欧贸易在中国对外贸易中的比重不断上升，并于21世纪初达到15%左右。进入21世纪以后，中欧贸易所占比重在2007~2010年持续保持在16%以上，出口所占比重在2007年和2008年超过20%，进口也保持在11%~13%之间。但令人关注的是，自2008年以后，中欧贸易在中国对外贸易中的比重缓慢下滑，到2012年仅占14.1%，低于2003年14.7%的水平。出口所占比重也从2008年起缓慢下滑，2012年仅占16.3%，也略低于2003年16.5%。进口所占比重则从2009年开始缓慢下滑，2012年仅占11.7%，远低于2003年12.9%的水平。欧洲在中国对外贸易中地位的下滑是由于欧债危机造成的一时现象，还是由于中国多元化市场战略下欧洲地位被不断削弱造成的，尚需继续观察。

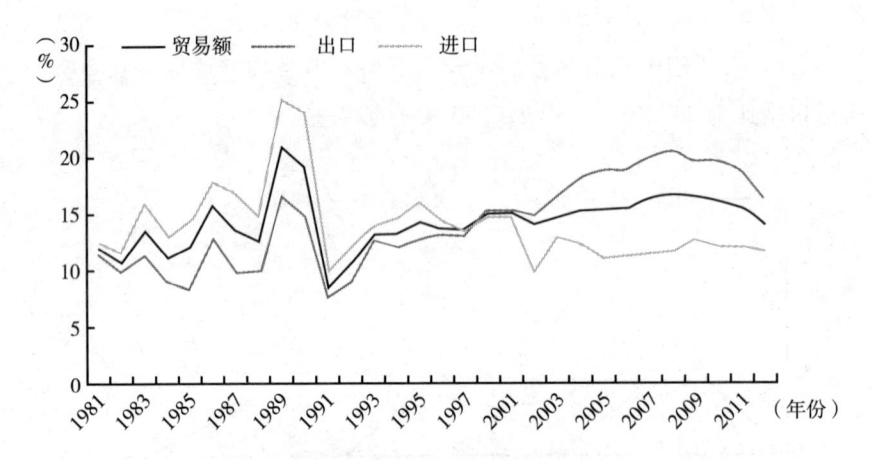

图4 中欧贸易在中国对外贸易中的比重

资料来源：中国商务部网站。经作者计算而得。

从产品结构来看①，10年来，中国对欧洲产成品的出口比重持续上升，而欧盟对中国出口的产成品的比重在持续下降，初级产品所占比重持续上升。2002~2004年，欧盟自中国进口的初级产品占4.3%，产成品占95.4%；到2012年，初级产品的进口所占比重下降到3.3%，产成品上升到96.3%。欧盟对华出口产品中，2002年初级产品所占比重为7.0%，产成品为91.1%；到2012年初级产品所占比重上升到14.1%，产成品下降到84.7%。自中国进口的初级产品占欧盟初级产品进口的比重从2006年的1.3%上升到2012年的1.47%，产成品的比重从29.0%下降到22.50%。出口中国的初级产品占欧盟初级产品出口的比重从2006年的4.76%上升到2012年6.8%，产成品从5.54%上升到9.1%。

从产品种类来看，纺织品占欧盟进口的比重在下降，机电产品所占比重在上升；而欧盟对华出口产品中，化工产品的比重在上升，机电产品的比重在下降。2002年，纺织品占欧盟自中国进口产品的比重为14.9%，机电产品占

---

① 中欧贸易产品结构数据来自欧盟统计局公布的数据。

41.7%，化工产品仅占3%。2012年，纺织品占欧盟自中国进口产品的比重下降到12.6%，机电产品上升到50.2%，化工产品增长到4.5%。出口方面，2002年纺织品占欧盟对华出口产品的比重为1.3%，化工产品占9.5%，机电产品占62%，其中汽车产品占8.4%。2012年，纺织品占欧盟对华出口产品的比重维持在1.3%，化工产品上升到11.7%，机电产品下降到58.5%，但其中的汽车产品上升到20.1%。

从单项产品结构来看，欧盟自中国进口的最主要产品是办公和通信产品，而欧盟对华出口的最主要产品是汽车产品。到2012年，来自中国的办公和通信设备占据了欧盟自中国进口产品的31.9%，成为最大的进口产品种类，同时也是欧盟对华贸易赤字最大的产品种类，当年该类产品贸易欧盟赤字873亿欧元，占到当年欧盟对华贸易赤字的60%。欧盟的电子数据处理和办公设备进口的56.8%来自中国，50.6%的电信设备的进口也来自中国。欧盟对华出口最大的产品种类为由电力机械、电动和非电动机械构成的其他机械产品，占对华出口的28%，其次是交通设备，占26.4%，其中交通设备顺差284亿欧元，仅汽车产品一项顺差就达259亿欧元。

二 中欧相互投资

与中欧贸易快速发展的态势相比，中欧相互投资则显得很不成比例。虽然中欧关于投资的数据统计口径不一，但这并不影响对几个大趋势的判断。

首先，双方均没有把对方看做主要投资目的地。根据欧盟统计局数据，2011年欧盟对华投资仅占欧盟对非成员国投资的4.8%；当年欧盟的第一大投资目的地是美国，占33.8%。与此同时，美国对欧盟的投资占欧盟吸收非成员国投资总额的62.2%，中国仅占1.3%[1]。同样，中国对欧洲的投资仅占当年对外投资的11.1%，而中国的第一大投资目的地是亚洲，占60.9%[2]。

其次，从存量上看，欧盟对华投资远远高于中国对欧投资。根据商务部统

---

[1] EuroStat, "Foreign Direct Investment Statistics," http：//epp. eurostat. ec. europa. eu/statistics_explained/index. php/Foreign_ direct_ investment_ statistics, 2013年7月28日访问。
[2] 商务部、国家统计局、国家外汇管理局：《2011年度中国对外直接投资统计公报》。

计，截至2003年12月，欧盟15国在华累计投资设立企业16158家，合同欧资金额659.43亿美元，实际投入欧资金额378.72亿美元。以实际使用外资累计金额计，在对华投资国家/地区中，欧盟排在中国香港、美国、日本之后，居第4位。同期，中国在欧盟15国累计投资设立企业432家，合同中方投资2.22亿美元，不足我国吸收欧盟投资金额的1%[1]。到2011年，根据欧盟统计局数据，中国对欧投资仅占非欧盟成员国投资的1.4%，而欧盟对华投资则占到中国吸纳境外投资总额的20%，排在中国台湾、中国香港、美国、日本之后，居第5位。当年，中国对欧盟投资31亿欧元，欧盟对华投资178亿欧元[2]。2012年，中国对欧盟投资35亿欧元，欧盟对华投资100亿欧元[3]。

再次，从增量上看，近几年中国对欧投资增速远高于欧洲对华投资增速。受欧债危机影响，欧盟在华投资增速近年来呈下降态势。据商务部统计，2012年1~12月，全国新批设立外商投资企业24925家，同比下降10.1%；实际使用外资金额1117.2亿美元，同比下降3.7%。其中，欧盟27国对华实际投入外资金额61.1亿美元，同比下降3.8%[4]。

而与此同时，中国在欧投资近年来则呈高速增长态势。据中国商务部统计，2010年中国对欧洲的投资在2009年增长2.8倍的基础上再次实现成倍增长，流量达到67.6亿美元，同比增长101.6%，占流量总额的9.8%，较上年提升4个百分点[5]。2011年，中国对欧洲投资实现连续三年增长，当年流量82.5亿美元，同比增长22.1%，占比11.1%，其中对欧盟投资75.61亿美元，同比增长26.8%[6]。（见表1）

此外，从国别情况来看，2010年中国投资流向前10位的国家，欧盟成员国中有卢森堡和瑞典两国，前20位的国家中还有德国和匈牙利。除了在卢森

---

[1] http://fec.mofcom.gov.cn/article/zlyj/sywz/200501/961527_1.html.
[2] DG Trade, "Facts and Figures on EU-China Trade," April 2013, http://trade.ec.europa.eu/doclib/docs/2009/september/tradoc_144591.pdf.
[3] EuroStat NewsRelease, 91/2013 – 13 June 2013, http://epp.eurostat.ec.europa.eu/cache/ITY_PUBLIC/2-13062013-AP/EN/2-13062013-AP-EN.PDF.
[4] http://tjtb.mofcom.gov.cn/article/y/ab/201301/20130100010897.shtml.
[5] 商务部、国家统计局、国家外汇管理局：《2010年度中国对外直接投资统计公报》。
[6] 商务部、国家统计局、国家外汇管理局：《2011年度中国对外直接投资统计公报》。

堡的投资主要是商业服务业之外，中国在其他4国的投资主要流向制造业。其中投资卢森堡32.07亿美元，瑞典13.67亿美元，德国4.12亿美元，匈牙利3.70亿美元。2011年中国投资流向前10位的国家中，欧盟成员国中有法国、英国和卢森堡3个国家。欧盟对华投资当中，2012年，法国继续保持中国在欧投资第一大目的地的地位，占到中国对欧投资项目总数的21%。位居第二和第三的是英国和德国，分别占16%和7%[1]。中国在2012年成为法国第八大外资来源国[2]。

表1 2010～2011年中国对外直接投资流量地区构成情况

地区	金额（亿美元）		同比（%）		比重（%）	
	2010年	2011年	2010年	2011年	2010年	2011年
亚洲	448.9	454.9	11.1	1.3	65.3	60.9
非洲	21.1	31.7	46.8	50.4	3.1	4.3
欧洲	67.6	82.5	101.6	22.1	9.8	11.1
拉丁美洲	105.4	119.4	43.8	13.3	15.3	16
北美洲	26.2	24.8	72.2	-5.3	3.8	3.3
大洋洲	18.9	33.2	-23.8	75.6	2.7	4.4
合计	688.1	746.5	21.7	8.5	100.0	100.0

资料来源：商务部、国家统计局、国家外汇管理局：《2010年度中国对外直接投资统计公报》、《2011年度中国对外直接投资统计公报》。

一些非官方统计数据也对近年来中国对欧投资予以高度关注。普华永道2012年11月19日公布的一份调研报告揭示[3]，2011年中国对欧投资额为110亿欧元，首次超过欧洲企业。报告指出，中国国有企业是对欧投资的主导力量。自2006年第一季度至2012年第一季度，在排名前20位的中国对欧跨境并购交易中，90%的投资者来自国企和主权财富基金。与此相反，在排名前20位的欧洲对华投资案例中，半数来自私营企业。越来越多的中国私营企业正在寻找海外

---

[1] 商务部驻法国经商参处，http://www.mofcom.gov.cn/sys/print.shtml?/i/jyjl/m/201304/20130400102296，2013年4月25日访问。
[2] 商务部驻法国经商参处，http://www.mofcom.gov.cn/sys/print.shtml?/i/jyjl/m/201304/20130400102294，2013年4月25日访问。
[3] http://world.huanqiu.com/exclusive/2012-11/3301232.html。

并购的机会，预计中国私营企业的海外投资步伐将会加快。中国企业对欧投资在能源、公共设施、矿业和基础设施领域的交易金额最大；按成交数量来算，工业产品领域最多，其次是电信媒体与技术，以及零售与消费领域。

中国在德国的投资数量近来一直稳定增长，并在2011年超过英国，占据中国对欧跨境交易总数的20%，在2012年一季度更是达到28%。2011年，法国取代英国，成为欧洲最大的对华投资国，分别在2011年和2012年一季度占据26%和35%的份额[1]。

荣鼎国际2013年2月发布的一份报告表明，由于欧债危机所带来的投资机遇，近两年来，欧洲吸引的中国的投资是美国的两倍[2]。该报告认为，中国正在大力推动在欧洲地区的投资，2008年以前，中国平均在欧洲地区投资总额不足10亿美元，但在2009年和2010年却激增到30亿美元，2011年和2012年又激增到100亿美元。中国在欧投资集中在资源、公用部门、汽车及零部件制造、机械和设备制造以及化工等领域。

此外，中国对欧洲的金融投资成为中欧经贸合作的新亮点。从金融投资角度来看，中欧日益重视建设良好的金融服务环境，以便利双方金融投资。2011年9月，中英第四次财经对话提出双方将继续加强金融合作，启动资本市场审计监管合作谈判，促进两国资本市场健康发展[3]。这不仅有利于为双方资本市场营造良好的发展环境，也有利于促进两国审计监管标准的对接，方便双方金融资本进入对方市场。2011年11月，英国财政大臣奥斯本在访问中国时表示，将和中国相关各方讨论，推动中国与英国的银行进行合作，在伦敦设立一个人民币离岸结算中心[4]。伦敦人民币离岸结算中心的建设既有利于增强英国金融市场的宽度和广度，增加更多产品，也有利于将人民币引入全球金融市场中，便利中欧双边贸易和投资。中欧一系列旨在共同改进和优化金融市场环境建设的举措体现出中欧金融投资合作日益向纵深发展。

---

[1] http://www.chinairn.com/news/20121122/139370.html.
[2] Thilo Hanemann, "Chinese Investment: Europe vs. the United States," February 25, 2013, http://rhg.com/notes/chinese-investment-europe-vs-the-united-states, 2013年7月21日访问。
[3] http://www.chinese-embassy.org.uk/chn/zywl/t857161.htm.
[4] http://finance.ifeng.com/news/hqcj/20120117/5465311.shtml.

然而，一些欧盟成员国和舆论界对中国国有企业在欧洲的投资，尤其是对一些战略性产业的收购相当抵触。德国《世界报》一篇题为《危险的依赖》的评论声称，欧洲应当心不要陷入对中国的永久依赖。英国《每日邮报》的报道称，欧债危机正是中国谋求扩大在欧洲影响力的最好时机[1]。这些议论对中国发展对欧投资产生了不利影响。

三 中欧贸易中的顺差

在1997年前，中国对欧贸易一直为逆差，1997年起转为顺差。中国加入世界贸易组织后，顺差急剧扩大，中欧之间关于贸易失衡的争议越来越频繁，贸易摩擦随之不断增多。

贸易失衡的争议最初表现在数据的差异上。根据中方统计，2003年中国对欧盟顺差191亿美元，而欧方统计则是逆差642亿欧元。两者相距甚远。统计差异表现在申报口径、汇率等技术性因素上。欧盟2004～2006年的扩大在一定程度上对双方统计带来干扰。欧盟扩大后，中欧双方的数据相对接近。

2008年，中方统计中欧贸易当年顺差为1601.8亿美元，仅次于中国内地对香港地区和美国的顺差。而欧方统计的贸易逆差达到历年来的最高值，为1695.4亿欧元。如图5所示，此后，受全球金融危机影响，2009年中欧贸易顺差急剧下降到1000亿美元，2010～2011年顺差有所上升，徘徊在1400亿美元，2012年又缩小到1219亿美元。

根据欧盟统计局的数据，2003～2012年，欧盟对中国的出口年均增长率为15.3%，超过自中国的年均进口增长率12.8%的水平。虽然中国成为欧盟出口增长最快的市场，但欧盟不断增长的对华出口依然赶不上中国强劲的对欧出口。2012年，欧盟对中国的贸易逆差占到欧中贸易额的34%，虽然比逆差最大的2008年（52%）有显著下降，但中国依然是欧盟对外贸易中最大的逆差来源国[2]。

---

[1] http://news.sina.com.cn/o/2010-12-29/090421726235.shtml.
[2] 作者根据欧盟统计局数据进行的计算。

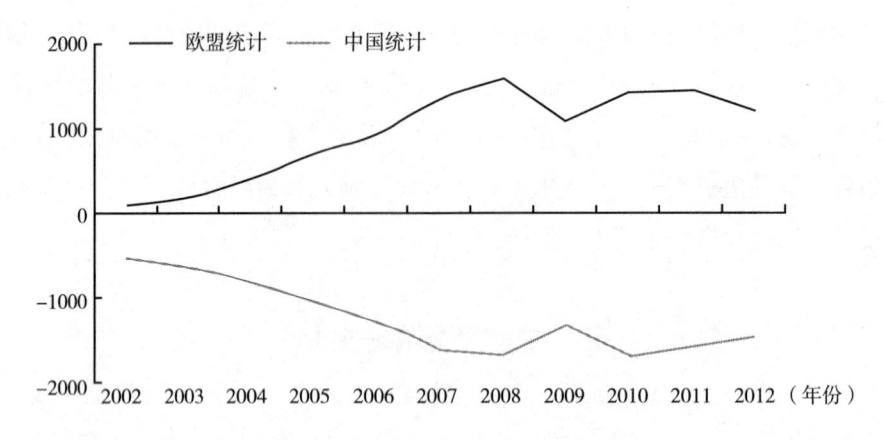

图5 中欧贸易平衡（2002～2012）

数据来源：欧盟数据来自欧盟统计局，单位为亿欧元；中国数据来自中国商务部，单位为亿美元。

对中欧贸易顺差的问题，我们不能仅停留在表面数字上，而应该从经济全球化角度来分析，因为双边贸易统计数据并不能正确反映复杂的贸易关系[①]。

实际上，导致中欧贸易急剧失衡（中美贸易失衡也类似）的最主要的因素是中国加入世界贸易组织后带来的全球价值链的重新调整。这种调整体现在以下两个方面。

一是，东亚经济体大规模向中国内地转移产能。在全球化背景下，受中国劳动力成本优势和吸引外资能力的影响，大量加工贸易伴随着流动资本从日本、韩国、中国台湾等东亚国家和地区进入中国内地，导致中国出口在"入世"后呈现大爆炸式增长，同欧美的贸易顺差与同日本、韩国、中国台湾等东亚国家和地区的贸易逆差几乎同步加大。东亚国家和地区因将大量生产转移到中国，对欧美的贸易顺差大大减少。换句话说，本来由这些东亚国家和地区直接向欧美出口的商品，在中国"入世"以后，改为由这些国家向中国出口半成品和零部件，在中国加工和组装后再出口到欧美，形成如图6所示的中国、东亚、美国/欧盟

[①] 欧盟安全研究所的一份报告也持有类似的观点。参见 Marcin Zaborowski edit, "Facing China's Rise: Guidelines for an EU Strategy," *Chaillot Paper* No. 94, EU Institute for Security Studies (EUISS), Paris, December 2006, p. 17。

这样的贸易三角①。作为贸易三角的一方，中国对欧盟的出口从 1997 年的 238 亿美元增加到 2007 年的 2452 亿美元，10 年内增长 9 倍多，而同期内欧盟从亚洲进口所占的份额仅增加不足 10%②。事实上，是中国向欧盟的出口替代了其他东亚经济体向欧盟的出口③，而中欧双边贸易数字并没有反映出这种状况。

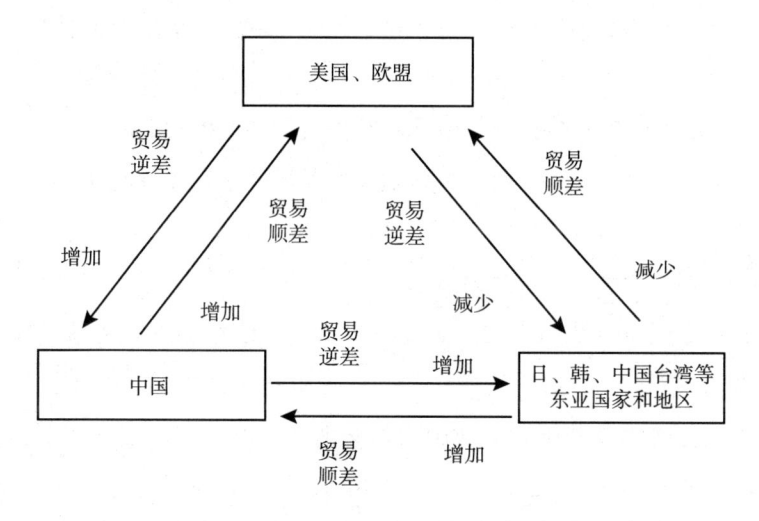

图 6　中国、美国/欧盟和东亚贸易三角

资料来源：转引自周弘等《反思 2008 年的中欧关系》，《欧洲研究》2009 年第 3 期。

二是，欧美厂家通过从中国内地进口半成品，在欧洲制造成最终产品后再出口。欧盟从中国进口的商品 2/3 是半成品，这有助于欧洲企业削减生产成本，并增强欧洲自身出口产品的竞争力④。欧洲企业通过在华投资，享受着巨

---

① 原作者建立的是中、美、东亚其他国家之间的三角模型。本文作者在此模型的基础上，采用欧盟近年的数据进行了验证，认为中国、欧盟以及日、韩、中国台湾等东亚国家和地区这三者之间也存在类似的三角模型。
② European Commission, "EU-China Trade in Facts and Figures," MEMO/09/40, Brussels, 30 January 2009.
③ Andreas Freytag, "The Chinese 'Juggernaut'-Should Europe Really Worry about Its Trade Deficit With China?" *Policy Briefs*, No. 2, European Centre for International Political Economy (ECIPE), Brussels, 2008, p. 4.
④ Fredrik Erixon, "Back to Basics: Economic Reforms and EU-China Relations," ECIPE Bulletin No. 09/2012.

大的中国市场所带来的机遇。东亚经济体向中国的投资以垂直投资为主，投资转移成贸易。而欧洲企业对华投资则以水平投资为主，投资替代了贸易。一方面，外商投资通过技术溢出等效应，提高了中国产品竞争力，促进了中国对欧盟的出口，同时因大量进口中国制造的半成品和部件而提高了欧洲自身产品的竞争力，进而推动欧洲自身的出口；另一方面，欧盟在华投资企业增长，其商品在中国市场销售，替代了欧盟对华的出口，这加剧了中欧贸易失衡[1]。有些研究证明，欧盟对华直接投资是中国对欧盟贸易顺差扩大的原因之一[2]。

联合国贸发会议、世界贸易组织以及世界经济论坛等近期发布的全球价值链研究成果也验证了全球化背景下全球价值链所发生的变化和布局上的调整，尤其是中国对外贸易中所扮演的角色[3]。

作者根据经济合作与发展组织与世界贸易组织联合开发的数据库"贸易增值数据库（TiVA）"所提供的数据，计算中欧贸易中的国内增值在国外最终消费中的比重以及外国增值在国内最终消费中的比重。如图7所示，2008年，中国对欧出口3723亿美元，其中国内增值为2566亿美元，进口占1157亿美元，进口给出口造成的重复计算占到中国对欧出口的31%。同样，2008年中国自欧洲的进口为2993亿美元，而进口中进入国内最终消费的为1363亿美元，有1630亿美元的进口没有进入国内最终消费，而是通过加工贸易再次成为出口，进口对出口造成的重复计算占到中国自欧进口的54%。换句话说，中国对欧出口的近1/3是进口所做的贡献，而中国自欧进口的一半以上是用于再出口的。这充分暴露出传统的贸易统计在全球价值链的环境下的缺陷。

这种重复计算对中欧贸易顺差也带来了直接影响。如图8所示，根据经济

---

[1] 冯雷、王迎新：《中国对欧盟贸易顺差研究》，http://ies.cass.cn/Article/xshd/xshddsj/200710/539.asp。

[2] 叶文佳、于津平：《欧盟对中国FDI与中欧贸易关系的实证分析》，《世界经济与政治论坛》2008年第4期，第27页。

[3] UNCTAD, "Global Value Chains: Investment and Trade for Development," World Investment Report 2013, UNCTAD 2013. WTO, "Trade Patterns and Global Value Chains in East Asia: From Trade in Goods to Trade in Tasks," WTO 2011. WEF, "The Shifting Geography of Global Value Chains: Implications for Developing Countries and Trade Policy," WEF 2012.

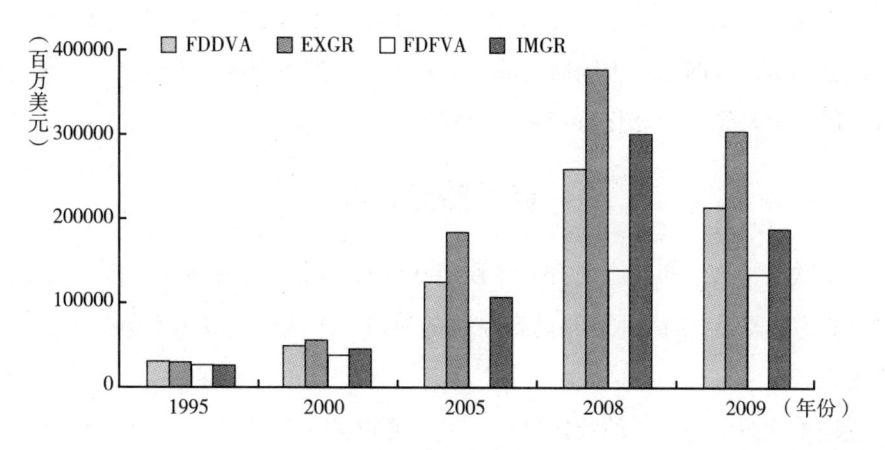

图7 中欧贸易中的贸易增值

注：FDDVA 指"出口中的国内增值"，EXGR 指"出口总额"，FDFVA 指"国内最终消费中的外国增值"，IMGR 指"进口总额"。
数据来源：作者根据 OECD-WTO 贸易增值数据库（TiVA）计算而得。

合作与发展组织与世界贸易组织联合开发的数据库"贸易增值数据库（TiVA）"所提供的数据进行的计算，2008年中欧贸易中方顺差1720亿美元，而中方的实际增值部分为1203亿美元，有517亿美元是被重复计算的，占到中欧顺差总额的30%。2009年，这一比重达到33%。

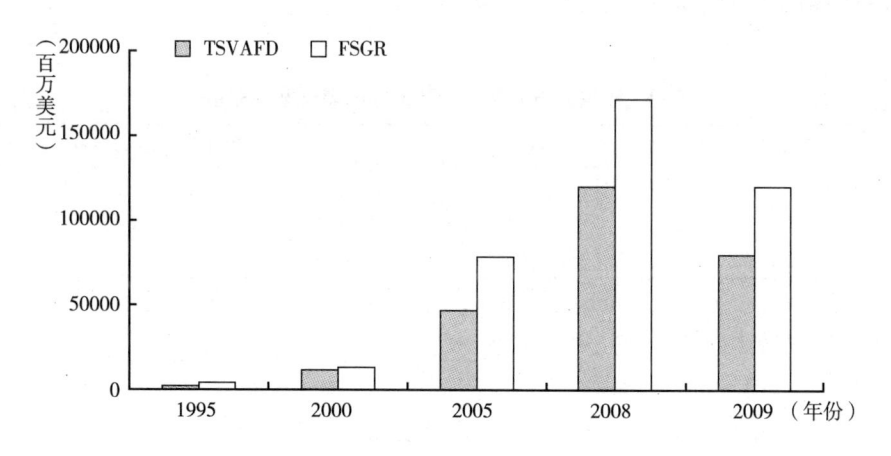

图8 中欧贸易顺差中的国内增值

注：TSVAFD 指"贸易顺差中的国内增值"，TSGR 指"贸易顺差总额"。
数据来源：作者根据 OECD-WTO 贸易增值数据库（TiVA）计算而得。

因此，中欧贸易顺差问题在一定意义上已经远远超出双边的范畴。欧盟面对的已不是简单的来自中国的挑战，而是来自亚洲不断深化的经济一体化的挑战，同时也是经济全球化所带来的对贸易政策的挑战。

四 贸易摩擦

中欧贸易顺差的急剧上升，导致中欧贸易摩擦力度的不断加大。近年来，中国成为欧盟最大的采取贸易防御措施的对象国，这已经成为不争的事实（参见表2）。

根据欧盟贸易总司的数据显示，2012年欧盟针对7种产品发起13起反倾销调查，其中涉及中国4起，从产品上看占一半以上，从调查数量来看，中国占30%。同期，欧盟针对5种产品发起6起反补贴调查，涉及中国3起，从产品上看占60%，从调查数量上看占50%[①]。此外，欧盟还发起14起期满复审（中国占4起），对11起产品决定继续征收反倾销税（中国占4起）。欧盟发起的6起反规避调查全部针对中国。

与此同时，欧盟在2012年结束的反倾销调查8起，涉及6种产品，针对中国产品的有5起，数量上占63%。2012年欧盟结束反倾销调查并且没有征收反倾销税率的案件有7起，其中涉及中国的有4起。

表2 欧盟新设立反倾销和反补贴调查案件数量

	2008年	2009年	2010年	2011年	2012年
中国（起）	6	7	10	8	7
欧盟总计（起）	20	21	18	21	19
中国占比（%）	30	33	56	38	37

资料来源：欧盟委员会2012年反倾销、反补贴和特保统计资料，http://trade.ec.europa.eu/doclib/docs/2012/december/tradoc_150133.pdf。

近年来年，欧盟对华反倾销调查还体现出5个新特点。

第一个特点是，大案凸显。2012年以前，欧盟对中国发起反倾销调查所涉及

---

① http://trade.ec.europa.eu/doclib/docs/2012/december/tradoc_150133.pdf。

的案件金额占中欧贸易量一般不超过2%。但这一局面在2012年发生彻底改变。

总部设在德国的SolarWorld公司发起的针对中国光伏产品在美国的"双反"调查于2012年5月17日赢得初步裁决之后,7月25日,该公司联合20多家欧洲公司组成EU ProSun联盟针对中国输欧光伏产品向欧盟委员会提出反倾销调查申请。9月6日,欧盟委员会正式宣布受理此案。9月26日,以SolarWorld为首的EU ProSun联盟在欧盟提出反补贴调查申请。欧盟委员会在45天之后决定受理反补贴调查。中国输欧光伏产品占中国总产量的70%,而中国对美国的光伏产品的出口只相当于对欧出口的1/10,因此,如果欧盟基于"双反"调查结果实施惩罚性关税,那对于中国光伏产业来说将是灭顶之灾。2011年中国向欧盟出口价值210亿欧元的太阳能面板及组件[1],经测算,仅这一个案件就占到当年欧盟自中国进口的7%[2]。中欧贸易迄今为止最大的贸易摩擦拉开序幕。

第二个特点是,涉案产品从低端产品转向高技术含量产品。欧盟发起的反倾销调查已经不再局限于纺织品、鞋等低端产品,而是转向电子产品和新能源产品,此外钢铁产品重新成为调查的重点(参见表3)。

表3 2008~2012年欧盟新发起"双反"调查案件数量

单位:件

产品	2008年	2009年	2010年	2011年	2012年
化工产品	0	9	7	11	—
纺织品	—	3	—	—	—
木材和造纸	—	—	2	—	—
电子产品	—	1	2	—	2
其他机械工程产品	1	1	1	1	1
钢铁产品	11	4	3	6	11
其他金属产品	5	1	—	1	—
其他产品	3	2	3	2	5
总 计	20	21	18	21	19

资料来源:欧盟委员会2012年反倾销、反补贴和特保统计资料,http://trade.ec.europa.eu/doclib/docs/2012/december/tradoc_150133.pdf。

---

[1] 资料来源,http://trade.ec.europa.eu/doclib/press/index.cfm?id=829。
[2] 根据2012年3月16日欧盟统计局发布的数据,2011年,欧盟自中国的进口为2921亿欧元。EuroStat,news release,EuroIdicators,44/2012,16 March 2012.

早在 2011 年 12 月份，欧盟开始对源自中国的有机涂层钢材实施反倾销调查。2012 年 2 月 22 日，经欧洲钢协的申请，欧盟决定对源自中国的有机涂层钢材实施反补贴调查。欧盟委员会在 2012 年 12 月下旬发布对华有机涂层钢板"双反"调查的披露文件，指责中国政府扶持本国有机涂层钢材生产商，使其以低于市场价格获得原材料。商务部发言人沈丹阳 2013 年 1 月 16 日表示，中方已向欧方提出书面抗辩意见，要求撤销不合理裁决意见，并保留在世界贸易组织法律框架下的权利①。

第三个特点是，欧盟对华贸易防御已不仅限于反倾销，而是往往采取反倾销和反补贴"双反"调查，加大贸易防御的力度。欧盟对 2012 年的太阳能面板案和有机涂层钢材案都采取"双反"调查的方式。

第四个特点是，欧盟委员会贸易总司计划主动出击，发起调查。欧盟贸易总司官员认为，一些公司由于担心在华的业务受到影响，不敢主动提起反倾销申请，因此，欧盟委员会应该根据相关产品对欧盟产业的损害情况直接发起反倾销和反补贴调查。欧盟贸易总司目前关注的是华为和中兴的无线网络产品。

第五个特点是，强调对等开放，尤其关注公共采购领域。2011 年欧盟委员会起草更新公共采购指令的建议，欧洲议会国际贸易委员会对该建议进行 4 次讨论，于 2012 年 11 月 7 日形成最终意见②，并交各成员国议会通过。新的公共采购指令中突出了对等开放原则，对于不向欧盟开放公共采购市场的国家，欧盟也向这些国家关上公共采购市场的大门。这份新指令将会主要涉及美国、中国等国家。中欧之间的贸易摩擦烈度有可能进一步加大。

五 完全市场经济地位问题

回顾中欧全面战略伙伴关系十年历程，中国的"市场经济地位"问题是不能回避的。历次中欧首脑会晤时，都会提到这个问题。中国外交在这方面投入了大量的资源。2003 年，中国曾经发起过一次外交行动，争取欧盟、美国

---

① 商务部例行新闻发布会，2013 年 1 月 16 日，http：//www.mofcom.gov.cn/xwfbh/20130116.shtml，最后访问时间 2013 年 1 月 28 日。
② Committee on International Trade, European Parliament, 2011/0437（COD），7.11.2012.

承认中国的市场经济地位，但到目前为止没有获得成功。

中欧关系中"完全市场经济地位"问题与通常所说的市场经济地位是两个概念。中欧关系中的"完全市场经济地位"问题，是一个仅局限于反倾销领域的操作性的法律问题，不是一个价值观念之争，更不是一个谁是市场经济正统之争。

市场经济地位问题来自对 GATT/WTO 反倾销规则的一个衍生理解。在中国申请复关和"入世"的谈判过程中，有些成员国在自身的反倾销法规中已经存在市场经济地位条款。在这些成员国的要求下，根据 GATT 第 6 条及其注释，进一步明确了在针对中国产品的反倾销调查中，这些成员国可以有条件地认定中国的非市场经济地位，并据此选取替代国的价格展开反倾销调查。但这一做法 15 年后终止，即 2016 年 12 月 23 日之后，在针对中国产品进行反倾销调查时，不能再继续采取用第三国价格或成本来确定倾销幅度。该谈判结果被写进中国加入 WTO 议定书第 15 条。除此以外，无论是 WTO 规则还是中国"入世"法律文件，都没有对中国的市场经济体制提出任何要求或疑问。除反倾销调查程序之外，中国既不需要他国承认中国是市场经济国家，同时即使被承认为是市场经济国家，也不会有任何意义。WTO 并不要求市场经济国家这一"身份"。因此，所谓市场经济地位仅限于其他成员对中国产品进行反倾销调查的范围内，更确切地说是在进行反倾销调查时是否给予被调查对象"市场经济地位"这一待遇。将这一问题扩大到中国经济改革成就是否获得承认、中国是否需要"入市"，都是没有必要的。建立完全的社会主义市场经济体制是中国自己设定的政治目标，并不需要获得其他国家的承认。很遗憾的是，中国一度投入巨大的外交资源，试图争取欧盟早日承认中国的"完全市场经济地位"，使中欧关系走了一段弯路。

非市场经济地位问题确实给中国部分企业和出口产品带来重大影响。2004年之前，反倾销涉及的价值不大，单笔案件达到 1 亿美元就很大。每年反倾销涉及的商品价值不到中国对欧出口的 1%，有的年头甚至低于 0.01%。现在金额越来越大，以前每年大约 10 多亿美元，现在从传统产品上升到高科技产品，2010 年启动的数据卡反倾销案件，单笔就 40 多亿美元。2012 年发起的光伏产品反倾销调查，涉案金额达 200 多亿美元，占中国输欧产品的 7%。在反倾销调查

中如何确认企业是否具有"市场经济地位",进而如何确定倾销价格,非常关键。

随着2016年12月23日的临近,根据中国加入世界贸易组织议定书的规定,欧盟在此后应终止采用替代国价格或成本来界定中国产品倾销幅度的做法,无论欧盟是否承认中国的市场经济地位。因此,中欧关系中市场经济地位问题的重要性正在逐步减少。欧盟也深知这一点。在2007年中国与欧盟的市场经济地位谈判进入低谷时期后,欧盟为了不失去这个砝码,主动提出新的谈判方案,采取部分承认中国某些产业和企业市场经济地位的做法,以此引诱中国继续谈判。中欧之间的谈判也改为"完全市场经济地位"问题谈判。

承认中国的市场经济地位问题只是增加欧盟采取反倾销措施的边际成本,使欧盟的举证和程序更加麻烦,并不能阻止欧盟采取反倾销的手段。而且,反倾销只是欧盟贸易保护主义的一种手段,除此之外,欧盟还可以采取反补贴等手段。因此,即使欧盟提前承认中国的完全市场经济地位,也不会从根本上解决欧盟的贸易保护主义问题。给不给予市场经济地位问题和反倾销的数量没有显著的关系。

由此可见,市场经济地位固然重要,但并不是解决中欧经贸问题的灵丹妙药。由于市场经济地位问题的非全局性和收益递减性,中国没有必要在这个问题上让中欧关系搁浅,也不必就这一问题的解决进行交易。中欧经贸关系领域广泛、机遇众多,可以在更多的方面谋求更多的合作与共赢。

六 未来的挑战

中欧全面战略伙伴关系10年来,中欧双方的实力和地位以及国际环境都发生了很大的变化。10年前,中国和欧盟都处在充满蓬勃发展动力的阶段。欧洲当时正迎接历史上最大的一轮扩大,中国则顺应全球化的挑战,迅速适应"入世"后的国际贸易环境,并推动中国经济与全球经济融合。10年后,欧洲深受欧债危机困扰,民众对欧洲一体化的疑问有所加重,欧洲人在相当一段时间内将继续忙于内部事务,推动经济增长成为欧盟的重中之重。而中国则面临调整经济结构、转换经济增长方式的挑战,同时大力开拓新兴市场,推动对外贸易的平稳发展。如果说10年前,欧盟市场对于中国来说意味着经济增长的来源,那现在中国的市场也成为欧盟赋予厚望的未来增长来源。中欧贸易关系已经"大而不能倒"[1]。

欧债危机以来,特别是最近一年来,欧盟方面不断发出贸易保护主义的声调,如主张如果中国不开放公共采购市场,那欧盟也将会对中国企业关上欧盟公共采购市场的大门,又如针对日益活跃的中国在欧投资,有舆论呼吁欧盟对中国投资进行公共安全审查。在电信以及光伏领域,欧盟委员会对中国输欧产品发起"双反"调查。

随着全球价值链的出现,那种把出口看做好事、把进口看做坏事,以及用相互的市场准入来进行交换的重商主义行为方式,已经越来越无法自圆其说。国内企业诚然可以从出口受益,但它们也依赖进口可靠的世界一流产品和服务,以提高生产率和竞争力。经济合作与发展组织的报告认为,越早实行自由化就可以越早在专业化方面赢得主动,并且巩固自身在国际市场上下游产业链中的地位,更好地发挥自身优势[2]。因此,欧盟方面发出的威胁或者贸易保护主义的声调反映出更深层次的问题,即欧盟需要进行自身改革来开发市场同时提高竞争力,而不是实行更多的贸易保护。

为了中欧贸易能够像过去10年那样持续发展,无论是中国还是欧盟都需要找到新的战略来遏制保护主义的压力并向对方有效表达自己的关切。这需要中欧双方都要认清现实,调整定位,同时转换思路。

过去10年中国对欧贸易关系确实得到了长足的发展,并且一度欲取代美国,成为欧盟第一大贸易伙伴。但我们应该看到中欧经贸关系在机制上存在许多不足。中欧贸易量的急速上升,在一定程度上更带有任其自然发展的态势。中欧双方对贸易量的激增明显估计不足,并且缺乏有效的机制来进行积极引导。

从高层对话机制上来看,中欧经贸高层对话在经历2008年的第一届、2009年第二届及2010年的第三届之后,第四届对话迟迟未能举行。而经贸关

---

[1] Fredrik Erixon, "Back to Basics: Economic Reforms and EU-China Relations," ECIPE Bulletin No. 09/2012.

[2] OECD, "Trade Policy Implications of Global Value Chains," May 2013.

系恰恰是中欧关系的基石。欧盟是中国第一大贸易伙伴，一度连续8年是中国的第一大出口市场，而近两三年中欧贸易量已经基本接近欧美贸易量，中国甚至有可能取代美国，成为欧盟的第一大贸易伙伴。与此同时，欧盟是中国的最大技术进口来源地，中国对欧的投资近年来也呈急剧上升的态势。经贸关系发展的动力没有得到中欧高层政策层面的积极回应，而是处于任其自然发展的状态。由此带来的后果是，一方面中欧经贸摩擦近年来不断升级，另一方面欧美启动自贸区谈判，欧盟加大发展跨大西洋关系的意愿，此外，中国缺席欧盟的全球自贸区战略布局，遭到欧盟的故意冷落。

从工作层的对话机制来看，中欧之间有50多种对话机制。如此众多的对话机制中，竟然没有一种预警机制，能够将双方在经贸问题上的关注以及摩擦有效地进行管控和化解，以至于中欧之间的光伏争端搞到中国总理亲自给欧盟委员会主席打电话表示强烈关注。这虽然一方面说明中国政府对此类贸易摩擦案的严重关切，但另一方面也说明中欧众多对话机制的尴尬局面，即有对话无效率。面对近年来中欧贸易摩擦中大案凸显、力度加大的趋势，中欧之间有必要探索尽早建立有效预警机制。

从参与对话的角色构成来看，中欧之间的对话主要在政府部门之间进行，官员对官员、主管对主管，但企业间缺席对话机制。中欧之间需要尽早吸纳企业积极参与到行业和政策对话中来。

从法律机制上来看，中欧之间的贸易协定仍停留在1985年签署的贸易协定的框架范围内。中欧之间因伙伴合作协定谈判陷入僵局而影响到了贸易协定的更新。欧盟主导的这种政治绑架贸易的思维范式严重影响中欧贸易法律框架的更新。欧盟近来建议中欧举行投资协定谈判，试图另起炉灶。但这一策略一定意义上更多地是为了欧盟或者是为了欧委会的利益。欧委会通过中欧启动投资协定谈判来做实《里斯本条约》中赋予的投资协定谈判权能。

展望未来10年的中欧关系，中方在经贸关系上应该扭转目前中欧关系中由欧方主导议程、中方被动应付的局面，同时中方应该抛弃形式大于实质的双边关系发展方式，构建中欧经贸关系发展的新思路。

中欧伙伴合作协定谈判是由欧盟主导的谈判议程，这种用政治绑架经济、以经贸促政治变革的协定，目的在于推动对象国的政治民主和社会发展，带有浓重的意识形态框架。目前，这一谈判已经陷入僵局，同时，欧盟的这一谈判思路也明显不符合中欧关系的现实需求。中方应该建议将伙伴合作协定中的政治谈判和经贸谈判重新剥离，将经贸谈判纳入到欧盟倡议的投资协定谈判框架内，启动中欧自贸区谈判。这一方面可以摆脱伙伴合作协定中政治谈判的束缚，另一方面可以迫使欧盟用行动回应在其自贸区战略中没有孤立中国的意图。比照欧美的实践，中方可以倡议成立中欧经济贸易理事会，做实中欧之间的众多对话机制，同时推动中欧经贸高层对话的展开。中欧经济贸易理事会的近期目标则是推动中欧尽早启动自贸区谈判。

B.4 中欧人文交流

田德文*

摘　要： 2003~2013年，中欧人文交流得到全面发展。中国首先提出加强人文合作的理念，欧盟在其对外权能扩大后积极回应，使中欧人文交流最终成为双方经贸关系和政治对话之外的"第三支柱"，在充实"中欧全面战略伙伴关系"方面发挥了重要作用。

关键词： 中国　欧盟　中欧人文交流

人文交流是国际关系中不可或缺的，它不仅可以增进国际行为者之间的相互了解、信任和感情，改善国际关系发展的基础与氛围，而且本身就是各类"国际公关活动"的重要平台。不仅如此，对外文化活动还是各国际行为体建构"软权力"的重要手段。近年来，世界各国普遍重视开展"文化外交"，着力构建官方与民间广泛参与、文化交流活动和文化产业合作并举的国际文化交流与合作框架。与"中欧关系"的其他领域一样，中欧人文交流也具有"双轨制"的特点。2003~2005年，中国与欧盟成员国之间的文化关系全面发展，由于当时外交属于成员国内政，所以中国和欧盟层面的文化交流活动较少。2006年后，随着欧盟权能的扩大、中国对外文化战略的实施和中欧关系的发展，中国与欧盟之间的人文交流日渐紧密。2010年中欧峰会宣布，将把中欧人文交流机制建设成为"中欧全面战略伙伴关系"在经贸关系与政治对话之外的"第三支柱"。

---

* 田德文，中国社会科学院欧洲研究所研究员，社会文化研究室主任，中国欧洲学会欧洲政治分会秘书长。

一 2003～2005年的中欧人文交流

2003年10月，中国在对欧盟政策文件中率先表示应大力发展中欧人文交流，认为双方应"互鉴互荣，取长补短，扩大人文交流，促进东西方文化的和谐与进步"，将人文交流作为"教、科、文、卫合作"的组成部分，承诺"中国将以更加开放的姿态，巩固和深化与欧盟成员国在文化领域的交流与合作，逐步形成中国与欧盟、欧盟成员国及其地方政府，以及民间、商业等多层次、全方位的人文交流框架，为中欧人民相互了解对方优秀文化提供便利。中国将逐步在欧盟成员国首都及欧盟总部布鲁塞尔建立中国文化中心，也欢迎欧方根据对等、互利原则，在北京设立文化中心；鼓励中欧共同举办高水平的人文交流活动，开拓文化产业合作的新模式；探讨建立中欧文化合作磋商机制和共同举办'中欧文化论坛'"。[1]

欧盟在随后发布的对华政策文件中回应了中方表态，表示"支持中方所提在文化和文明对话框架内处理人际关系的倡议"，"为促进相互理解，应采取措施，通过加强旅游、教育和文化领域的交流，推动人员之间的往来"。不过，因为缺乏建立与中国开展全面人文合作的权能，欧盟当时只能在有限领域中起辅助性作用。该政策文件提及的欧盟层面对华文化活动仅限于"欧盟驻华代表团加强与中国各所大学的联系，如在欧盟重要人士访华时组织座谈，组建一些欧盟研究中心。在文化领域，驻华代表团和欧盟成员国在诸如上海国际电影节一类的活动中能协调行动"。同时，欧盟政策文件在回顾此前若干年中欧交流时提到，中欧之间"人员接触以及在教育和文化领域的交流也得到了加强。访问欧盟项目已成为让中国决策者和智囊前往布鲁塞尔直接了解欧盟的重要方式"。[2]

欧盟的主要作用表现在积极引导各成员国开展与中国的文化交流。2003

---

[1] 中国外交部：《中国对欧盟政策文件》，2003年10月13日，http://www.gov.cn/gongbao/content/2003/content_62478.htm。

[2] 欧盟理事会：《欧盟对华政策：一个走向成熟的伙伴关系——中欧关系中的共同利益和面临的挑战》，http://www.chinalawedu.com/falvfagui/fg23155/172361.shtml。

年10月27日，欧盟委员会主席普罗迪在布鲁塞尔欧盟总部接受中国驻欧盟记者联合采访时表示，欧盟希望与中国在政治、经济、教育、科技和文化等诸多领域加强合作。12月18日，欧盟委员会负责教育和文化事务的委员维维亚娜·雷丁强调，东西方文化之间的相互沟通应该通过加强对话和交流来实现。欧洲与中国的文化交往则应立足现在，放眼未来。这些表态的内容基本来自中国对欧盟政策文件，说明双方在这一问题上已经达成基本共识。

当时，中国与欧盟成员国之间的人文交流已非常紧密。2003年，法国举办"中国文化年"活动，德国举办"中国文化节"活动，芬兰举办"中国文化周"活动，中国与意大利就互设文化中心签署备忘录，与奥地利签署文化交流执行计划，"中国文化中心"在马耳他挂牌。此外，2003年中国艺术团体参加哥本哈根"亚洲形象"文化节和奥胡斯艺术节，中央电视台"手拉手"艺术团访问西班牙，英国在华举办"创意英国"活动，西班牙"皇家马德里"足球队访华，芬兰室内乐团来华演出。2004年1月26日到29日，胡锦涛主席访问法国，巴黎标志性建筑埃菲尔铁塔被装点为"中国红"的颜色，使这种人文交流所营造的友好与信任的气氛得到充分体现。

在中欧经贸合作迅猛发展的阶段，加强人文交流是全面提升中欧关系的"题中应有之意"。欧盟对华政策文件对中欧关系发展的目标和手段都做出了明确表述："欧盟和中国在未来的岁月里，都应致力于建立平等、牢固、持久、互利和全面的关系……实现这些行动和迈向更全面的目标，则要求欧盟和中国各有关方面充分投入。对欧盟而言，必须最大限度地协调成员国的对华政策，在所有涉及中国的实质性问题上以一个声音说话。"① 这就是说，欧盟认同与中国建立长期、稳定、全面合作关系的目标，拟以更大程度的一体化作为发展对华关系的手段。这种态度给中欧人文交流的发展带来新的契机。随后两年，在人文交流领域，欧盟陆续组织了一些与成员国对华人文交流平行的活动。2005年9月5～8日，在中国与欧共体建交30周年之际，欧盟在布鲁塞尔召开"中华文化高峰会议"，比利时世界太极学会、比利时国际理学研究所、

---

① 欧盟理事会：《欧盟对华政策：一个走向成熟的伙伴关系——中欧关系中的共同利益和面临的挑战》，http://www.chinalawedu.com/falvfagui/fg23155/172361.shtml。

中国山东大学"易学与中国古代哲学研究中心"等机构参加,欧盟对外联络部中国事务官员、比利时国务秘书等人出席。但是,由于权能的限制,2003~2005年,欧盟对华文化交流活动尚未全面展开。

二 2006~2009年,建立中国—欧盟层面人文交流

2006~2009年,中欧文化关系的发展出现新的契机。从欧盟方面说,有三种因素推动其强化对华人文交流:其一,随着欧盟对华认知的变化,加强与中国的文化交流成为充实双方更加对等伙伴关系的重要手段;其二,2007年后欧盟提升了文化因素在其政策框架中的地位,更加重视与包括中国在内的国际行为体之间开展文化交流活动;其三,发展全欧层面的对华人文交流,也是落实《里斯本条约》扩大欧盟对外权能的需要。从中国方面来说,在此期间"文化外交"日益得到重视,也为中欧文化交流的发展创造了条件。

2006年10月24日,欧盟发布新的对华政策文件《欧盟—中国:更紧密的伙伴,更多责任》,其中表述的"中国观"发生了重大变化。文件开宗明义,强调"过去10年间,中国重新成为主要大国,已经成为世界第四大经济体和第三大出口国,同时具有日益增强的政治权力"。这种定位说明,欧盟的对华认知发生了变化,从强调中国处于"转型"中,到强调中国已经充分强大。在这种背景下,文件强调对华关系应"扩展人与人之间的联系",拟在"从文化交流和旅游到市民社会和学术联系"的各个方面采取"重大与持续的行动"来巩固中欧关系[①]。

2007年5月,欧盟发布"全球化世界中的文化"备忘录,将"欧盟文化政策"提升到一个新的高度。备忘录指出,在欧洲一体化过程中,欧盟"日益意识到联盟在欧洲和世界范围内都可以在促进文化丰富性和多样性方面发挥独特作用,同时认识到,在实现欧盟繁荣、团结与安全目标,确保欧盟在国际舞台上发挥更大作用方面,文化都具有不可或缺的功能。"因此,欧盟决心将

---

① EU, "EU-China: Closer Partners, Growing Responsibilities," COM (2006) 632 final.

"文化推广作为联盟国际关系的一个重要因素。"① 这些表态虽然只是原则性的，但就推进中欧文化关系而言，却无疑由此获得更加强大的合法性。

2007年12月13日，欧盟成员国首脑签署《里斯本条约》。2009年12月1日，条约正式生效。在这个过渡期中，欧盟推进中欧文化交流活动的制度性障碍逐步减少。此前，中欧人文交流的难题之一是不对等。从中方来说，如果中国允许一个国家在自己的领土上举办文化活动，那么这个国家也应该允许中国在其国土上举办活动。欧盟不是主权国家，那么中国就无法在"欧盟"举行文化活动，只能在欧盟指定的成员国进行。中国与多数欧盟国家都有双边的文化合作关系，欧盟层面上的中欧文化交流活动只能在欧盟组织、协调下，由中国与欧盟及其成员国共同实施。2006~2009年，此类活动数量渐多。2008年11月，欧盟驻华代表团与时任轮值主席国法国的驻华使馆共同主办首届"中国欧盟电影节"，法国文化中心、西班牙塞万提斯学院、意大利大使馆文化处等机构参加活动。2009年5月21~25日，"欧中企业领导力与社会责任研究中心"举办第四期中国—欧盟经理人交流活动，59位中国经理人和46位欧洲经理人参加为期五天的跨文化培训。同年5月27日至6月9日，由对外友协联合北京外国语大学海外汉学研究中心、山东省政府新闻办公室、辽宁省歌舞团、德国纽伦堡市政府、纽伦堡·埃尔朗根大学孔子学院、匈牙利罗兰大学孔子学院和奥地利维也纳大学孔子学院等机构共同举办，先后在匈牙利、奥地利、德国举行多项活动。这些欧盟组织协调、多成员国参与的中欧人文交流活动的增多，说明在欧盟层面上强化中欧人文交流的时机已经成熟。值得一提的欧盟层面上的对华人文交流活动主要是，中国艺术研究院和欧盟文化中心合作组织（EUNIC）联合主办的"中欧文化对话"活动。2008年10月，该项活动在北京启动，此后按年度先后在哥本哈根、上海和卢森堡举行，每次都有上百名中欧知名文化人参加，为双方提供交流平台。

与此同时，中国与欧盟成员国之间人文交流活动的"欧洲色彩"也日益增强。2009年10月，中国以主宾国身份参加在布鲁塞尔开幕的"欧罗巴利亚艺术节"。该活动为比利时知名文化品牌，在欧洲也有着重要影响力。艺术节

---

① EU, "European Agenda for Culture in a Globalizing World," EU SEC (2007) 570.

持续4个月,活动覆盖安特卫普、布鲁日、根特等比利时城市,同时辐射到德国、法国、荷兰和卢森堡等国家。艺术节围绕"古老的中国""当代的中国""多彩的中国"和"中国与世界"四大主题展开,以演出和展览为主,配合举办讲座、研讨会、论坛、大型庆典活动等共约450个项目。艺术节的筹备工作历时三年,是中国在海外举办的规模最大的文化活动之一。

从中国方面看,2006年《国家"十一五"时期文化发展规划纲要》颁布后,对外文化交流工作得到高度重视,也为中欧文化关系的发展提供了契机。中国主管对外文化工作的文化部确立了国际文化交流活动"服务于国家外交战略大局,服务于国内文化建设,服务于促进祖国统一"的总体方针,其工作重点是:积极配合重大国事活动,进一步彰显文化外交魅力;着力开展全方位对外文化交流,推动中国与世界各国的友好与合作;主办和积极参与国际多边文化活动,增强中国国际文化话语权;巩固并推广已有文化交流品牌,着力打造一批新品牌。中国和欧盟都主张文化多样性,提倡文明对话,双方有着文化交流的坚实基础。欧盟国家拥有丰富的文化资源、发达的文化产业和成熟的市场运作经验,文化艺术经纪机构有兴趣与中国开展交流与合作,这些都为中国推动中华文化"走出去",展现当代中国国家形象,提供了一个很好的平台。①

以此种判断为基础,2006~2009年,中国与欧盟成员国的文化交流活动全面发展。2007年,中国与欧盟成员国签署多项文化交流协议,其中包括《中比法语区政府2007~2010年文化交流执行计划》《中希2007~2010年文化交流计划》等。2004年和2007年,包括波罗的海三国、捷克、斯洛伐克、波兰、匈牙利、斯洛文尼亚、保加利亚和罗马尼亚在内的中东欧国家先后加入欧盟。此前,中国与这些国家已经建立了各类文化交流关系。这些国家加入欧盟后,中国与它们之间的文化往来更加紧密。2007年,中国与波兰、斯洛文尼亚、爱沙尼亚、立陶宛、白俄罗斯签署双边文化合作执行计划。中国多个艺术团体先后访问爱沙尼亚、拉脱维亚、罗马尼亚、亚美尼亚、马其顿、保加利

---

① 《文化部发布2007年我国对外文化交流工作十大亮点》,http://www.gov.cn/gzdt/2008-01/10/content_855080.htm。

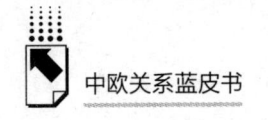

亚、波兰、白俄罗斯等国，匈牙利、亚美尼亚、罗马尼亚等国艺术团体也先后来中国进行访问演出。

三 2010~2013年，人文交流成为中欧关系"第三支柱"

《里斯本条约》生效后，欧盟正式获得推进中欧人文交流发展的权能，随即执行多项大型对华人文交流活动。2010年10月6~7日，作为第十三届中欧峰会的组成部分，第一届"中欧文化高层论坛"在布鲁塞尔召开，温家宝总理和欧盟委员会主席巴罗佐出席开幕式，共同宣布2011年举办"中欧青年交流年"活动，2012年举办"中欧文化对话年"活动。"中欧文化高层论坛"由欧盟委员会和中国文化部共同主办，在2009年11月的中欧峰会上，双方已就建立该论坛达成共识。中欧领导人同意将高层文化论坛发展为年度活动，由中欧轮流主办。2011年10月，论坛第二届会议在北京召开，主题聚焦城市发展，与会的中欧学者进行了广泛的探讨与交流。

作为充实"中欧战略伙伴关系"的重要举措，2011年5月，中欧双方决定继"中欧高级别经贸对话机制"和"中欧高级别战略对话机制"之后启动"中欧人文交流机制"，为中欧关系建立"第三支柱"。欧方将此项机制称为"高级别人文交流"（High Level People to People Dialogue，简称HPPD）。2012年2月，第十四次中欧领导人会晤期间，该机制正式建立。同年4月18日，机制第一次会议在布鲁塞尔举行。会议期间，在中国驻欧盟使团、欧盟委员会教育文化总司的支持下，欧洲之友智库、欧洲大学联合会等民间机构主办"中欧高级别人文交流论坛"，下设教育、文化、青年三个分论坛，中方组织十几所重点大学代表团参加，同时举办中国高等教育展。中欧人文交流机制的建立，表明中欧双方希望进一步提升文化领域的合作关系，建立涵盖教育、文化、多种语言和青年等领域的对话框架。

2011~2012年，在欧盟层面上进行的、规模较大的中欧文化交流活动主要是"2011中欧青年交流年"和"2012中欧文化对话年"。青年交流年活动期间，双方在中国及欧盟联合举办中欧青年周、可持续发展青年论坛、"志愿者之桥"等百余个项目，增进了中欧青年之间的了解与友谊，扩大了中欧机构和青年组织之间的共识与合作，为双方进一步合作打下了基础。2012年2月，由中国文化部和欧盟委员会教育文化总司联合主办的"中欧文化对话年"活动在布鲁塞尔开幕，活动框架内执行将近300个合作项目，涵盖文学、艺术、哲学、语言、体育、新闻出版、青年交流、旅游等领域，覆盖包括北京、上海、香港、澳门在内的22个中国省市、特区及27个欧盟成员国。

与此同时，中国与欧盟成员国之间的文化关系继续存在与发展。2012年2月2日，中国和比利时在布鲁塞尔签署《中比（法语区）2012～2014年文化交流执行计划》和《中比（荷语区）2012～2015年文化交流执行计划》。其间，中国文化部部长蔡武分别和比利时法语区文化大臣法蒂拉拉南女士、荷语区文化大臣约克肖夫列日女士，就中比文化交流、互设文化中心等共同关心的话题交换意见。2012年4月，刘延东国务委员访问英国和欧盟总部，在启动"中欧人文交流机制"的同时启动"中英人文交流机制"，推动双方在教育、文化、青年等领域开展更大范围、更深层次的人文交流。

四　中欧文化关系的成就与前景

2003～2012年，中国与欧盟层面的文化交流活动日趋频繁，最终走向战略化和机制化。战略化的主要表现是双方不断增加高层次的文化对话机制，将人文交流作为中欧战略伙伴关系的"第三支柱"，使其成为双方增进了解、加强互信的重要手段。机制化的表现是中欧双方已经建成多层级、多主体、内容广泛的文化交流机制，规模和范围空前扩大，制订了长期合作规划，在中欧关系中发挥着重要的"稳定器"功能。

但是，在看到成就的同时也应该意识到：与经贸和政治关系相比，人文交流的发展更具长期性，想靠一两次文化交流活动改变什么是不现实的。对中国和欧盟这样两个差异性很大的国际行为体而言，双方对文化关系的长期发展要有合理的定位和预期。与中欧经贸、政治关系一样，中欧人文交流的主要意义是建立一种经过欧盟整合的、更高层级的中国与欧盟成员国的关系。

从定位上看，中国和欧盟之间人文交流的目的是要建立中国与"28+1"（28个欧盟成员国加1个欧盟机构）的中欧人文交流格局。在这种格局中，中

国中央政府和欧盟机构的职能不仅是提供高端对话平台,更应为项目合作提供必要的服务,建立中欧之间多层级、多主体长期合作关系的机制。在这方面,"2012中欧文化对话年"活动进行了尝试。项目执行过程中,中国文化部和欧盟教育文化总司的主要职能是整合既有项目资源,而非大规模资金投入。目前,中国和欧盟都有通过强化文化交流活动来充实"中欧战略伙伴关系"的意愿。但是,在欧盟现有体制下,指望其对中欧文化关系给予更大投资则是很困难的。根据欧盟发布的数据,2007~2013年其用于"作为全球行为者的欧盟"项目下的预算仅占其全部预算的6%,可以想见,其中用于国际文化交流活动的份额更低。① 那么,开展中欧文化交流活动所需要的大部分资金,从欧方而言,则只能来自成员国多层级的行为者,这种资金结构也就决定了前面提到的中国与欧盟文化关系"高端平台+项目服务"的定位。

目前,中欧人文交流活动在数量和质量上都有很大的提升空间,但同时制约其发展的因素也很多,很难在短期内取得突破性进展。建构中国与欧盟层面上的人文交流,目的是通过欧盟的整合,提升中国与欧盟成员国之间的文化关系。《里斯本条约》赋予欧盟发展对外文化关系的权能之后,建立中欧高层人文对话机制已无障碍。但是,欧盟作为一个国际行为体,能在多大程度上起到整合成员国对外文化关系的作用还有待观察。从文化交流的内容上说,欧盟的角色使其主要目的只能是推广欧洲价值观念和文化多样性、文化间对话等理念,而中国则更希望增进欧洲人对中国文化和历史加深理解,宣传改革开放以来取得的巨大成就,减少"中国威胁论"的消极影响。这种目的上的差异制约着中欧文化对话与交流活动的深度,使很多活动流于"自说自话"乃至"鸡同鸭讲"。形成这种困境的根源是后冷战时代中欧双方在话语权方面的不对称性,很难在短期内改变。

因此,对中欧人文交流发展的前景应有合理预期,立足长远,准备通过长期对话逐步增进了解、加强互信、建立感情。据说,"欧洲之父"让·莫内在一体化遭受挫折后曾表示:"如果能重新做起的话,我将从文化入手。"这样做的原因也许是他意识到文化的交融与建构可以使欧洲一体化进程更加顺利,但从文

---

① 欧盟官方网站,http://europa.eu/about-eu/basic-information/money/expenditure/index_en.htm.

化入手的一体化进程也必然历时更久,需要更多的耐心与宽容。就中欧关系而言,现在同样面临着经济关系紧密,人文交流有待发展的局面。随着中国经济的高速发展,有些欧洲人对中国的态度还发生了从"居高临下"到"怀有敌意"的变化,要让人文交流真正成为中欧关系的"第三支柱",也许中欧双方都须做出改变。欧盟方面需要改变态度上的强势,变"说教"为尊重;中国方面则需要加强文化自信、道路自信和理论自信,变"宣传"为对话。后冷战时代,健康发展的中欧关系是世界和平与发展的重要基础,中欧双方谁也离不开谁,"和则两利、斗则两伤"。以这种判断为前提,中欧双方的文化交流应以营造相互尊重、平等对话的氛围为主要目标,为中欧关系健康发展做出更大贡献。

全球治理中的中欧关系

China-EU Relations in the Context of Global Governance

B.5 国际和平与安全与中欧在安理会中的合作[*]

程卫东[**]

摘 要： 中国和欧盟都强烈支持联合国安理会在应对全球威胁与挑战、保卫国际和平与安全中发挥核心的作用，但到目前为止，中国和欧盟在安理会中只有有限的合作。本文分析了可能影响中国与欧盟之间在安理会开展合作的主要因素，如欧盟在联合国中的地位、中欧在联合国中的优先事项的差异、中欧对某些基本国际原则的不同认知等，并探讨中欧之间可能开展合作的主要领域以及双方在安理会中合作的目标、方式与原则等。报告认为尽管中欧在安理会存在着合作，但双方离实现深层次的全面合作目标还有一段长路要走。

---

[*] 本文中提及的中欧在安理会中的合作，主要是指中国与欧盟在安理会中的合作。
[**] 程卫东，中国社会科学院欧洲研究所副所长，研究员。

关键词：

中国　欧洲联盟　联合国安理会　国际和平　国际安全

与经贸关系相比，安全问题在中国与欧盟关系中长期处于较边缘的位置。究其原因，一方面，中国与欧盟互相之间既不构成直接的安全威胁，也不是安全提供者；另一方面，在国际安全事务上，在《阿姆斯特丹条约》之前，欧盟的权能与作用有限，中欧合作受欧盟安全主体资格的限制。但自1997年欧盟将"彼德斯堡任务"（Petersburg Tasks）纳入到《阿姆斯特丹条约》之后，特别是2003年欧盟通过《欧洲安全战略》以来，中欧之间越来越强调双方在国际安全事务上、在多边主义框架下的合作，特别是在联合国安理会中的合作。总体上来看，就国际安全问题而言，中欧双方在安理会中既有合作，也有分歧；这也是联合国安理会各理事国，包括常任理事国、非常任理事国之间处理国际和平与安全事务的常态。

一　中欧在安理会合作的基础与意愿

中欧愿意并致力于推动双方在安理会中就国际和平与安全问题进行合作，一方面是由于双方对如何加强国际和平与安全存在着共同认知，另一方面是由于双方相互认识到并承认对方在国际和平与安全事务中的重要作用。中欧关于中欧关系的政策文件及双方发表的公报及其他文件表明了双方的共同认知，也表明了双方对对方重要性的认识与承认。

（一）在国际安全问题上中欧均重视多边主义方法与安理会的作用

中国和欧盟都强烈支持联合国安理会在应对全球威胁与挑战、维护国际和平与安全中发挥的核心作用，双方都把获得联合国的授权和对国际法的尊重视为采取国际行动的先决条件。这构成双方在安理会开展合作的重要基础。

在国际事务上，欧盟主张有效的多边主义，并认为欧盟与联合国在多边主义方面是"天然的伙伴"①。实践上，欧盟/欧共体也一直寻求在联合国拥有一席之地，在联合国中发挥作用。自《马斯特里赫特条约》规定了欧盟共同外交与安全政策之后，欧盟与联合国的合作从贸易、发展、人道主义援助、环境保护等领域扩展到反恐、预防冲突、危机管理、维和、建设和平等涉及国际和平与安全的领域。在这些领域，欧盟更加重视联合国的作用。在2003年《欧盟安全战略》中，欧盟承认联合国安理会在维护国际和平与安全方面负有主要责任，并明确指出欧盟的优先目标之一是加强联合国地位，使之能够履行自己的责任并有效行动；欧盟支持联合国应对国际和平与安全威胁的努力，承诺加强与联合国的合作②。当然，由于欧盟只是一个区域性国际组织，不是联合国的成员国，欧盟在联合国中的作用不是直接的，而是间接的，欧盟主要是通过协调成员国的立场与行动在安理会中发挥作用。

中国一贯重视并支持安理会在国际和平与安全领域发挥核心作用，在中国对外政策文件中多次表明中国这一立场。如中国在2012年第67届联大立场文件中明确指出，联合国在国际事务中发挥着不可替代的作用，中国一直积极倡导、支持并践行多边主义，大力推动联合国在国际事务中发挥核心作用，并将继续积极参与联合国各领域的活动③。

中欧在安理会中合作的基础不仅在于双方都重视多边主义与联合国的作用，而且在于双方对安理会能否发挥重要作用具有举足轻重的影响。中国是安理会常任理事国，欧盟本身虽然只是联合国观察员，但欧盟成员国中有两个安理会常任理事国，同时还有两到三个欧盟成员国担任由选举产生的非常任理事国。而且，随着欧盟共同外交与安全政策的发展，欧盟努力在国际舞台上协调各成员国的立场，试图用一个声音说话；在联合国内加强欧盟内部的协调，欧盟将日益发挥重要的作用。由于自身的实力与影响力，中国与欧盟在区域与国际和平与安全中都扮演着重要角色。因此，双方的合作，既有必要，也具有现实基础。

---

① Jan Wouters, "The United Nations and the European Union: Partners in Multilateralism," The Leuven Centre for Global Governance Studies Working Paper No. 1, May 2007.
② "A Secure Europe in a Better World-a European Security Strategy," adopted by the European Council on 12 December 2003.
③ 中华人民共和国外交部：《第67届联合国大会中方立场文件》，http://www.fmprc.gov.cn/mfa_chn/wjb_602314/zzjg_602420/t970916.shtml。

（二）中欧在有关文件中确认了双方在安理会中合作的意愿

随着欧盟日益成为一个重要的安全主体、中国经济实力发展及国际影响力的提高，中欧逐渐加强双方在安全领域的合作，特别是维护国际和平与安全方面的合作。在越来越多的文件中，双方均表明在联合国开展合作的意愿。

1995年欧盟出台的第一份对华政策文件开始提及与中国在地区与国际安全事务上进行对话，但并没有明确提及中欧在联合国中进行合作事宜[1]。1998年欧盟对华文件中提到中欧在联合国的合作，主要涉及发展问题以及联合国改革[2]。2001年欧盟对华政策文件中开始明确提出将与中国进行多边框架下的安全对话、支持联合国维和行动列入政治对话议题[3]。2003年欧盟对华政策文件中更是强调与中国在地区与国际安全问题上进行对话与合作的重要性（包括双边合作、共同促进全球治理的多边体制与规则），特别是在进一步加强联合国体系及其在解决全球冲突及其他问题上的作用，共同应对全球安全、核不扩散、武器控制等问题，以及包括在联合国框架内的反恐合作[4]。

2003年中国对欧盟政策文件中也认为欧盟是世界上一支重要力量，中国重视欧盟在地区和国际事务中的作用和影响，并明确提出中欧应加强在联合国的合作，包括在保障世界和平方面的合作。

维护世界和平与安全也成为中欧峰会的一个重要主题。中欧在多次峰会公报中，一再表明加强双方在联合国合作的意愿。

综上所述，中欧之间具有在安理会进行合作的基础与意愿，这是中欧在安

---

[1] Communication from the Commission- "A long-term Policy for China-Europe Relations", COM (1995) 279 final.

[2] Communication from the Commission of 25 March 1998 – "Building a Comprehensive Partnership with China", COM (1998) 181 final.

[3] Communication from the Commission to the Council and the European Parliament of 15 May 2001, "EU Strategy towards China: Implementation of the 1998 Communication and Future Steps for a More Effective EU Policy," COM (2001) 265 final.

[4] Commission guidance document of September 10 entitled "A Maturing Partnership - Shared Interests and Challenges in EU-China Relations" (updating of Commission communications of 1998 and 2001 on EU-China relations), COM (2003) 533 final.

理会开展合作的重要前提。正是基于这一前提，在很多领域，如维和、防止核扩散、维护地区和平与安全、反恐等领域，中欧在安理会已开展多种形式、不同程度的合作。

二 中欧在安理会合作的领域与表现

安理会成员国之间开展某种形式的合作是安理会能够正常运作并发挥效用的必要前提。这样的合作包括多种形式，重要的如：①就国际和平与安全问题，在安理会框架下进行磋商、谈判，参与解决重大国际问题；②参与安理会就国际和平与安全问题（包括对相关情势的判断与认定、采取必要的措施等）做出决策（欧盟是通过其成员国参与）；③参与安理会组织、批准的维护国际和平与安全的行动；④在安理会行使其他职权，如拟定军备管制方案、选举国际法院法官、推荐安理会秘书长、接纳或开除联合国会员国等方面的合作。自联合国成立以来，虽然存在着各种争议和问题，但总体看来，安理会在维护国际和平与安全方面发挥了重要作用，表明安理会成员国之间以及联合国成员国之间存在着某种程度的有效合作。

在联合国安理会中开展合作方面，中国和欧盟之间不存在特殊的机制与安排，但存在着良好的合作关系。一方面，中欧之间在重大的国际问题上一直保持着多形式、多渠道的交流与协商，共同支持并致力于参加联合国安理会批准的各项活动。另一方面，从联合国通过的决议来看，在绝大多数事项上，如同安理会绝大多数成员国一样，中欧之间存在着共识。如在2011年、2012年，安理会通过的决议数分别为66项（含3项非一致通过的决议）和53项（含3项非一致通过的决议），被否决的决议仅分别为2项、2项。这表明在涉及国际和平与安全事务上，中欧之间在绝大多数情形中存在着合作与共识。当然，中欧之间也存在着分歧，如2011年10月4日中国与俄罗斯一起否决法国、德国、葡萄牙、英国等国提出的关于叙利亚问题的决议，2012年2月4日、7月19日，中国与俄罗斯再次分别否决由英、法、德等国提出的关于叙利亚问题的决议。但中国否决欧洲国家提出的或支持的联合国安理会决议的情形与安理会通过的决议相比，只占极少数。而且，在某些问题上存在分歧是国际社会中一种正常现象，欧美之间在安理会中也会存在分歧，如2011年2月18日，美国否决由包括芬兰、希腊、爱尔兰等国在内的联合国成员国提出的关于中东局势的决议草案。

在不同领域，中欧在联合国安理会中的合作表现与程度不尽一致。从下列几个领域中可以看出，中欧之间既存在合作，也存在分歧。

（一）维和行动

在维和行动上，中国和欧盟之间存在一些共同点。首先，双方都认为联合国维和行动（PKO）是维护国际和平与安全的一个重要而有效的手段，因此都支持联合国在这方面发挥积极的作用。其次，双方都认为维和行动应由联合国安理会根据《联合国宪章》的规定做出决定并由安理会授权。再次，中欧双方都支持在维和行动中与区域性组织进行合作。

中国和欧盟都是联合国维和行动的坚定支持者和积极参与者。1990年，中国开始参加由联合国领导的维和行动。据截至2013年2月28日的统计，中国现有1868名维和人员在10个维和地区执行各种任务，中国是联合国安理会常任理事国中提供维和部队最多的国家[①]。欧盟也非常重视维和工作，并在这个领域与联合国建立了良好的关系。欧盟及其成员国共负担40%左右的维和费用。截至2006年11月，联合国维和人员中共有11140人来自欧盟，约占维和人员总数的13.5%[②]。

虽然中欧都支持联合国维和行动，但双方在维和原则上存在着分歧。中国坚持在联合国前任秘书长达格·哈马舍尔德（Dag Hammarskjold）提出的三项原则（即"第一代维和原则"）的基础上开展维和行动。这三项基本原则是：事先征得当事国的同意、严守中立、不得使用武力。这意味着联合国维和部队只能在得到维和行动所在国家的批准后才能实施维和，不能干涉该国的内部事务，维和部分的武器只能用于自卫，只有在受到攻击的情况下才能还击。在参

---

① "Monthly Summary of Military and Police Contribution to United Nations Operations,"来自http://www.un.org/Depts/dpko/dpko/contributors/index.htm。

② "How the European Union and the United Nations Cooperate,"参见http://www.unric.org/html/english/pdf/Leporello_ EU-VN_ e.pdf。

加由联合国领导的维和任务时,中国非常重视联合国安理会的领导作用,强调要遵守联合国宪章。此外,中国虽然强调维和行动作为维护国际和平与安全手段的重要性,但同时也相信这不是唯一的手段,根本的解决方案在于消除冲突的根源。与中国不同的是,尽管欧盟在实践中通过各种不同方式为联合国维和行动做出了贡献,但总体而言,欧盟成员国还是不愿意派遣本国人员参加由联合国领导的维和行动,而更愿意参加由联合国授权但由欧盟领导的维和行动。至于维和原则,欧盟实践的是所谓的"第二代维和行动"模式,其主要特点是维和行动并不一定要获得所有冲突相关方的批准,并且认为,为完成维和任务,维和部分可获得授权使用武力[1]。

(二)关于核不扩散及对联合国成员国的制裁

中国和欧盟均认为,核扩散正成为国际和平与安全的一个越来越严重的威胁,并承诺在这个领域展开合作[2]。双方就如何应对核扩散问题达成某种一致,例如应在国际法的框架之内,努力通过政治和外交手段以及国际合作来解决核扩散问题。中国和欧盟还确定加强在防止核扩散领域展开合作,包括加强联合国的作用,就如何加强国际防止核扩散机制展开磋商和协调等。

中国和欧盟都在防止核扩散领域发挥着重要作用。如欧盟试图通过 E3 模式(由德国、法国和英国的代表组成)解决伊朗核问题,欧盟针对伊朗核问题的建议和政策已经得到联合国安理会的广泛采纳,也得到安理会非欧洲常任理事国(包括中国)的支持。例如,2006 年 1 月 12 日,欧盟发布第一项公开声明,决定将伊朗问题立即提交联合国安理会。中国和其他非欧洲常任理事国都对欧盟的声明表示支持。对伊朗政府实施制裁的大部分联合国安理会决议也得到中国的支持。总体而言,中国和欧盟在伊朗核计划问题上展开了非常好的合作。欧盟前共同外交和安全政策(CFSP)高级代表 Javier Solana 说,在伊朗

---

[1] G. Geeraerts, Z. Chen & G. Macay, "China, the EU and the UN Security Council Reform," *Asia Paper*, Vol. 2, No. 6, 2007. 参见 http://www.vub.ac.be/biccs/documents/Asia_ paper_ Macaj_ 2007_ China_ the%20EU_ and_ UN_ Security_ Council_ Reform_ Asia_ Paper_ vol_ 2_ _ 6_ BICCS_ Brussels. pdf。

[2] "Joint Declaration of the People's Republic of China and the European Union on Non-proliferation and Arms Control," 9 December 2004.

核问题上的合作是欧盟与中国之间积极的战略伙伴关系的范例[1]。

但是，在解决伊朗核危机和其他国家核危机问题的方式上，中国和欧盟确实持有不同的观点，如2012年年初欧盟决定对伊朗实施石油禁运，中国批评欧盟的这一制裁措施，认为这种制裁措施于事无补，呼吁应通过对话解决伊朗核问题[2]。但分歧并不表明中欧之间不存在良好的合作，中国一直积极参与六方会谈，与欧盟E3国一起为解决伊朗问题提出建议与对策。

（三）关于人道主义干预与使用武力方面的合作

冷战结束后，随着新冲突的出现及冲突对人类影响的不断变化，不干涉原则遭到了挑战。西方国家倡导一种人道主义干预的新概念。人道主义干预意味着在特定条件下，例如出现种族灭绝行为或对人民的大规模镇压时，其他国家就有正当的理由采取军事行动，而无须得到主权国家的批准。

在人道主义干预和保护原则的责任方面，中国的态度与西方的理解有少许不同，但中国在《第65届联合国大会中国立场文件》中声明对遭受武装冲突影响和威胁的民众生命财产安全表示深切关注，并敦促相关各方遵守国际人道主义法和相关的安理会决议，给陷入武装冲突的民众提供全面的保护。在此基础上，中国认为保护平民的责任首先应由相关国家的政府承担。在提供援助时，国际社会和国外组织应当获得受援国的批准，尊重受援国的主权和领土完整，不干涉当地的政治争端，不阻碍和平进程。因此，中国虽然承认保护责任原则，但坚持认为在对政府保护其国民的能力和意愿做出判断时，应采取审慎的态度。中国对使用武力解决国际冲突也十分谨慎，甚至对于国际社会使用武力解决一国内部冲突的做法表示怀疑。中国优先选择和平与外交的手段解决冲突，并要求在采取任何军事行动之前尝试使用所有可能的和平手段。

欧盟各国关于武力使用的态度存在矛盾。事实上，很难说欧盟在使用武力问题上有统一、一致的立场和方法。在最近的利比亚问题上，不同的欧盟成员国对使用武力打击利比亚实际上持有不同的观点。但总体而言，欧盟在武力的

---

[1] R. Biedermann, "The European Union and China in Security Relations—Already Strategic Partners?" Journal of *Asia-Pacific Studies*, Vol. 7, p. 34, 2009.

[2] 中新社北京1月26日电，http://www.chinanews.com/gn/2012/01-26/3623738.shtml。

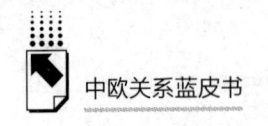

使用问题上所持的怀疑态度不及中国。

尽管在武力使用的许多方面存在分歧，但中国和欧盟仍有一些共识。一个突出而重要的共识是，双方都强调联合国安理会是可以授权对一个国家使用武力的唯一合法机构；没有安理会的授权，除自卫之外不得诉诸武力。在实践中，考虑到欧盟没有统一的武力使用政策，中国和欧盟是否在武力使用上进行过合作尚不明确。

总体来看，到目前为止，中国和欧盟在联合国安理会中虽有合作，但合作的范围与程度都还很有限。

三 中欧在安理会中合作有限的原因

中欧双方在安理会中合作有限的原因，主要有以下几个方面。

（一）双方在安理会中的地位不对等

在联合国安理会中，中国与欧盟的地位不同。中国是联合国正式成员国，是安理会常任理事国，在安理会拥有否决权，具有完全的资格参与安理会的各项活动与决策。而欧盟在联合国只是一个观察员，只能作为一个区域性的国际组织应邀参加联合国安理会的活动。同时，欧盟在共同外交和安全政策方面享有的权能有限，在安理会协调、代表欧盟成员国外交政策与立场的能力有限。尽管欧盟试图在联合国安理会事务中用一个声音说话，但它并不能代表欧盟成员国，也不能保证所有成员国都坚持统一和团结的立场。实际上，欧盟成员国在许多问题上都持不同的观点和立场。

这种不对等和权能上的差异决定了在许多情况下，欧盟只能在与安理会相关或由安理会负责处理的事务中发挥有限的作用，在欧盟成员国之间的观点和立场出现不一致时尤为如此。在很多情况下，中国只能选择与欧盟的一些成员国合作，而不是与欧盟本身合作。

（二）双方对众多问题的不同看法

在很多情形中，对基本的国际法原则的不同理解和认知能够决定和说明为什么某个国家在国际问题上的立场和政策与他国不同。在这一点上，对国家主权和不干涉原则的不同解读尤为突出。对于《联合国宪章》和一些基本的国际法原则，中欧双方在理解上存在明显差异，这些差异对双方在很多领域，如上文提及的维和、使用武力等领域的合作产生重大影响。相比较而言，中国更重视对话和外交解决方案，对制裁十分谨慎；中国反对单边行动，强调联合国安理会和多边机制的作用。但是，中国的态度经常受到西方国家，包括欧洲的批评。它们认为，中国在确保制裁效果方面做得不够。实际上，在对解决核扩散问题的观点和方法上，中国与欧盟以及其他西方国家的分歧主要是关于什么样的方法才是最适合用来解决问题的方法，而不在于双方的合作意愿上。

（三）双方在不同事务、事件和领域中的不同利益

很明显，由于地缘政治、不同发展水平，以及各自所面对的问题不同，中欧双方在面对同样的情况时会有不同的利益。这种利益上的差异有时候决定了中欧双方在不同情形中各自不同的立场和倾向。例如，在朝鲜核问题上，尽管中国和欧盟有一些共同的基本目标，如反对朝鲜发展核武器、坚持朝鲜半岛完全无核化，但中国坚持采用对话和磋商的和平解决方案，而欧盟和美国则希望国际社会，特别是中国，能够施加更多的压力和制裁。显然，中国和包括欧盟在内的西方世界在这个问题上存在分歧。产生这些分歧的重要原因之一是中国和欧盟所处的境况不同，也因此导致利益的不同。对于中国来说，朝鲜是邻邦。中国不仅要考虑朝鲜半岛无核化的目标，而且还要考虑如何才能以最佳方法实现这一目标，要考虑不同的方法对中国及亚洲的安全和稳定所产生的不同影响。因此，中国在使用制裁和施加其他压力方面更为谨慎。

四 中国与欧盟在安理会进一步合作的可能

尽管存在分歧和困难，但中国与欧盟之间的进一步有效合作，对于提高联合国安理会的效率和效力而言，在目前和将来都具有很关键的作用，双方也有合作的基础。因此，双方应当共同努力，深化在联合国安理会的合作。中欧在联合国安理会的进一步合作不仅是应当的，也是可能的。

为了深化、促进中欧双方在安理会的合作，最根本的方法不是简单地向另一方施压，而是确立合作的共识，首要是要确立合作的原则。只有在双方共同认可的原则基础上，中欧双方才能开展长期的合作，才不至于因个别事件影响双方整体上的合作。

中国和欧盟在联合国安理会中的合作不同于双边合作。前者以国际法为基础，遵循一种多边方式，而且合作的目标也不仅仅是为了双边利益，同时也是为了解决全球性和具有长远意义的问题。基于此，双方合作应优先考虑以下几个原则。

（一）中欧合作应该建立在普遍接受的国际法基础上

中国和欧盟应该提倡在尊重包括《联合国宪章》在内的国际法的基础上，来加强联合国安理会行动的合法性。合法性是联合国以及其他所有国际组织有效行使职权的根本保障，安理会的合法性与权威性首要在于其对国际法，特别是国际法基本原则的遵守与维护。

（二）合作的主要目的是加强联合国安理会的作用

加强联合国安理会在全球治理中的作用有利于国际社会的长期利益和整体利益，从而最终对中国与欧盟有益。中国与欧盟的合作不应只是为了追求狭隘的自身利益，而是为了加强联合国安理会的能力，使得安理会在解决与国际和平与安全相关的全球问题时，能够更有效、更高效地发挥作用。

（三）对话和磋商是中欧合作的最佳方式

在多边背景下，能够促进真诚合作的是对话而不是强制，是说服而不是恐吓。不同的国家之间存在不同的利益、观点、立场和文化传统，这很正常。没有任何一个国家或国家集团能够认定唯有自己才是正确的。只有对话和磋商才有助于达成共识，而共识是一个国家接受集体决策和措施的基础。

如前所述，中欧之间存在着在安理会进行密切合作的基础与意愿，在上述原则基础上，中欧在安理会合作应具有广阔的前景，而中欧的密切合作，对于维护国际和平与安全而言，也具有根本性的重要意义。可以预见，随着中欧战略伙伴关系的进一步发展，中欧在安理会的合作也会达到一个新的高度。

B.6 全球贸易治理（WTO）中的中欧关系

刘 衡*

摘　要： 共同参与世界贸易组织全球贸易治理是中欧全面战略伙伴关系的重要组成部分。中国"入世"以来，中欧通过参与多哈回合谈判、利用争端解决机制解决贸易争端、审议对方贸易政策与实践，促进了双边贸易快速增长和贸易关系健康发展，共同为多边贸易体系的良好运行做出了贡献。2008年以前，中欧在世界贸易组织中的互动明显不对称，欧盟处于攻势，中国处于守势；2008年之后，双方朝对等方向发展，整体形势趋于良性互动。不过中国的能力与欧盟仍有不小差距，双方互动远未到成熟阶段。当前及未来一段时间，双方在世界贸易组织中的互动面临挑战。

关键词： 中国与欧盟　世界贸易组织　多哈谈判　贸易争端解决　贸易政策审议

1947年《关税与贸易总协定》（GATT）签署时，中国与欧洲的比利时、卢森堡、荷兰和法国（四国以后均为欧洲煤钢共同体创始国），以及英国、捷克斯洛伐克（冷战后分别独立为捷克和斯洛伐克）同为创始缔约方。1950年，退守台湾的国民党当局以"中华民国"的名义退出关贸总协定。1986年，中国"复关"谈判启动。同年，关贸总协定乌拉圭回合谈判启动，中国和欧共

---

* 刘衡，国际法学博士，中国社会科学院欧洲研究所助理研究员。

体全程参加了该回合谈判,谈判最终创设了世界贸易组织(WTO,以下简称"世贸组织")。世贸组织于1995年1月1日正式成立,欧共体[①]及其所有成员国均为创始成员。中国虽然签署了《成立世界贸易组织马拉喀什协定》,但"复关"谈判未能顺利结束,无法成为世贸组织的创始成员,仍然游离于多边贸易体系之外。"复关"谈判转成"入世"谈判后,欧盟是中国"入世"双边谈判的最大对手之一,对中国"入世"提出一系列很高的条件,并包含明显的非贸易要求。中欧双方的艰苦谈判,在中美于1999年11月签署中国"入世"协议半年之后,即2000年5月落幕。中欧协议的达成,"为中国扫清了入世道路上最后一个主要障碍"。2001年11月,世贸组织多哈部长级会议通过中国"入世"决定,一个月后,中国正式加入世贸组织。在世贸组织这一多边贸易体系和全球贸易治理最重要的平台上,中国和欧盟终得以聚首,中欧贸易关系开启新的一页。

一 参与多哈回合多边贸易谈判

2001年,多哈部长级会议在通过中国"入世"决定后3天启动世贸组织成立后的首轮多边贸易谈判。多哈回合谈判旨在大幅削减农业补贴,扩大工业品和服务贸易的市场准入,满足发展中成员的可持续发展需要,又称"多哈发展议程"。议程核心关注的是发展中成员的发展,核心议题是农业。

(一)地位与角色

作为一名新成员,中国是新多哈回合谈判发起事务的局外人和旁观者。"入世"初期,中国忙于履行《入世议定书》和《工作组报告》中做出的大量"重大而勇敢"的"入世"承诺,在谈判中多以"低调的新成员"出现,采取"4L"战略[②],曾被讥为"缩头乌龟"。2008年7月,中国首次参加小型

[①] 法律上,直到2009年12月1日《里斯本条约》生效,"欧盟"才成为世贸组织中的正式称谓,此前的称谓为"欧共体"(European Communities)。为行文方便,如无特殊需要,本文一律使用"欧盟"。
[②] 即:less,范围要小一点;lower,义务要轻一点;longer,期限要长一点;later,执行要慢一点。参见张向晨《中国在经济全球化中的利益和责任》,载《外交评论》2008年第1期,第30页。

部长级会议的7方小范围磋商,被视为"首次进入世贸组织规则制订的核心层"。此后,中国有所调整,在具有优势的领域持积极态度。后来成为知识产权议题核心五成员之一和案文起草小组成员之一,在谈判中发挥"建设性作用",变身为多哈回合"积极推动者"。对于"绿屋会议",中国经历了从最初的抵制、不参加到后来参加、现在积极参加的过程。总的来说,中国参与多哈回合,是一个不断参与、学习和提高的过程。

欧盟是多哈回合的主要倡议者和发起者之一。早在1996年世贸组织新加坡部长级会议上,欧盟联合日本等发达国家,启动贸易与投资、贸易与竞争政策、政府采购的透明度和贸易便利化四项议题("新加坡议题")研究,试图将它们作为新一轮谈判的主要议题。新加坡议题遭到多数发展中成员的反对。双方的分歧导致2003年坎昆部长级会议的失败。2004年7月达成的多哈回合"框架协议"决定,除贸易便利化外,其余三个议题不在多哈一揽子谈判中讨论。作为多边贸易体系几十年来的主导方之一,欧盟对新多哈回合谈判主要议题有完整明确的设想和目标。新加坡议题出局带来的"利益赤字"一定程度上导致欧盟的"领导赤字"。但总体上,在多哈回合的发起、进行、重启等各阶段,欧盟仍是当之无愧的主导者之一,不过领导意愿与能力有一定反差。

(二)主要谈判诉求

中国全面参与各个议题的谈判,是"新加入成员集团"(recent new members)成员,主张履行自身在"入世"谈判中已做出的实质性减让承诺,难以在短期内接受与其他成员相同的减让义务,要求在多哈回合中做幅度较低的减让并给予更长的实施期等[①]。此外,中国没有特别重要的特殊诉求,只是强调贸易自由化应关照发展中成员的利益,更加注重发展导向。中国提交的100多份提案,大多集中于规则谈判,如有关反倾销日落条款、渔业补贴、贸易便利化以及争端解决机制的完善等。

欧盟在谈判中则诉求明确,主要包括:非农领域,扩大工业品的市场准入,降低关税,特别是发达国家和新兴国家,如中国、巴西和印度的关税;农

[①] 参见 http://www.wto.org/english/tratop_e/dda_e/negotiating_groups_e.htm。

业领域，改革所有发达国家的农业补贴政策；服务贸易领域，扩大市场准入；知识产权领域，加强地理标志保护；规则领域，进一步完善补贴规则，制订新的贸易防御工具规则；贸易便利化领域，完善贸易便利化规则；发展领域，尽可能取消对最不发达成员市场准入的限制，制订新的全球"促贸援助"计划①。

（三）共识与分歧

1. 共识

对于多哈回合的启动，中国虽然没有欧盟那么急切和热情，但表示欢迎和支持。同欧盟一样，中国希望多哈回合早日结束，达成有意义的均衡成果。

首先，关于谈判形式和结果，双方都认为应采取"一揽子承诺"（the single undertaking）方式，不赞成部门自由化或诸边协定的做法，以维护谈判成果的统一适用和普遍效力。在谈判屡陷僵局背景下，双边都支持推动"早期收获"模式，强调谈判的基础是多哈授权和已经取得的成果。

其次，在具体议题上，由于中欧都有丰富的地理标志资源，在地理标志的知识产权保护方面，具有共同利益。谈判中涉及地理标志的议题有两个，一个是地理标志多边注册体系谈判，另一个是地理标志高水平保护的产品范围扩大谈判。在这两个议题上，主要存在两大对立阵营。中欧双方属于同一阵营，称为"W52 小组"（W52 sponsors）②。另一个阵营由美国、加拿大、澳大利亚和新西兰等十几个新大陆发达经济体组成。中欧主张多边注册体系必须包括所有地理标志产品，不限于酒类；注册应具有一定的法律效力，适用于全体世贸组织成员；要求 TRIPS 中对地理标志的高水平保护条款扩大到所有地理标志产品③。

此外，在贸易便利化议题中，中欧也具有共同语言，方案有诸多接近的地

---

① 参见 http://ec.europa.eu/trade/creating-opportunities/eu-and-wto/doha/。
② 源于这些成员共同提交的提案编号是 W52 号。其他成员还有瑞士、印度、巴西和非洲集团等。目前这一小组已经有 108 个世贸组织成员，超过世贸组织 153 个成员的 2/3。
③ 参见万怡挺《多哈回合谈判十年回顾之二：多哈回合地理标志谈判进展情况》，载《中国经贸》2011 年第 7 期，第 57 页。当然，小分歧依然存在，如对中国来说，如果多边注册体系的范围不能涵盖所有地理标志产品，则不会支持该体系的法律效力，而对欧盟来说，即使最后该体系只涵盖酒类地理标志，它也会要求该体系具有较强的法律效力。

方。2012年对中国的贸易政策审议中，欧盟特地赞扬中国在该议题谈判中发挥了建设性作用。

2. 分歧

在这一专注于发展中成员发展问题的谈判中，虽然各成员利益诉求和谈判立场呈现多元化和交错性特征，但中欧双方分属发达成员和发展中成员两大不同队伍，存在诸多分歧。比较突出的有以下两个方面。

首先，关于谈判议题设置，中国和多数发展中成员立场一致，坚决反对"新加坡议题"列入一揽子谈判，不认为"世贸组织是讨论社会和环境议题的适当场所"。

其次，在核心议题农业领域，中国是"发展中成员农业议题20国协调组"（G20）成员。G20主张在农业上大幅度实质性削减扭曲贸易的国内支持，实质性改善发展中成员进入发达成员市场准入机会；取消所有形式的农产品出口补贴；实质性改善发展中成员的特殊与差别待遇等。欧盟主要扮演的是贸易保护主义角色，其目标是"尽可能维持对农业的高度保护和支持，强调灵活性"[①]，虽然同意取消出口补贴，但主张采用渐进改革的方式[②]。二者立场针锋相对。

（四）小结

作为一名新成员，"中国参加多边贸易谈判的经验还不足，谈判人员的能力也有待进一步提高"[③]，初期行事比较低调，主要精力放在履行"入世"承诺和学习贸易规则上；后来逐渐进入谈判核心决策层，积极推动谈判取得公平、平衡的结果，实现发展目标[④]。欧盟对中国的表现显然有不满意之处。它一方面对中国参与谈判表示欢迎，对中国发挥的作用表示赞赏；另一方面，则一再鼓励中国在"4L"战略上增加一个"L"（leadership），而且这个"L"要盖过前面的"4L"，在谈判中承担进一步自由化的义务，"勇敢地发挥领导作用"。

---

① 张磊、王茜：《多哈回合谈判的最新进展（2010年度报告）》，法律出版社，2012，第6页。
② 参见孙振宇主编《WTO多哈回合谈判中期回顾》，人民出版社，2005，第34~35页。
③ 参见孙振宇《中国在多哈回合谈判中发挥的作用与影响》，载中国世界贸易组织研究会编《中国世界贸易组织年鉴（2008）》，中国商务出版社，2008，第22页。
④ 参见商务部《中国与世贸组织：回顾和展望》，2010年7月22日，中央政府门户网站http://www.gov.cn/gzdt/2010-07/22/content_1661180.htm。

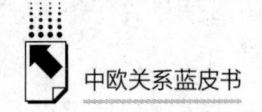

几十年来，欧盟一直是多边贸易体系的领导者之一。在新时期，发展中成员整体崛起，一定程度上改变了欧美独大的基本格局；加上新加坡议题受挫，利益有限，欧盟在多哈回合中的领导意愿打了折扣，只是自我界定为"一个积极的角色"（an active player）[①]。但总体上，欧盟在多哈回合中仍然发挥了主导作用。中国在历次贸易政策审议中，对欧盟发挥的领导作用表示赞赏；同时呼吁欧盟承担更大的责任，尤其在农业领域做出更多让步，为多边贸易体系的健康运行做出更大贡献。

多哈回合贸易谈判和全球气候变化谈判是当前全球治理领域最重要的两大全球性谈判。原计划于2004年年底结束的多哈回合谈判目前仍陷入僵局。谈判停滞的导火索是美国和印度就农产品特殊保障机制互不让步，根本原因在于美国对非农产品市场准入要价过高。事实上，近十年来，虽然在中欧领导人会晤、高级别经贸对话，以及其他双边交流中常有讨论[②]，但多哈回合却极少成为双方共同的优先关注。中欧"共同致力于为多哈回合谈判困局寻找解决方案"，但似乎都无意为此勾画明确的路线和目标。

二 利用争端解决机制解决双边贸易争端

在关贸总协定时代，欧盟是争端解决程序的两大用户之一，实践经验丰富。中国则从未有过通过多边机制解决双边贸易争端的经历。这一格局在世贸组织时代没有发生根本变化。在世贸组织争端解决机制中对簿公堂，双方都需要一定的心理调适。

（一）基本情况

1. 中欧针对对方启动争端解决机制的情况

迄今，在争端解决机制中，中国诉欧盟3次，全部发生在2009年7月底

[①] 与此相对照，欧盟将自身在全球气候谈判中的角色界定为"驱动力"（a driving force）和"领导作用"（a leading role）。
[②] 自2002年第五次中欧领导人会晤迄今，发表的十一次领导人会晤联合声明中，只有2007年第十次会晤联合声明中没有提及多哈回合。

之后；欧盟诉中国6次，全部发生在2006年3月底之后（参见表1）①。中国处于守势。以各自申诉时间为起点，同期，中国的申诉为7起，诉欧盟占比43%；欧盟的申诉为17起，诉中国占比35%。从已结案结果看，双方各败诉2次，其他途径各结案一次，打了个平手。

表1 中欧在WTO争端解决机制中当事争端一览

申诉	案号	时间	案由	进展	涉及领域	备注
中国	397	2009.7.31	紧固件反倾销	欧盟败诉	货物贸易	
	405	2010.2.4	皮鞋反倾销	欧盟败诉	货物贸易	
	452	2012.11.5	光伏补贴	磋商中	货物贸易	
欧盟	339	2006.3.30	汽车零部件	中国败诉	货物贸易	与美国、加拿大联合
	372	2008.3.3	金融信息服务	和解结案	服务贸易 知识产权	与美国、加拿大联合
	395	2009.6.23	原材料出口措施	中国败诉	货物贸易	与美国、墨西哥联合
	407	2010.5.7	紧固件反倾销	磋商中	货物贸易	实际无果而终
	425	2011.7.25	X射线安检设备反倾销	专家组报告已散发（2013.2.26）	货物贸易	专家组认为中国存在不合规做法
	432	2012.3.13	稀土出口措施	专家组审理	货物贸易	与美国、日本联合

2. 中欧各自利用争端解决机制的情况

截至2013年3月31日，中国在争端解决机制中当事争端为41起，其中申诉11起，被诉30起，被诉是申诉的3倍。欧盟当事争端为160起，其中申诉87起，被诉73起②，被诉是申诉的84%。中国当事争端仅为欧盟的26%。

以中国"入世"之日为起算日期，欧盟当事争端为71起，其中申诉31起，被诉40起。中国当事争端占欧盟的58%。2007年以来，世贸组织每年新发案件中涉华案件比例都在30%以上，超过涉欧案件数量。

以中欧双方决定发展全面战略伙伴关系的2003年10月为起算日期，中国当事争端为40起，其中申诉10起，被诉30起；欧盟当事争端为51起，其中申诉25起，被诉26起。中国当事争端上升为欧盟的78%。

---

① 相关详细数据参见http://www.wto.org/english/tratop_e/dispu_e/dispu_by_country_e.htm。
② 相关详细数据参见http://www.wto.org/english/tratop_e/dispu_e/dispu_by_country_e.htm。

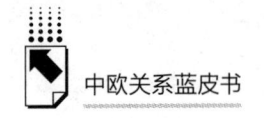

以2006年3月欧盟诉中国第一起争端为起算日期，中国当事争端为39起，其中申诉10起，被诉29起；欧盟当事争端为36起，其中申诉17起，被诉19起。中国当事争端已略超过欧盟，欧盟为中国的92%。

以2009年7月中国诉欧盟第一起争端为起点，中国当事争端为21起，其中申诉7起，被诉14起；欧盟当事争端为15起，其中申诉6起，被诉9起。无论是申诉、被诉，还是当事争端总数，中国已全面超过欧盟；欧盟当事争端仅占中国的71%。

（二）基本特点

1. 中国诉欧盟案件的特点

第一，欧盟是中国的两大申诉对象之一。同期中国的7起申诉中，3起针对欧盟，4起针对美国。事实上，中国迄今提起的11起申诉只针对欧盟和美国，没有涉及任何第三方。同期欧盟被诉9次，欧盟被中国诉的比例为33.3%。

第二，中国诉欧盟的系争措施全部是反倾销和反补贴两大贸易救济措施，均属货物贸易领域，未涉及服务贸易和知识产权领域。其中，2009年7月诉欧盟"紧固件案"，是继诉美国之后，中国在争端解决机制中对另一主要贸易伙伴欧盟提起诉讼第一案，历经磋商、专家组审理、上诉机构审查和执行所有争端解决程序。2010年2月诉欧盟"皮鞋案"，是《里斯本条约》生效以后，具有正式国际法律人格的欧盟在争端解决机制中的第一案。这两起反倾销措施案均已结案，中国胜诉。

2. 欧盟诉中国案件的特点

第一，欧盟直到2006年才对中国提起第一起申诉，但中国很快成为欧盟最主要指控目标。同期，欧盟提出申诉17次，指向8个成员，中国被诉6起，排名第一，第二名美国只有3起，其余成员都在2起以下。这表明欧盟对中国的重视程度很高。不过，同期中国被诉29次，中国被欧盟诉的比例为21%，低于欧盟被中国诉的比例。

第二，诉中国的6起案件中，欧盟单独申诉2起，其余4起都是与其他两个成员联合申诉；美国同时参与这4起申诉。在争端解决实践中，都是美国挑头，欧盟和其他成员配合。"美国影子"的存在，说明欧盟指控中国的意愿不太强烈。某种程度上，诉中国"紧固件案"是对中国诉其"紧固件案"的报复行为①。该案既是欧盟单独对中国提起的第一案，也是中国贸易救济措施在争端解决机制中被诉第一案，同时，也是"无果而终"的第一起案件。

第三，诉中国的6起案件中，5起涉及货物贸易领域，1起涉及服务贸易和知识产权保护，覆盖世贸组织三大贸易领域。在货物贸易中，指向的具体措施不仅有贸易救济措施，还有出口措施，最终指向的是中国产业政策和政府的贸易管制行为。"原材料案"和"稀土案"是争端解决机构受理的对被诉方出口产品提起申诉的仅有的2起案件。6起案件中，1起处于专家组审理阶段，1起"无果而终"，1起和解结案，2起中国败诉。2013年2月26日，"安检设备案"专家组报告散发，专家组认为中国措施与世贸组织规则存在不一致之处。

3. 总体特点

第一，中欧双方的9起案件中，6起涉及中国特定义务（China-specific）条款②。表明中国"入世"承担的特定义务现阶段仍是双边贸易纠纷的主要源头，是欧盟主要进攻方向，中欧贸易关系尚未实现世贸规则的"一般化"。

第二，2006年以后，欧盟申诉案件相对被诉案件在下降，当事争端总数相对中国也在下降。与前十年相比，欧盟利用争端解决机制的积极性在减弱，但对中国的兴趣在增加。同时，中国利用争端解决机制的积极性在稳步提高。当然，迄今欧盟仍是争端解决机制的第二大用户；缘于2006年之后的高被诉率，中国短时间内攀升为第四大用户，但绝对数量与欧盟仍有相当大的差距。

第三，当事争端数量是评价一个成员在争端解决机制和世贸组织，进而在多边贸易体系中影响力大小的一个主要指标。相比欧盟，中国上升势头明显。

---

① 此前，中国和欧盟分别针对对方的紧固件采取了"双反"措施。X射线安检设备的情况类似。
② 如"汽车零部件案"涉及《工作组报告书》第93段（成套散件）；"金融信息服务案"涉及《工作组报告书》第309段（独立监管）、服务贸易减让表水平承诺中的"已获权利"；"原材料案"涉及《入世议定书》第11条第3款（取消出口税费）；"稀土案"涉及《入世议定书》第一部分第2（A）2段（统一实施）、第2（C）1段（透明度）、第5段（贸易权）、第7.2段（非关税措施）、第8.2段（进出口许可程序）及第11.3段（取消出口税费），以及《工作组报告书》第83段、第84段、第162段等；"紧固件案"涉及《入世议定书》第15条（替代国价格）；"皮鞋案"涉及《入世议定书》第15条（替代国价格）。

（三）主要原因

1. 客观因素

首先，中国经济贸易快速增长，在世界中占的位次大幅前移，占比也有相当程度的提高。欧盟的指标基本保持稳定，但占比相对下降。

其次，中欧经济交往日益密切，贸易依存度明显加深。2004年，欧盟成为中国第一大贸易伙伴，中国成为欧盟第二大贸易伙伴。现在，双方互为对方的最大进口市场和出口市场。

根据贸易量和贸易摩擦成正比理论，中欧在争端解决机制中对簿公堂的情形从无到有，由少增多，是一种正常现象，也是一种长期趋势。事实上，根据双方各自的贸易总额和双边贸易额衡量，中欧互诉的比例偏低，没有达到世贸组织的一般水平。今后双方若有更多争端提交至争端解决机制，应不足为奇。

此外，其他因素，包括多哈回合久拖不决影响世贸组织的可信度，以及世界经济近年来增长乏力等，对此也多少有些影响。

2. 主观因素

首先，在"入世"前五年过渡期内，中国的观念待变、意愿不足、能力有限，极少成为争端当事方。后来观念改变了，意愿增强了，能力仍然明显不足，因而中国被诉是申诉的3倍。相比欧盟的驾轻就熟，这种明显反差表明中国的诉讼能力有待提高，包括历史沉淀、诉讼经验、人才队伍和专业储备等方面，要达到欧盟的水准还有很长的路要走。

其次，在五年过渡期内，欧盟对中国表现出一定的节制[①]，主要是通过过渡性审议机制监督中国"入世"承诺的履行，以确保甚至帮助中国顺利融入多边贸易体系和世界经济。过渡期结束后，始转向争端解决机制。

再次，与美国好讼性格不同，中欧更倾向于优先选择双边谈判建设性解决贸易纠纷。在贸易政策审议中，双方均多次表达此种观点。因而能力有余的欧盟指控中国的积极性不太高，以联合诉讼为主。

---

① 美国同样如此。

上述主客观因素的交互综合影响，形成目前中欧在争端解决机制中互有攻守、中方以守为主的基本态势。

三 审议对方的贸易政策与实践

自2003年迄今，依据世贸组织协定有关贸易政策审议的相关规则①，中欧分别接受4次常规审议（参见表2）。双方都非常重视利用该机制向对方表达自身的关切和对双边关系的判断。

表2 中国和欧盟分别接受世贸组织贸易政策审议基本情况（2003年以后）*

成员	接受审议时间			
中国	2006.4	2008.5	2010.5~6	2012.6
欧盟	2004.10	2007.2	2009.4	2011.7

* 详细情况参见 http：//www.wto.org/english/tratop_e/tpr_e/tp_rep_e.htm#bycountry。

（一）对中国的贸易政策审议

中国"入世"当年进出口贸易总额世界排名第六，第一次例行审议安排在2006年4月。2004年中国进入世界前四，此后审议改为两年一次。2008年5月、2010年5月底6月初和2012年6月，世贸组织分别对中国进行第二、第三和第四次审议②。

---

① 贸易政策审议机制与贸易谈判机制和贸易争端解决机制并为世贸组织的三大机制，目的是对WTO成员的贸易政策与实践及其对多边贸易体制的影响进行定期的集体审议和评估，以促进所有成员更好地遵守多边贸易协定及适用的诸边协定所规定的规则、纪律和承诺。实践中，审议内容不限于贸易领域，延至其他经济领域，甚至包括宏观经济政策和经济发展环境等。根据该机制，进出口贸易总额占世界贸易份额排名前4位的成员每两年审议一次，其后的16个成员每四年审议一次，余下的成员每六年审议一次（最不发达成员可安排更长的时限）。
② 对中国而言，除常规的贸易政策审议机制外，"入世"前十年，还有一种专门针对中国贸易政策的过渡性审议机制，这是中国"入世"承担的超成员义务的一部分。过渡性审议每年由世贸组织三大理事会和各委员会分别进行。欧盟是其中最活跃的成员之一。有趣的是，欧盟在过渡性审议中态度要生硬些，通常会对中国的表现颇有微词，但到常规审议时语气就会缓和下来，这点恰好与美国相反。

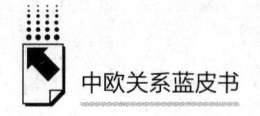

1. 欧盟的主要关切

从四次审议的情况看，欧盟对中国的关注，主要集中于总体市场开放程度（市场准入）、透明度、非关税贸易壁垒（如 SPS、TBT、国内规制、国内标准和认证程序）、知识产品保护和执法、出口补贴和出口信用、出口限制、产业政策、政府采购、政府对市场的干预、服务业和投资领域的进一步开放，以及一些可能对外国构成歧视待遇的具体措施，如电脑订座服务和原产地标志要求等。上述议题，几乎每次审议欧盟都会提及，并伴有明确要求。欧盟在争端解决机制中诉中国的几乎所有系争措施，都曾在审议中再三提出过。

2. 欧盟对中国的总体评价

对中国的贸易政策与实践、中国在世贸组织中的总体表现，以及双边贸易关系的发展，欧盟的基调比较一致，以赞美鼓励为主，批判指责为辅。除 2008 年第二次审议中欧盟态度有些反复外，其余三次对中国多予正面评价。

欧盟赞赏中国进行改革，平衡社会、环境和经济的发展；鼓励中国采取措施，实施消除贫困的社会和就业政策，同时促进国际贸易；钦佩中国克服困难履行"入世"承诺和世贸义务的努力；认为得益于中国"入世"，中欧双边贸易快速发展，未来增长潜力很大；表示"双方的相互依存度很高"，"在世贸组织中是重要伙伴"。在 2010 年的审议中，欧盟指出，"自入世开始，中国持续融入世界经济，实现经济转型，在国际贸易中的作用不断增强"，"中国已经从一个新兴经济体变成全球经济大国（China has moved from being an emerging economy to a global economic power），在全球事务中拥有无可争议的经济和商业影响力"。

欧盟对中国的肯定态度，一方面是"入世"后，中国经济贸易快速增长，双边经济交往日益密切，贸易关系逐渐良性发展的现实反映；另一方面也与中欧关系大局和国际关系大势紧密相关。

2006 年对中国的首次审议重点是中国履行"入世"承诺情况；支持中国融入多边贸易体系是欧盟利益所在，因此勉励有加。2008 年第二次审议时，中国已"入世"7 年，基本进入正轨，欧盟与美国同时提高评价标准，对中国贸易政策的关注重点开始转向中国国内经济及贸易政策与世贸规则的一致性，要求中国在世界经济和多边贸易体系中承担更大责任。对中国多有挑剔，"风向"开始变化。随后世界金融危机爆发，全球经济衰退和缓慢复苏，接着发生至今尚未见底的欧债危机。欧盟对中国依赖加重，态度回暖明显。2010年审议时，对于中国在世贸组织中的作用和应对金融和经济危机的表现，欧盟给予的评价高于世贸组织的评价；2012年审议时欧盟甚至赞扬中国在多哈回合中的表现。

当然，欧盟并非为赞美而赞美，其意在要求中国进一步大幅开放市场，满足它的利益关切，并在世贸组织中承担更大责任，在世界经济中给予欧盟更多配合。无论如何，欧盟对中国"入世"后的各项表现，评价总体上一向好于美国[①]。

（二）对欧盟的贸易政策审议

由于中欧"入世"时间不同，中国迄今仅接受四次审议，而欧盟则共接受八次。在2003年以前，还分别于1995年、1997年、2000年和2002年接受了四次审议。中国参加了最近的五次。

1. 中国的主要关切

中国对欧盟贸易政策与实践的最重要关切集中在两个方面[②]。第一，欧盟是世贸组织中最频繁适用贸易救济措施的成员之一，尤其是反倾销措施。中国是这方面最大的受害者。自1991年起，中国就是欧盟反倾销的主要目标，2011年的统计数据表明欧盟45%的现行措施针对中国[③]。在反倾销中，欧盟存在不合理选择替代国（甚至选择美国和日本）、确定不适当的倾销幅度、不披露重要信息等问题。第二，欧盟的非关税壁垒。欧盟二级立法通过大量的技术性规范，实践中采取大量的TBT和SPS措施，严重阻碍中国产品进入欧盟市场和在欧盟市场内的销售。如2007年生效的《化学品注册、评估、许可和限制条例》（REACH条例）对中国产生了很大的负面影响。

关于非市场经济待遇问题，中国只是在2004年审议中明确提出过一次，

[①] 虽然它们对中国有很多共同的关切，但对中国的要求也越来越高。
[②] 其他的主要关切还包括：欧盟对农产品维持大量补贴和高关税，中国禽肉和中草药进入欧盟市场问题，欧盟的关税结构、海关程序、政府采购、投资壁垒、服务贸易市场准入、透明度等议题。
[③] 中国产品在国外遭到的第一起反倾销调查由欧共体于1979年8月发起。

希望欧盟早日解决该问题。可见中国至少不认为世贸组织这个多边平台是讨论该问题的最适当场合，或者不太看重该问题对双方贸易关系的影响。

2. 中国对欧盟的总体评价

对欧盟在多边贸易体系中的地位与作用、欧盟在世贸组织中的角色，以及双边贸易关系的发展，中国一贯给予正面评价；对欧盟的贸易政策与实践，中国大多时候限于表达自身的主要关切。

中国的正面评价主要有如下三点：第一，欧盟在世界经济和国际贸易中占有重要地位，发挥着重要作用；第二，欧盟是世贸组织的核心成员，在多哈回合谈判中发挥了领导作用；第三，中欧双边贸易发展迅速，且发展潜力很大，加强双方的合作很重要。同时，在审议中，对欧盟近年两次东扩和欧元在未来世界金融体制中的角色等欧盟重大利益问题，中国持积极态度，愿意和欧盟加强在这些方面的合作。比如，在2011年对欧盟的最近一次审议中，中国表示"双方代表团保持着良好的合作关系，都认为应加强世贸组织的可靠性，为未来（多哈谈判）一揽子结果奠定坚实基础"，"双方是支持自由贸易、多边主义和世界和平的两支重要力量。经济稳定和繁荣的欧洲符合中国和世界的利益。中国愿意帮助欧元区维持稳定，促进欧洲经济复苏。中欧在这些方面加强合作，对维护双方共同利益，为未来互惠互利的双边合作铺平道路具有重大而深远的影响"。

当然，同欧盟一样，中国也不限于赞许，而是呼吁欧盟展现更多领导力，为多边贸易体系和稳定当前的世界经济，为中欧经贸关系发展做出更多努力。

（三）小结

世贸组织贸易政策审议机制是一个定期对任何成员贸易政策与实践，甚至经济和社会发展提出批判和发表意见的多边平台。2003年以来的审议情况表明，中欧双方对近十年来双边贸易关系的发展给予肯定，对未来潜力保持乐观，对各自在世贸组织中发挥的作用和双方合作互相赞赏。如果与美国对中国的审议情况，以及中国对美国的审议情况进行对比，这种积极情绪会看得更加清楚。

这种情势，第一，是对双边健康贸易关系和双方在世贸组织良好合作关系基本事实的客观描述。第二，是表达双方对未来发展的美好期望。第三，是一种互相吁请，彼此都希望对方在世贸组织承担更大责任、履行更多义务、做出更多减让，为多边贸易体系做出更大贡献，换句话说，必要时做出更多牺牲。第四，这同时是在近年国际形势急剧变化大背景下，双方都对对方有所倚重的真实反映。尤其是2008年下半年以来，接踵而至的国际金融危机、世界经济衰退和欧债危机，使得欧盟对中国的依赖明显加强。否则，根据2008年对中国审议时的"风向"判断，中国这几年显然不会这么轻松。第五，双方的话也是说给其他世贸组织核心成员，尤其是美国听的，至少是对美国的一种间接提醒。当然，双方都没有浪费机会，对各自贸易政策与实践中影响本方利益的议题再三表达关切，明确提出要求。

四 其他事项方面的合作

中方认为双方驻世贸组织代表团"保持着良好的合作关系"不仅是一句外交辞令，在世贸组织机制建设和内部重大事务中，双方确实有着"良好的合作"。仅举一例。2007年中国提出自己的人选竞争上诉机构成员资格，这意味着要打破上诉机构已形成多年的既有非正式"政治格局"[①]。中国提名人选首先得到包括欧盟在内的核心成员支持；其次，中国台湾代表在会议上试图阻挠中国内地人选的通过，除中国内地自身外，还有四个成员当即反对台湾的提议，欧盟是其中之一。在随后就此召开的临时会议上，欧盟再次发言反对台湾的立场。中国人选最终获任成员资格，这意味着中国顺利跻身上诉机构"常任成员"行列。

其他方面，2004年6月，欧盟委员会和中国商务部联合启动"中欧世贸

[①] 依据世贸组织《关于争端解决规则与程序的谅解》（DSU），上诉机构成员应具有"公认权威并在法律、国际贸易和各适用协定所涉主题方面具有公认专门知识的人员组成"，"不得附属于任何政府"，"上诉机构的成员资格应广泛代表世贸组织的成员资格"。但实践中，作为一种"政治惯例"，7名上诉机构成员中，核心成员，如美国、欧盟、印度等提出的人选为"常任成员"。2001年中国"入世"时，上诉机构的"政治格局"业已形成。

项目",旨在支持中国融入世界贸易体系。该项目是2000年以来中欧双方第三个与贸易相关的技术援助计划[①],也是欧盟在世界上最大的双边援助项目之一[②]。一期（2004~2009年）项目涵盖贸易、司法、政府治理、农业、环保、能源、教育、卫生和社会保障等众多领域。二期（2010~2015年）项目于2011年启动,合作伙伴包括中国中央多个部委和欧盟委员会多个职能总司。围绕中国"十二五"规划优先发展领域,在服务业、技术贸易壁垒、农业与食品安全、海关监管等方面,欧盟将与中国开展深入合作,继续支持中国完善经贸领域的法律法规,进一步促进相互了解,推动中欧经贸发展。

除双边领域外,中欧通过世贸组织"促贸援助"（Aid for Trade）平台,在促进发展中成员,尤其是最不发达国家参与国际贸易能力建设方面也有适当的合作等。

五 总结与展望

2001年12月中国加入世贸组织,并不必然带来2003年10月中欧建立全面战略伙伴关系。但是,如果没有中国"入世",很难想象中欧建立全面战略伙伴关系是一个什么样的情形。中国加入世贸组织和融入世贸组织,不仅是中国的命题,也是欧盟的命题;不仅关乎中欧贸易关系,也关乎中欧关系大局;不仅促进双边贸易,也促进多边贸易和世界经济;不仅利于中欧双方,也利于国际社会。

（一）总结

短短近十年间,中欧双方在世贸组织这个管理国际贸易的唯一合法多边平台上,通过参与多哈回合贸易谈判、利用争端解决机制解决双边贸易争端、审议对方的贸易政策与实践,以及在其他涉世事务上多有协调与合作,促进了双边贸易快速增长和贸易关系的健康发展,共同为多边贸易体系的良好运行做出

---

① http://www.euctp.org/index.php/project-background.html.
② http://news.xinhuanet.com/fortune/2011-03/24/c_121228713.htm.

了贡献。

在世贸组织中，欧盟始终保持高位水平，中国一直处于上升通道，从一名"观察员"成为"新成员"，再成为"完全成熟成员"，双方差距在缩小。这期间，欧盟给中国制造了不少麻烦，也提供了一些帮助。而中国则在多哈回合中，从一名"低调的新成员"，到2008年之后逐渐成为"积极的推动者"，并在某种程度上和欧盟等核心成员一起在谈判中发挥"共同领导"作用；在争端解决机制中，中国从一名"活跃的第三方"，到2006年之后逐渐成为"进取的当事方"，不仅接受欧盟申诉，而且对欧盟提出指控，形成和欧盟互有攻守、以守为主的基本态势；在贸易政策审议机制中，中国从一名埋头"入世"承诺的"被监督者"，到2008年之后逐渐成为一名"正常审议人"，既面对欧盟的赞美和批评，也对欧盟提出赞美和批评。中国的这一发展过程，也应是欧盟乐见的。

总体上，限于观念、意愿和能力的差别，2008年以前，双方在世贸组织中的互动明显不对称，欧盟处于攻势，中国处于守势；2008年之后，受主客观因素的交互综合影响，双方朝对等方向发展，整体形势趋于良性互动。不过，中国的能力与欧盟仍有不小差距，双方互动在某些方面和某些时候还有不少脆弱之处，远未到成熟阶段。

（二）展望

当前及未来一段时间面临的形势是，很大程度上，受累于多哈回合久拖不决、议而不定，世贸组织正面临成立以来最严峻的挑战，多边贸易体系未来走向存在诸多不确定因素。基本表现是，区域主义和双边主义抬头，甚至一时风行。在欧盟贸易版图上，迄今欧盟签署并实施的优惠贸易协定有近40个，正在谈判或已签署尚未生效的近90个，其中包括不少中国的周边贸易大国[①]。如欧盟与韩国于2010年10月签署新型自贸协定；2013年3月25日，欧盟与日本启动自贸协定谈判。此前的2月13日，欧盟与美国启动"跨大西洋贸易与投资伙伴关系"（TTIP）谈判。中国面对的压力还包括2010年以来由美国

---

① 参见 http://trade.ec.europa.eu/doclib/docs/2012/june/tradoc_149622.jpg。

主导的"跨太平洋伙伴关系协议"（TPP）谈判。

区域和双边合作有一定的排他性，过多的此种合作显然会削弱现有世界贸易规则的有效性，甚至导致规则的碎片化，形成"意大利面碗"局面，严重影响世贸组织和多边贸易体系的可靠性，也将对中欧双方在世贸框架内的协调与合作带来不利影响。

对此，我们要严肃对待、认真评估，但也不必过度担忧。首先，历史可以提供一些启示。20世纪90年代前后，乌拉圭回合谈判陷入困境时，形势与此十分相似，以美国为首的发达国家转向区域主义，北美自由贸易区就是在此背景下诞生的。通过区域主义压多边谈判，以获得更有利的谈判结果。其次，现实也可以提供一定的答案。世贸组织是一个成熟的政府间国际组织，多边贸易治理是一个制度化、法治化程度较高的领域，虽然目前新一轮区域主义浪潮的有些做法已经超出世贸组织的现有法律框架，短期内出现（严重的）摇摆，但从中长期看，世贸组织仍是自由贸易的主渠道，其他各种形式只能是主渠道的（有益）补充，二者不是竞争和替代关系。在2012年9月中欧领导人会晤中，双方"强调开放、可预测、基于规则、透明的多边贸易体系的重要性，致力于确保世界贸易组织的中心作用"①。

对中国来说，美国有明显的战略指向，欧盟却未必有，至少不会像美国这样明显。无论是多哈回合谈判，还是自贸协定谈判，明着谈贸易议题，暗地里争的是国际贸易新规则的制订权和主导权，背后是经贸实力的较劲。在这场竞争中，中欧在世贸组织的协调与合作，短期内有些影响，存在一些不确定因素，但总体向好的趋势不会改变，也不可能改变。近十年来的经验表明，影响中欧在世贸组织互动的最重要两个因素是：中国经贸实力的显著增强和2008年后欧盟在经济上遇到困难。二者中，后者的不确定性大于前者。中欧之间新型良性互动成熟关系的建设，双方都需付出更大努力。这要求中国努力提高自身参与国际贸易事务和制订国际贸易规则的能力，根本则在于进一步增强自身的经济贸易实力。

---

① 《第十五次中欧领导人会晤联合新闻公报》，2012年9月21日，第四十二段，http://www.gov.cn/jrzg/2012-09/21/content_2229701.htm。

此外，近十年来，中欧在世贸组织这个多边平台上，开展的大多是以彼此关切和共同利益为导向的双边合作，如何在多哈回合中进一步协调双方以多边利益为导向的行动，以及在后多哈世贸议程中挖掘责任分担的多边议题，以共负全球贸易治理之责、共享多边贸易体系之利，可能是中欧下一步需要思考的新命题。

B.7 全球金融治理中的中欧关系

熊 厚*

摘　要： 在国际金融危机的冲击下，全球金融治理结构正发生着深刻的变化。作为全球金融治理的重要参与者，中国和欧洲在此领域的关系也在发生调整，对话和交流机制更加深入，合作领域更具全球视野。中国在全球金融治理中的地位有所增强，但和欧洲在全球金融治理中发挥的作用相比，仍不平衡。随着中国经济实力的进一步增强和金融部门的深入开放，中国必将更多地参与全球金融治理，在制定全球金融游戏规则和稳定国际金融秩序等方面发挥影响，将和欧洲在全球金融治理方面发生更多的接触。

关键词： 全球金融治理　中欧关系　国际金融危机

过去十年中，全球金融治理发生了深刻变化，治理结构、形式和主要行为体的地位与作用均在调整变化。从历史上看，秩序发生变化往往是由危机引发。引起当前全球金融治理秩序明显变化的最重要的原因仍是危机，即2007年年底发端于美国的国际金融危机以及由此衍生的欧洲主权债务危机。作为全球治理的重要参与者，中国和欧洲在全球金融治理中的关系自然也受到这场危机的影响。因此，要清楚地认识中国和欧洲在当前及过去十年中的全球金融治理中的关系，必须要结合这场影响广泛的国际金融危机进行分析。

---

* 熊厚，经济学博士，中国社会科学院创新工程综合协调办公室副研究员。

一 国际金融危机前的全球金融治理中的中欧关系

在国际金融危机爆发的前五年,中国和欧洲在金融治理领域方面的关系更多地体现为双边层面,在全球和多边层面,中国的地位和作用相对边缘化,表现为对欧美金融治理秩序的了解、学习和追随。

(一)危机前中欧在全球金融治理中的交流机制

中国和欧洲在全球金融治理中的关系需要一定的机制来实现。在危机前的五年,中欧在全球金融治理方面,建立了一些交流机制(参见表1),有以下几个主要特点。

表1 危机前中欧在全球金融治理中的重要交流机制

	双边	多边(交集)	多边(非交集)
中国	中欧领导人年度会晤机制;中欧财金对话机制	国际货币基金组织交流框架,比如国际货币基金组织与世界银行年会	
欧洲			七国、八国集团峰会;巴塞尔银行监管委员会

1. 中欧在全球金融治理方面的交流机制并不丰富,较为单一

无论从双边层面还是从多边层面来看,中欧在全球金融治理方面的交流机制数量都不多。在双边层面,金融领域的话题可能是中欧领导人年度会晤要谈及的议题之一,但并不是必须提到的。后来,中欧财金对话机制于2005年2月正式启动,开创了中欧在宏观经济政策、财金领域定期展开政策对话和交流的新渠道,是双方增进相互理解、加强合作和促进中欧全面战略伙伴关系的重要平台。在多边层面,由于中国和欧盟各成员国都是国际货币基金组织的成员,中国和欧洲国家在国际货币基金组织框架下自然会进行交流接触。除此之外,中国和欧洲鲜有规范正式的交流机制。

2. 中欧在全球金融治理方面的交流机制并不成熟,难以深入

中欧领导人在年度会晤机制上的交流多为一些政治性议题,金融治理话题并不具有固定性，具体的工作流程也不是非常清晰。从国际货币基金组织的交流框架看，中国在国际货币基金组织的话语权及金融治理上的专业能力远逊于欧洲，中国和欧洲不在一个对话层次上，比如，危机前国际货币基金组织高层经营管理者（除董事会以外）中没有一人来自中国，因此，这种交流更多地体现为一种形式，并不具有实质内容。

3. 中欧在全球金融治理方面的地位和作用明显不对称

危机前，中国在全球金融治理中的地位和作用实际上相对边缘化。中国是国际货币基金组织的创始国之一，但在该组织所占的基金份额和投票权份额一直很低。反观欧洲，欧洲金融市场发达，参与制定和主导金融规则以及管理国际金融机构的经验较为丰富。从交流渠道看，欧洲参与全球金融治理的渠道较多，比如七国、八国集团峰会的参与国大部分是欧洲国家。从影响力看，欧洲在全球金融治理中的话语权不可小视。根据不成文的规定，国际货币基金组织的总裁是由欧洲人担任。欧洲国家是巴塞尔委员会的主要成员，对巴塞尔委员会通过的各种协议具有很大的影响。当前，巴塞尔委员会不仅是各国金融监管者交流、共享信息和观点的平台，而且通过签署各种合作协议达到了促进银行监管国际合作、降低银行运作风险和维护全球金融稳定的目的。尽管巴塞尔委员会并不拥有超越各国主权的监管特权，但是在巴塞尔委员会成立至今的30多年里，其提倡的监管标准和指导原则在国际银行业中得到广泛应用。①

（二）危机前中欧在全球金融治理中的交流领域

危机前，中国和欧洲在汇率、银行监管规则和中国的金融市场开放等方面进行了交流。对于这些议题，由于利益差异，中国和欧洲各有侧重。

1. 汇率问题

对于欧洲而言，人民币汇率是其在全球金融治理中关注的重要问题。危机前，人民币汇率成为全球金融治理中的一个热门话题，中国和欧洲无论在双边层面还是多边层面都要谈及。"入世"以来，中国对外贸易获得蓬勃发展，出口增长更是惊人，积累了大量的贸易盈余。与此同时，中国人民币汇率一直实

---

① 百度百科，"巴塞尔银行监管委员会"名词解释，http://baike.baidu.com/view/983278.htm。

行有管理的浮动汇率制，升值步伐缓慢。这就引起了包括欧洲国家在内的对华贸易逆差国的不满。在各种场合，欧洲都将人民币汇率作为全球金融治理中的一个重要话题。尽管如此，欧洲对人民币汇率施加的压力相对温和，与美国的态度形成鲜明对比，顾及了中国的现实状况，批评具有一定的建设性。

对于中国而言，美元贬值引发的中国外汇储备的保值增值成为必须面对的现实。危机前，美元疲软，美元对人民币的汇率一路走低。美元贬值使中国依靠贸易顺差积累起来的庞大外汇储备不断缩水。为了应对这种状况，中国坚决反对美元贬值，同时积极寻找其他币种的外汇储备资产。这一时期，欧元对美元的汇率上升也很快，但欧洲并没有对美元贬值提出严厉的批评。在反对美元贬值方面，中国和欧洲并没有取得明显的共识。但是，中国和欧洲在欧元的地位和作用上有共识。欧元在这一时期币值坚挺，也是仅次于美元的主要国际储备货币，因此，中国对购买欧元资产表现出了极大的兴趣。欧洲也乐于看到欧元作为中国外汇储备资产的重要组成部分。

2. 银行监管规则

在此领域，中国和欧洲有高度的利益共同点，欧洲扮演了一个积极推动的角色，中国则扮演了一个积极接受的角色。危机前，正值新巴塞尔协议在欧洲及国际上大力推广之际，2002年10月1日，巴塞尔委员会开始新一轮调查（第三次定量影响测算），评估新协议对全世界银行最低资本要求的可能影响。同时巴塞尔委员会加强了对操作风险管理和监管规程的制定，并于2003年2月再次更新了《操作风险管理与监管有效措施》（Sound Practices for the Management and Supervision of Operational Risk），对操作风险的资本要求提出具体的计算办法。巴塞尔委员会计划于2003年第二季度发表最后一次征求意见稿，同年年底通过新协议，2006年年底在十国集团（G10）国家全面实施。与此同时，新巴塞尔协议也在中国银行界产生了很大的回响。考虑计算信用风险标准法存在的许多问题，中国的银行普遍认为，内部评级法能更加准确地反映资本与银行风险之间的内在关系，有利于加强银行内部对风险资产的评定和管理，相比于简单地划定风险权重或根据外部机构的评级结果确定风险权重的确是一大进步，所以与其花费时间等待外部评级公司发展起来，还不如现在就动手开发内部评级法。但是在中国实行内部评级法的难度较大。内部评级法对各类数据的要求很高，而中国的银行尤其缺乏对信用风险进行量化的分析能力。然而，如果众多国际大银行纷纷采用内部评级法，若中国不能跟上，将在国际竞争中处于不利的地位，因此国内银行对开发内部评级法热情很高，新协议对国内银行的风险管理推动很大。① 中国和欧洲在全球范围内推动新巴塞尔协议的实行有着高度的利益契合点。

3. 中国金融市场的开放

改革开放以来，中国放开了大多数经济部门的管制，引入了竞争。由于金融部门的重要性和敏感性，中国一直对金融市场有着较为严格的管制，国有金融机构在中国金融市场占有独特和重要的地位。随着中国经济的快速增长，中国金融市场也在逐渐发展，各种金融业务快速发展，有着巨大的赢利空间。欧洲在金融部门拥有比较优势，自然对中国尚未完全开放的金融部门十分在意。"入世"后，根据相关协定，中国金融市场对外资金融机构进行了有限开放，但这并不足以满足欧洲的要求。为了扩大在华的金融机构的利益，欧洲一直推动中国开放国内金融市场，不断向中国灌输金融自由化的思想。

二 国际金融危机以来的全球金融治理中的中欧关系

肇始于2007年年底的国际金融危机给全球金融治理造成了深刻的影响，使中国和欧洲在全球金融治理中的地位和作用开始调整。

（一）危机以来中欧在全球金融治理中的交流机制

1. 中欧在全球金融治理中的交流形式日益多元

为了进一步密切中欧双方的经贸关系，中国和欧洲都加快了对经济金融政策的协调与沟通（参见表2），这丰富了中国和欧洲在双边层面的金融交流机制。根据2007年12月3日公布的《第十次中欧领导人会晤联合声明》，中欧双方同意中国国务院和欧盟委员会成立副总理级的中欧经贸高层对话机制，讨论中欧贸易、投资和经济合作战略，协调双方在重点领域的项目与研究并制定规划。作为

---

① 百度百科，"巴塞尔协议"名词解释，http://baike.baidu.com/view/131677.htm。

中国和欧盟在经贸领域最高级别的定期磋商机制,中欧经贸高层对话2008年4月正式启动并在北京举行首次会议①。根据中欧达成的协议,对话每年举行一次,双方轮流主办。在2010年举行的第三次中欧经贸高层对话中,中欧双方就重申了要在二十国集团(G20)等全球经济治理平台加强协调合作,共同推动国际金融规则和标准改革。另外,原有的财政金融对话机制也继续发挥作用。2012年的中国和欧盟在布鲁塞尔举行了第七次财政金融对话,就宏观经济形势和政策、应对欧债危机、二十国集团与国际金融体系改革、金融监管改革、会计审计合作、政府采购等议题进行了深入讨论,达成了多项重要共识②。

表2 危机以来中欧在全球金融治理中的重要交流机制

	双边	多边(交集)	多边(非交集)
中国	中欧领导人年度会晤机制; 中欧经贸高层对话;中欧财金对话机制	二十国集团峰会; 巴塞尔银行监管委员会; 国际货币基金组织交流框架,比如国际货币基金组织与世界银行年会	金砖国家领导人会晤
欧洲			七国、八国集团峰会

受到国际金融危机的冲击,中国和欧洲在多边层面也加强了合作。在2008年全球金融危机的冲击下,全球金融治理所呈现的最重大变化就是,二十国集团取代七国集团成为国际金融事务中最核心、最重要的治理机制,世界正式进入"G20时代"。二十国集团最突出的特点就是将中国等新兴国家容纳到国际金融治理过程中来,这在一定程度上扭转了国际金融体系中实力与权利的失衡。在布雷顿森林体系崩溃之后的40年时间里,由主要发达国家联合垄断国际金融事务的局面基本终结③。中国和欧洲在这一新的交流平台上开始合作,比如支持欧洲应对主权债务危机、讨论国际金融机构的治理改革。另外,中国也加入了巴塞尔委员会。巴塞尔委员会在1975年2月成立,最初的成员主要来自欧美国家。2009年3月16日,巴塞尔委员会决定吸收澳大利亚、巴

---

① 百度百科,"中欧经贸高层对话"名词解释,http://baike.baidu.com/view/2429029.htm。
② 中欧举行第七次财政金融对话,http://money.163.com/12/0603/05/8326ETJE00253B0H.html。
③ 李巍:《金砖机制与国际金融治理改革》,《国际观察》2013年第1期。

西、中国、印度、韩国、墨西哥和俄罗斯为该组织的新成员。中国从最初的银行监管规则单向接受者，逐渐挤入了规则制定者的队伍。

2. 中欧在全球金融治理中的交流机制更加成熟

与危机前相比，中欧在全球金融治理中的交流话题更具全球性，交流机制更加成熟。国际货币体系建设、国际金融治理结构等全球性议题越来越多地出现在中欧全球金融治理的各种交流机制中。2008年在华盛顿召开的二十国集团峰会上，中国和欧洲在"统一监管标准，规范国际金融机构活动"方面就取得了很多的共识。

3. 中国正在缩小和欧洲在全球金融治理能力上的差距

国际金融危机爆发后，中国和巴西、俄罗斯、印度这三个最主要的新兴大国（后来吸纳了南非）组建了新的金砖国家合作机制，以定期召开首脑峰会和其他级别会晤等形式，来表达对国际金融改革的集体性意见，并在成员国之间率先开展区域性的金融合作，以提升自身在国际金融体系中的发言权和影响力[1]。新兴国家要求改变国际货币基金组织投票权份额的不合理分配，要求发达国家向发展中国家转移更多的投票权，另外，新兴国家还协调政策立场，努力对重要的国际经济金融问题发表一致的看法，比如，金砖国家领导人在金砖国家领导人峰会上对重要国际经济金融议题进行讨论和磋商，在二十国集团峰会召开之时也会举行单独的碰头会协调立场。2013年3月27日，第五次金砖国家领导人峰会决定建立金砖国家开发银行。金砖国家开发银行将成为全球仅次于世界银行的最大发展合作机构，既有利于向发展中国家提供更多的发展支持，也有利于简化金砖国家间的相互结算与贷款业务，减少对美元和欧元的依赖，有效保障成员国间的资金流通和贸易往来。通过参与和筹建金砖国家合作机制，中国正在提升自己在全球金融治理中的议程设置、改革目标、政策方案等方面的能力，逐步缩小与欧洲在全球金融治理能力上的差距。

（二）危机以来中欧在全球金融治理中的交流领域

1. 国际货币体系改革

鉴于美元在国际货币体系中的特殊地位，美国在危机期间不断地通过美元

---

[1] 李巍：《金砖机制与国际金融治理改革》，《国际观察》2013年第1期。

向外转嫁危机。美元的贬值和量化宽松政策在这一期间招致了广泛的批评。对于改革国际货币体系的议题，中国也开始发出自己的声音。2009年3月，中国央行行长周小川在央行官方网站发表题为《关于改革国际货币体系的思考》的文章，提出了"国际货币体系改革的理想目标"，即"创造一种与主权国家脱钩并能保持币值长期稳定的国际储备货币"。周小川认为，重建具有稳定的定值基准并为各国所接受的新储备货币，这一目标可能要长期内才能实现；但短期内，国际社会，特别是国际货币基金组织至少应当承认并正视现行体制所造成的风险，对其不断进行监测、评估并及时预警。中国的国际货币体系倡议虽然略显单薄和仓促，缺少具体的操作性建议，但是引起了欧洲等其他利益攸关方的重视，得到了积极回应。2011年的戛纳峰会上，欧盟也发起了关于国际货币体系改革的讨论，并且做出了有利于增强人民币作用的声明。比如，《二十国集团戛纳峰会宣言》指出：特别提款权（SDR）的组成应继续体现各种货币在全球交易和金融系统中所扮演的角色。特别提款权组成的评估应基于现有标准，要求国际货币基金组织进一步阐明这些标准。为体现货币随着时间推移的角色变化和特点，特别提款权的组成将在2015年甚至更早时进行再评估，符合现有标准的货币将能进入特别提款权的"篮子"[①]。

另外，中国还开始大力推动人民币国际化，并就此与欧洲展开了合作。中国正在推动将英国伦敦建设成为人民币的离岸交易中心。人民币走向伦敦并非中国单方面的意愿。英国及伦敦方面对于离岸人民币极度渴求，表现出了超出市场预料的热情。在数个公开场合，英国及伦敦金融城高层高调宣称，要建成主要离岸人民币交易中心。英国财政大臣乔治·奥斯本（George Osborne）公开表示，"让伦敦成为这个领域的西方中心，从而给我们自己的经济带来诸多好处，是英国政府的理想"。英国最大的银行汇丰控股则于2012年在伦敦发行了人民币债券，将人民币业务的客户拓展到欧洲，也释放出伦敦推进建设人民币离岸中心的明确信号。[②] 2013年6月，英国央行行长默文·金和中国央行行长周小川签署了规模不超过人民币2000亿元（合323亿美元）的三年期货币互

---

① http://finance.ifeng.com/news/special/jjgfh/20111105/4997444.shtml.
② http://opinion.cb.com.cn/12714523/20130225/448488_2.html.

换协议，这是中国首次与主要发达国家达成此类协议。伦敦作为离岸人民币业务中心正迅速发展，这也在一定程度上体现了中欧在此领域合作的逐步深入。

2. 国际金融治理结构改革

中国和其他新兴国家一直致力于推动国际金融机构的治理改革，要求给予新兴国家更多的份额和投票权。中国等新兴国家欲获取的更多的份额主要由欧洲国家进行让渡。这使得欧洲对国际金融机构的改革存在抵触和犹豫的情绪。中国和欧洲在这一金融治理领域上存在一定的利益冲突。然而，在美国和新兴国家的压力下，欧洲做出了一定的让步。比如，欧盟最终同意推动完成国际货币基金组织配额改革，给予新兴经济体和发展中国家更多投票权，并愿意放弃在国际货币基金组织执行董事会的部分席位。然而，近期的国际货币基金组织改革方案却被美国国会否决，半途而废。

3. 欧洲主权债务危机

单从区域来看，欧洲主权债务危机仅限于欧元区。然而，由于欧债危机引发了市场投资者对欧元崩溃的担忧，欧洲主权债务危机的波及面远远超过了区域层面，上升为全球金融治理中的一件大事。为有效应对欧洲主权债务危机，中国在双边和多边层面都给予了欧洲很大的支持。中国主动承诺向国际货币基金组织扩大注资规模，并且支持国际货币基金组织参与救援欧洲重债国家。中国还和欧洲在欧债危机的发展演变上充分交流了信息和看法。

三　近十年全球金融治理中的中欧关系评价

客观而言，在2007年年底的国际金融危机爆发前，无论从全球金融治理中的中欧关系的深度还是广度来看，这种关系都是较为低水平的。这种低水平主要表现为两个方面：一是金融治理的相关议题并不是中欧经济对话和交流的核心议题，其地位远远低于中欧贸易和投资议题；二是中欧即使谈及金融议题，也更多地集中在双边层面，对与中欧现实利益直接相关的议题关注较多。

导致这种局面的原因主要是中国和欧洲在全球金融治理中的话语权严重不平衡。从多边层面看，中国在全球金融治理中的话语权十分微弱，并不是全球金融治理机制中的重要行为者。在一般情况下，权力体系中的既得利益方很难主动将权力与他人分享，比如，拥有庞大经济体积的中国在国际货币基金组织和世界银行中的基金份额和投票权份额都很低。作为金融治理的强势参与方的欧洲，自然不愿意也无兴趣耗费时间和精力与无足轻重的对手进行对话和交流，因为这对最后金融治理结果的产生意义不大。另一方面，中国也由于内部各种条件的限制对参与全球金融治理缺少实质性的动力支撑。中国金融部门发展滞后，而且存在金融约束，与外部金融世界的联系相当有限，受国际金融危机的影响也不大，比如，1997年的东亚金融危机对中国的影响也并未集中表现在金融层面，而更多地体现在中国对外贸易上。在这种情况下，国际金融波动与中国相距较远，中国参与全球金融治理的利益支撑并不强。从能力水平看，中国国内金融业发展滞后，金融治理的经验和水平相对稚嫩，也很难游刃有余地参与全球金融治理。中国既无浓厚兴趣也无较强的能力参与全球金融治理。

有鉴于此，金融危机以前的中欧合作主要表现为，欧洲致力于将中国融入既有的由发达经济体主导的国际体系，成为该体系的规则接受者，从而为自己的经济金融集团谋取利益。比如，对于人民币汇率问题和中国金融市场的开放等问题均是如此。对于欧洲的这种行为方式，中国并没有采取完全拒绝和对抗的方式，而是采取了一种积极和务实的建设性合作态度，根据自己的利益与其对话和交流。以人民币升值为例，中国对人民币汇率问题基本持较为灵活务实的态度，采取小幅调整的方式逐渐升值。在此议题上，来自外部的压力起到了一定的作用，在压力较大的时候，升值的步伐和速度相对快一些，但外部压力从未成为根本性的决定因素，人民币汇率调整的步伐一直在可控和可接受的范围之中，建立在对外贸易健康发展和外汇储备保值增值的综合考虑之上。与此同时，中国也不断地了解、学习和应用全球金融治理中的有益规则。

全球金融危机作为国际金融格局演变中的关键节点对中国和欧洲在全球金融治理中的角色与作用产生了深远的影响。中国与欧盟作为两个关键的行动者不仅在适应新的环境，也同时在重塑环境。传统上，欧盟在国际治理格局中扮演着规范性力量的角色，协调着国际事务中各类冲突和矛盾[1]。中国

---

[1] Jörn-Carsten Gottwald 教授主讲"中国、欧洲与金融治理"，http：//www.sirpa.fudan.edu.cn/s/56/main.htm。

则表现为一个后进者对既有规则的了解、学习、适应和改造。从金融治理的议题设置上看，中国更多的是以应对者和接招者的面貌出现。金融危机以后，传统国际金融体系受到巨大冲击，美国和欧洲的金融业受损巨大，对发展中国家的金融行业也产生了连带冲击。此次国际金融危机是第二次世界大战以来最严重的一次危机，波及范围和造成的损失都非常大。这使得在全球范围内出现了对发达国家金融运行方式和监管规则的普遍质疑，比如出现了占领华尔街等社会运动。很多人认为此次危机爆发的原因是，对金融业监管的放松和失当的经济金融政策（货币政策、房地产政策等）刺激了金融业的泡沫化发展，与此同时，中国等国家又通过把贸易盈余投资发达国家金融市场的方式向其提供了廉价的金融资本，进一步催生了泡沫。危机的爆发迫使美国和欧洲等主导的国际金融治理秩序和结构在两个层面进行调整：一是美国和欧洲对金融监管规则的加强；二是为改变不平衡的局面，不管主导方愿意与否，新兴力量被吸收进来，新兴国家参与国际金融治理的大门开始打开。

在这个过程中，中国与欧盟在金融治理中的作用发生了明显的变化。第一，中国在国际金融格局中具有了更大的发言权和影响力。中国在国际货币体系和国际金融改革中的各种诉求都得到了一定程度的响应，并且各方也认可应该给予中国应有的话语权。第二，欧盟表现出愿意与中国在全球金融治理上合作的愿望。受国际金融危机和欧洲主权债务危机的双重冲击，欧盟的经济实力受到削弱，需要依靠中国等新兴力量推动其诉求和理念的实现。第三，中国正在形成自己对全球金融治理的认识。过去，中国更多地表现出一种学习和适应的态度。危机以来，中国也开始尝试提供一些制度设计和解决方案。

尽管如此，中国在全球金融治理中的地位和作用仍然有限。以银行监管标准为例，国际金融危机以后，中国银行在国际同行中的影响力有所提升，参与了许多国际标准和规则的制定与协商。但客观来说，这种影响仍然是有限的。这一方面固然是国际体系在战后几十年发展中已经形成了一套牢固的规则和标准体系，国际金融危机虽带来一定冲击，但路径依赖的力量依然十分强大。另一方面，似乎也是更为重要的，中国银行业自身受限于传统管理体制与国内经济考量的影响，在国际银行业标准制定中的影响有限①。

展望未来，随着经济实力的进一步增强和国内相关部门配套改革的施行，中国将更多地参与全球金融治理。中国对外贸易数量规模已经十分庞大，既为中国金融部门国际化创造了很好的条件，也要求中国金融部门更好更多地为贸易服务。从历史上看，巨大持续的贸易盈余终将会产生外部经济体对盈余国货币的需求，推动盈余国货币被其他经济体接受从而走向国际货币行列。这在美国、日本和德国的经济发展历程中都曾经出现。盈余国货币成为国际货币，在贸易中得到更多的采用，又可以促进盈余国贸易的提升，因为，本币结算有利于消除汇率风险。另外，人民币国际化还能在一定程度上改变中国贸易盈余被迫向美元或其他外汇储备自动转变的不利局面。由此，人民币国际化很可能成为未来中国参与国际金融治理的重要话题。为推动人民币国际化，中国必将进一步加大国内金融市场的改革力度，逐渐建设自由、有活力的金融市场，创造人民币的投资空间，容纳国际投资。这也预示着，中国的金融市场将更多地与国际金融市场发生联系，国际金融市场的稳定将更加被中国所关注。中国参与国际金融治理的条件更加优化，主观意愿日益增加。这意味着，中国必将更多地参与国际金融治理。

中国更多地参与全球金融治理，与欧洲在全球金融治理中的交集必将大大增加。欧洲金融业在全球金融市场上仍具有比较优势，欧元也是仅次于美元的国际货币，加之全球金融治理中路径依赖的因素，因此，欧洲在未来相当长的时间内仍是国际金融治理的重要参与和主导方。中国将不可避免地与欧洲在全球金融治理中发生更多接触。对中国而言，与欧洲交集的增多既是挑战，也是机遇。从挑战来看，中国将就更多的议题与欧洲展开更加深入的协商，可能的利益冲突和分歧点也将增加；另外，国际金融危机以来，由于全球金融治理参与方的增多，权力分配结构也会发生调整，这也暗含着冲突。从机遇来看，在未来的全球金融治理中，中国还需要学习和吸取很多的治理经验，而这正是欧洲所拥有和具备的。与此同时，中国和欧洲都是国际货币体系改革的推动者。

---

① Jörn – Carsten Gottwald 教授主讲"中国、欧洲与金融治理"，http://www.sirpa.fudan.edu.cn/s/56/main.htm。

人民币的国际化更多的是集中于中国周边，欧元的影响范围也在欧元区及毗邻欧元区的地区，人民币的国际化路径对欧元的冲击并不是不可调和的。同时，人民币国际化给欧洲将带来新的金融业务发展机遇。出于一些非经济因素的影响，人民币国际化的重要市场很可能不会在美国，但是，鉴于美国庞大的经济体量，人民币业务将不可避免地与美国产生联系。由于和美国传统的历史联系、自身庞大的经济体积和较高的金融业务发展水平，欧洲市场很可能成为仅次于中国周边地区的最大的人民币离岸业务市场。货币交易和投资业务有可能成为继中欧贸易和直接投资之后的中欧经贸关系新支点。这也意味着，中国和欧洲在参与全球金融治理的进程中有广阔的合作空间。

全球能源治理框架与中欧能源关系

薛彦平*

摘　要： 全球能源储量有限，20世纪70年代两次石油危机后，各国围绕能源的竞争日益激烈，目前的全球能源治理体系主要形成于20世纪70年代后，随着各国经济实力的此消彼长，该体系已经不能适应需要，必须改革。中国和欧洲作为全球能源市场重要的主体，在能源领域既有竞争也有合作，这种关系模式对全球能源治理结构改革具有重要意义。

关键词： 能源　治理　中欧关系

世界传统能源储量有限，20世纪70年代两次石油危机以后，世界传统能源供需矛盾始终没有妥善解决。为了维护各自权益，主要产油国建立了"石油输出国组织"，主要消费国建立了"国际能源署"，但这种体系并未从根本上解决产油国和消费国之间的矛盾，供需双方围绕着能源的博弈愈演愈烈。21世纪以来，随着新能源的出现，以及游离于两大能源组织之外的新的能源生产国和消费国的崛起，原有的能源治理结构面临更大的改革压力。

一　世界能源基本格局

世界能源生产和消费格局是不均衡的，从全球角度看，煤炭储量比较分

---

* 薛彦平，中国社会科学院欧洲研究所欧盟科技研究室研究员。

散。2010年，世界煤炭产量72.29亿吨，其中硬煤61.82亿吨，褐煤10.43亿吨；中国煤炭产量达31.62亿吨，占世界总产量的43.7%，其中硬煤产量占世界比重的51.1%。

据国际能源署统计，2011年，经济合作与发展组织（以下简称经合组织）成员国能源消费中煤炭所占比例为20%，石油比例为36.3%，天然气比例为24.9%，核能比例为10.2%，能源消费总量约为53亿吨标准油，比1973年增长了41.7%，其中传统能源消费总量约为43亿吨标准油，占全部能源消费的81%[1]。2011年，全球煤炭产量77.8亿吨、石油产量40.1亿吨、天然气产量3.39万亿立方米，经合组织成员国所占比例分别为26.8%、21.4%和35.6%[2]。

石油输出国组织的数据则显示，2011年全球探明的石油储量约为1.48万亿桶，同比增加1%，其中经合组织成员国石油储量565亿桶，同比增加6.4%，西欧地区[3]石油储量126.5亿桶，同比下降2.3%[4]。2011年全球天然气储量约196万亿立方米，同比增长1.9%，其中经合组织成员国天然气储量为19.2万亿立方米，同比增加8.7%，西欧地区天然气储量4.8亿立方米，同比减少4%[5]。2011年，全球石油和天然气的产销情况大致如下：日产石油约7044万桶，同比增加0.9%，其中经合组织日产石油1300万桶，全球天然气产量3.33万亿立方米，同比增长3.4%，其中经合组织成员国产量约为1.15万亿立方米；全球石油日消费量为8779万桶，同比增长0.9%，其中经合组织成员国石油日消费量4632万桶，年进口天然气总量达到10733亿立方米[6]。

综合国际能源署和石油输出国组织统计，自2007年以来，西欧地区的石油和天然气储量与产量已经连续五年下降，表明该地区的石油和天然气储量与产量已经逐渐枯竭。同期，经合组织成员国总储量和产量明显增加，但增长部分主要来自北美地区，例如，2011年美国和加拿大天然气储量增加了13%。2008年以来，由于经济危机，欧洲主要国家的能源消费需求增速减缓，而中

---

[1] International Energy Agency, *Key World Energy Statistics*, Paris, 2012, p.7.
[2] International Energy Agency, *Key World Energy Statistics*, Paris, 2012, p.14.
[3] 英国、法国、德国、意大利、西班牙、挪威、丹麦、荷兰等国。
[4] OPEC, *Annual Statistical Bulletin*, Vienna, 2012, p.22.
[5] OPEC, *Annual Statistical Bulletin*, Vienna, 2012, p.23.
[6] OPEC, *Annual Statistical Bulletin*, Vienna, 2012, pp.33, 46, 61.

国和印度等新兴国家能源消费总量快速增长。2011年，中国能源需求增长已占当年全球能源总需求增长的71%。

由此可见，世界能源格局的特点是：储量、产量、消费量均比较集中。2011年，全世界78%的石油储量和49%的天然气储量分布在石油输出国组织成员国，就地区来说，拉美石油储量的88%分布在委内瑞拉一国，亚欧大陆石油储量的92%分布在俄罗斯和哈萨克斯坦两国，西欧石油储量的77%分布在挪威和英国两国，非洲石油储量的66%分布在利比亚和尼日利亚两国；天然气储量分布情况类似，亚欧大陆天然气储量的96%分布在俄罗斯和土库曼斯坦两国，西欧天然气储量的81%分布在挪威和荷兰两国，非洲天然气储量的66%分布在阿尔及利亚和尼日利亚两国。从消费上看，2011年全球石油日消费量的52%来自经合组织成员国，全球天然气年进口量的69%来自经合组织成员国。

世界能源储量、产量、消费量的相对集中决定了世界能源治理结构的相对集中性，即由主要消费国和生产国组成的多边能源机构在国际能源市场中发挥重要的影响。

二 全球能源治理体系

所谓"全球能源治理"，是指通过集体行动来实现全球能源市场供求基本均衡的机制。目前，真正发挥作用的是地区性多边能源组织，如国际能源署（International Energy Agency/IEA）、石油输出国组织（Organization of Petroleum Exporting Countries/OPEC）、天然气输出国论坛组织（Gas Exporting Countries Forum/GECF）等，而联合国能源机构（UN Energy）和国际能源论坛（IEF）则属于"虚位"机构，很难在当今国际能源市场上发挥决定性影响。当然，一些地区多边性条约组织和双边条约也在全球能源治理中发挥着作用，这类组织包括"能源宪章条约"组织（Energy Charter Treaty）、"欧非能源共同体条约"等。

（一）几个重要的全球能源治理机构

在当今能源市场上，影响力较大的治理机构包括主要产油国构成的"石油输出国组织"和由发达工业国家构成的"国际能源署"。石油输出国组织简称"欧佩克"或OPEC，成立于1960年，目前拥有12个成员，除伊朗、伊拉克和利比亚外，均为世界贸易组织（WTO）成员。石油输出国组织的宗旨是"致力于世界石油市场的稳定与繁荣，使生产者和消费者利益都得到保障，通过集体谈判，维护产油国的利益"，其主要调控手段是石油生产配额。石油输出国组织部长理事会每年聚会两次，采取一票一权的方式决定石油总产量配额，一般在总配额确定后，再分配给各成员国，为了保持国际市场油价稳定，价格较低时实行限产，价格较高时实行增产。2012年1月，石油输出国组织确定的日产量为3000万桶，考虑到成员国的变更，具体分配产量有所调整。由于石油输出国组织成员国控制着全球78%的石油储量、40%的石油产量、60%的石油贸易量，它对全球能源市场有重大但非决定性的影响。

国际能源署简称IEA，是美国倡议下于1974年成立的工业国家能源消费组织，目的在于抗衡石油输出国组织对国际能源市场的控制，目前有28个成员，均来自经合组织。国际能源署的宗旨是在集体能源安全体系下进行政策协调，以实现"同合理价格相应的能源供给"，其主要调控手段是战略石油储备体系和石油消费限制措施。1974年的国际能源机构条约要求成员国必须拥有相当于90天净进口额的战略石油储备，在供应中断的情况下，成员国必须动用储备或与其他成员国分享。2009年，国际能源署主要成员国拥有42亿桶战略储备，其中国家储备占40%、商业储备占60%；美国占储备总量的43%，为7.27亿桶，欧盟没有统一的战略储备，其战略储备分布在各个成员国，但欧盟在必要的时候可以对成员国储备进行调剂。

在当今能源市场上，除了"石油输出国组织"和"国际能源署"这样的老牌治理机构外，以下组织也发挥作用。

（1）天然气输出国论坛组织。2001年成立，主要推手是俄罗斯、伊朗和卡塔尔（控制全球57%的天然气储量），目前拥有12个正式成员和3个观察员（荷兰、挪威和哈萨克斯坦）。天然气输出国论坛组织控制着全球70%的天然气储量、85%的天然气产量、38%的天然气管道贸易量。天然气输出国论坛组织的宗旨是建立透明的天然气市场、保证生产者和消费者利益。2008年，天然气输出国论坛组织变身为"天然气输出国组织"，但目前尚未出台有效的调控手段，可能的选择是"克隆"石油输出国组织的产量配额制，但前景不明，因为石油输出国组织成员多是世界贸易组织成员，完全市场化操作，而天然气输出国组织许多成员——特别是俄罗斯、哈萨克斯坦仍然实行国家垄断，拒绝市场自由化改革。

（2）能源宪章条约组织。1991年，有关国家在荷兰海牙签署《欧洲能源宪章条约》，又称《能源宪章条约》，1998年条约正式生效。能源宪章条约组织目前拥有51个成员（中国为该组织观察员），俄罗斯是能源条约的签署国，但俄议会没有批准该条约。能源宪章条约组织的宗旨是保证能源领域投资、贸易和运输根据世界贸易组织规则进行，禁止能源投资领域的国别歧视，终极目标是建立一个跨越欧亚大陆由能源生产国和消费国组成的能源共同市场，但由于欧盟力推市场自由化遭遇俄罗斯和中亚国家的抵制，能源共同市场前景堪忧。能源宪章条约组织与过去的国际能源组织不同之处在于，它不仅包括了主要的能源生产国和消费国，而且包括了重要的能源运输中转国。

此外，全球能源治理框架内还存在许多地区性双边条约，但这些条约具有很强的地区性、针对性、临时性特点。例如，2005年欧盟与巴尔干国家签署的《东南欧能源共同体条约》，目标是将巴尔干地区的天然气资源纳入欧盟能源市场；1998年出台的《欧盟—北非能源行动计划》、2006年出台的《欧盟—地中海能源计划》，目标是将阿尔及利亚、利比亚、埃及、叙利亚、黎巴嫩等国的能源纳入欧盟能源市场；2007年出台的《欧盟—非洲能源联盟计划》，目标是整合撒哈拉以南非洲的能源；2004年出台的《巴库行动计划》和《黑海行动计划》目标是建立高加索地区能源市场，条件成熟后再纳入欧盟能源市场。

（二）全球能源治理体系的改革

长期以来，全球能源治理体系的特点是西方主导下的市场调控。所谓"西方主导"，主要指世界贸易组织、国际能源署、能源宪章条约组织、某种程度上也包括石油输出国组织——均受到西方国家的控制和影响，西方国家在规则制定上保持着很大的影响力。国际能源市场通过由主要消费国和生产国发出的价格信号保持着基本的均衡，是一个完全开放和自由竞争的市场，但这种均衡带有明显的对抗性。例如，石油输出国组织动辄用限产措施来影响全球能源供应，而且往往将能源供应与国际政治关系联系起来，使主要石油消费国颇

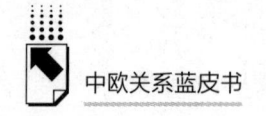

为头疼。苏联解体后，俄罗斯作为能源生产大国迅速崛起，而中国、印度等国经济的迅速发展，对能源的需求大幅增加，使旧的全球能源治理体系面临巨大的改革压力。具体来说，这种改革压力主要来自以下几个方面。

1. 新的重要能源生产国和消费国的崛起改变着世界能源市场的供求均衡

俄罗斯—中亚作为主要能源生产国的崛起和中国、印度、巴西作为主要的能源消费国的崛起最具有代表性。2010年，中国取代美国成为沙特阿拉伯最大的石油输出目的地，2011年，中国、印度、巴西三个"金砖国家"的石油日消费量超过整个西欧地区（包括德、法、英、意、西等国）；而俄罗斯也取代沙特阿拉伯成为全世界第一大石油生产国（当然，沙特仍然保持第一大石油输出国家的地位），欧盟34%的天然气进口来自俄罗斯。国际能源署已经清醒地认识到：未来能源（特别是石油和天然气）需求增长最快的地区不是经合组织成员国，而是经合组织以外的国家，如果国际能源署拒绝扩大和吸纳新的成员，那么它将失去存在合法性，因为它已经不是影响全球能源供求均衡的唯一要素。

2. 天然气需求量的猛增改变了"石油一统天下"的局面

天然气是最近20年内受到消费者青睐的清洁能源，天然气在诸多方面可以代替石油，而且价格低廉、热效率高、污染系数低——从这个意义上讲，天然气是一种可以同时满足经济增长和温室气体减排双重目标的能源。目前，全球80%的天然气产量来自非石油输出国组织成员国，天然气不仅改变了世界能源市场的供求结构，而且也对全球能源治理体系改革提出了新的要求。考虑到天然气与石油的替代关系，如果不吸收那些天然气生产大国，全球能源治理体系就不能成功。

3. 能源中转国的出现

传统上，石油的输送主要通过海洋运输，但天然气，特别是内陆地区的天然气的出口往往借助于管道，这就凸显了"能源中转国"的重要性。例如，白俄罗斯、乌克兰、土耳其并非石油或天然气的主要产区，但这些国家是石油（特别是天然气）生产国和消费国之间的重要通道。近年来，欧盟和俄罗斯围绕着"南溪"线和"纳布科"线的博弈，俄罗斯、乌克兰围绕着"北溪"项目的博弈，实际上不仅出于地缘政治考虑，更多的还是出于国家利益考虑。因此，新的全球能源治理体系不能排除这些重要的能源中转国——它们本身不是重要的能源输出国,但借助其能源中转国的优势,能够发挥重要的影响。

因此,当今的全球能源治理体系外存在一个庞大的、不断扩大的"灰色地带"。这个"灰色地带"包括俄罗斯这样的新兴的能源生产国,也包括中国、印度、巴西这样的新兴的消费国,还包括白俄罗斯、乌克兰、哈萨克斯坦、波罗的海沿岸国家这样的能源中转地区,它们对未来世界能源市场和全球能源治理体系的影响举足轻重。

改革对于西方国家来说也是一件颇为头疼的事情,不改革,全球能源治理体系的合法性和影响力都将大幅降低;改革,西方的影响可能被削弱,市场的作用可能被淡化。俄罗斯虽然签署了《能源宪章条约》,却拒绝按照西方的模式对国内能源市场进行自由化改革,但其能源生产大国的地位无法取代,对西方国家来说,俄罗斯真正成了"烫手的山芋"。中国是世界能源市场上一支日益重要的力量。2012年1月,国际能源署总干事明确表示欢迎中国参加该机构。然而,中国是否愿意在现有的机制和安排下参加这个完全由西方国家主导的国际能源组织仍然未定。可以设想,如果俄罗斯、中国和印度这样的国家参加国际多边能源治理体系,那么以西方为主导的市场为基础的国际能源治理体系将发生重大改变。

三 中欧能源关系

中欧能源关系的特点是合作与竞争并存。这种关系一方面受制于两地的能源产消结构,另一方面也受到国际能源市场供求关系的影响。

(一)中欧能源结构

2011年,世界煤炭产量达77.8亿吨,中国的产量35为亿吨,占45%,同期,中国煤炭消费占全球煤炭消费的比重为48%,而欧盟只有7.5%[1]。2011年,中国石油储量约203亿桶,西欧地区石油储量约126.5亿桶,分别

---

[1] http://epp.eurostat.ec.europa.eu/portal/page/portal/sdi/indicators/.
http://www.ccchina.gov.cn.

占全球总储量的1.4%和0.85%；中国天然气储量2.85万亿立方米，西欧地区天然气储量4.8万亿立方米，分别占世界天然气总储量的1.45%和2.5%。2011年，中国石油日产量为408万桶，西欧地区为319万桶，分别占全球石油日产量的5.8%和4.6%，中国天然气年产量为1050亿立方米，西欧地区为2544亿立方米，分别占全球天然气总产量的3.1%和7.6%。2011年，中国石油日消费量为901万桶，西欧地区为1370万桶[①]。

欧盟统计数据显示，2010年，欧盟27国能源对外依存度为52%，其中煤炭为34%、石油为84%、天然气为64%。过去20年中，欧盟27国的能源产消结构发生了很大变化，石化能源比例下降，清洁再生能源比例上升，2010年核能和再生能源占全部能源产量的46%，占全部能源消费量的23%。中国国家统计局数据显示，2011年，中国一次性能源消费中，煤炭比重仍占2/3以上，石油比重为1/5，天然气只有5%~6%，核能和其他可再生能源比重更低；在可再生能源中，主要是水力。

由此可见，中欧能源结构既有相同之处，也有明显差异。相同之处是中欧都属于煤炭资源丰富、石油天然气资源短缺的地区；不同之处是中国能源消费仍然以煤为主，而且在未来若干年难以改变，欧洲整体已转向石油和天然气消费，煤炭消费只在德国和波兰少数几个国家比较重要。因此，中国的综合能源对外依存度（考虑到煤的自给能力）远远低于欧洲。此外，中国的可再生能源生产和消费比例都远远低于欧洲，中国的可再生能源主要是水电，而欧洲已经形成了以核电为主、风电和太阳能光伏发电为辅的多元化格局。值得注意的是，中国新能源的发展速度非常快，这将极大缩小中欧在新能源产消格局上的距离，最新数据显示，在未来一个时期内，中国的太阳能光伏发电能力将大幅度提高。

（二）中欧能源关系

中欧能源关系的特点是合作与竞争并存。作为能源消费主体，中国和欧盟在当今全球能源市场上有许多共同的利益和诉求，例如，如何维护能源产区局势稳定、稳定国际能源市场价格、保障能源运输通道安全、提高能源生产国产

---

① OPEC, *Annual Statistical Bulletin*, Vienna, 2012, pp. 22-23.

能等。但欧盟成员国参加全球能源治理体系的历史比中国更长，经验也更丰富，欧盟 27 国都是国际能源署成员，而中国目前只以观察员身份参加能源宪章条约组织的活动。近年来，欧盟对华能源战略有积极变化的一面，它越来越认识到：中国是迅速崛起的能源消费大国，抛开中国的全球能源治理体系是不可能成功的，中国应该作为一个能源消费大国在全球能源治理体系中发挥更积极的作用；在当今的国际能源市场上，中国和欧盟的处境有许多类似之处，中国在提高消费国与生产国谈判地位中能够发挥积极的作用，中国参加全球能源治理体系对欧盟整体利益有利。金融危机后，欧盟对外能源投资"捉襟见肘"，为缓解世界性能源短缺，迫切需要中国增加对新的油气资源的开发投资。

中国的能源消费结构与欧盟不同，能源对外依存度低于欧盟，但中国能源消费增长速度快于欧盟，在国际传统能源产量有限的情况下，中欧能源关系必然带有竞争性。欧盟认为，中国在非洲积极推动能源外交是对欧盟传统势力范围的挑战，因此欧盟一方面通过《非洲战略》《欧非能源联盟》等政策抵消中国在非洲的影响，另一方面用"人权"等意识形态工具将安哥拉列为"失败国家"，将伊朗列为"恐怖主义国家"，动辄进行经济制裁，直接威胁到中国的国际能源供应安全。近年来，中欧能源竞争的焦点正在从海湾和非洲地区转向中亚地区。中欧以往的能源竞争主要是为获取非洲和海湾地区石油的竞争，出于运输安全、价格、环保综合考虑，中欧双方均从石油战略向天然气战略转化，欧亚大陆变得更加重要，特别是阿塞拜疆沙赫德尼兹天然气田和土库曼斯坦天然气田的发现，中欧正在通过开发投资竞争这一地区的天然气资源，标志性的竞争项目是中国—哈萨克斯坦的"中亚天然气管线"（CAGP）管线和欧盟—阿塞拜疆等国的"纳布科"天然气管线（NABUCO）。

从双边合作角度看，目前中欧之间已初步形成比较稳定的能源对话机制。除了中欧领导人定期峰会涉及能源合作外，中欧之间陆续建立了三种合作模式：第一，1994 年建立的中欧能源大会（China-EU Energy Conference），每两年举行一次；第二，1997 年建立的中欧能源对话（China-EU Energy Dialogue），每年轮流在中欧城市举行；第三，2012 年的中欧能源峰会（China-EU Energy Summit）。前两种模式已经定期化，预计能源峰会也将继续下去。

2012年5月，中欧能源峰会通过《中欧能源安全联合声明》（China-EU Joint Declaration on Energy Security），标志着中欧能源战略伙伴关系的初步确立，《中欧能源安全联合声明》并没有仅仅局限在双方关心的能源供应安全问题，而是提到双方应在未来全球能源治理体系改革中进行密切合作，以推动全球能源治理规则和标准的确立，严格履行双方共同加入的条约组织的责任和义务。中欧能源峰会联合声明中的诉求和立场为：中国支持在G20框架下建立一个包括能源生产国、能源消费国、能源中转国在内的合理的、公平的、有约束力的全球能源市场治理机制。

四　结论和建议

鉴于目前国际能源市场格局和全球能源治理情况，中国可采取以下步骤改善本国的能源处境：第一，充分利用作为迅速增长的能源消费主体的地位，积极地参加全球能源治理体系规则的制定；第二，充分利用手中的充足资金，积极参加国际新能源开发项目；第三，充分利用与俄罗斯和中亚等国的传统友好关系，有选择、有重点地发展和巩固同潜在能源供应国的合作；第四，除了能源项目投资开发外，还要注意发展政治和经济关系；第五，中国应该在现有的全球能源治理机构中发挥更积极作用的同时，努力建立以中国为主的多边和双边能源合作框架，例如，与非洲等国的能源合作。当然，在开发清洁能源和可持续能源方面，与欧盟的合作必须加强，因为欧盟在上述方面有丰富的经验。

B.9 全球气候治理中的中欧关系

傅 聪*

摘　要： 全球变暖是当今人类面临的重大公共问题，减缓和适应气候变化已成为全球治理中的核心议题。中国和欧盟是全球气候变化治理中的关键行为体，它们的合作对全球气候变化治理进程具有重要影响。中国与欧盟在低碳经济发展中相互依赖，在气候治理规则构建中面临博弈与竞争，在气候协议谈判中经历了从有限合作、开放合作到相互倚重三个阶段。中欧协调好在全球气候治理中的关系，既有助于双方解决各自的问题，也有助于提升双方在国际舞台中的地位。

关键词： 气候治理　中国　欧盟　中欧关系

应对全球气候变暖是全球治理的核心议题之一。由于碳排放与当前人类经济发展、社会生活息息相关，因此，如何构建应对气候变化治理体系，会对未来国际政治经济格局产生深远的影响。

中国和欧盟是全球气候变化治理中的重要行为体，它们的合作对全球气候变化治理进程具有重要影响。中国从2006年起成为全球最大的温室气体排放国，从2010年起成为全球第二大经济体，是全球气候变化治理的积极参与者。欧盟是全球第三大温室气体排放源，其自1850年以来的历史累计排放量居全球第二，仅次于美国。欧盟27国的经济总量在世界排名第一。欧盟是全球气

---

* 傅聪，国际关系专业，博士，中国社会科学院欧洲研究所副研究员。

候变化议程的创设者,在全球气候变化治理中扮演着"领头羊"角色。

中国与欧盟在气候变化治理中的合作和互动十分活跃,尤其在低碳经济层面上。联合国《气候变化框架公约》(以下简称《公约》)及《京都议定书》(以下简称《议定书》)是当前唯一具有法律约束力并拥有较为健全机制的全球性应对气候变化规范。中欧在气候变化治理中的博弈也集中地体现在《公约》和《议定书》的谈判之中。此外,随着全球气候治理的深入,在联合国系统外,许多国际组织也加入气候治理之中,如国际航空组织、国际航海组织和世界贸易组织(WTO)等。中欧在这些组织框架下的互动也日益增多。

一 低碳经济中的中欧关系

全球气候治理加速世界各国向低碳经济转型的步伐,贸易和投资活动也在向促进低碳经济发展倾斜并成为其有效的工具。中欧之间发展低碳环境产品和服务(LCEGS)[①]贸易的目的是实现投入效益的最大化并降低产品的价格。欧盟是当前全球最成熟的低碳市场,拥有技术和资金优势,中国的低碳市场前景广阔。2010～2011年,LCEGS全球销售额达到3.3万亿英镑,比上一年度增长3.7%,增长速度超越上两年度(分别为3.1%和1.8%)。全球LCEGS销售排名前十位的国家是美国、中国、日本、印度、德国、英国、法国、巴西、西班牙和意大利。中国在全球LCEGS市场中的份额为13.1%,德国4.2%,英国3.7%,法国3.1%,西班牙2.7%,意大利2.6%。中国内地及香港与英国互为LCEGS第一和第二大进出口来源地。2010～2011年英国从两地的进口分别为4.64亿英镑和4.03亿英镑,占其进口总额的7%和6%;出口分别为

[①] 应对气候变化,向低碳经济转型催生出许多新产业,开拓出新的全球市场。但目前对于低碳产业和贸易,全球并无统一、明确的分类,此处采用英国政府提出的分类方法。LCEGS部门由环境、可再生能和低碳3个一级部门及24个二级部门组成。具体包括:环境——空气污染、污染土壤、环境咨询、环境监测、海洋污染控制、噪声和振动控制、循环利用、废弃物管理、供水和废水处理,可再生能——生物质能、地热能、水能、光伏能、潮汐能、风能、可再生能咨询,低碳——替代燃料汽车、替代燃料、建筑技术、碳捕集与储存、碳金融、核能、能源管理、替代能源。LCEGS部门分类仍处于演变之中,它随着新的产业活动出现而扩大。

7.94亿英镑和5.91亿英镑，占出口总额的7%和5%[①]。

从部门看，清洁能源技术制造、低碳环境服务、碳信用交易是中欧合作较多的领域。

（一）清洁能源技术制造业

从全球来看，清洁能源技术部门发展十分迅速，其规模已与电子消费品行业相当。2011年，清洁技术制造业规模比2008年几乎增加一倍，达1980亿欧元，2008~2010年间年增长率为31%，远超过全球GDP增速。专家预测2015年清洁能源技术市场规模将在2400亿~2900亿欧元之间，可与石油、天然气设备市场相媲美[②]。清洁技术制造市场中，风能、太阳能和生物质能是三个最为重要的部门。

按绝对价值计算，中国是全球最大的清洁技术国家，2011年清洁技术部门的销售价值达570亿欧元。中国的清洁技术制造业能够满足全球需求量的25%以上；其中，太阳能光伏产业的贡献居首位。清洁技术国家全球排名第二至第四位的国家是美国、德国和日本，丹麦排名第六。按相对价值排名，丹麦居第一，中国第二，德国第三。排名靠前的欧盟国家还有：捷克（第六）、西班牙（第七）、斯洛文尼亚（第八）、拉脱维亚（第九）、立陶宛（第十一）、比利时（第十二）、芬兰（第十三）[③]。

中国企业在太阳能电池和模块制造领域的优势非常明显，中国在全球太阳能光伏业市场所占份额约为35%，在太阳能电池领域已超过50%。电池行业的全球增长几乎全部来自中国。中国光伏电池板在价格和技术上均具竞争力，

[①] "Low Carbon Environmental Goods & Services Report for 2010/11," Commissioned by the Department for Business, Innovation and Skills, U. K., May 2012.

[②] 《全球清洁能源技术制造发展》第三期报告，http://www.rolandberger.com.cn/news/local/2012-06-08-clean_economy.html。

[③] "Clean Economy, Living Planet, The Race to the Top of Global Clean Energy Technology Manufacturing 2012," Roland Berger Strategy Consultants, 06/2012, http://www.rolandberger.com. 绝对价值排名根据国家或地区的清洁能源技术制造产业链的销售价值得出。产业链包含制造投入如材料硅和专用机械，中间产品如太阳能电池，以及最终产品如风涡轮机、热泵和生态燃料。相对价值排名根据清洁能源技术制造业在国民经济中的比重得出。报告中"清洁能源"技术包括绝大部分可再生能和节能技术产品，但不包含水电技术产品。主要原因在于水力发电在生态和社会方面产生诸多副作用。

物美价廉深受欢迎,在欧洲太阳能市场的份额达到80%左右①。但这也给中国光伏企业带来很大麻烦,在美国商务部做出对中国光伏企业征收惩罚性关税决定后,欧盟也开始对中国企业进行"双反"调查。这种贸易保护主义举动实质上对当事双方均带来损伤。事实上,中国光伏电池板的巨大市场份额拉动中国对多晶硅材料的进口,美国和德国是中国最大的进口来源地。中国生产太阳能光伏产品所需的制造设备也多进口自美国和欧洲公司。2013年年初,欧洲184家光伏企业联合举行新闻发布会反对欧盟对中国光伏产品征收惩罚性关税②。9月,中欧终于就光伏贸易争端达成协议,为中国太阳能板在欧洲市场设定最低价格。当前,中国太阳能光伏产品销售正逐步从重视出口转向国内国际市场并重。中国企业也开始进军太阳能光伏设备制造领域。到2015年,中国计划建成太阳能发电装机容量2100万千瓦以上,太阳能集热面积达4亿平方米。巨大的规划市场给全球设备制造商和材料商带来丰富的商机。

欧盟企业的优势集中在可再生能源领域,特别是风能方面。虽然清洁能源行业整体受到欧债危机的负面影响,但在风能领域内,欧盟仍居超前地位。例如,西门子公司离岸风涡轮机组占有全球80%的市场份额。虽然目前国产1.5MW级及其以下风电机组已批量投入运行,自主化率达到86%,但风电机组关键部件,如轴承、变流器仍依赖进口。一些欧洲公司已经进入中国高端风能设备市场,成绩不菲。全球排名居前的欧洲风电设备制造企业有丹麦的Vestas、西班牙的Gamesa、德国的Nordex,它们都已在中国开设独资公司。中国的风涡轮机组在价格上具有较强优势,比其他国家低近30%③。2012年,中国华锐风电公司进入欧洲市场,其制造的两台风力发电机组已在瑞典西部小镇莫尔科姆投入运营④。在风电项目中,丹麦和西班牙是主要的技术供应国,

---

① 《全球清洁能源技术制造发展》第三期报告,http://www.rolandberger.com.cn/news/local/2012-06-08-clean_economy.html。
② 《欧洲企业反对打压中国光伏产品》,http://world.people.com.cn/n/2013/0221/c57507-20553134.html,2013年3月8日登录。
③ 《欧洲企业反对打压中国光伏产品》,http://world.people.com.cn/n/2013/0221/c57507-20553134.html,2013年3月8日登录。
④ http://news.xinhuanet.com/world/2012-02/29/c_111586595.htm,2013年2月18日登录。

另外德国技术也占据一定份额①。

中欧在核工业领域中的经济联系十分紧密。虽然核工业未被纳入清洁技术制造业中，但核电是化石能源发电的重要替代选择。根据"十二五规划"，到2015年中国运行核电装机容量将达到4000万千瓦。根据《核电中长期发展规划（2005~2020）》，到2020年，中国核电投运装机将达到6000万~7000万千瓦以上，核电市场总投资将超过4500亿元。中国核电市场中，法国的技术和设备占据很大份额。从20世纪80年代中国首座核电站——大亚湾核电站开始，中国本土化的二代、三代核电研发与建设中，都有法国公司（阿海珐和法国电力）的身影。法国发电设备巨头阿尔斯通也在中国获得巨大市场份额，近20年来累计为中国50%左右的核电厂提供常规岛设备②。

（二）低碳环境服务业

节能环保服务是低碳经济中的新兴产业。"十一五"期间，我国节能环保产业保持15%~20%的年复合增长率，大幅超过工业增速，预计到2015年，该产业总产值将超过3万亿元，占GDP的8%左右③。"十二五"期间的节能环保责任指标更加严格。政府政策的加大推动中国节能环保服务市场更趋活跃，也吸引众多外资企业涉足中国市场。

法国苏伊士环境集团进入中国市场已经有30年历史，2010年其在中国营业收入已达9.38亿欧元。2011年，法国苏伊士环境集团控股的武汉中法污水处理有限责任公司与武汉市签订合作协议，负责武汉化学工业区污水处理厂的设计、建设和管理。合同规划污水处理总规模达6万吨/日④。

另一家全球领先的节能服务供应商——德国西门子公司也在中国建筑节能市场上获得大量合同。例如，2012年广东省发展改革委、住房城乡建设厅与西门子（中国）有限公司签署合作推动绿色低碳建筑发展协议。

创立于德国慕尼黑的国际知名咨询公司——罗兰·贝格国际管理咨询公

---

① EU-China CDM Facilitation Project，"Technology Transfer in CDM Projects in China."
② http：//finance.ifeng.com/roll/20100907/2595988.shtml.
③ http：//www.gov.cn/zwgk/2012－08/21/content_2207867.htm.
④ http：//www.emcsino.com/html/daodu.aspx？id=6905.

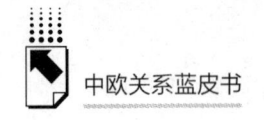

司，自1983年进入中国以来，为中国绿色能源企业提供可再生能发展、节能减排发展战略和管理咨询服务。

中国低碳环境服务业的竞争力较弱，在与欧盟的贸易中处于入超状态。

（三）碳信用市场

清洁发展机制（CDM）为全球打造了一个巨大的碳信用交易市场。截至2012年，全球已注册CDM项目超过5044件，估计减排量超过21.7亿吨二氧化碳当量（tco_2e）[1]。中国是全球最大的CDM项目国家，已注册项目占全球总数的51.7%[2]。欧盟是CDM项目最大投资来源，其中英国已注册项目占全球总数的31.5%，荷兰占9.37%，瑞典占6.98%，德国占4.43%，西班牙占3.15%，法国占3.11%，奥地利占1.75%[3]。

2004年扩大前的欧盟15国是中国CDM项目的主要投资人。截至2010年7月15日，除少数与日本、加拿大等国家开展的项目外，中国超过80% CDM项目的合作方来自欧盟成员国。欧盟15国是中国核证减排量（CER）的最大买家。双方于2007年7月18日签署在2012年之前购买8.736亿 tco_2e 的协议，相当于中国产生的核证减排总量的77%[4]。根据一家总部位于英国的环境NGO统计，2009年欧洲公司购买的CER中53%来自中国。对在中国的CDM已注册项目进行的不完全统计显示，欧盟15国2009~2012年在中国投资的CDM项目总数已达1795项。其中，估计年减排量>10万 tco_2e 的超大型项目38项，估计年减排量达89502558 tco_2e[5]。

这里需要特别关注的一个问题是当前全球碳信用市场出现供给过剩。从全球看，其原因在于：一方面，发达国家受到金融危机和欧债危机的打击，经济增长乏力，碳排放增速下降；另一方面，全球气候协议谈判进展

---

[1] http://cdm.unfccc.int/Statistics/index.html#fn2.
[2] http://cdm.unfccc.int/Statistics/Registration/NumOfRegisteredProjByHostPartiesPieChart.html.
[3] http://cdm.unfccc.int/Statistics/Registration/RegisteredProjAnnex1PartiesPieChart.html.
[4] "中国与欧洲能源和气候安全相互依存性"课题组：《中国与欧洲能源和气候安全相互依存性》，《世界经济与政治》2008年第8期。
[5] 根据中国清洁发展机制网资料整理，http://cdm.ccchina.gov.cn/。

缓慢，许多发达国家尚未明确减排目标。对于欧盟来说，迟迟不能走出债务危机阴霾，以及未能将减排目标提升至30%，都会影响其碳信用需求。据报道，已有许多欧盟企业拒绝按约定价格购买中国CDM项目产生的碳信用[1]。另外，从《京都议定书》第二承诺期开始，欧盟决定将CDM更多地作为帮助最不发达的气候脆弱国家应对气候变化的工具，因而不会再购买中国、印度等国家CDM项目产生的碳信用。未来中国产生的碳信用需要实现更多地内部消化。

二　中欧在气候规则构建中的博弈

国际社会应对气候变化挑战的努力体现于全球气候治理规则的构建之中。中国与欧盟作为全球气候治理的重要参与者，在规则设定过程中的博弈与竞争体现在各个方面。

各国在减排温室气体责任分配、气候资金和技术管理、履约评审等规则构建中的竞争和博弈无不渗透着国家利益的权衡。由于发展水平、未来经济增长前景、能源结构、消费结构等方面的巨大差异，减排责任分配必然会对各国发展空间构成程度不一的限制。各国在责任分担上的分歧映射出的是国家对发展空间和发展权的争夺。

中国对此问题的原则立场一贯是，"发达国家对造成全球气候变化负有主要责任，同时也拥有较强的经济和技术能力，因此在防止全球气候变化方面应做出特殊的贡献，应率先在国内采取行动，限制和减少温室气体排放。国际社会为保护全球气候而酝酿实行的二氧化碳排放限制，要以保证发展中国家适度经济发展和合理的人均能源消耗为前提，任何有关公约的限制性条款都不应损害发展中国家的经济发展"[2]。欧盟立场则前后并不一致，从不要求发展中国家承担责任逐步转变为要求发展中国家，特别是包括中国在内的"金砖四国"

---

[1] http://europe.chinadaily.com.cn/business/2012-02/09/content_14566960.htm, accessed on November 23, 2012.

[2] 《中国关于全球环境问题的原则立场》，1990年7月6日国务院环委会通过，http://www.ep898.com/view1.asp?id=1073，2013年2月27日登录。

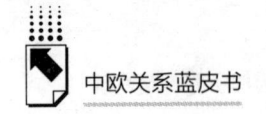

承担具有法律约束力的减排责任。欧盟立场的转变使得中欧在气候机制构建中的竞争趋势日趋凸现。

第一，中国和欧盟提出的减排目标设想不同。2009年哥本哈根气候大会上，中国宣布2020年相比2005年单位GDP排放下降40%~45%的自愿行动目标，还提出发达国家应作为整体到2020年比1990年水平至少减排40%。欧盟则提出，"发展中国家需要通过适当行动到2020年比其BAU情境（一切照旧情景）减排15%~30%"，并要求发展中国家的减排行动必须受国际法约束。中欧还提出不同的减排责任分配计算方法。2008年波兹南气候大会上中国提出"人均累计碳排放"的各国碳排放计算方法，在此基础上，中国学者又提出基于人均历史累计排放和保护全球气候的"碳预算方案"[1]。2009年德国气候变化顾问委员会提出"解决气候困境的预算途径"方案[2]。2011年德班大会，"金砖四国"学者联合提出将公平的碳排放权分配作为建构2012年国际气候制度的方法。责任分担规则的竞争是中欧在气候治理中最核心的竞争，对中欧气候关系的影响也最大。

第二，在气候资金问题上，中国主张发达国家"应向为保护全球气候变化和适应这种变化造成额外负担的发展中国家提供额外的援助资金"的原则立场。在谈判中，中国和77国集团提出，减缓和适应气候变化资金应由《气候框架公约》缔约方会议授权的机构进行管理，保持运作的透明和资金来源的额外性。2011年"绿色气候基金"正式启动，成立由相同数量的来自附件Ⅰ和非附件Ⅰ国家的委员组成资金机制常设委员会，委员会向缔约方大会报告工作并接受大会指导。"绿色气候基金"未采纳出资方导向的治理结构，这可谓发展中国家集团对发达国家集团的一次胜利。在2011年德班气候大会上，欧盟提议将航空和航海排放交易收入、私人部门资金作为"绿色气候基金"来源。这种主张的实质是将发展中国家纳入出资范围，减轻发达国家的出资责任。气候资金供资义务、资金来源、用途、管理机制等议题的谈判仍在进行之中，中欧之间的博弈也还将继续。

---

[1] 潘家华：《满足基本需求的碳预算及其国际公平与可持续含义》，《世界经济与政治》2008年第1期；潘家华、陈迎：《碳预算方案：一个公平、可持续的国际气候制度框架》，《中国社会科学》2009年第5期。

[2] WBGU, "Solving the Climate Dilemma: The Budget Approach," Berlin, Special Report, 2009.

第三，可测量、可报告、可核实（"三可"）是《巴厘行动计划》对发展中国家在发达国家支持下开展的国内减缓行动所作的信息通报要求。在哥本哈根和坎昆气候大会上，欧盟和美国主张发展中国家的所有国内减缓行动都须接受"三可"评审。中国和77国集团认为，这一要求违反《公约》要求发达国家的减排目标应做到"三可"，发展中国家国内自愿减排目标不必接受国际监督的规定。谈判达成的妥协方案是，对于得到发达国家支持的国内减缓行动进行国际测量、报告与核实；对于利用自有资源的自主减缓行动，发展中国家进行国内测量、报告与核实，并对此接受国际磋商与分析。双方在"三可"适用范围规则上的分歧，反映出欧美利用软性履约评审制度强化发展中大国的减排义务的企图，以及发展中国家对主权的积极维护。

在国际气候协议谈判中，许多议题上的激烈交锋还表现为方法学或方法标准的竞争，除前文提到的减排责任分配计算方法外，其他如碳汇核算和比较方法等也具有重要意义。此外，行业减排，如当前最为突出的航空、航海业的减排安排，是《公约》系统外，中欧气候规则竞争的重要阵地。

低碳标准是另一集中体现规则竞争的重要领域。产品标准、行业标准、方法标准等规则会对低碳经济发展形成重要影响。中国的低碳产业刚刚起步，很多领域还没有形成自己的标准，或者是在借用他人的标准。欧盟已在低碳生态标准、全球低碳标签等领域占据规则主导地位。随着中国低碳产业竞争力的加强，中国标准也将更多的和欧盟标准展开竞争。

三　中欧在气候谈判政治中的合作

全球气候政治中的主要矛盾是发达国家和发展中国家间的南北矛盾。矛盾的核心是公平与发展问题。发达国家阵营内也存在一些分歧，其中最突出的是欧盟和美国在量化减排义务和灵活机制方面的不同立场。美国坚称发展中国家不参与减排会使所有减排努力化为泡影，希望借助灵活机代替实际减排，这表明美国不愿让经济增长受到气候治理的约束。与此相反，欧盟认为率先减排的成本在可接受范围之内，并且视全球气候制度安排为欧盟解决能源安全威胁、占据未来低碳产业制高点、向低碳经济转型的契机。哥本哈根气候大会以来，

发展中国家集团利益日趋多元化，排放大国与排放小国之间的诉求差异成为主导南方国家内部分歧的重要因素。

南北国家矛盾是当前国际气候政治中的主要矛盾，同时北方国家之间也有矛盾，而南方国家之间矛盾则逐渐凸显。在此大背景下，中欧之间的合作在逐步加强，重要性也与日俱增。

（一）1990～1994年《公约》谈判和生效阶段：有限合作

气候变化成为国际政治议题之初，欧盟和美国就在是否需要一个有约束力的国际条约规范全球气候治理的问题上存在分歧。美国不主张就限制温室气体排放开展谈判，原因是气候变化的科学基础尚有疑问，同时也受到国内共和党势力和强大的煤炭、石油利益集团的压力。欧盟及主要成员国则强调，认知上的差距不应成为阻碍行动的借口，呼吁各国签署一项规定减排目标和时间表的公约。中国在参与气候谈判之初，无论在气候变化数据监控、气候问题认知程度，还是在谈判对案方面都没有充分的准备[1]。但是，出于"把国际保护全球环境的浪潮作为一次机遇，促进我国的生态环境改善和资源能源合理利用"目的[2]，中国积极参与并支持全球达成气候公约。对于欧美间的分歧，中国认为，"限制二氧化碳和其他温室气体的排放是影响整个社会经济发展的重大决策。对公约要素的限制性条款不宜过早匆忙作出决定"[3]。

《公约》谈判中，中国与77国集团积极维护发展中国家的整体利益，要求发达国家承担应对气候变化的首要责任，并对发展中国家在资金和技术转让上给予支持。欧盟及其成员国主张订立带有具体承诺的——到2000年将二氧化碳的排放水平维持在1990年水平——框架公约。为此，欧盟一方面协调与美国的立场差异，一方面寻求其他发达国家的支持。此时，中国和欧盟都侧重于自身所在的国家集团事务，双方之间的互动尚不突出。

---

[1] 严双伍、肖兰兰：《中国参与国际气候谈判的立场演变》，《当代亚太》2010年第1期。
[2] 《中国关于全球环境问题的原则立场》，1990年7月6日国务院环委会通过，http://www.ep898.com/view1.asp?id=1073，2013年2月27日登录。
[3] 《中国关于全球环境问题的原则立场》，1990年7月6日国务院环委会通过，http://www.ep898.com/view1.asp?id=1073，2013年2月27日登录。

(二) 1995~2004年《议定书》谈判和生效阶段：开放合作

《议定书》谈判阶段，欧美之间在议定书机制设计方面的立场仍然存在明显分歧。中国和欧盟之间的立场则有许多接近之处，双方间的互动开始显现。

在确定减排目标问题上，中国与77国集团要求工业化国家在2000年后继续降低二氧化碳排放量，坚持在一定时期内不能要求发展中国家承担任何义务的立场。以欧盟为代表的一部分发达国家认为应当在《公约》基础上，进一步明确具有法律约束力的量化减排目标；承诺不将要求发展中国家做出减排承诺列入议定书谈判议程。美国的立场从反对设立减排目标和时间表，转变为以要求发展中国家采取行动限制排放为其同意考虑中期目标的前提条件。在灵活机制问题上，中国与77国集团主张严格界定使用范围和利用幅度，防止在灵活机制运行过程中出现背离"共区责任"原则的现象[1]。欧盟也强调"灵活机制"的补充性，不应对各国优先开展国内减排行动以完成减排目标构成损害。虽然中国与欧盟的出发点和维护的利益不尽相同，但它们在发达国家率先减排、严格限制使用"灵活机制"、不要求发展中国家"自愿承诺"问题上立场大体一致。

由于欧盟和发展中国家集团立场更为接近，在它们的共同努力下，美国和其他伞形国家[2]不得不接受"柏林授权"，开启《议定书》谈判。但2001年美国退出《议定书》的举动对谈判产生了非常消极的影响。日本、加拿大、澳大利亚等伞形国家的谈判立场因此也出现倒退。为挽救《议定书》，发展中国家与欧盟加强了合作。欧盟在灵活机制、森林碳汇、资金援助和违约制裁几个方面对伞形国家进一步做出让步，中国与77国集团在与欧盟磋商后也同意做出非原则性的妥协[3]。最终，国际社会达成《马拉喀什协定》，为《议定书》生效铺平了道路。

---

[1] 严双伍、肖兰兰：《中国参与国际气候谈判的立场演变》，《当代亚太》2010年第1期。
[2] 伞形国家是在全球气候变暖议题上因相似立场而结成的国家利益集团。它包括美国、日本、加拿大、澳大利亚、新西兰等国家。因为从地图上看，这些国家的分布像一把"伞"，故此得名。
[3] 薄燕：《全球气候变化治理中的中美欧三边关系》，上海人民出版社，2012，第158~159页。

这一阶段中,中国虽然继续以"77国集团+中国"的模式参与谈判,但中国开始更多地表达自己的关切与主张,与欧盟间的合作与上一阶段相比也更具实质性。

(三)2005~2012年后京都议程谈判阶段:相互倚重

2001~2006年间,中国二氧化碳排放量急速增长。国际能源组织2006年预测中国将在2009年成为超越美国的全球第一大温室气体排放国。美国退出《议定书》后,中欧成为继续推动全球气候机制发展的重要力量,在气候谈判中形成相互倚重的关系。主要表现在两个方面。

首先,在后京都进程的规划中渐趋合作。

(1)《公约》和《议定书》的法律基础地位

中欧都认为,2012年后的气候治理合作应在《公约》和《议定书》框架下展开,并以此为达成新协议的法律基础。美国对此并不认同,它"另起炉灶"先后发起"碳收集领导人论坛""亚太清洁发展与气候新伙伴计划""主要经济体能源安全与气候变化论坛"等囊括主要排放国家的多边机制,试图取代联合国框架下大多边气候治理机制。欧盟坚决反对美国这种做法。中国代表在2007年参加"主要经济体能源安全与气候变化论坛"时表示,国际社会所有关于温室气体减排的讨论应该在《联合国气候变化框架公约》和《京都议定书》的框架下进行,表明中国不会在美国的框架内接受具有约束力的减排义务。欧盟对包括中国在内的发展中国家的立场表示支持[①]。

(2)巴厘"路线图"

《议定书》生效后,欧盟开始倡导"后京都"阶段的各国减排谈判。中欧都主张发达国家(包括美国)应当在2012年后继续承担量化减排义务。美国仍然坚持反对在没有发展中国家参与的情况下,为自己设立"后京都"减排目标。在2007年年底召开的巴厘岛气候大会上,欧盟和发展中国家要求美国回归联合国谈判体系,承诺具有可比性的2012年后减排目标。美国则继续以发展中国家减排做挡箭牌,只拿出并不为外界认可的国内减缓计划。对于美国

[①] 薄燕:《全球气候变化治理中的中美欧三边关系》,上海人民出版社,2012,第168页。

的态度，发展中国家纷纷要求美国或承担责任或离开会场，使其在会议中处于完全孤立[1]。经过欧盟和发展中国家的共同努力，以及发展中国家在"三可"问题上对美国做出让步，大会最终达成《巴厘行动计划》。虽然没有提出具体的减排目标，但《行动计划》确立了《公约》和《议定书》下的双轨谈判模式，将美国拉回了联合国谈判体系。

(3) 哥本哈根气候大会

这次会议是中欧合作不成功的事例。大会召开前，中欧之间就谈判议题虽有大量密集的沟通和磋商，但由于在具有决定性、冲突强烈的议题上没有充分了解对方底线，致使双方在会议涉及的关键议题上发生激烈对抗。尽管中欧都有推动谈判、推进后京都气候治理机制、促使美国承担义务的强烈愿望，但由于采取的策略、手段不得当，未能实现初衷。

(4) 德班平台

哥本哈根大会后，中欧在全球气候治理上的合作得到修复。欧盟立场有所缓和，表示将考虑《议定书》第二承诺期问题。中国认识到，从中长期看，作为排放大国，须逐步承担与发展阶段相适应的国际减排义务。在德班大会上，美国由于国内经济下滑，民众对气候变化的担忧度降至历史最低水平，且因面临总统选举，仅以"不失分"为目标。"金砖四国"和欧盟成为德班会议上推进全球气候治理的重要力量。具体体现为，决定实施《议定书》第二承诺期，启动绿色气候基金，搭建德班"增强行动平台"，明确2020年后协议的谈判进程。

其次，中欧之间建有气候变化伙伴关系和多层次的磋商对话机制[2]，并成为推进双方在《公约》和《议定书》框架内合作的有益补充。中欧在2005年宣布建立"中欧应对气候变化伙伴关系"，加强气候变化领域的政策对话

---

[1] "Pew Center on Global Climate Change Summary of COP13," http://www.c2es.org/docUploads/Pew%20Center_ COP%2013%20Summary.pdf, accessed on March 8, 2013.

[2] 中欧间的多层次合作机制包括以下内容。第一，中欧峰会框架下首脑对话机制。从2002年第5次中欧领导人会晤起，气候问题进入对话议程。第二，中欧双边磋商机制。从2005年开始，定期举行"气候变化部长级对话""中欧环境政策部长对话""中欧能源合作大会""中欧高层能源会议"。第三，中欧项目合作。中欧间的项目已从最初的技术领域合作逐步拓展至经验交流和能力建设。第四，中国与欧盟成员国间的合作。

与合作。中欧利用双边机制促进沟通，加深相互之间的理解，在推动全球，特别是美国回归气候谈判上发挥了积极作用。2007年中欧在第十次领导人会晤后的联合声明中强调根据"共同但有区别的责任"原则，提出发达国家在2012年后应继续率先减少温室气体排放，并协助发展中国家为应对气候变化做出更大贡献。双方致力于在联合国系统内继续努力，呼吁所有各方积极并建设性地参与2007年12月巴厘岛举行的联合国气候变化会议[①]。2010年中欧召开气候变化部长级磋商，双方发表《中欧气候变化对话与合作联合声明》。双方同意根据"巴厘路线图"加紧努力并在《联合国气候变化框架公约》和《京都议定书》两个特设工作组中紧密合作，以便2010年年底在坎昆举行的气候变化大会上取得积极成果和有意义的进展[②]。这表明双方在"双轨"谈判问题上再次达成一致，为坎昆和德班会议取得进展创造了良好的合作条件。

四 未来处理中欧气候关系需要注意的问题

加强在全球气候治理中的合作，不仅有助于中欧解决各自的问题，还有助于提升双方在国际舞台中的地位。

（一）低碳环境贸易方面

低碳发展已通过全球经济贸易活动影响到各个国家。在竞争激烈的全球低碳经贸活动中，贸易保护主义已然出现。碳关税、低碳认证、碳标签等议题被用来作为贸易技术壁垒，清洁能源产品"双反"调查亦成为影响中欧低碳经贸关系的重大障碍。中欧在处理低碳贸易方面的摩擦时，须增加磋商对话以避免贸易战；建立产业预警机制以控制贸易摩擦，并应考虑设立专门适用于清洁技术产品贸易的制度化磋商机制。

---

① 《第十次中欧领导人会晤联合声明》，http://news.ifeng.com/mainland/200712/1204_17_319972.shtml，2013年3月8日登录。
② 《中欧气候变化对话与合作联合声明》，http://www.gov.cn/gzdt/2010-04/29/content_1595630.htm，2013年3月8日登录。

碳市场方面，当前CDM机制改革，或者说2020年后的灵活机制安排尚未确定，对近期中欧碳信用贸易产生了一定的不良影响。但从长期来看，全球广阔的碳交易市场将会成为中欧经贸合作的另一重要舞台。

（二）规则竞争方面

国际气候治理是在众多气候规则支撑下完成的。在气候机制的构建中发达国家拥有更多的话语权和手段性权利，中国在此方面处于劣势。《公约》之内，无论是在排放交易、灵活机制的规则设计，还是在方法学方面，欧盟等发达国家拥有更多的智力资源及储备，在规则应用及完善上也有更多经验。《公约》之外，欧盟等发达国家已提出在一些更为具体的领域的减排行动建议，如控制氢氟烃（HFCs）、短寿命气体、国际航空和航海、城市交通、主要工业行业排放和林业活动排放、低碳/生态标准、全球低碳/生态标签等。与《公约》和《议定书》更具有政治性的特点相比，单一领域的减排机制构建中，各种规则提案间的竞争性会更加突出。这要求中国的决策要做到工业、外贸、科技、发展战略规划等领域的统筹协调，提出的规则设计既能维护国家利益和发展中国家集团利益，又考虑到欧方的需求，还能反映出全球积极应对气候变化整体利益。

（三）谈判政治方面

德班气候大会后，"全球气候谈判原有的南北格局正在淡化，排放大国与排放小国的矛盾凸显而演变出一种新的谈判格局——排放大国与小国的格局"[①]。单轨谈判机制下，中国与大国如何在气候机制构建中实现合作共赢成为中欧需要认真思考的问题。

美国的立场和政策对国际气候机制构建具有重大影响。美国在应对气候变化问题上的态度更多体现为单边利益考量。虽然支持"德班路线图"显示了美国对加入后2020年全球气候机制的开放态度，但在多哈大会上，它对"德班平台谈判工作将在公约原则指导下进行"的大会决定明确表示反对，并要

---

① 于宏源：《试析全球气候变化谈判格局的新变化》，《现代国际关系》2012年第6期。

求记录在案。由此看出，否认碳排放历史责任，要求发展中排放大国承担减排责任依然是美国的核心主张。此外，美国一直以来都没有放弃在《公约》外搭建"自下而上"小多边气候机制的做法。

发展低碳经济是欧盟确立的中长期战略。以强制减排、碳排放交易、清洁能源技术推动经济低碳转型，是欧盟争取未来国际竞争优势的主要路径。欧盟对于构建基于国际法，在明确全球温控目标下，分配各国减排责任的"自上而下"的气候治理机制方面有着强烈诉求。受经济危机拖累，近年来，欧盟在提高减排中期目标、为绿色气候基金注资等方面都缺乏政策动力。与此同时，发展中国家的结构性权利和话语权呈上升趋势[1]。欧盟需要中国和其他"金砖四国"的支持，需要借助中国对周边国家和其他77国集团国家的影响力。

伴随经济的增长，中国越来越清楚地认识到资源短缺、环境恶化对经济可持续发展构成的制约。虽然中国尚不承诺减排目标，但已确立多项低碳发展的约束性指标，并主动承担起应对气候变化的责任。中欧在构建国际气候机制保护生态环境、保障能源安全、推动经济转型、提升国际形象等方面存在相近的诉求。后京都进程以来，欧盟虽然在要求发展中排放大国做出减排承诺方面逐步接近美国立场，但其承认发达国家的历史排放责任，维护《公约》框架下的"共区责任"原则，是中欧气候治理合作最为重要的基础。在新的谈判格局下，重视中欧间的相互倚重关系，立足"金砖四国"，联合立场相近的发展中国家，是中国面对新挑战的战略选择。

在全球气候政治格局中，处理好中欧关系的同时，美国因素也不可忽视。奥巴马在总统第二任期内提出将优先处理气候变化议题，而页岩气迅猛发展也极大提高了美国推动低碳发展的动力。美国一旦确立起应对气候变化和低碳发展的战略，在国际上会更加积极地争取气候议题的主导权。全球气候政治的格局将会更加复杂，对此应该予以关注。从根本上说，科学、完善的内部政策机制是气候外交的基础，中国只有切实转变发展思路，确立低碳发展战略，提高低碳发展的综合竞争力，才能更好、更积极地参与全球气候治理。

---

[1] 许琳、陈迎：《全球气候治理与中国的战略选择》，《世界经济与政治》2013年第1期。

中国与欧盟成员国的双边关系

Bilateral Relations between China and EU Member States

B.10 中德关系：中欧关系的领跑者

杨解朴*

摘　要： 从政治关系、经济关系、人文交流，以及各领域合作机制、合作内容来看，在过去10年中，中德关系正处于全面发展的"快车道"。其中，经贸合作表现最为突出；政治关系得到发展，但积极的表象下仍然存在着中德之间利益和价值的差异；同时，多层次、多领域、多形式的人文交流促进了中德两国的社会进步及两国人民的沟通与交流。作者认为，在中德战略伙伴关系框架下，经济合作依然是未来中德关系发展的基石，而德国全球经济排名、德国何时摆脱欧债危机的阴影、TTIP对德美经贸关系的影响，以及德国与新兴国家的关系将成为影响未来中德关系的变数。

---

* 杨解朴，中国社会科学院欧洲研究所社会文化研究室，副研究员，中国社会科学院中德合作中心副秘书长，中国欧洲学会德国研究分会副秘书长。

中欧关系蓝皮书

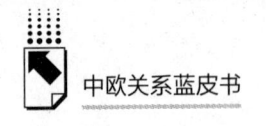

关键词：

中德关系　政治　经济　科技　文化　中欧关系

两德统一后，德国综合国力显著增强。伴随着欧洲一体化不断深入，德国在欧洲乃至世界政治舞台的作用日益加强。德国开始积极谋求国际新秩序的构建权，公开追求德国自身的国家利益。近年来德国在国际舞台上的活动，例如德国在联合国"争常"以及2012年年初德国政府通过的与新兴大国关系新方案等均体现了德国的这种利益诉求。在这一外交理念推动下，德国意识到进一步加强与中国及亚洲其他国家在安全政策领域合作的必要性和重要性。2002年6月，德国公布《2002年亚洲政策纲要》，首次明确指出亚洲不仅是德国出口市场之一，而且对德国政治和其他方面的利益至关重要。在对华政策上，该纲要称：德国将通过双边以及在欧盟框架内的多边形式，积极与中国开展多种形式和层次的对话①。

中国历来将欧盟视为世界上的一支重要力量，2003年10月，中国公布《中国对欧盟政策文件》，全力推动中欧关系的发展。德国在欧盟国家发展对华关系方面经常发挥着"领跑者"的作用，因此，与德国构筑稳固的关系，是中国对外关系中的重要内容。

2003~2013年的10年中，国际环境及中德两国国内形势都发生了深刻的变化，中德适时地调整发展双边关系的策略，以谋求在世界多极化、经济全球化及区域一体化的背景下建立更紧密的双边合作。

一　中德政治关系

近10年来，中德政治关系从政治互信增强、双边关系定位提升，发展为经过世界金融危机洗礼的中德全面战略伙伴关系，此间虽经历2007年9月默克尔在总理府接见达赖后的低谷，但总体上还是向着良好态势发展：中德高层交往频繁、政治对话活跃，特别是2011年启动的"中德政府磋商机制"作为

---

① 《人民日报》2002年6月27日。

中德合作的新机制,标志着中德关系有了新进展。同时,中德之间的多种对话机制也在不断加强,双方在国际事务中也采取相互配合、相互合作的姿态。当然,中德关系中依然存在一些敏感话题并时常成为干扰中德关系的不利因素。

(一)中德高层交往与政治对话

中德高层交往形式多样、内容丰富。双方交往形式包括:高层互访、在多边场合下正式或非正式的双边会晤、热线电话、书信往来等。

德国联邦总理施罗德在任期间(1998~2005年)曾6次访华,大力推动中德关系发展。2005年11月,在施罗德政府与默克尔政府交替之际,胡锦涛主席访问德国,分别与联邦总统科勒、时任总理施罗德和待任总理默克尔会晤,并签署多项合作协定,这次访问被称为辞旧迎新之旅,对中德关系的发展起到了承前启后的作用。此后,胡锦涛主席还多次在不同国际场合与德国领导人进行会晤,就中德和中欧关系及全球性问题进行直接对话[①]。

2004年5月,在温家宝总理访德之际,中德两国发表联合声明,宣布在中国与欧盟全面战略伙伴关系框架内建立中德具有全球责任的伙伴关系,致力于继续深化合作,加强多边主义,建立一个相互合作的世界新秩序[②],并宣布建立两国总理年度会晤机制。此后,中德政治合作不断加深。在欧洲深陷债务危机的2009年,双方发表《中德关于共同努力稳定世界经济形势的联合声明》。2010年,中德又发表《中德关于全面推进战略伙伴关系的联合公报》,对政治、经济、文化和社会等领域的28项合作进行全面规划,同时双方商定建立中德政府磋商机制。特别值得一提的是,中德两国领导人之间建有热线电话机制,这在中国与欧洲国家的关系中非常特殊。2004年12月,在施罗德对

---

① 2005年5月和7月,胡锦涛主席在莫斯科出席俄罗斯纪念卫国战争胜利60周年庆典及在苏格兰出席八国集团"8+5"对话会期间与德国总理施罗德会见。2007年6月8日,胡锦涛主席在德出席"G8+5"对话会期间会见默克尔总理。2008年7月9日,国家主席胡锦涛在日本出席八国集团同发展中国家领导人对话会期间与默克尔总理简短寒暄。2009年9月25日,胡锦涛主席在出席匹兹堡二十国集团领导人金融峰会期间与默克尔简短会见。2011年11月3日,胡锦涛主席在法国戛纳出席二十国集团领导人第六次峰会期间同默克尔总理进行了交谈。2012年6月18日,胡锦涛主席在出席墨西哥洛斯卡沃斯二十国集团领导人第七次峰会期间与默克尔总理进行了会见。

② 《人民日报》2004年5月5日。

华进行工作访问期间，双方签署《中德关于在北京中南海与柏林联邦总理府之间建立直通保密线路的协议》，正式启动中德首脑之间的热线电话制度。这一热线电话制度在中德关系的发展中，对于中德合作共同解决国际和地区事务发挥了积极的作用。根据中国外交部网站公布的信息，双方领导人的热线电话会谈内容除涉及"双边关系"及"国际局势"外，还包括"伊朗核问题""应对气候变化问题""解决欧洲债务危机"等在内的国际热点问题[①]。

中德在许多国际和地区事务中存在共同利益并持有相似的理念，承担共同的全球责任，从而促使两国在许多国际事务中积极对话、谋求合作。中德两国在包括联合国维和、反对恐怖活动、维护地区安全、改革国际金融体制与监管等许多重大国际问题上具有相同或相近的立场，在安理会、联合国人权组织、G20等多边机制中保持着密切沟通与协作，在伊朗和阿富汗问题、气候保护和全球经济治理及一些地区热点问题上开展了卓有成效的合作[②]。

（二）中德政府磋商机制及中德战略对话机制

中德之间有40多个对话机制，中德政府磋商机制是一种新机制，代表了中德关系的新高度。政府磋商机制是国与国之间加强务实合作的一种形式，它与通常的政府首脑访问虽无本质区别，但由于直接参与讨论的内阁成员较多，不仅有利于相互沟通和充分发掘两国合作的潜力，而且有利于一国内部不同政府部门之间的相互协调，更有利于推动两国各个领域的务实合作[③]。

2011年6月，中德两国总理在柏林共同主持首轮政府磋商。两国外交、经济、科技、教育、文化、农业、环保、质检、司法等部门的20余位部长出席磋商，双方共同发表《中华人民共和国和德意志联邦共和国首轮中德政府磋商联合新闻公报》。此次磋商级别之高、规模之大、议题之广、成果之多，在中德关系史上实属空前。2012年8月，中德两国总理在北京共同主持第二

[①] 参见中华人民共和国外交部网站，http://www.fmprc.gov.cn/mfa_chn/（2013年3月15日浏览）。

[②] 参见顾俊礼、杨解朴《中德建交40周年回顾与展望》，社会科学文献出版社，2012，第13页。

[③] 梅兆荣：《首轮中德政府磋商成果空前，落实仍需努力》，http://news.china.com.cn/txt/2011-07/01/content_22905135.htm。

轮中德政府磋商，双方20余位部长、副部长参加磋商。根据会后发布的联合公报，双方在政治、经济等领域达成广泛共识，签署十余项协议。

中德政府磋商机制是中国首次与外国政府建立类似机制，而德国也仅与法国、意大利、西班牙、波兰、俄罗斯和以色列等为数不多的几个国家建立过这类机制。中德政府磋商机制是中国和德国及西方国家关系中的一个创新[①]。

在中德政府磋商机制之外，中德之间还有包括人权对话、法治国家对话等在内的多种对话机制。其中，中德战略对话机制具有非常重要的作用。该对话机制由温家宝总理2006年5月与到访的德国总理默克尔共同宣布建立，旨在增进两国的战略沟通和政治互信，推动中德关系全面、深入发展。首轮副外长级战略对话2006年11月在北京举行，此后在2008年和2009年又分别进行两轮副外长级的战略对话，2011年，中德又启动了中德外长级战略对话机制。此外，双方外交部长保持着一定频率的互访以及较为频繁的电话联系。

（三）中德关系中的敏感话题

由于中德历史、文化背景不同，双方在某些理念上存在差异；中德两国社会制度不同、发展阶段不同，也往往导致双方对同一事务的理解和判断不同；在经济全球化背景下，双边经贸往来中也会发生利益碰撞。这些差异和碰撞都不可避免地会给中德关系带来影响，其中有些问题可以通过双方及时沟通，迅速解决，但有些问题长期以来一直是中德关系稳定发展的不利因素，尤以"西藏问题""人权问题"和"台湾问题"为突出。

在中德交往中，西藏问题可谓影响重大，经常产生不必要的干扰。早在1990年3月，联邦议院便通过有关西藏的决议，利用西藏问题干涉中国内政；同年10月4日，德国总统魏茨泽克在柏林会见达赖喇嘛，其后又在1996年召开所谓"声援西藏独立"的国际研讨会，使中德关系迅速降温，并对双边关系造成长期性的损伤。2007年9月，默克尔总理在总理府会见达赖，更使双边关系跌入1996年以来的最低谷。

对于默克尔会见达赖的原因有着各种不同分析。例如德国的中国问题专家

---

① 宋涛：《中德政府磋商谱写两国关系新篇章》，《人民日报》2012年8月30日。

桑德施奈德（Eberhard Sandschneider）认为，默克尔会见达赖缺乏事先与中方沟通，而总理府对达赖问题敏感性估计不足，政治咨询渠道单一。另外，德国国内的压力也是默克尔会见达赖的原因之一①。而有中国学者认为，默克尔此举是在中国和亚洲崛起的背景下，默克尔推行"价值观外交"所致，其意在抢占道德制高点，以牵制中国并维护德国和欧盟的"文明国家"特性，同时在国内挤压社民党和绿党的意识形态空间，打击大联合政府内部的社民党阵营，以便取得对外交政策方向的掌控权②。

在中德关系因默克尔会见达赖事件受到严重影响之后，两国外交部进行了有益的沟通。2007年9月、11月和2008年1月，时任中国外长杨洁篪分别在第62届联大、华盛顿中东问题国际会议和柏林伊朗核问题六国外长会议期间会晤德国外长施泰因迈尔，德方表示，德国高度重视发展对华关系，将继续坚定奉行"一个中国"政策，承认台湾和西藏是中国领土一部分，坚决反对台湾"入联公投"，不支持、不鼓励谋求西藏"独立"的任何努力③。而默克尔本人也在2008年1月主动向中国示好，她在德国总理府举行的新闻发布会上表示："作为政府首脑，具有所有的愿望，以推进中德两国之间紧密的经济、政治关系发展。"她同时强调德国反对台湾"入联公投"的立场以及预祝北京奥运会取得全面成功，而且"非常高兴地看到中国在气候大会上扮演了建设性的角色"。中德关系最终以2008年10月默克尔访华而走出低谷。但西藏问题依然存在，仍将是干扰中德双边关系的一个因素。

德国没有和台湾建立过官方关系，但少数德国高层官员所做的亲台反华举动，对中德关系的健康发展构成障碍，但官方在正式场合上，态度比较明确。2007年在默克尔会见达赖之后，"台湾驻柏林代表"曾希望默克尔也能会见一

---

① 在默克尔所持内政要与外交相一致理念指导下，默克尔会见达赖是有提高民众支持率方面的考虑。当时民调显示有82%的德国民众支持默克尔会见达赖，大多数德国人并不了解西藏历史和达赖其人。资料来源于2008年1月29日Eberhard Sandschneider教授于中国社会科学院欧洲研究所就"当前中德关系"所做报告。

② 熊炜：《中德关系：霜冻之后的小阳春？》，《南风窗》2008年第3期，http://www.laomu.cn/wxzp/ydzx/wenxueqikan/nanfengchuang/nafc2008/nafc20080320.html。

③ 参见中华人民共和国外交部网站，http://www.fmprc.gov.cn/mfa_chn/（2013年3月15日浏览）。

位台湾民选代表,如陈水扁。基民盟/基社盟议会党团外交发言人冯-克莱登对此表示,德国坚持"一个中国"政策,陈水扁"访"德目前不可能①。

对于人权问题的看法,中德两国曾有过重大分歧,也是每次德国总理访华经常要提到的问题。1989年中国发生政治风波之后,德国联邦议院通过决议,提出以"制裁"为核心的对华人权政策,1992年德国停止对华经济制裁,但两国间的人权问题并没有消解,仍然是深化两国关系不可回避的一个问题。

近年来,德国官方开始改变一味指责中国人权状况的态度,转而通过中德法治国家对话以及人权对话等机制,加强两国在人权问题上的理解与沟通。2005年默克尔政府的组阁协议中表明"希望本着加强民主、法治国家和人权的宗旨深化与中国进行的法治国家对话"②。同时德国领导人也清楚地意识到不能以德国的标准来要求中国,德国前总理施罗德在其回忆录中写道:"对于中国的人权状况,欧洲人,尤其是我们德国人,要注意不能自以为是。我们自己的民主也是经过艰苦努力才取得的。我对中国的现实认识得很清楚,我劝大家多一点耐心,不能毕其功于一役,只能通过坚持不懈的交流。"③德国中国问题专家桑德施奈德也提出,需要通过法治国家对话而不是公开批评的方式来改变中国的人权状况:"要想改变中国的人权状况,就不应在集市上发表公开演说时谈论此事。德中法治国家对话提供了一个可以更加不引人注目、更好和更持久地进行对话的典范。"④德方希望借助中德法治国家对话促进中国社会的现代化进程,德方领导人意识到只有一个内部稳定、社会公正和法治的中国才会成为世界大家庭中可靠和负责任的伙伴。

二 中德经济关系

进入20世纪90年代后,中德两国在双边政策上均进行了较大调整,各领

---

① http://news.sohu.com/20071207/n253856972.shtml.
② *Gemeinsam für Deutschland. Mit Mut und Menschlichkeit. Koalitionsvertrag von CDU, CSU und SPD*, http://www.cducsu.de/upload/koavertrag0509.pdf.
③ 参见施罗德回忆录《抉择:我的政治生涯》,译林出版社,2007。
④ 埃伯哈特·桑德施奈德:《与龙共舞之道》,载《国际政治》中文版第2期,2006年7月,第15页,http://www.deyinxiang.org/files/news/gjzz/200801089dhy96ud85.pdf.

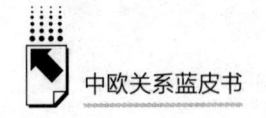

域合作呈加强之势；特别是近10年来，中德两国经济领域的合作已成为双边关系的最主要支柱。

（一）中德经贸合作[①]

1. 10年来中德经贸合作的进展

经贸关系是中德双边关系的基石。中国和德国是全球贸易主要出口国，中国和德国的产品已经有机地融合到全球贸易的价值链中，双方均会从这一价值链中受益。2001年，中国加入世界贸易组织后，中德双边经济合作无论内容和形式均发生重大变化。德国目前是中国在全球第五大、在欧洲最大的贸易伙伴，也是中国在欧第一大外资和技术引进来源国；同时也是中国企业实施"走出去"战略成效最为显著的欧盟国家之一。中国目前是德国全球第三大贸易伙伴，第二大进口来源国和第五大出口目的地国。

最近10年间中德经贸合作呈现以下几个特点：一是双边经贸合作日益紧密，贸易额大幅增长；二是贸易结构进一步优化；三是双向投资蓬勃发展；四是中国自德国的技术引进居领先地位[②]。

由于双边贸易迅速增长，2004年温家宝总理访德时提出，双方共同努力使中德贸易2010年达到1000亿美元。这个目标在2008年提前两年完成。根据中国商务部的统计资料，2012年，中德双边贸易额达到1611.3亿美元[③]，几乎占中国与欧盟贸易总额（5460.4亿美元）的三成，超过中国与英、法、意三国贸易之和，几乎是2001年中国加入世界贸易组织当年贸易额（235.3亿美元）的7倍，而与两国建交之初贸易额（2.7亿美元）相比则增加了590多倍。2009年受世界金融危机影响，双边贸易出现下降，但相对于其他欧盟国家，降幅不大。2010年中德贸易重又大幅攀升，双方提出2015年使双边贸易额达到2000亿欧元的目标。

[①] 近来国内学者将中国加入世贸组织后的2002年作为一个节点，将此后的中德经贸关系作为一个新的阶段进行研究，本节有关中德经贸合作的一些数据也从2002年开始。
[②] 参见朱伟革《中德经贸合作40年成就与展望》，载顾俊礼、杨解朴《中德建交40周年回顾与展望》，社会科学文献出版社，2012，第251~252页。
[③] 资料来源：中华人民共和国商务部网站，http://zhs.mofcom.gov.cn/article/cbw/201304/20130400107526.shtml。

近10年来，中德贸易商品结构发生了一些变化，逐渐从传统的纺织品、原材料等低附加值产品扩展到汽车、航空、通信等高附加值产品，并从单纯进出口贸易扩大到加工设计、金融服务等领域。据中国海关统计，2011年，中国对德出口的前三类商品为服装及衣着附件、自动数据处理设备及基部件和二极管与类似半导体器件。中国从德进口商品主要包括：机电设备、铁路机车、汽车及飞机等运输设备、化学品、光学医疗仪器等技术含量和附加值较高的产品，机电产品在对德出口中的比重已超出纺织品、服装、鞋类、玩具及初级原料等传统优势产品所占的比例[①]。

最近10年，德国对华投资力度加大，投资领域从生产型项目逐渐拓宽至金融、保险、批发、物流和旅游等服务性领域，投资方式呈多样化，独资化趋势日渐增强；中国企业对德投资也初具规模，除银行、航运和贸易外，开始向工业生产领域延伸，德国已成为中国企业在欧洲地区实施"走出去"战略的重要目标市场。德国是中国第一大技术引进来源国，"十年间，中国自德引进技术合同10898项，占累计引进技术项目总数的66.8%；合同金额310.5亿美元，占累计合同金额的56.6%"[②]。

2. 中德经贸合作中存在的问题

目前在中德经贸合作中存在的最主要问题一是欧盟的贸易保护主义政策，二是知识产权方面的纠纷。

在世界贸易组织框架下，传统的贸易壁垒的作用已十分有限，但欧盟经常利用贸易救助等新贸易保护主义手段维护成员国或行业利益。例如2005年，欧盟准备在世界贸易组织对中国出口到欧盟的部分纺织和成衣产品发起贸易救助诉讼，迫使中国对相关产品的出口采取"自愿限制"[③]。

随着中德经贸往来的深入以及中国工业产业的迅速发展，中德之间有关知

[①] 朱伟革：《中德经贸合作40年成就与展望》，载顾俊礼、杨解朴《中德建交40周年回顾与展望》，社会科学文献出版社，2012，第251~252页。

[②] 朱伟革：《中德经贸合作40年成就与展望》，载顾俊礼、杨解朴《中德建交40周年回顾与展望》，社会科学文献出版社，2012，第251~252页。

[③] 史世伟：《中德经贸关系的回顾、现状与前景》，载顾俊礼、杨解朴《中德建交40周年回顾与展望》，社会科学文献出版社，2012，第151页。

识产权的纠纷不断增多。德国人认为，中国的仿冒给德国带来巨额损失①。德方经常指责中国不重视知识产权的保护，类似"知识产权是这个机遇无限的国度里可以掠夺的东西"②的论调不绝于耳。德国科技创新的核心是中小企业，由于担心缺乏知识产权保护，德国拥有高新科技的中小企业对于来华投资往往心存顾虑。近年来，中国政府加大知识产权保护的力度，"加强对知识产权的保护"经常出现在中德之间的官方文件中。2012 年 2 月，温家宝总理与德国总理默克尔共同在中国广东与中德企业家举行座谈，会上温总理表示，"中国人越来越认识到，保护知识产权不是做给外国人看的，首先是自己国家利益的需要。在中国国内也需要平等的竞争环境，需要保护知识产权，所以我们在这方面从法律到管理都下了大力气"③。对于知识产权纠纷问题，有学者建议，在实际操作中，应充分发挥中德磋商机制的作用，了解对方的利益诉求，提出解决方案，落实积极措施，为解决德商和德商协会提出的问题拿出切实可行的办法④。

（二）中德财经合作

"中德财经交流与合作始于 20 世纪 80 年代。随着中德关系不断发展，近年来中德财经合作内涵不断丰富：由以资金合作为主的财政合作，扩展到宏观经济政策对话、双边财金务实合作、多边和区域政策协调、能力建设等广泛的财经领域"⑤。2011 年 3 月，时任中国财政部长谢旭人同来访的德国财政部长朔伊布勒共同签署《中华人民共和国财政部与德意志联邦共和国财政部关于加强财经合作的谅解备忘录》，标志着中德财经合作跨入一个新阶段。

---

① 根据德国机械制造协会的一项调查，2011 年，德国因为产品被仿冒带来的损失为 80 亿欧元，而最多的仿冒者来自中国。史世伟：《中德经贸关系的回顾、现状与前景》，载顾俊礼、杨解朴《中德建交 40 周年回顾与展望》，社会科学文献出版社，2012，第 151~152 页。
② 埃伯哈特·桑德施奈德：《与龙共舞之道》，载《国际政治》中文版第 2 期，2006 年 7 月。
③ 中华人民共和国国家知识产权局网站，http://www.sipo.gov.cn/yw/2012/201202/t20120206_643660.html。
④ 史世伟：《中德经贸关系的回顾、现状与前景》，载顾俊礼、杨解朴《中德建交 40 周年回顾与展望》，社会科学文献出版社，2012，第 152 页。
⑤ 张国春：《中德财经交流与合作回顾与展望》，载顾俊礼、杨解朴《中德建交 40 周年回顾与展望》，社会科学文献出版社，2012，第 267 页。

1. 双边财经合作

"德国是中国目前双边财政合作的主要合作伙伴之一。截至2011年底，中德财政合作累计生效资金约94亿美元，其中贷款88亿美元，赠款6亿美元，生效项目共229个，涉及自然资源可持续利用、医疗、扶贫、轨道交通及金融等领域。中德财政合作项目的实施为中国经济建设和社会发展发挥了积极作用，同时也促进德国企业对华贸易与投资"[1]。

近10年来，德国政府的对华合作政策在不断更新调整，以适应中国经济持续快速发展和国际影响力提升这一现状。目前，双方合作模式已经从单纯的发展援助，过渡到互惠互利的财政合作模式，促进贷款合作已成为中德财政合作的主要形式。2006年，德国复兴信贷银行开始在中德财政合作框架下向中国提供促进贷款。2008年起，德国联邦环境、自然保护和核安全部在中德财政合作框架下向中国提供优惠贷款及专项赠款。中德在气候变化及金融领域合作不断加强，也体现出目前中德乃至全球的利益所在。

"近年来，中德财政部间的合作日益加深。两国财长于2000年开始实现经常性互访，就宏观经济政策、财政金融合作、重大国际经济问题交换意见，有力促进双方的宏观经济政策协调与财金务实合作。两国财政副手和司局级官员还在财长互访机制下开展密切的政策沟通"[2]。"自2008年世界金融危机爆发以来，财政部副部长朱光耀与德国副财长阿斯姆森、施戴芬通过双边会见、通话等方式，就欧洲经济形势、20国集团峰会、欧洲应对主权债务危机举措、中国参与解决欧债问题等保持着密切的信息沟通与政策协调，有效地增进了双方的相互了解与互信"[3]。

此外，在近年来的双边财经合作中，中德积极开展各项能力建设合作活动，并取得了良好的效果。例如2007年，中国财政部与德国国际继续教育与

---

[1] 张国春：《中德财经交流与合作回顾与展望》，载顾俊礼、杨解朴《中德建交40周年回顾与展望》，社会科学文献出版社，2012，第268页。
[2] 张国春：《中德财经交流与合作回顾与展望》，载顾俊礼、杨解朴《中德建交40周年回顾与展望》，社会科学文献出版社，2012，第268页。
[3] 张国春：《中德财经交流与合作回顾与展望》，载顾俊礼、杨解朴《中德建交40周年回顾与展望》，社会科学文献出版社，2012，第270页。

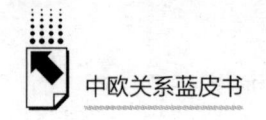

发展协会（InWEnt）[①]合作举办四期"地方财政系统外经处长赴德财政业务研修班"；同年，财政部与德国技术合作公司（GTZ）在北京共同主办"财政资金支付管理与立法"国际研讨会；2008年，中国财政部与InWEnt合作开展宏观经济政策研究项目，等等。

2. 多边财经交流与合作

作为G20重要成员，中德均重视G20在加强国际经济政策协调方面的作用。近年来，为应对欧债危机带来的挑战，中德在G20框架下就欧债危机救助、国际货币基金组织增资等问题进行了深入有效的沟通与协调，共同推动G20各方在一些重大问题上达成共识。

此外，"中德在世界银行、亚洲开发银行等全球和区域性国际金融机构中也保持良好的合作。同时，由于中德两国发展阶段不同，双方在发展援助政策取向上存在一定差异。德方更加关注环境保护、气候变化、性别平等、移民安置等，强调受援国应严格遵循和执行有关政策；中方强调应立足国情，注重渐进性和长期性，应充分考虑发展模式的多样性和受援国的实际需要，支持有利于受援国可持续发展的项目和政策"[②]。

近年来，中德两国共同致力于双边财经交流与合作的拓宽与深化。作为世界两大主要经济体和G20成员，发展密切的双边财经交流与合作，符合中德根本利益，有利于深化双边经济关系，推动中德战略伙伴关系发展，共同促进世界繁荣与稳定。

（三）中德科技合作

最近10年，中德科技合作进入持续、稳定、全面发展阶段，主要表现在，两国科技合作以政府间科技合作为导向，科研机构、高等院校、地方、民间科技合作与交流蓬勃发展，呈现出层级丰富、形式多样、领域广阔的科技合作新局面。

1. 中德科技合作机制

中德科技合作起步较早，1978年两国就签订了中德科技合作协定，至今

[①] InWEnt于2011年与德国技术合作公司、德国发展服务公司合并成立德国国际合作机构。
[②] 张国春：《中德财经交流与合作回顾与展望》，载顾俊礼、杨解朴《中德建交40周年回顾与展望》，社会科学文献出版社，2012，第271页。

已经有35年。目前,中德在科技合作领域已经建立起稳定、多样的合作机制。

(1) 中德政府间科技合作联合委员会

中德签订科技合作协定后,为更好地履行协定,两国成立了中德政府间科技合作联合委员会(以下简称"联委会"),双方在联委会内紧密合作,卓有成效地开展工作。联委会以加强两国科技人员交流、积极发展两国间科技合作、协调组织两国在多领域中进行多种模式的科技合作为宗旨。2003～2012年,联委会举办了第17至第22次会议,这6次会议构成了10年间中德政府科技合作的主题。双方合作领域不断扩大和深入,目前两国科技合作几乎涉及所有科技领域,联委会会议已成为双方科技交往中稳定而有效的合作机制。

(2) "2+2" 合作模式

"'2+2'合作模式是中德两国政府在20世纪90年代倡导的联合项目新形式,是促进科技合作为经济合作服务的重要措施。按照'2+2'合作模式,在一个项目中,中德双方各有一家企业和一家研究机构参与双方项目合作。这种鼓励企业参与科技合作的方式可以保证项目成果及时转化,同时企业可承担部分项目经费,扩大合作经费来源。"[①]

(3) 中德联合研究所、联合实验室

为推动双方在高技术产业建立战略联盟,近年来,中德双方开始共建联合研究所和实验室。双方通过资源整合,集中优势力量开发前沿技术,共同掌握自主知识产权,并有利于双方共同合作开发国际市场。2003年,柏林德中移动通信研究所和北京中德软件研究所成立。2004年,中国科学院与德国马普学会在上海建立计算生物学研究所。目前,得到双方政府支持的联合实验室有:中国科学院与德国马普学会共同建立的细胞生物实验室,中国科学院与德国弗朗霍夫学会共同建立的中德软件技术联合实验室,中国科学院与德国明斯特大学在明斯特建立的中德纳米科学中心,中国科学院与德国环境与健康研究中心在武汉建立的客座实验室,北京工业大学与德国弗朗霍夫学会在北

---

① 芦睿珺:《中德科技领域的合作与交流》,载顾俊礼、杨解朴《中德建交40周年回顾与展望》,社会科学文献出版社,2012,第277页。

京建立的中德激光中心,清华大学与德国弗朗霍夫学会在北京建立的模拟设计中心等①。

2. 中德科技合作项目与交流活动

由于中德科技合作历史较长,德国又是欧洲向中国转让技术最多的国家,中德科技合作所涉领域广泛,合作项目颇多。从2003年至今,中德合作协议或备忘录涉及领域有:可再生能源应用、中国东北工业振兴领域科技合作、建筑能效领域合作、氢能和燃料电池汽车以及先进柴油汽车应用方面开展合作、电动汽车科学合作、生命科学创新平台、可持续交通、节能减排和创新交通技术合作、中德创新政策平台。最近几年,两国将创新研究、电动汽车、环境与可持续发展、生命科学等作为重点合作领域,围绕上述领域又启动一批合作项目。

此外,中德双方在推动产学研相结合的科技创新合作方面也富有成果。中德创新政策合作平台、中德电动汽车科技创新合作平台、中德清洁水创新研究合作平台、中德生命科学创新平台相继成立,半导体照明技术领域的合作进展顺利,中德可持续先进制造技术研讨会也即将召开②。

中德科教年(2009/2010)是中国总理温家宝2009年1月访德时与德国总理默克尔举行会谈确定的中德合作项目。2009年3月,该项目在德国柏林启动。在该项目框架下,中德双方举办了一系列的科技和教育领域的交流与合作活动。

(四)中德环保合作

1994年中德签署政府间第一份有关环保合作的协定,即《中华人民共和国国家环境保护局与德意志联邦共和国联邦环境、自然保护和核安全部环境合作协定》③。双边协定签署后,中德开始环保领域的务实合作,表现为双边高层互访增加,环保领域的对话加强。2003年《中国对欧盟政策文件》公布,

---

① 芦睿珺:《中德科技领域的合作与交流》,载顾俊礼、杨解朴《中德建交40周年回顾与展望》,社会科学文献出版社,2012,第277~278页。
② 中华人民共和国科技部网站,http://www.most.gov.cn/kjbgz/201304/t20130402_100493.htm。
③ 该协定分为九条,分别就双方合作的领域、合作形式、合作期限等问题做出了规定。

随着中德关系进入全面快速发展阶段，在合作共赢的目标下，两国开展内容广泛、成果丰富的环保合作：中德环保领域的合作与对话成倍增加，双方创建多种新型合作机制，签署多个合作项目，政府、企业、科研机构、非政府组织等行为体均参与到中德环保合作中。

最近10年内，"中德环保合作的覆盖领域不断拓宽、内容不断细化，已扩展到化学品环境管理、电子废弃物管理、油气回收、持久性有机污染物管理、生物多样性保护、高碳汇经济以及能力建设合作等多个领域。合作性质也已经从一般性人员交往与信息交流延伸至政策法规、管理系统、环保产业领域的实质性合作"[①]。

1. 合作机制

（1）中德战略环境司长级对话机制

2006年12月，国家环保总局局长周生贤会见德国联邦环境、自然保护和核安全部（以下简称德国环保部）部长加布里尔（Sigmar Gabriel），双方确定建立"中德战略环境司长级对话机制"，并共同发表《中国国家环境保护总局与德国联邦环境、自然保护和核安全部关于在化学品环境管理领域开展合作的联合新闻公报》。"中德战略环境司长级对话机制"主要内容为：继续举办中德环境论坛；每年召开一次司长级对话会，就重要环境政策的执行情况进行交流。中德战略环境司长级对话机制的建立标志着中德环保合作进入制度化合作阶段[②]。

（2）中德环境伙伴关系的建立及中德政府磋商

2010年7月，德国环保部长罗特根（Norbert Röttgen）与中国环保部长周生贤在两国总理见证下共同签署《中华人民共和国环境保护部和德意志联邦共和国联邦环境、自然保护与核安全部关于中德环境伙伴关系的联合声明》，双方进一步明确环境领域的合作重点。

2011年6月，中国环境保护部副部长李干杰出席在德国柏林举行的首轮

---

① 参见杨解朴、程玗《中德环保领域的交流与合作》，载顾俊礼、杨解朴《中德建交40周年回顾与展望》，社会科学文献出版社，2012，第289页。

② 参见杨解朴、程玗《中德环保领域的交流与合作》，载顾俊礼、杨解朴《中德建交40周年回顾与展望》，社会科学文献出版社，2012，第288页。

中德政府磋商,与罗特根部长商定将"生态保护、污染物减排、电子废弃物、化学品管理和核安全"作为中德未来优先合作领域。2012年8月,中国环保部部长周生贤与德国环保部长阿尔特迈尔(Peter Altmaier)在北京出席第二轮中德政府磋商时,签署《中华人民共和国环境保护部和德意志联邦共和国联邦环境、自然保护和核安全部关于进一步发展中德环境伙伴关系行动的联合意向声明》。伴随中德环境伙伴关系的建立并通过两轮中德政府磋商的进一步深化,中德环保合作重点更加明确。

(3)中德环境论坛

中德环境论坛是中德环境大会[①]的后续活动,已成为中德政府间、城际间、企业间友好合作的重要形式。中德环境论坛自2003年起已举办4届,分别以"可持续能源""推动循环经济、可持续能源技术与产业合作""环境技术与环境保护产业发展""迈向绿色经济的环保政策与产业"为主题。中德环境论坛增进了两国在环保与经济领域的合作,推动了两国政府、企业间及科研机构之间的合作与对话,尤其是在循环经济、可再生能源、环保产业及绿色经济等领域的全面合作与对话。中德环境论坛的持续举办一方面体现出德国在环保领域的优势地位,另一方面也显示出中国环保市场的吸引力和环保产业的巨大潜力。

同时,中德双方还共同举办一系列研讨会[②],以推动双方在环保领域的合作。

2. 合作项目

最近10年,中德双方政府间的主要合作项目包括中德环保合作项目、中

[①] 2000年12月,在两国总理倡议下,中国国家环境保护总局和德国联邦环境、自然保护和核安全部在北京召开了"中德环境合作大会"。这是迄今在我国召开的最高级别的双边环境合作大会。大会期间,两国政府就进一步加强环境合作共同发表了《中华人民共和国政府和德意志联邦共和国政府环境保护联合声明——行动议程》。2000年的中德环境大会是我国与世界上主要发达国家发展在环境领域的双边合作的一次重要尝试。

[②] 例如:2004年10月,中国国家环保总局,中华全国工商联合会,湖南省人民政府和德国联邦环境、自然保护和核安全部,德国技术合作公司在湖南湘潭联合举办了"中德环境管理与中小企业合作大会"。2006年7月,中德双方在北京举办了"中德化学品管理研讨会"。2008年9月,在上海环博会期间,中德双方共同组织召开了电子废弃物管理研讨会。自2008年起,中国环境科学研究院与德国自然保护局合作每年举办1次"中德生物多样性保护研讨会",截至2012年9月已经成功举办了5届。

德合作"中国环境与发展国际合作委员会（简称国合会）"项目、中德化学品合作项目、电子废弃物环境管理项目，等等。随着双方合作程度不断加深，合作领域也在不断扩大，目前双方的合作项目正在向低碳、环境标志认证、绿色采购、核安全等领域扩展[①]。

（1）中德环保合作项目

中德环保合作项目是中德两国间在环保领域最重要的合作项目。2003年启动的第二期中德环保合作项目下设"环境政策咨询、中小企业环境管理咨询、环保系统机构能力建设及国家ISO14001认证能力建设四个子项目"。2007年启动的第三期中德环保合作项目——"环境政策咨询服务"，"包括环境政策发展、环境立法与执行、国际环境对话三个子项目，涵盖挥发性有机化合物回收、生物多样性、化学品管理等多个领域"。2012年中德双方已就第四期项目签订框架协议，项目活动将于2013年启动[②]。

在中德环保合作项目框架下，中方有几百人次参加项目培训及境外考察学习，形成约数十份政策报告，为我国环境管理提供了有价值的支持和帮助。"在中德环保合作项目取得巨大成就的同时，中方积极总结项目执行过程中的经验和存在的问题，并认识到只有提高中方在合作中的主动性，提升项目的总体设计，在减少管理成本和防范安全隐患方面加强双方的合作，才能最终实现双赢。"[③]

（2）中德合作"国合会"项目

中德环保合作还体现在一些多边项目中，其中最具典型意义的是中德合作"国合会"。国合会"是一个由中外环发领域高层人士与专家组成的、非营利的国际性高级咨询机构。国合会自成立以来得到国际社会的大力支持，德国政府一直是国合会主要捐助方之一。德国政府通过德国技术合作公司（GTZ）为国合会提供资金支持，德国政府的无偿援助用于支持国合会年会、课题研究、

[①] 参见杨解朴、程玙《中德环保领域的交流与合作》，载顾俊礼、杨解朴《中德建交40周年回顾与展望》，社会科学文献出版社，2012，第292页。

[②] 参见杨解朴、程玙《中德环保领域的交流与合作》，载顾俊礼、杨解朴《中德建交40周年回顾与展望》，社会科学文献出版社，2012，第292~293页。

[③] 参见杨解朴、程玙《中德环保领域的交流与合作》，载顾俊礼、杨解朴《中德建交40周年回顾与展望》，社会科学文献出版社，2012，第293页。

秘书处能力建设等方面"[①]。

从第一届国合会项目开始,德方就选派人员担任国合会的委员和专家,这些委员和专家参与国合会年会的讨论、任研究课题外方组长,通过国合会为中国政府提供建议,并将国际相关领域的先进经验引入中国,为顺利开展课题研究发挥积极的作用。

(3) 中德化学品环境管理合作

中德化学品环境管理合作始于2006年7月在北京召开的"中德化学品的管理会议"。这一会议为来自欧亚的化学品环境管理人员提供了一个交流平台,是中德在化学品管理领域合作的开端。

这次会议结束后,进行了中德化学品管理司长级会谈,并在11个合作项目上达成共识。"涉及化学品环境管理领域的法规、能力建设、环境管理措施和手段以及包括工业部门在内的对化学污染事故的预防、环境应急及善后处理"[②]。2006年12月中德共同发表《中国国家环境保护总局与德国联邦环境、自然保护和核安全部关于在化学品环境管理领域开展合作的联合新闻公报》,确认上述达成协议的11个合作项目。此后,中德双方多次会谈,确定4个优先合作领域,包括:立法援助、新材料申请和风险评估、威胁环境和健康的风险分析和责任关怀。中德化学品环境管理合作主要通过项目负责人直接沟通进行管理,项目评估和新项目启动通过中德司长级对话确认[③]。

(4) 中德电子废弃物环境管理合作

中德电子废弃物环境管理合作是中德环境合作的重要内容之一,目前涉及政策法规交流和管理人员能力建设两个方面。在政策法规交流方面,针对中国的现实需求,中德着力研究德国电子废弃物环境管理的法规制度,并组织翻译其中部分法规。在管理人员能力建设方面,2008年,中德联合组织召开两次中德电子废弃物研讨会,旨在使中方了解德国电子废弃物环境管理相关制度、

[①] 参见杨解朴、程玗《中德环保领域的交流与合作》,载顾俊礼、杨解朴《中德建交40周年回顾与展望》,社会科学文献出版社,2012,第293页。

[②] 参见杨解朴、程玗《中德环保领域的交流与合作》,载顾俊礼、杨解朴《中德建交40周年回顾与展望》,社会科学文献出版社,2012,第294页。

[③] 参见杨解朴、程玗《中德环保领域的交流与合作》,载顾俊礼、杨解朴《中德建交40周年回顾与展望》,社会科学文献出版社,2012,第294~295页。

法规。中国电子废弃物产量巨大，尚未建立完善的回收体系，拆解利用处置水平不高，环境污染严重，社会反应强烈[1]。通过合作，德国在电子废弃物管理领域的经验，为中国提供了有益的借鉴。

除上述项目外，中德多边和双边交流也体现在培训合作上，例如环境管理与政策系列培训、合作进行环境立法培训、加强农药生产过程中环保措施的环评培训等。另外，中国环境科学研究院、中国环保部与巴斯夫公司、拜耳作物科学集团、德固赛公司、安美特石油企业开展的系列合作加强了中德环保领域的友好往来。已落实项目中，既有中央政府层面的，也有省级政府层面的，合作领域包含可持续发展环境战略中的诸多领域[2]。

（五）中德应对气候变化和能源领域的合作

近年来，中德在应对气候变化和能源领域的合作逐渐加强，并在2012年《第二轮中德政府磋商联合声明》中将双方在上述领域的合作关系进一步提升。两国政府商定，建立可再生能源战略伙伴关系，加强在可持续经济领域的合作，保持交流并推动在低碳技术、可持续城市化方面的合作。双方将着重深化低碳生态城市领域的合作，继续推进青岛中德生态园项目。双方同意建立半导体照明（LED）基础研究及技术发展伙伴关系，加强实验室和企业合作，促进共同研发项目[3]。

1. 合作机制

近年来，中德在应对气候变化领域的对话与合作日趋紧密。两国政府2009年签署《中德关于应对气候变化合作的谅解备忘录》，在该备忘录框架下，两国启动"中德气候变化工作组"以加强中德气候变化伙伴关系，并推动两国在气候变化科学、气候友好技术转让的创新机制、清洁发展机制、适应气候变化等方面开展研究与合作[4]。自2010年该工作组启动后，已召开3次

---

[1] 参见杨解朴、程珏《中德环保领域的交流与合作》，载顾俊礼、杨解朴《中德建交40周年回顾与展望》，社会科学文献出版社，2012，第295页。

[2] 参见杨解朴、程珏《中德环保领域的交流与合作》，载顾俊礼、杨解朴《中德建交40周年回顾与展望》，社会科学文献出版社，2012，第295~296页。

[3] 参见新华网，http://news.xinhuanet.com/politics/2012-08/30/c_112907475_2.htm。

[4] 参见李彦《中德应对气候变化与能源利用领域的交流与合作》，载顾俊礼、杨解朴《中德建交40周年回顾与展望》，社会科学文献出版社，2012，第305页。

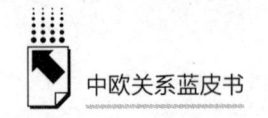

会议，就许多具体问题进行了务实交流，增强了双方在应对气候变化领域的伙伴关系。此外，德方还在中德发展合作框架下和"国际气候计划"框架下以优惠贷款和赠款方式支持中国开展相关项目。

中德在能源合作领域近年也取得显著进展，如：2007年中德两国政府在中德经济技术合作论坛框架下成立能源工作组，为企业间交流与合作搭建了平台；中德技术合作"能源政策与能源效率"打捆项目第二期自2009年正式启动以来，进展顺利；中德研究机构和企业联合开展可再生能源领域技术合作，德国鼓励发展可再生能源（特别是太阳能）的法规、政策措施、技术和运行管理经验使中方大为受益。中国向德国出口一定数量的太阳能光伏电池组件，促进共同发展。双方政府对于两国能源合作十分重视，2010年7月默克尔总理访华期间，中德双方就建立能源和环境合作伙伴关系达成一致意见。双方将加强能源领域的技术合作与政策交流，推动在可再生能源领域的合作与应用示范。2011年6月，在温家宝总理访问德国期间，第六届中德经济技术合作论坛能源分论坛暨中德能源工作组第二次会议在柏林举行[①]。

2. 合作项目与交流活动

中德在应对气候变化和能源利用领域开展多个合作项目，覆盖低碳转型、能源需求、能力建设等领域，涉及建筑、交通、汽车制造等行业，其中较大型的项目包括"中德气候变化合作伙伴关系项目"（2011~2013年）、"华北地区既有住宅采暖能源需求基线调查项目"（2010~2012年）、"应对气候变化与电动汽车项目"（2009~2013年）、"环境与气候领域干部培训项目"（2012~2016年）、"江苏省低碳发展项目"（2010~2015年）、"温室气体排放监测能力建设项目"（2011~2013年）、"基于低碳排放的矿区土地复垦技术项目"（2012~2016年）、"北京市'交通需求管理'：城市交通中的减排项目"（2011~2014年）、"适应气候变化保险项目"（2008~2013年）等[②]。

另外，中德还共同举办一些学术会议、研讨会以加强在应对气候变化领域

[①] 参见李彦《中德应对气候变化与能源利用领域的交流与合作》，载顾俊礼、杨解朴《中德建交40周年回顾与展望》，社会科学文献出版社，2012，第307页。

[②] 参见李彦《中德应对气候变化与能源利用领域的交流与合作》，载顾俊礼、杨解朴《中德建交40周年回顾与展望》，社会科学文献出版社，2012，第303~304页。

的合作。例如2011年，国家发展改革委应对气候变化司联合德国国际合作机构在北京举办"中德适应气候变化战略研讨会"，来自中德双方的70多位专家和政府官员与会，会议就适应气候变化战略的科学与决策等问题进行了讨论。再如，2008年，为加强中德两国在可再生能源和能源效率方面的合作，德国环境部在北京组织召开"中德能源与气候政策展望"可再生能源与能效大会。

三 中德人文交流

（一）中德教育合作

近10年来中德教育合作发展迅速，双方已建立部长级对话工作机制，教育合作和交流正朝着制度化、机制化方向发展，并呈现出多层次、多领域、多种形式的合作特点，不仅从一个角度诠释了中德全面战略伙伴关系的内涵，也有力地促进了两国的社会进步。

1. 合作机制

中德高等教育领域的合作机制发展迅速，不仅将高等教育领域的"中德高教合作战略政策对话"扩展为"中德教育政策对话"，而且在中德政府磋商机制下建立中德高校战略伙伴关系、设立职教联盟。同时还将在中欧高级别人文交流对话机制下，开展中德间广泛的教育合作。

2004年，两国建立"中德高教合作战略政策对话"，这是中德两国教育合作的第一个高级别磋商机制。"通过该机制，两国教育部门的决策者及专家共同探讨高等教育改革和发展过程中共同关心的问题，并商议和确定中德高教合作的重点及合作项目"。2009年，为进一步加强和促进中德教育合作，双方决定把"中德高教合作战略政策对话"扩展为"中德教育政策对话"。目前，该机制已成为中德共同商讨教育合作的重要平台[①]。

---

① 席茹：《交流中的变迁》，载顾俊礼、杨解朴《中德建交40周年回顾与展望》，社会科学文献出版社，2012，第326页。

在2011年中德首轮政府磋商中，中国教育部与德国联邦教研部共同签署《促进全面合作及建立高校战略伙伴关系的联合声明》《中德设立职教联盟的联合意向声明》，为中德高等教育合作及职业技术教育进一步合作开创了新的合作机制。

2012年，中欧领导人宣布同意建立中欧高级别人文交流对话机制。这一机制是中欧从战略高度和长远角度出发，推动伙伴关系向前、向深发展的重大决定，标志着中欧关系处于一个崭新的起点。中国与德国开展更广泛的教育合作将是中欧人文交流的重要组成部分。

2. 合作内容与合作项目

中国与德国在教育领域的合作交流主要分为三个方面：高等教育领域合作、职业技术教育合作，以及语言教学、基础教育领域等方面的合作。近年来，中德在上述三个领域开展卓有成效的合作，共同开展的合作项目得到广泛的社会认同。

（1）高等教育领域的合作内容与合作项目

中德高等教育合作是双边教育合作最重要的内容。目前已有300多所中国高校与近200所德国高校建立校际交流关系，双方通过校际交流互访的人员每年约400人。截至2011年年底，在德中国留学生28631人，2011年度赴德人数5539人（公派857人），成为德国大学中最大的留学生群体之一。而德国是目前欧洲国家中来华留学生最多的国家之一。随着中国国际地位的提升以及中华文化在海外的广泛传播，德国学生赴华留学热情逐年提高。截至2011年，在中国学习的德国留学生总数为5451名，其中奖学金生440名，自费生5011名[1]。

中国高校、研究院所有相当一部分科研人员曾得到德国一些基金会（德意志科学基金会、弗朗霍夫协会、马克斯·普朗克协会、洪堡基金会等）的资助赴德开展合作研究与学习。中国学者居德国外国研究人员人数第二位。

目前，中德两国已开展多个高教合作项目，比较有代表性的项目有："共

---

[1] 席茹：《交流中的变迁》，载顾俊礼、杨解朴《中德建交40周年回顾与展望》，社会科学文献出版社，2012，第325~326页。

同学习，共同研究项目"、与德国科学基金会合作项目——中德联合博士生院、中德海洋科学高层次人才培养项目、中国首个中外合作办学项目——同济大学中德学部（原名中德学院）、北京大学德国研究中心，以及与德国应用科技大学的系列合作项目等①。

（2）职业技术教育领域的合作内容与合作项目

中德职业教育合作从20世纪70年代开始合作之初就是在政府主导、民间参与、行业企业支持的模式下进行的。近年来中德执教合作以人员交流，特别是以中德职教师资及管理人员的培训项目以及学校与企业的深度合作项目为主要内容，其中学校与企业间的合作也是德国双元制职业教育的精髓所在。

2011年，中国教育部与德国奥迪、宝马、大众、保时捷及奔驰等五大汽车制造商联合启动"中德汽车机电技能型人才培养培训项目"。在该项目框架下，通过组建实验班、开发教学计划与课程大纲、开展教师培训、补充实训设备等方式，共同开发适合中国国情的德系汽车机电技术人才培养培训方案，同时促进中国汽车相关行业培养培训标准的统一和发展。这是德国五大汽车制造商首次共同合作，开创中外校企合作先河，在德国国内也引起不小反响②。

（3）语言教学和基础教育领域的合作内容与合作项目

中国孔子学院和德国歌德学院是中德在语言教学与基础教育领域合作的重要载体。2006年4月德国第一家孔子学院在柏林自由大学成立，而歌德学院北京分院在中国已经有25年的历史了。截至2012年1月，中国在德建有12所孔子学院和4个孔子课堂，成为推广汉语和中国文化的重要桥梁，有力促进了中德教育合作与双边文化交流。

另外，德方注重在中国中小学推广德语教学和德国文化，两国共同开展有"学校：未来的伙伴（简称：PaSCH）"项目，目前已有超过70所中国中小学校参与该项目。

---

① 席茹：《交流中的变迁》，载顾俊礼、杨解朴《中德建交40周年回顾与展望》，社会科学文献出版社，2012，第326页。

② 席茹：《交流中的变迁》，载顾俊礼、杨解朴《中德建交40周年回顾与展望》，社会科学文献出版社，2012，第327页。

（二）中德文化交流与合作

10年来，中德文化合作机制不断向纵深发展，文化交流项目数量大幅增长，年均总数与人次超过中国改革开放前30年的总和。政府支持的交流项目也突破传统模式，部长论坛、文化政策圆桌会议、艺术家和作家客座创作等形式均表明交流深层次发展的趋势。交流协定的广泛性与合作机制多样化，极大推动中德两国文化关系的发展。

1. 合作与交流机制

2005年11月，中德签署新的《文化合作协定》，该协定确定缔约双方将致力于加深对对方国家文化的了解，进一步发展在各个领域和级别上的文化合作和伙伴关系；缔约双方将采取相应措施，尽可能地在文化艺术、教育、体育、图书出版、博物馆、影视等多方面相互提供帮助。在文化协定附件中，确定双方互设文化中心，并确定文化中心的活动旨在促进中德两国在文化、艺术、教育及信息传播领域方面的交流与合作，向驻在国公众全面介绍本国在上述领域的发展和成就，以增进两国之间的友好关系和相互了解[1]。

2010年，中德发布关于全面推进战略伙伴关系的联合公报，其中对社会文化方面的未来合作及交流机制做出总体规划：两国一致认为推进中德战略伙伴关系需要不断扩大和深化两国人文领域的合作与交流；双方希望继续扩大公共文化服务体系、文化产业和文化管理人员培训领域的交流与合作。中德两国希望，通过推动两国青年人之间的文化交流和语言的传播来加强两国新生代的文化理解与互信。双方积极鼓励两国传媒界开展交流合作，同意建立记者、出版商、国家机构和经济界及其他媒体代表共同参与的媒体对话机制[2]。

2010年5月，中德双方签署《中华人民共和国外交部和德意志联邦共和国外交部关于中德对话论坛的协议》，该协议将2004年由两国总理倡议成立的

---

[1] 孙莹炜：《中德建交40年来的文化交流与合作》，载顾俊礼、杨解朴《中德建交40周年回顾与展望》，社会科学文献出版社，2012，第312页。
[2] 《中德关于全面推进战略伙伴关系的联合公报》，参见中华人民共和国外交部网站，http://www.fmprc.gov.cn/mfa_chn/gjhdq_603914/gj_603916/oz_606480/1206_606796/1207_606808/t815204.shtml。

"中德对话论坛"机制化。中德对话论坛是中德两国文化交流的重要机制,参加者为两国政治、经济、社会、科技、教育、文化、新闻等领域有相当影响的知名学者、专家及其他社会人士。中德对话论坛的目的就是为两国政府提出切实可行和具有前瞻性的建议,为中德关系发展注入新的活力。论坛轮流在两国举行会议。

2. 交流活动

(1) 2009年法兰克福书展

2009年10月,中国以主宾国身份参加第61届法兰克福国际书展。书展期间,不仅有中德双方国家领导人、出版界代表、作家代表和其他各国重要嘉宾共同出席的主宾国开幕式、开幕音乐会、高端论坛和主题之夜等大型活动,还有中国展商举办的朗读会、签售会、首发式、读者见面会、研讨会等一系列活动。活动期间,中国主宾国共举办多达600多场活动。中国受邀作为主宾国在法兰克福国际书展上亮相,使中国得到在德国及欧洲范围内全面展示中华文化魅力的机会、东西方文化深入交流对话的机会,以及中国图书、艺术、学术、版权界与世界文化近距离接触的机会[1]。

(2)"德中同行"系列活动

"德中同行"以"可持续发展的城市化进程"为主题,是一个历时三年的德中友好合作活动。在该主题下,来自德国和中国各领域的学者、官员、企业界人士和社会工作者,特别是两国的青年人,就城市规划和建筑、移动和交通、能源效益和基础设施以及公共生活、社会和文化设施、体育等议题进行探讨,共同开拓新的合作领域;德国企业和机构介绍了其针对未来问题的解决方案;德中艺术家和科学家就城市生活经验和城市生活研究贡献其创意。"德中同行"举办三年,其活动足迹遍布南京、重庆、广州、沈阳、武汉等中国城市,并于2010年上海世博会期间落下帷幕[2]。

"德中同行"活动由德国外交部主办,德国经济亚太委员会、歌德学院和德国—灵感与创新协办。德国联邦各部、州、市、企业和其他机构也广泛参与

---

[1] 孙莹炜:《中德建交40年来的文化交流与合作》,载顾俊礼、杨解朴《中德建交40周年回顾与展望》,社会科学文献出版社,2012,第318页。

[2] 孙莹炜:《中德建交40年来的文化交流与合作》,载顾俊礼、杨解朴《中德建交40周年回顾与展望》,社会科学文献出版社,2012,第319页。

到活动中来。中方伙伴包括中国外交部及活动各站的省、市政府。歌德学院（中国）负责项目的实施。该系列活动得到两国领导人的高度支持。

（3）2012年德国"中国文化年"

2012年是中德建交40周年，两国开展多种形式的纪念活动。在德国举办的"中国文化年"是中国政府在德国举办的最大规模的文化活动，此次活动将合作和对话作为主题，以音乐、戏剧、舞蹈、文学、电影、展览、对话等形式向德国民众展现中国文化艺术的发展与成就。旨在向德国和欧洲展现中国传统与当代丰富的文化生态，以及开放、包容、富有活力的形象；为中德两国官方与民间的文化机构的接触与联系创造机会，以文化年为新起点，促进两国文化机构之间直接沟通和联系，形成长效性合作机制；促进两国省州之间的友好关系；为两国艺术家、文化界人士的联系提供契机；通过文化艺术形式的交流来促进文化对话，增进两国文化互认、理解与尊重[1]。

（4）"启蒙的艺术"展览

"启蒙的艺术"展览由柏林国家博物馆、德累斯顿国家艺术收藏馆和慕尼黑巴伐利亚国家绘画收藏馆与中国国家博物馆联合举办，为期1年（2012年3月底落幕）。展览包含"启蒙时代的宫廷生活""科学的视野""历史的诞生"等九大主题，展出上述三家德国博物馆出借的油画、版画、雕塑和图书等门类的580件艺术珍品，其中有大量艺术品是首次在海外展出，展览接待观众近50万人次。在一年展期中，德国墨卡托基金会还举办五场"启蒙的对话"活动，邀请中德知名专家、学者、艺术家等从经济、社会、艺术等不同角度回顾启蒙运动的历史渊源，共同探讨启蒙运动对今日世界的影响。

（三）中德旅游业合作

作为亚洲和欧洲两个重要国家，中德在旅游业也建立了友好的合作和交流。2002年7月，中德签署了《关于实施中国公民团组赴德国旅游的谅解备忘录》，德国正式成为我国公民因私出境旅游的目的地国家，德国是中国在欧盟开放的第

---

[1] 孙莹炜：《中德建交40年来的文化交流与合作》，载顾俊礼、杨解朴《中德建交40周年回顾与展望》，社会科学文献出版社，2012，第320页。

一个出境目的国家。备忘录的签署进一步促进了两国旅游业的合作,推动了两国经济、贸易和文化交流向纵深发展。2003年2月中国公民赴德旅游团首发团成行。此后中国赴德旅游人数总体呈增加趋势,到2005年,中国公民赴德人数已增长到22.97万人,比上年增长3.1%[1],截至2012年,中国公民首站赴德人数为33.4万人次,同比增长16.4%。[2]2012年,德国已经成为中国公民欧洲游的首选目的地,中国旅客的过夜次数从2009~2012年增长近两倍。而中国旅客最常到访德国地区的先后排名为巴伐利亚州、黑森林、巴登 - 符腾堡州、北莱茵 - 威斯特法伦州以及柏林。商务旅游和休闲旅游为中国人到德国的主要原因。[3]

近年来,伴随中国游客数量的增多,受到金融和债务危机影响的德国旅游业和零售业大打"中国牌"。德国汉莎推出中德航线圣诞特价活动,柏林、汉堡、纽伦堡等城市还推出针对中国人的圣诞游。德国一些大商场还增设了中文导购。中国游客已经成为德国市场的消费大军,仅2012年前3个季度,中国人在德国的消费额高达15亿欧元,远远超过其他国家的游客[4]。为进一步吸引中国游客,2013年德国旅游局扩大在中国的宣传力度,分别在香港、广州、成都、上海和北京举办2013德国旅游产品推介会,来自德国的地方旅游推广机构、零售业的百货公司、酒店集团等与中国旅游业同行进行了广泛的交流。德国国家旅游局计划2014年主推德国文化自然遗产游。

与此同时,德国游客来华的人数也呈不断增长的趋势。根据中国国家旅游局的统计,2005年入境的德国游客总数为454859人,在中国的主要客源国中排名第12位[5]。到2012年入境的德国游客总数已经增长为65.96万人,比上年增长3.5%,在中国的主要客源国中排名依旧为第12位[6]。

---

[1] 参见中国国家旅游局网站,http://www.cnta.gov.cn/html/2010 - 11/2010 - 11 - 25 - 9 - 49 - 48723.html。
[2] 参见中华人民共和国外交部网站,http://www.fmprc.gov.cn/mfa_chn/gjhdq_603914/gj_603916/oz_606480/1206_606796/sbgx_606800/。
[3] http://go.huanqiu.com/news/2013 - 11/4584054.html。
[4] 新华网,http://www.hb.xinhuanet.com/2012 - 12/17/c_114051664.htm。
[5] 参见中国国家旅游局网站,http://www.cnta.gov.cn/html/2008 - 6/2008 - 6 - 2 - 14 - 52 - 52 - 108.html 及 http://www.cnta.gov.cn/html/2010 - 11/2010 - 11 - 25 - 9 - 49 - 48723.html。
[6] 参见中国国家旅游局网站,http://www.cnta.gov.cn/html/2013 - 1/2013 - 1 - 17 - 17 - 13 - 54943.html 以及 http://www.cnta.gov.cn/html/2013 - 9/2013 - 9 - 12 - %7B@hur%7D - 39 - 08306.html。

四 结语

回顾10年来中德关系的发展，中德经贸关系表现最为突出。两国贸易结构存在互补性、两国作为出口大国均崇尚自由贸易，同时中国企业需要德国的技术和设备，而德国看重中国市场，这些因素促使中德贸易在过去10年获得迅速而成功的发展。经贸关系的发展同时也带动双边在科技、环保、能源以及应对气候变化等领域的合作。

10年来，中德政治关系经历默克尔会见达赖后跌入低谷的曲折，也经历世界金融危机洗礼后中德全面战略伙伴关系进一步得到发展的过程。中德政府磋商机制的建立，全面推动了中德关系在各领域持续向前发展。但应该看到中德之间在价值观和利益方面仍存在差异，在双边关系积极良好发展的同时，依然存在矛盾与分歧。

10年来中德人文交流与合作表现为数量多、规模大、形式多样、内容丰富。这不仅由于中国与德国在人口规模、教育与文化机构数量上存在优势，还在于中国传统文化与德意志传统文化对两国人民具有一定吸引力。两国的人文交流促进了两国人民间的对话与沟通，增进了相互间的理解与信任，同时也成为中欧人文交流的重要内容。

总体来看，中德关系近10年来可谓进入全面发展的"快车道"。展望未来，在中德战略伙伴关系框架下，经济合作依然是中德关系的发展基石。对德国来说，中国依然是一个极具吸引力的市场；德国的技术、投资及其培训标准等也是中国所需要的。中国正在加快推进工业化、信息化、新型城镇化和农业现代化，迫切需要德国的中间产品（德国高质量、高精度的成套设备和专门机械）以及能源和环境解决方案。2013年，李克强总理访问德国期间与默克尔总理就加强"新四化"领域的合作达成共识。中德有望借助围绕"新四化"的互利合作，推动中德合作进入"加速期"，从而进一步巩固中德关系在中欧关系中的领跑者地位。

尽管目前中德在双边贸易产品结构上有所趋同，但德国仍然处于产业链的上游，而中国出口则以中、低端的劳动密集型产品为主。虽然中国产业结构不断升级，中德制造业产品在国际贸易中并没有形成真正意义上的竞争。

在全球化时代，对于双边关系的展望必须具备全球视野。在未来中德关系发展中德国在全球经济中的排名、德国何时能够摆脱欧债危机的阴影、德美的经贸关系以及德国与新兴国家关系均会或多或少地影响中德关系的发展。

从欧洲范围内看，德国经济在传统上以欧洲国家为依托[①]。在处理欧债危机的过程中，德国经济实力获得增强，吸引了更多的资本和劳动力转移至德国，但同时应对欧洲债务危机、整合欧洲经济也牵扯了德国大量的精力与资金。在这种背景下，未来10年，德国是否能够完全摆脱欧债危机的阴影以及德国与其他中欧国家经贸关系的发展变化，对于中德经贸关系的影响存在不确定性。

未来德国的经济竞争力及其在全球经济的排名决定着中德经贸关系的走势。在与传统工业国家的竞争中，美国和英国重新调整产业结构、进行再工业化的过程，对德国经济所造成的冲击及在全球市场中与德国形成的竞争关系，在多大程度上会影响德国经济竞争力有待观察。与美国相比较，德国是全球制造业第一大国，在全球产业链上提供中、高端产品，而美国则提供最尖端的科技产品。面对新工业革命，德国的优势在于其以制造业为基础的产业结构，以及对于新工业革命的许多认识和理念比较超前，例如，在新技术开发和新能源的应用方面走在世界前列。但相较于美国，其劣势在于总体经济规模小，同时背负着欧洲一体化的责任。综合多种因素，在新工业革命的背景下，德国在全球经济中的排名应该变动不大。

同时值得注意的是，中德经贸关系也会受到正在谈判中的"跨大西洋贸易与投资伙伴关系协定"（TTIP）的影响。一旦TTIP建成，欧美双方势必借助对手扩张地盘，造成欧美"1 + 1 > 2"的局面，在世界贸易中会对中国市场形成挤压和竞争的关系，并直接影响中德之间的经贸往来。

在德国外交政策的全球视野下，德国近年来非常注重发展与新兴国家的关系。2012年，德国推出与新兴大国关系的新方案。伴随德国在谋求国

---

① 2012年，在德国进出口贸易中，中欧国家的比重占到40%以上。参见德国联邦统计局数据 https：//www.destatis.de/DE/PresseService/Presse/Pressemitteilungen/2013/02/PD13_071_51.html.

际新秩序的构建权中，不断追求德国自身的利益，新兴国家的市场与中国市场对于德国是否逐渐形成竞争关系值得关注。目前看来，在"金砖四国"中，巴西和印度在经济基础、政治环境、产业配套及产业战略等内在的综合吸引力方面与中国还存在差距，而俄罗斯在产业结构中以能源和军工为主，民用工业比重较小，与中国产业结构不具可比性。但可以预见的是，德国在开拓其他新兴国家市场、寻找新的经济增长点过程中，极有可能与中国在新兴国家市场产生竞争关系。如上文所述，中德两国均崇尚自由竞争的原则，那么中德在新兴国家市场中的竞争关系应该也不会对中德关系的未来发展形成阻力。

B.11 中法关系：稳定中有曲折的战略合作*

张金岭**

摘　要： 过去十年，中法关系遭遇过曲折，但总体上保持良好的发展态势。政治上，双方确立全面战略伙伴关系，高层互访频繁且富有成效，政治互动逐步机制化，但2008年遭遇低谷表明双边关系在政治上不够稳定；两国经贸合作继续深入，但贸易摩擦的存在，表明两国需要进一步深化合作，同时应避免经济问题政治化；人文交流不断深入，有利于进一步稳固两国关系的社会与人文基础；科技合作不断发展，合作主题不断创新。中法未来如何在尊重彼此核心利益的前提下深入发展两国关系，值得期待。

关键词： 中法关系　全面战略伙伴关系　政治互动　经贸合作　人文交流　科技合作

2003~2013年，中法关系经历过曲折，甚至跌入低谷，但最终得以恢复，总体上保持良好的发展态势。其间，两国于2004年1月确立全面战略伙伴关系，2010年11月又决定建设新型全面战略伙伴关系。双方在政治、经济、科技、文化与国际事务等方面的合作得到进一步巩固和充实，合作的战略性日益突出，基调呈现为在战略合作的框架下不断推进经贸往来、加强科技合作、丰富人文交流，但稳定与摩擦并存。

---

* 本文写作受到周弘、田德文、沈雁南、王立强、陈新等几位研究员的悉心指导，在此表示诚挚感谢！
** 张金岭，博士，中国社会科学院欧洲研究所社会文化研究室，副研究员。

中法关系一直是中欧关系非常重要的组成部分，是中欧关系发展的重要推力，鉴于两国关系的发展历程和法国在欧盟内的地位与作用，继续深化中法关系对中国、法国和欧盟均具有重要的现实意义。

一　政治关系

从中法关系十年历程来看，两国政治关系总体上保持着20世纪90年代后期以来形成的良好态势。但由于国内外多种因素的干扰，中法关系也一度出现在上升态势中突然跌入低谷的状态；法国在涉藏等问题上的错误做法，严重损害了两国关系的健康发展。这段曲折的历程充分说明，政治互信是两国关系的重要基础，不容动摇。

尽管出现过曲折，但总体上中法两国十年来的政治关系仍呈现高层互访频繁、政治互动机制化的特点。

（一）政治关系的十年轨迹：曲折中前进

2003～2013年，中法两国政治关系的发展基本可以分为三个阶段。

1. 确立并深化全面战略伙伴关系（2003～2006年）

自1997年中法建立全面伙伴关系以来，两国关系一直发展比较顺利。2004年时值中法建交40周年，胡锦涛主席在访法期间于1月27日与法国总统希拉克签署《中法联合声明》，两国建立全面战略伙伴关系。除继续在一些重要的国际事务领域（如加强多边体系、推动可持续发展与文化多样性、促进人权和法制建设等）内开展对话与合作外，两国决定继续巩固、充实和深化双边关系。

为切实推进中法全面战略伙伴关系，加强双方在多个领域的合作，2005年两国在战略对话框架下设立不同的合作分组，开展具体工作。是年，两国总理进行互访，其成果以推动科技与经贸领域的合作最为突出，两国全面战略伙伴关系进一步以务实的方式得以具体化和充实。2005年被舆论称作中法"经贸元年"。

2006年10月26日，两国元首在北京签署《中法联合声明》，认为"中法关系已经成为不同历史背景、文化传统和发展水平的国家之间友好合作的典范，其紧密性、示范性、战略性日益突出"，两国决心深化双方全面战略伙伴关系，巩固政治互信，深入战略对话，加速经贸合作，活跃文化交流[①]。

2. 跌入低谷后又恢复（2007～2009 年）

2007 年，萨科齐当选法国总统。与其前任希拉克不同，萨科齐具有"亲美"倾向，在国际事务上支持单边主义、新干涉主义的外交思想。萨科齐上任不久，中法关系便脱离原来的轨道，经历了一番曲折。

上任伊始，萨科齐将中法关系的重点置于经济领域。2007 年，萨科齐访华时表示法中关系"很紧密"，对两国未来政治、经济、科技等领域的交往"充满信心"，并在访华期间与中国签订了大量巨额订单；同时，气候问题也成为两国关系的重要议题。11 月 26 日，两国在北京发表《中法两国关于应对气候变化的联合声明》，决定在全面战略伙伴关系框架下建立中法应对气候变化伙伴关系，根据共同但有区别的责任原则、各自能力原则和公平原则，加强气候变化对话与合作，建立一个双边气候变化磋商机制，原则上每年举行一次磋商，在中国和法国轮流举行。

但数月之后，中法关系便因涉藏问题突然遭遇巨大风波。2008 年 4 月 7 日，北京奥运火炬在巴黎传递时遭到法国反华势力的肆意破坏，他们高喊"藏独"和"反对北京奥运会"的口号，打着反华标语冲击火炬手；不少法国政客和媒体加入这一反华喧闹；法国社会出现许多抨击中国和抵制中国商品的舆论[②]。萨科齐也借西藏"3·14"事件发表干涉中国内政的言论，并表示不排除抵制北京奥运会的可能。12 月 6 日，萨科齐更是不顾中国多次强烈反对，执意以法国总统和欧盟轮值主席的双重身份在波兰会见达赖，终使中法关系跌入低谷。

西藏问题事关中国的主权和领土完整，涉及中国核心利益。萨科齐不顾中方重大关切和中法关系大局，在涉藏问题上投机取巧，遭到中国政府和人民的抗议和抵制，同时也受到法国有识人士的批评，甚至也引起欧盟和欧洲各国的关注，中国民众通过多种形式抗议法国出现的反华事态。

此后，法国多次派以前总理拉法兰为代表的友好人士访华进行斡旋。经多

[①] 资料来源：http://newfhws.xinhuanet.com/world/2006-10/26/content_5253504.htm。

[②] 相关资料参见马胜利《法国》，载周弘主编《欧洲发展报告（2008～2009）》，社会科学文献出版社，2009，第 151～152 页。

次磋商，两国外交部于 2009 年 4 月 1 日共同发布《中法新闻公报》[①]，法方表示"充分认识到西藏问题的重要性和敏感性，重申坚持"一个中国"政策，坚持西藏是中国领土不可分割的一部分。这一由戴高乐将军做出的决定没有也不会改变。本着这一精神，并根据不干涉内政的原则，法国拒绝支持任何形式的'西藏独立'"。同时中法双方还决定适时举行高层接触与战略对话，促进双边各领域合作，推动中法关系和谐稳定发展[②]。

从这场反华风波的法国国内背景来看，在 2008 年，法国已长期处于经济萧条、民众购买力下降、民众不满情绪日益高涨的情势之中。相比之下，中国经济实力和国际影响力正日益增强。有些法国人将对本国前景的悲观情绪转化为对其他国家的不满[③]，并且越来越把矛头指向中国。一些法国政客开始激烈批评希拉克时期的对华友好政策[④]，要求萨科齐在外交上对中国施压。萨科齐一方面在思想情感上与这些政客有共通之处，另一方面也希望借此机会，展现其所谓大国领袖的"雄风"。正是萨科齐在对华政策上的误判和铤而走险，将中法关系推入低谷。这也证明政治关系在中法关系中所具有的重要地位。

中法关系在 2009 年出现转机，不仅是由于一直致力于中法友谊的人士进行斡旋，更是由于法国面临经济持续衰退、失业率大幅增长等形势的紧迫性，

[①] 全文参见 http：//news. xinhuanet. com/newscenter/2009 - 04/01/content_ 11114363. htm.
[②] 同日，胡锦涛主席在出席二十国集团领导人伦敦金融峰会期间会见法国总统萨科齐，就中法双边关系和应对国际金融危机等问题交换意见。在这次会见中，胡锦涛指出，中法关系 45 年的历程有三点最为重要而深刻的启示：一是发展长期稳定友好的中法关系符合两国和两国人民根本利益，也有利于世界和平、稳定、繁荣，两国应该坚持从战略高度和长远角度审视和处理中法关系，牢牢把握大方向；二是中法两国社会制度、历史文化、经济水平不同，在一些问题上存在分歧是正常的，双方应该遵循相互尊重、平等相待、互不干涉内政的原则，在相互尊重核心利益的基础上，妥善处理分歧和敏感问题；三是中法两国作为联合国安理会常任理事国，应该加强沟通、扩大合作，在应对全球性挑战方面发挥重要作用，共同为促进世界和平与发展做出积极贡献。相关资料参见：http：//news. xinhuanet. com/world/2009 - 04/02/content_ 11117875. htm.
[③] 张金岭：《中法专家谈两国关系的发展与未来》，载《欧洲研究》2010 年第 3 期。
[④] 希拉克为推动中法关系的发展做出了重要贡献。在他当政期间，中法关系走出了 1990 年初所遭遇的低谷，不断走向新境界。他在执政的 12 年间先后四次访华，与中国领导人展开内容广泛的战略对话，使得两国在 1997 年建立面向 21 世纪的全面伙伴关系，再到 2004 年升级为全面战略伙伴关系；其间，法国在欧洲国家中最早反对联署反华提案、最早支持对华解除武器禁运，中法首创互办文化年在东西方对话方面具有世界性的示范作用。希拉克在中法关系方面的建树，源于他对中国的发展前景持有坚定的战略眼光，源于他具有文化情怀的政治谋略。

危机不断深化使法国切实感到需要加强与中国的经贸合作。同时，由于欧盟对华关系的基调早已确定，即将政治争议搁置在另一条轨道上，让中欧关系为欧洲的经济利益服务，所以法国修正自己的错误行为，也是迫于来自欧洲内部的压力。中法关系的修复无论对法国、欧盟还是中国都是有利的，尤其是对法国和欧洲而言，更是如此。

3. 建设面向全球的新型全面战略伙伴关系（2010～2013）

2010年中法两国恢复年度高层互访。两国元首于11月4日在巴黎发表《中法关于加强全面战略伙伴关系的联合声明》[①]，决定在中法建立全面伙伴关系13年后，为双边关系注入新的活力，建设互信互利、成熟稳定、面向全球的新型全面战略伙伴关系。声明重申双方对两国关系的基本共识与定位，加强两国在世界事务中的协调与合作机制，明确两国全面战略伙伴关系的重点领域及其方式、机制等。

2012年5月，法国举行大选，中国话题首次成为法国大选的重要议题之一。选举结果，左派领袖奥朗德当选新一任总统。由于奥朗德所在的社会党素以重视意识形态著称，因此，在奥朗德时代，法国社会党的政治倾向是中法关系中一个值得注意的变数。但从奥朗德个人风格及选择"中国通"作为其外事顾问等迹象来看，奥朗德对中法关系的重视程度很高。

2013年4月，奥朗德首次访华，两国领导人举行会晤，双方决定：继续保持元首年度会晤，加强战略对话；建立高级别经济财金对话机制；重申两国民用核能合作伙伴关系的全面性和可持续性，将核安全合作作为双边关系的第四支柱；在核电、航空和铁路等传统合作领域的基础上，加强食品加工、医药卫生与城市可持续发展等领域的合作。

经历过曲折后的中法关系，其"新型"全面战略伙伴关系之意在于"互信互利、成熟稳定、面向全球"，具有丰富的内涵。这也是当前背景下，中法两国全面战略伙伴关系的最新定位与交往原则。互信互利，强调的是政治互信与经济互利；成熟稳定，更是着眼于战略定位与机制、政策的稳定而做出的考量；面向全球，则充分表达中国和法国在国际事务中加强协作，并担当作为世界大国之责任的勇气。

---

① 相关资料参见 http://news.xinhuanet.com/world/2010-11/05/c_12742228.htm。

（二）高层互访带动全面合作与政治互动机制化

1. 高层互访频繁且富有成效

2004年，两国元首首次实现年度互访。在中法建交40周年与中法互办文化年之际，胡锦涛主席于2004年1月26~29日对法国进行国事访问，并与希拉克总统签署《中法联合声明》，双方决定把两国全面伙伴关系提升到全面战略伙伴关系。其间，两国签订涉及经贸、科技和体育等方面的9项合作协议[1]。10月8~12日，希拉克总统访华。10月10日两国发表《中法联合新闻公报》[2]，决定加强高层政治对话，促进高层互访，特别是实现国家元首或政府首脑年度会晤，增进两国在全球性重大问题上的共识，实现两国常驻联合国等主要国际机构代表团之间协调的制度化等，同时决定两国要本着竞争的精神，在民用核能、陆路运输、航空等关键产业部门进行合作。其间，两国签署20项双边合作协议，涉及预防和控制新发传染病、信息技术、运输、广播电影电视、铁路动车等领域[3]。

中法两国总理也于2005年进行互访。4月21~23日，拉法兰总理访华，两国政府决定以对世界和平与发展高度负责的态度来规划两国全面战略伙伴关系的合作目标，积极拓展经贸关系，建立和完善政府间的各种合作机制。双方签署关于农业、航空、能源等领域的20个双边合作协议[4]。12月4日至7日，温家宝总理访法，重点考察欧洲空中客车公司、国际热核聚变实验反应堆等法国重要工业基地。此次访问，中法共签署16项涉及政治、经贸、科技、教育、文化以及青年交往等领域的合作协议[5]。

2006年10月25~28日，希拉克总统对中国进行国事访问，双方决定在保持原有合作领域的基础上，扩大战略对话，实现立法机构交流机制化，使两

---

[1] 有关合作协议的资料参见：http://news.sohu.com/2004/01/29/84/news218798455.shtml。
[2] 资料来源：http://news.xinhuanet.com/newscenter/2004-10/10/content_ 2074406.htm。
[3] 相关协议名录可参见新华社资料，http://news.xinhuanet.com/newscenter/2004-10/10/content_ 2074406.htm。
[4] 资料来源：http://news.xinhuanet.com/newscenter/2005-04/21/content_ 2860107.htm。
[5] 资料来源：http://www.china.com.cn/zhuanti2005/txt/2005-12/07/content_ 6053893.htm；http://news.xinhuanet.com/world/2005-12/09/content_ 3898232.htm。

国的青年交流活动长期化，促进地方交流与合作；继续致力于加强中法全面战略伙伴关系；将法律合作纳入双方合作的有关领域，加强知识产权保护等[1]。两国还签署了14项合作协议[2]，涉及空间合作、核电项目开发、购买空客飞机等科技与经贸领域。

2007年11月25～27日，萨科齐总统访华。作为继续增强两国全面战略伙伴关系的重要内容，其访华的两个主要议题是协商两国贸易平衡问题、与中国携手开展应对气候变化方面的合作。此次访华，萨科齐在经济方面收获很大，为法国相关企业签订了巨额订单[3]。两国还签署了20余项合作文件，比如关于和平利用核能、相互促进和保护投资的协定，关于高等教育学位和文凭互认方式、中国高新区与法国竞争力集群合作的协议等[4]。

2010年4月28～30日，萨科齐总统再次访华，并参加上海世博会。两国元首就发展中法关系、中欧关系深入交换意见，达成许多重要共识[5]。11月4日至6日，胡锦涛主席对法国进行国事访问，两国发表《中法关于加强全面战略伙伴关系的联合声明》[6]，决定建设新型全面战略伙伴关系，签署10余项双边合作文件，如飞机购买合同、共同应对气候变化的协议、生态园区经贸合作的谅解备忘录等[7]。

2013年4月25～26日，奥朗德总统对中国进行国事访问，这是中国新一届领导集体产生后接待的首位访华的西方大国元首。习近平主席在会谈中表示，两国要继续做优先战略合作伙伴，相互支持、深化合作，走不同政治制度和文化传统国家合作共赢之路，切实照顾彼此核心利益和重大关切，支持对方

---

[1] 资料来源：http://news.xinhuanet.com/world/2006-10/26/content_5253504.htm。
[2] 相关资料参见http://news.xinhuanet.com/world/2006-10/26/content_5251999.htm。
[3] 相关资料参见http://news.xinhuanet.com/newscenter/2007-11/26/content_7149617.htm。
[4] 相关资料参见http://news.xinhuanet.com/newscenter/2007-11/26/content_7149693.htm。
[5] 相关资料参见http://news.xinhuanet.com/politics/2010-04/28/c_1262388.htm。
[6] 在联合声明中，两国表示，双方将继续密切高层交往，深入开展战略对话，促进相互理解和战略互信，加强双边合作；双方重申高度重视中法关系，愿以战略和长远眼光、在相互尊重和重视彼此主权和领土完整、根本利益的基础上，共同推动中法全面战略伙伴关系取得更大发展；双方肯定中欧人权对话取得的进展，愿在平等和相互尊重基础上加强对话和双边交流；在30年成功合作的基础上，双方愿进一步深化核能领域合作，在推进现有合作项目基础上，拓展合作领域，共同开发包括第三方市场的新项目等。
[7] 相关资料参见http://news.xinhuanet.com/world/2010-11/05/c_12740175.htm。

自主选择的发展道路。奥朗德也表示,法国致力于同中国加强相互信任、互利共赢、稳定发展的全面战略伙伴关系,尊重中国的主权和领土完整,支持中国的发展。双方发表《中法联合新闻公报》,表示共建和平、民主、繁荣、进步的世界。两国政府、企业还签署涉及科技创新、城市可持续发展、食品加工与食品安全等多个领域的18项合作文件①。

2. 政治互动逐步机制化

在高层年度会晤机制化带动下,十年来,中法两国政治互动的机制逐步得以健全和完善,并持续进行;不但高层交往密切,各领域内的战略对话日益制度化、常态化,并得到深入推进,而且两国地方政府间的合作机制也日趋成熟。

首届中法地方政府合作高层论坛于2005年10月底在武汉举行。这是中法建交以来两国首次联合举办以地方政府合作为主题的专项活动,并由此启动中法地方政府合作机制化进程,其主旨是总结两国地方政府合作的成果,为改善双方交流提出新建议②。

自2009年起,两国立法机构建立定期交流机制③。2010年7月,吴邦国委员长访法,正式启动双方立法机构定期交流机制,以加强两国议会领导人、专门委员会、友好小组和办事机构之间的友好往来,鼓励青年代表和议员开展更多的接触,发挥立法机构的职能作用和对外交往的独特优势,加强在立法、监督、治国理政等多领域的经验交流④。

在其他领域内,中法共同建立了一些致力于务实合作的混合委员会,如卫生合作混委会、科技混委会、环境发展委员会等,并建有经贸合作的保障机制,以推进合作的深入。这些机制化的框架建设,均是双方战略性政治互动的有机组成。

---

① 相关资料参见 http://news.xinhuanet.com/world/2013-04/25/c_115546997.htm; http://www.chinanews.com/gn/2013/04-25/4765688.shtml.
② 中法地方政府合作高层论坛已经举办四届。首届论坛于2005年10月在武汉举行,主题是"友谊、合作、发展、共赢",双方代表一致通过了《中法地方政府合作武汉宣言》;第二届于2007年11月在法国波尔多举行,主题为"和谐社会与可持续发展";第三届于2010年6月在南京举行,主题为"应对挑战,实现和谐社会与可持续发展";第四届于2013年10月在成都举行,主题为"城市创新发展"。
③ 两国立法机构合作委员会第一次会议于2010年7月在巴黎举行,第二次会议于2011年10月在北京举行,第三次会议于2012年11月在巴黎举行。
④ 相关资料参见:http://news.xinhuanet.com/world/2010-07/09/c_12314470.htm.

（三）中法全面战略伙伴关系继续得到巩固

中法两国分别在2012年和2013年各自完成国家领导人的换届，但在中法关系的定位问题上，两国均注意秉承传统，继续重视双边关系的发展。2013年4月，在奥朗德访华期间，两国元首决定，以战略高度和长远眼光，继续本着稳定、互相尊重和互利原则推动两国关系发展，并借两国建交50周年的契机，提升双边关系的稳定性、连续性、建设性和创新性[①]。

中法关系需要立足于相互尊重、独立自主和战略合作的基本共识，其中任何一点遭受破坏，必然会影响两国关系。这正是中法全面战略伙伴关系的重要基础，对此必须要有清醒的认识。法国应当充分意识到中国和平发展在世界上的积极意义，并积极正确地审视和理解中国。

中法关系不仅是一个简单的双边关系，它还深刻地涉及中欧关系与世界格局的变化。中法两国向来把推动和发展中欧关系作为双方合作的重要内容，而且法国在推动中欧关系、中国在推动亚欧关系的发展中，均有积极的贡献。同时，中法两国作为联合国安理会常任理事国，也决定了全球性议题同样是两国政治关系的重要内容。双方都主张世界多极化和国际关系民主化，并在近些年来发生的诸多重大国际问题上密切协调。尽管两国在安全问题上有时有重大分歧，对全球秩序与治理等议题的看法也有不同之处，但双方稳定的政治关系可以为解决这些全球性议题提供重要的协商渠道。因此，中法全面战略伙伴关系的稳定发展对于构建和谐的国际社会、对于世界的和平与发展具有积极的意义。

二 经贸关系

经济合作与贸易往来是中法关系的重要内容。近十年来，双边经贸关系发展势头良好，已形成全方位、宽领域、多层次的互利合作格局，为中法全面战略伙伴关系不断注入生机与活力。在中法两国的经贸合作中，核电、航空和铁路一直被视为三大支柱。

---

① 资料来源：http://news.xinhuanet.com/world/2013-04/25/c_115546997.htm。

（一）经贸合作不断深入

过去十年间，两国高层在每次互访中都将经贸合作作为双方会谈的重要内容，先后签订了大量的经贸合作协议、财政议定书等，其中大部分已经生效，并为双方带来可喜的成效。

2004年，在中法两国确立全面战略伙伴关系之际，双方共同发表《中法联合声明》，强调中法要发展经济合作、加强贸易往来。两国决定继续发展关键产业部门，特别是能源、航空航天以及铁路和城市陆路交通等部门的伙伴关系，转让相关技术以促进两国工业关系的平衡；应对气候变化，加强环境领域的合作；加强农业和农副产品加工领域的合作，尽快解决动植物卫生方面悬而未决的问题；为中法两国中小企业参与双边贸易提供便利，并发展两国中小企业间的伙伴关系[1]。是年，两国还签订财政议定书和财政合作框架协议等文件，以加强在财政与金融方面的合作。

2005年中法两国总理在互访时签订近40项合作协议，拓宽并加深了合作领域，尤其是温家宝总理访法时签订的合作协定创造了两国经贸合作的多项"第一"；如前所述，2005年被称为中法双方创建经济领域合作新格局的"经贸元年"。

2006年10月，中法领导人共同决定两国要在战略对话的框架内开展长期的经济合作，促进建立两国企业间真正的工业和技术伙伴关系，建立持久的互利合作关系，建立更紧密的工业和金融伙伴关系，不断拓展战略性交流领域，包括能源、航空与航天、铁路、通信、金融服务、农业和食品加工、环境保护等[2]。

同时，两国在经贸合作中也逐步建立相应的交流机制。目前，两国高级别经济财金对话机制的建立已于2013年4月提上议事日程。此外，中法经济研讨会自1995年以来每年定期举办，已成为两国经贸界规模较大的高级别机制化研讨活动。2006年9月，两国还共同在上海主办首届中法财经论坛，在北京主办首届中法金融论坛。这些合作交流机制的创立，为两国间的经济合作提供了制度保障。

---

[1] 相关资料参见 http://news.xinhuanet.com/world/2004-01/27/content_1289229.htm。
[2] 相关资料参见 http://news.xinhuanet.com/world/2006-10/26/content_5253504_1.htm。

但是，我们也看到，中法经贸合作还存在许多薄弱环节，其中一个致命的弱点是，很多经贸协议是在政治领导人的推动下签订的，这固然体现了两国推动经贸合作的战略考虑，却未能建立起真正以市场为导向的经贸关系，在此情况下双方经济关系的持久深化必然受到影响。当然，这还需依赖两国经济结构的不断调整，开拓互补领域，现状的调整尚须假以时日。

（二）双边贸易日益繁荣

目前，法国是中国在欧盟的第四大贸易伙伴。运输设备、机电产品和化工产品是法国对中国出口的主要产品，而中国对法国出口的主要商品是机电产品、纺织品及原料和家具玩具等[1]。据欧盟统计局的数据，截至2013年3月，中国为法国第八大出口市场和第七大进口来源地[2]。

在过去十年间，中法双边贸易总额呈不断增长趋势，而且整体增长幅度较大。2012年两国双边贸易额达到510.22亿美元，是2003年的3.8倍。但这一增长趋势也并非一直攀升，偶有回落。2009年，两国双边贸易受到全球经济危机影响而较2008年有所下降（同比负增长11.5%），2012年较2011年同比亦有下降，但幅度不大，负增长2%。

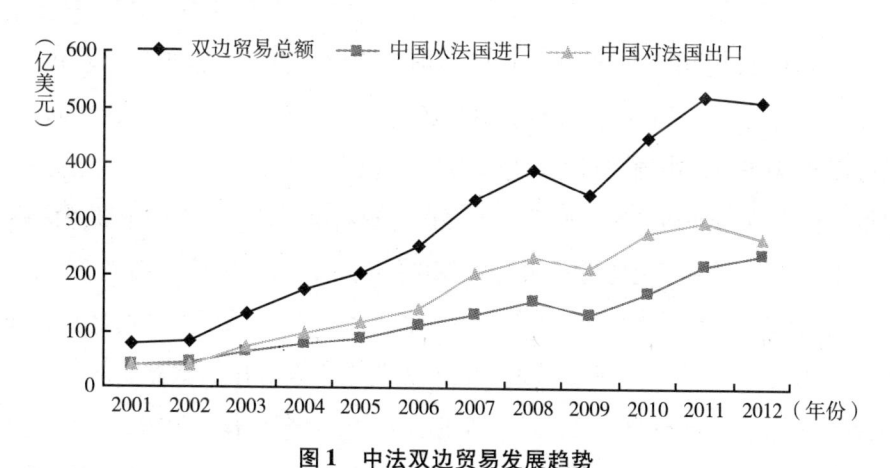

图1 中法双边贸易发展趋势

---

[1] 数据综合于商务部相关研究报告，http://countryreport.mofcom.gov.cn/。
[2] 数据来源于商务部国别贸易简讯，http://countryreport.mofcom.gov.cn/new/view110209.asp?news_id=34686。

表1 中法双边贸易额

单位：亿美元，%

年份	双边贸易总额 金额	双边贸易总额 同比变化	中国从法国进口 金额	中国从法国进口 同比变化	中国对法国出口 金额	中国对法国出口 同比变化	备注
2002	83.2593	6.9	42.5374	3.6	40.7218	10.5	中方逆差
2003	133.91	60.9	60.98	43.4	72.94	79.1	法方逆差
2004	175.85	31.3	76.63	25.7	99.22	36	法方逆差
2005	206.49	17.5	90.09	17.8	116.4	17.3	法方逆差
2006	251.89	22	112.79	25.2	139.1	19.5	法方逆差
2007	336.8	33.7	133.42	18.3	203.26	46.1	法方逆差
2008	389.44	15.7	156.4	17.2	233.04	14.6	法方逆差
2009	344.8	-11.5	130.2	16.7	214.6	-7.9	法方逆差
2010	447.98	30	171.44	31.9	276.54	28.9	法方逆差
2011	520.76	16.4	220.8	29.1	299.97	8.5	法方逆差
2012	510.22	-2.0	241.22	9.3	269	-10.3	法方逆差

注：2003~2011年的数据来源于中华人民共和国海关总署《海关统计》2004~2012年，2012年的数据来源于《国际贸易》2013年第2期。

资料来源：表格由本文作者整理制作。

从表1可以看出，2003年是中法两国双边贸易史上非常重要的一年。这一年，中法双边贸易总额首次突破100亿美元，达到133.91亿美元，同比增长幅度达60.9%，中国在对法双边贸易中实现顺差（11.96亿美元），对法出口增长幅度则达到79.1%。此后，中国在对法双边贸易中一直处于顺差优势。

2005年，两国双边贸易总额突破200亿美元，两年之后又突破300亿美元。贸易总额的迅速增长得益于两国在全面战略伙伴关系下开展的经济合作。2005年12月，温家宝总理访法期间，双方签署涉及金融、铁路、航天航空、能源等领域的16项双边协议，进一步推动了中法经贸合作。尽管在2009年前后中法双边贸易受到经济危机的影响，出现负增长，但2010年实现400多亿美元的贸易总额，一年之后更是达到500亿美元的总量。时至2012年，尽管法国对华贸易仍旧逆差，但双方贸易差大幅缩小，降至27.78亿美元，逆差与上年同期相比降低10.3%。

(三）相互直接投资

1. 法国对华直接投资

自2003年以来，法国对华直接投资中年度新批项目数量呈现先增长后下降的趋势，2005年项目数量最多，有342个。但总体而言，法国对华直接投资相对稳定。从实际使用外资的角度来看，法国对华直接投资中实际使用外资额变化起伏较大，占中国实际使用国外直接投资金额的比重变化也较大。这种变化反映出中法两国间在经济、贸易、科技等方面的实际合作力度有所变化。（参见表2）

表2　法国对华直接投资统计

年份	新批项目 数量(个)	比重(%)	实际使用外资额 当年累计金额(亿美元)	比重*(%)
2003	269	0.65	6.0431	1.13
2004	289	0.66	6.5674	1.08
2005	342	0.78	6.1506	1.02
2006	338	0.81	3.8269	0.61
2007	268	0.71	4.5601	0.61
2008	199	0.72	5.8775	0.64
2009	200	0.85	6.5365	0.73
2010	183	0.67	12.382	1.08
2011	188	0.68	7.6853	0.66
2012	153	0.61	6.5242	0.58

注：*"比重"为法国占该项整个外国对华投资的百分比。
资料来源：表格由本文作者整理制作。2003~2011年数据来源于商务部投资司、国际贸易经济合作研究院《外资统计情报》2004~2012年，2012年数据来源于《国际贸易》2013年第2期。

近些年来，法国对华直接投资主要集中在东部地区，北京、上海、江苏、浙江、广东等地是法国在华投资项目的主要所在地，投资领域虽然比较多样，但在制造、能源、金融、服务等领域比较集中①。

---

① 更多资料可参阅http://www.ambafrance-cn.org/IMG/pdf/livre-blanc.pdf。

2. 中国对法国直接投资

在过去十年中，中国对法国的直接投资有特别大的变化。2003年，投资流量仅为45万美元，2004年则上升为1031万美元，至2011年更是达到348232万美元，与2010年相比增长130倍，当年中国对法国直接投资存量为372389万美元。

表3　2003~2012年中国对法国直接投资流量情况

单位：万美元

年份	2003	2004	2005	2006	2007	2008	2009	2010	2011	2012
金额	45	1031	609	560	962	3105	4519	2641	348232	15393

资料来源：中华人民共和国商务部、中华人民共和国国家统计局、国家外汇管理局：《2011年度中国对外直接投资统计公报》，中国统计出版社，2012；《2012年度中国对外直接投资统计公报》，中国统计出版社，2013。

表4　2003~2012年末中国对法国直接投资存量情况

单位：万美元

年份	2003	2004	2005	2006	2007	2008	2009	2010	2011	2012
金额	1312	2168	3382	4488	12681	16713	22103	24362	372389	395077

资料来源：中华人民共和国商务部、中华人民共和国国家统计局、国家外汇管理局：《2011年度中国对外直接投资统计公报》，中国统计出版社，2012；《2012年度中国对外直接投资统计公报》，中国统计出版社，2013。

就近两年的数据来看，法国在2011年中国对外直接投资流量国家（地区）排名中居第4位，占当年中国对外直接投资流量总额的4.7%，主要流向采矿、农林牧渔、制造、住宿和餐饮等行业。2012年中国对法直接投资虽然大幅减少，但仍居当年中国对外直接投资存量排名的第13位。

另外，中国企业投资法国，通过设立公司或并购等方式，为法国创造了大量的就业岗位，居亚洲国家所做贡献之首[①]。这一状况一方面深刻地反映了中国企业对法投资日趋活跃，其"走出去"战略取得实际成果；另一方面也表明中法在经贸方面进行战略合作所取得的巨大成效。

[①] 更多资料可参阅 http://www.sedea.org.cn/shijiejingji/200904/21-406.html。

在欧债危机的背景下,法国主流舆论欢迎中国到法国投资,主张加强中法两国间的经贸往来,但也有一部分舆论散布中国投资威胁论[1]。这表明中法两国间的经济往来仍然存在着意识形态方面的障碍。

(四)贸易摩擦须共同应对

法国对华贸易逆差始于2003年,此后贸易差额不断扩大,直至2012年逆差额才有大幅度减小的趋势。

在此背景下,经济议题成为2013年奥朗德访华商谈的重中之重,其诉求不仅包括两国贸易往来和双向投资的平衡,还希望中方帮助法国企业增加在中国市场的份额,并着力拓展和加强双方在食品加工、医药卫生与城市可持续发展领域的合作,以期扩大经济往来。

法国对华贸易逆差源于多重原因,根本上是法国产业结构的问题。两国在产业结构上的差异导致进出口商品的类别差异。据中国商务部研究报告,近年来,法国对外贸易出现逆差,首要原因是法国企业研发投入减少,产品竞争力衰退,国际市场流失;其次是法国未能抓住新兴经济体提供的贸易机会,没有及时扩大与中国、俄罗斯、东欧和其他亚洲国家的贸易;最后是法国中小企业实力不足,未能像德国那样成功地动员大量中小企业开展对外贸易[2]。

值得注意的是,意识形态的不同也使得两国在劳动标准、技术转让等方面存有不同看法[3],这些因素在一定时期内持续影响两国的贸易结构。同时人民币汇率问题[4]也成为中法两国贸易摩擦中的一个议题,但人民币汇率低并不是法国对华贸易逆差的主要原因。

---

[1] 法国有不少实业家对中国持有比较正面的看法,这也是他们能一直致力于推动两国经贸与科技合作的重要原因。比如,法国电力公司副总裁马识路(Hervé Machenaud)在核电领域与中国打交道近30年,认为西方世界对中国的很多指责是经不起分析的,包括法国在内的西方对于中国的恐惧是意识形态性的。张金岭:《中法专家谈两国关系的发展与未来》,载《欧洲研究》2010年第3期。

[2] 参见商务部相关资料:http://countryreport.mofcom.gov.cn/record/view.asp?news_id=5876。

[3] 相关资料参见庞皎明《法国文化年给中法经贸带来什么》,载《中国经济时报》2005年9月21日第1版。

[4] 法国总统奥朗德也曾试图让人民币尽快成为可兑换货币。参见《广州日报》对奥朗德的采访,载《广州日报》2012年5月8日第3版。

另外，对于中法之间的贸易往来，两国统计数据差异不小，法方统计的对华贸易逆差额比较大。统计数据的差异主要是由于原产地规则下转口贸易造成的，经香港、荷兰、东欧、独联体及世界其他国家转口的商品各占一定比例。此外，海关计价标准及汇率变动等也是造成双方统计差异的因素[①]。

造成中法经贸摩擦的因素还包括双方在法律、规范与规则，以及具体操作等方面有诸多不相吻合之处，这也是由于两国社会制度、文化背景及发展水平存在差异，但这些问题都不是实质性分歧，可以通过具体、深入的对话逐步协调解决。

尽管中法之间存在贸易摩擦，甚至有时给两国经济关系带来严重影响，但目前法国正面临资金短缺问题，而中国则鼓励企业"走出去"，双方的契合点并不难找。

多年来，双方一直呼吁要通过平等对话和协商，妥善解决双边经贸关系中出现的问题。尽管这种现状的扭转有赖于法国产业结构的调整，需要一定时间，但中国从双方战略合作的全局考虑，在平衡双方贸易方面做出了很大努力，有些进口贸易明显向法国倾斜，2012年法国对华贸易逆差大幅下降充分证明了中国对与法国战略性经贸互动的考量。不过，在欧盟对华光伏产品反倾销和反补贴调查的问题上，法国是坚定的积极支持者，这反映出法方显然还缺乏对中法全面战略伙伴关系的全局考量。

（五）其他经贸问题

除贸易摩擦外，目前中法经贸合作发展中还存在其他一些亟待解决的问题。

在欧盟统一对外贸易政策框架下，法国不再单独制定贸易政策，而近年来欧盟对华贸易逆差的扩大，使得欧盟对华态度变化较大，贸易保护主义倾向加重，除了指责中国产品质量问题以及对知识产权保护不足，还越来越频繁地利用反倾销之类的贸易保护措施，并且通过隐蔽性强的技术壁垒来增加中国产品出口的难度，使中国企业面临更严峻的考验，这也影响到中法贸易的发展。

---

① 参见商务部相关资料，http://countryreport.mofcom.gov.cn/record/view.asp?news_id=5876。

同时我们看到，中法贸易发展的规模与两国经济实力相比还很不协调。法国应当进一步对华开放市场，推动欧盟取消针对中国的各类壁垒限制；法国企业也应凭借其能源和交通等领域的优势积极扩大对华投资规模，尤其要在对华出口产品的质量、价格、技术转让、售后服务等方面增强竞争力。

此外，中法应当加强两国中小企业的合作。目前，法国十分重视中小企业的发展，法国政府 2012 年推出的《振兴法国产业竞争力报告》[①] 中，政策谋划把中小企业发展放在非常突出的位置，尤其重视发展具有出口潜力的企业。而中国也重视中小企业的发展。未来两国经贸关系的深化，很有可能会在中小企业合作方面寻找到新的领域与突破点。因此，法国对中国企业投资法国在制度性保障、简化程序、提高效率等方面还应当提供更多的便利。

在解除对华军售禁令和承认中国完全市场经济地位的问题上，法国态度积极且明确，但由于欧盟仍持反对立场，给中法贸易的深入发展带来很不利的影响。中法关系"以经促政"的特点明显，但同时也应避免出现经济问题政治化的现象，不能将经贸领域内的差异与冲突转化为政治问题，经济问题只能寻求经济的解决方式。

三 人文交流

人文交流越来越成为中法两国友好往来的重要纽带，两个民族间的文明对话与相互理解得到不断增强，这为两国关系的发展提供了重要的社会与人文基础。

（一）文化交流富有活力，中法文化年成为东西方对话的典范

中法两国文化交流活动频繁、深入，是两国关系发展的有力推手。早在 2002 年 11 月，中国在西方国家投资建立的第一个文化中心在巴黎正式成立[②]。

---

① 参见法国 2012 年《振兴法国产业竞争力报告》。Louis Gallois, "Pacte pour la compétitivité de l'industrie française," novembre 2012, http：//www.gouvernement.fr/sites/default/files/fichiers_joints/rapport_de_louis_gallois_sur_la_competitivite_0.pdf.

② 当时，正在法国访问的李岚清副总理与法国签署了《中华人民共和国和法兰西共和国政府关于设立文化中心及其地位的协定》，而此前 2002 年 9 月朱镕基总理访问法国时，与法国总理拉法兰签署了《中法政府间文化合作协定》。这些协定的签署成为两国文化交流的新起点。

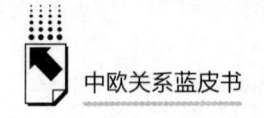

在中法两国元首的倡议①下，2003~2005年两国先后在对方国家互办文化年②。

2003年10月至2004年7月，以"古老的中国、多彩的中国、现代的中国"为主题的"中国文化年"在法国各地展开。其间，中国先后在法国各地举办300多项文化交流项目，涵盖文化艺术、教育、科技、体育、民族、旅游等各个领域，形式包括展览、演出、研讨会等，法国民众约有200万人次参加了这些活动。此前，中国曾在法国举办过"中国文化周""中国文化季"等活动，而"中国文化年"的举办更进一步增进了法国社会对中国文化的了解。

2004年10月至2005年7月，以"浪漫与创新"为主题的法国文化年在中国举行，通过涉及摄影、芭蕾、歌剧、马戏、建筑、时装、工艺设计、电影、文学及科学技术等诸多领域的项目，向中国民众展现法国文化的魅力，中国也掀起前所未有的"法国热"。

两国互办文化年使两国民间交流前所未有地得到增强，彼此相互"发现"和"欣赏"。中法文化年创造了两国文化交流史上一种新的平等交流模式，为两国关系的进一步发展奠定了社会与人文基础，是两国关系史上的一个里程碑，也是两大文明展开对话与加深理解的文化盛事。

中法文化年的举办也积极地促进了两国在经贸领域内的合作。2003~2005年，中法两国签订大量的经贸合作协议，双边贸易额大幅上升。文化外交在中法关系中发挥了重要的经济功能。

自2006年开始，两国决定每年举办"中法文化之春"，使之成为"永不结束的中法文化年"，让大规模文化交流常规化③。这项经常性的文化交流活动，继续保持着两国文化交流推动双边关系发展的活力。与此同时，两国间文化交流活动也纳入中欧文化交流的整体框架中，在2012年"中欧文化对话年"期间，中法两国也举办了大量的交流活动。

---

① 中法互办文化年是1999年和2000年江泽民主席和希拉克总统在相互进行国事访问时共同商议并决定的。
② 相关资料可参见http://www.people.com.cn/GB/wenhua/22226/30014/index.html。
③ 2006年，在希拉克访华期间，中法两国决定继续2003~2005年中法两国互办文化年的势头，分别在对方国家定期举办文化交流活动，鼓励各自的文化中心与驻在国当地伙伴合作，向公众提供优质、普及性的文化项目，并将为对方文化中心在驻在国举办活动提供必要的帮助。

（二）推进人员交流，突出青年交流合作

中法两国重视双方在文化、教育、科技等方面的人员交流，其中，特别重视青年交流，这也是两国全面战略伙伴关系中的一个亮点。

2005年温家宝总理访问法国期间，两国决定从2006年开始加强青年交流，互派青年到对方国家访问，中方于2006年邀请400名法国青年到中国参观访问。其间，中法还发表了第一个《关于开展青年领域合作的联合声明》[①]，优先考虑开展中学生、大学生、研究人员、艺术家和各行业青年人的交流。

此外，旅游日益成为两国民众间增强文化往来与相互理解的重要渠道，每年有大量游客到对方国家旅游度假，民间交流变得越来越普遍。两国中央政府和地方政府之间签订的旅游合作项目日益扩大，也成为两国经济往来的一个重要领域。目前旅居中国的法国人大约有25万余人，其中以从业人员与青年人为主[②]，他们在中国的工作与生活经历成为法国民众了解当代中国社会发展的重要窗口。

（三）教育交流与合作富有成效

近年来，中法教育交流日益深入，双方签署了多个合作协议，互设奖学金项目，逐步建立两国教育交流的制度保障。在基础教育、高等教育和职业教育等各方面均成效显著。两国互派留学生到对方国家参加短期交流学习与高等学位教育的数量增长迅速，所涉学科领域也日益广泛。其中，来华学习的法国学生所涉专业以语言与文学、管理学、经济学等学科较多，这些学生主要集中在上海、北京等城市。中国学生赴法留学的数量在过去十年中增长了10倍，法国给中国学生签发的留学签证每年新增1万余个[③]。奥朗德总统在2013年4月访华期间表示，法国将营造便利的签证条件和良好的学习生活环境，吸引更多

---

① 相关资料参见 http://world.people.com.cn/GB/41214/3913881.html。
② 资料来源："France-Chine, un partenariat pour l'avenir," http://www.diplomatie.gouv.fr/fr/IMG/pdf/France_Chine_BAT_Light18_10_2010.pdf。
③ 资料来源："France-Chine, un partenariat pour l'avenir," http://www.diplomatie.gouv.fr/fr/IMG/pdf/France_Chine_BAT_Light18_10_2010.pdf。

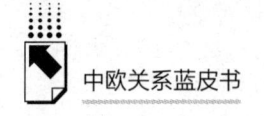

的中国学生赴法留学。

在高等教育合作中，双方优先进行大学合作与高等院校的留学生交流，以加强高水平科研合作和高层次人才培养，中法博士生学院项目、"中国—欧盟学生交流奖学金项目"、"蔡元培"合作交流项目等取得明显成效。此外，两国众多高校间还签署了大量校际交流与合作项目，中国有不少大学建立多个学科的中法学院。应当看到，双方高等教育的合作对促进双方青年学生的交流与相互了解具有重要意义。

（四）语言学习规模不断扩大

在文化交流中，语言学习是一个重要环节。中法两国特别重视和支持在本国学习和教授对方语言，并互派语言教师在对方教育机构教授各自的语言。目前，法国社会中已经出现中文学习热，汉语也成为法国中学教育中的 LV2[①]，每年在法国参加汉语水平考试的人数显著增加；同时法语也成为中国高考的选择科目，学习法语的年轻人越来越多。语言的学习与教授，推进了出版、电影、音乐等一系列文化、艺术活动的深入开展，加深了民众间的文化理解。

法语联盟和孔子学院分别在两国对外语言教学与文化传播中起到了重要作用。目前，法国在中国设有 15 家法语联盟[②]，中国在法国建有 15 家孔子学院[③]。这两个常设机构除了组织语言教学外，每年还组织大量的文化活动，增进了两国间的文化对话。

（五）其他层面的人文交流

思想交流在中法人文交流中也占有很重要的位置，它内含在文化活动、教育合作、青年交流、语言教学、学术研讨、民间交往等各个层面，成为两国相互了解、彼此学习的重要内容与基础。

另外，缔结友好城市关系也是中法两国增进双方友好往来的重要途径。近

[①] 法国中学生一般需要学习两门外语，汉语已经列入可供选择的第二门外语名单。
[②] 资料来源：http：//www.diplomatie.gouv.fr/fr/IMG/pdf/France_ Chine_ BAT_ Light18_ 10_ 2010.pdf。
[③] 资料参见 http：//www.chinese.cn/college/node_ 3704.htm。

十年来，双方不少城市（省、区）缔结友好关系[1]，在此框架下开展多个领域的合作与交流，并成为两国地方政府间交流与合作的主力，不断拓展着彼此往来的广度与深度。

中法两国于2010年签署加强全面战略伙伴关系的联合声明，也再次重申双方要进一步加强在文化、教育、科技领域的合作，鼓励地方政府进一步开展合作；支持两国文化机构建立长期、稳定的合作关系，鼓励各自文化机构和个人参加在对方国家举办的艺术节等文化活动；双方将积极推动两国院校间建立和发展伙伴关系，扩大互派青年留学生规模，支持中文在法国和法语在中国的推广[2]。如此战略定位，必将有效推进两国间的人文交流，进而夯实两国全面战略伙伴关系的社会基础。

四 科技合作

科技合作是中法全面战略伙伴关系的重要内容。多年来，两国彼此保持密切合作，不但建有合作研究机构，也有具体的实施项目，形成互利双赢的局面。两国政府还在总体上进行科技合作方面的战略规划，彼此之间的合作主题日益更新，重点领域适时调整，不断创新，紧跟科技发展的前沿领域，适应社会发展的需求；有些领域内的合作研究成果引领世界水平。

（一）纲领性文件逐步深化两国科技合作

在过去十年里，两国在多个领域内签署大量的科技合作协议，涉及空间、航天、核能、交通、通信、航空、农业、洁净煤、风能发电、医学等，科技人员交流频繁，项目合作范围广、项目多、规模大。

2004年，两国决定在深化全面战略伙伴关系之际，重申深入开展科技合作，加强在疾病防治、信息、通信等领域内的合作；同意建立空间工作小组和生命科学工作小组，鼓励两国公立和私立研究机构和高等院校增加接触，开展

---

[1] 相关资料参见 http：//www.chine-informations.com/guide/jumelages-franco-chinois_416.html；http：//news.xinhuanet.com/world/2003-09/23/content_1094969.htm。

[2] 相关资料参见 http：//news.xinhuanet.com/world/2010-11/05/c_12742228_3.htm。

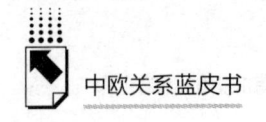

合作①。

2006年，在希拉克总统访华期间，两国又决定扩大在生命科学、空间技术、应用数学、信息科技和环保等领域的科技合作，比如在武汉建立具有高安全性能的实验室，开展关于新生疾病的研究，通过在上海和香港建立的巴斯德研究所进行科技合作等②，进一步拓展两国科技合作的领域、方式与深度。

两国于2010年签署的加强全面战略伙伴关系的联合声明也再一次重申，双方决定继续实施好科技研发合作项目，积极支持共建研发机构，加强"产学研"科研和创新合作③。

此外，作为科技合作中机制建设的一部分，中法双方建有科技混委会④。过去十年间，该委员会有力地推动了两国科技方面的交流与合作，并取得了丰硕成果。科技合作也体现在教育领域内，两国重视加强高校、科研机构的交流与合作，以及科技人才的培养，并建有中法工程师学院等合作机构。

（二）核能合作成效显著

多年来，核电一直是中法经济与科技合作中的重要支柱。中法两国在核能领域的合作已有30年，尤其在核电领域内取得了丰硕成果。2004年，在两国确立全面战略伙伴关系时，中国明确表示欢迎法国以竞争的态度参与中国核电建设⑤。

在核能领域与法国牵手，提升合作深度，成为2005年温家宝总理访问法国的一大亮点。访法期间，温总理特别造访法国核能基地，两国对双方在此领域内合作的战略深化寄予厚望⑥。2009年4月21日，中法双方签署1982年以来的第十个和平利用核能合作议定书，充分体现了两国30年来在和平利用核

---

① 相关资料参见http://news.xinhuanet.com/world/2004-01/27/content_1289229.htm。
② 相关资料参见http://news.xinhuanet.com/world/2006-10/26/content_5253504_2.htm。
③ 相关资料参见http://news.xinhuanet.com/world/2010-11/05/c_12742228_3.htm。
④ 中法科技混委会是根据1978年中法政府间签署的科技合作协定而成立的，其主要任务是确定中法科技合作的总框架，监督各专业合作机构的工作。根据协定，混委会轮流在中国和法国举行工作会议，每两年一次。
⑤ 相关资料参见http://news.xinhuanet.com/world/2004-01/27/content_1289229.htm。
⑥ 相关资料参见http://news.xinhuanet.com/world/2005-12/09/content_3898232.htm。

能方面所开展的合作富有成效。这个议定书商定，双方将在核反应堆和放射性废物管理、核燃料循环后端、可控聚变、核专业技能人才的培养等领域加强合作①。

2010年，在中法两国签署的关于加强全面战略伙伴关系的联合声明中，特别强调两国在核能、航空航天和铁路领域的合作建立在平等互利的基础上，是双方合作的重要组成部分。在30年成功合作的基础上，双方愿进一步深化核能领域的合作，在推进现有合作项目的基础上拓展合作领域，共同开发包括第三方市场的新项目，鼓励双方相关企业开展务实深入的磋商，推进在核燃料循环领域的合作②。

2013年4月奥朗德访华期间，两国决定提升双方在核能领域的合作水平，加强联合研发、联合投资和联合生产，共同开拓第三方市场，并将核安全合作作为双边关系的第四支柱，进一步突出了核能合作在中法关系中的分量。

目前，法国业内人士普遍认为，中国是关乎法国核电企业存亡的市场。法国《世界报》认为，法国核电企业在未来15年内接到的订单中，将有80%来自中国。但随着中国核电技术的日益成熟，两国在此领域内的合作逐渐出现困难，出于保护自身竞争优势的考量，法国有舆论对两国间的核电合作存有担忧③。但实际上，只有对科技合作中的双赢局面保有足够理性、正确的认知，保持互信与尊重，才能继续深化两国的合作。

（三）环境保护合作日益加强

过去十年中法两国在环境领域内的合作日益得到加强。

2007年，两国发表《中法两国关于应对气候变化的联合声明》，双方承诺在国际层面上促进对气候变化问题的重视，并加强与气候变化相关领域的合作，鼓励发展合资企业，以鼓励应对气候变化创新技术的推广。两国主要在以下领域开展技术合作：能源效率和节能技术、可再生能源技术、氢能和燃料电池技术、清洁煤炭技术、碳收集和埋存技术、民用核电技术等。

---

① 相关资料参见 http：//news. xinhuanet. com/fortune/2009 - 04/21/content_ 11228755. htm。
② 相关资料参见 http：//news. xinhuanet. com/world/2010 - 11/05/c_ 12742228_ 2. htm。
③ 相关资料参见 http：//energy. people. com. cn/n/2013/0115/c71661 - 20201036. html。

双方还决定尽快组织应对气候变化技术合作项目，鼓励官方和私营机构以及地方参与，推动在以下方面取得进展：开发、应用和转让零排放先进煤炭技术；开发、应用和转让可再生能源技术；促进能源关键技术的获得和推广；在建筑和住宅领域提高能效；发展环保型城市和交通运输方式；农村的可持续发展。同时，双方也决定加强在能力和机构建设方面的合作，尤其是宣传教育、人员交流和培训等；双方鼓励大型研究机构、实验室的合作以及科研人员和专家的交流。

2010年11月，在胡锦涛主席访法期间，两国签署关于共同应对气候变化的协议、关于生态园区经贸合作的谅解备忘录等合作文件。2011年12月13日，两国在巴黎成立中法环境发展委员会，成为两国环境保护合作迈入新台阶的标志。该委员会主要目标是加快落实中法共建生态园示范项目，推动中法节能环保和低碳技术研讨。

（四）能源合作前景广阔

中法能源技术合作前景广阔。在过去十年中，中法两国政府积极推进能源问题的对话，促进两国企业在石油、天然气、电力、清洁能源等领域内的全面合作。

在双方领导人会晤中，拓展新能源等新兴领域合作，逐渐成为重要的议题之一。法国很期待能够利用他们在能源开发利用和节约方面的丰富经验，在核电、太阳能、风能等新能源领域与中国展开深入合作。双方在能源领域内的交流与合作，不仅涉及能源技术，还包括能源政策与技能管理等。

在中法双边关系中，科技合作与经贸合作互相补充、互相推进。中法之间的科技合作，在很多领域都是基于战略合作而谋划与开展的。过去十年间，两国签订的诸多合作协议中有相当一部分兼具科技合作与经贸合作的含义，从不同层面共同推进两国关系的深入发展。

五 其他合作

十年来，中法两国在战略性对话框架下积极推进各领域的双边与多边务实合作，在以下几个方面亦富有成效。

(一) 军事合作

在希拉克和萨科齐任总统时期，法国一直是最积极推动对中国解除军售禁令的国家之一[①]。中国与法国在军事方面的合作，除开展高层军事交往、定期举办防务战略对话外，还进行军队专业团组交流、军官培训，并在军工领域开展飞机制造方面的合作等。近年来，两国围绕国防政策、军队建设和地区安全等议题开展了多次战略对话。中国领导人赞赏法国在台湾问题和欧盟解除对华军售禁令等问题上对中方立场的理解和支持[②]。

(二) 司法合作

近年来，中法司法合作日益加强。2004年1月，双方签订警务合作协议，在打击非法移民、加强司法和国内安全等方面开展合作，中国成为第一个与法国签订此类协议的非欧盟国家。2005年4月，两国在巴黎签署《中法刑事司法协助协定》，这是中国与欧盟成员国签署的第一个刑事司法协助协定[③]。2007年，中法签署引渡条约，合作打击跨国犯罪。自2003年以来，中国还派出近百名司法人员到法国参加培训；在上海中法公证法律交流培训中心的框架下，定期组织中国公证人员赴法学习、培训和参观，法国公证人协会也安排资深公证人和法律专家来华开办公证法律专题讲座和讨论会，加深两国在公证领域的交流与合作。此外，中法还在反对贩毒、洗钱与反对国际恐怖主义活动等方面开展合作。

(三) 医药卫生合作

2008年年底，两国成立中法卫生合作混合委员会，作为一种常设机制，

[①] 2004年10月8日，法国总统希拉克在越南首都河内出席第五届亚欧首脑会议时，就重申主张欧盟尽早解除对华武器禁售，他认为，鉴于当今世界形势的巨大变化，继续对华武器禁售是对中国这样一个大国的"不信任"和"不礼貌"，也是毫无意义的。资料来源：http：//gb.cri.cn/3821/2004/10/08/922@320555.htm。

[②] 相关资料参见 http：//news.xinhuanet.com/newscenter/2005-04/21/content_2860107.htm。

[③] 全国人大常委会于2006年4月29日批准通过了该协定。中法两国早在1987年5月曾签署民事、商事司法协助协定。

加强双方在传染病防治、全科医师培训、人才培训、医院管理等领域的合作。2009年7月，两国成立中法卫生人才培训合作中心，以促进双方医学科学交流和卫生人才队伍建设，重点培训领域包括卫生行政管理、全科医学、循证卫生决策、医院管理及传染病防治等。

此外，中法两国还围绕社会保障制度等社会领域，以及城市化、可持续发展等领域开展富有成效的合作。

六 中法关系展望

回顾中法关系过去十年的历程，虽然有过曲折，但主流仍然是比较稳定的，双方在友好的历史传承中推进双边关系的发展，两国重视政治互动，强调经贸与科技合作，人文交流也很丰富。

中国与法国的双边关系从建交开始就具有战略性质，在世界多极化和全球化深入发展的今天，这种战略性显得更加突出[1]。从推进中欧关系的视角来看，中法关系应当为中欧关系、中国与其他欧洲国家关系的发展起到示范作用。展望中法关系的未来，有以下几点值得注意。

第一，中法两国在意识形态方面的差异将会长时间存在，彼此在经贸、科技等领域内的利益诉求也各有不同，但只要双方继续努力加强合作，推进互信互利、成熟稳定、面向全球的新型全面战略伙伴关系的深入发展，这些差异并不会影响两国关系的大局。

第二，中法均在外交上奉行独立自主的政策，没有根本利害冲突，地缘政治上互不构成威胁，在经济上又具有一定的互补性，科技合作上也相互学习，这都为两国继续深化全面战略伙伴关系奠定了良好的基础。中法两国只要从战略高度审慎处理两国关系，关切和尊重各自核心利益，求同存异，互信互利，双方之间新型的全面战略伙伴关系就将不断得到加强。

第三，尽管中法经贸合作不断取得发展并在2005年以后跃上新的台阶，

---

[1] 参见蔡方柏《中法关系发展的三个阶段》，载《中国社会科学院院报》2004年3月11日第3版。

但在欧债危机的背景下,两国经贸关系相对其他国家并不突出,同时由于保护主义在法国上升,摩擦不断,成为两国经济合作的一大障碍,加之中国产业结构的不断优化和商品科技含量的逐渐提高,"贸易平衡"问题已成为最近一两年来法国与中国对话的重要议题,因此两国经贸关系存在一定的不稳定因素,如何拓展新的经贸合作领域,寻找增长点,是中法双方在经济领域内需要共同面对的问题[①]。

第四,"面向全球"的定位使中法关系超越传统的双边关系框架,更加突出了彼此战略关系的深刻含义。中法之间需要继续发展对话渠道,并用发展的眼光看待彼此社会的变迁,理解各自不同的发展阶段与具体国情,适时对双边关系注入新的内涵,才能使两国友好关系具有可持续性。

第五,在政治与经济领域内的稳定与平衡应当是未来中法关系中最主要的诉求。双方应以具体的成果来巩固两国新型全面战略伙伴关系的基础。

第六,中法关系始终是中欧关系中非常重要的组成部分,在推进中欧政治对话的深入、完善中欧互动机制的建设与引领人文交流的发展等方面,法国将继续发挥重要作用。

中法两国即将迎来建交50周年,双方如何在尊重彼此核心利益的前提下不断推进两国关系朝着战略、全面、深入、务实、双赢的方向更加成熟稳定地发展,值得期待。

---

① 相关内容参见崔洪建《法国新政府与中法关系》,载《领导之友》2012年第8期。

B.12
中英关系：稳定中求深化

李靖堃*

摘　要： 英国是最早承认新中国的西方大国。1972年，英国将与中国的关系升格为大使级外交关系，中英关系实现正常化。此后，尽管中英关系时有波折，但总体上保持着积极稳定的发展方向。特别是在1997年香港政权顺利交接之后，两国关系进入全面发展的新阶段。2004年5月，中英两国宣布建立全面战略伙伴关系。此后10年来，不管是在政治、经济、科技，还是人文等领域，两国之间的合作与交流都得到进一步深化。但必须承认，两国关系中还存在很多困难，特别是2012年下半年以来，双边关系陷入困境。在此背景下，本文拟对近10年的中英关系进行全面回顾，并对未来前景做出展望。

关键词： 中英全面战略伙伴关系　政治　经济　科技　文化

英国于1950年承认中华人民共和国，是最早承认新中国的西方大国。中英两国于1954年建立代办级外交关系，但是，由于中美关系未能解决，中英两国关系直到1972年才升格为大使级外交关系，实现正常化。此后，尽管中英关系仍时有波折，但总体上保持着积极稳定的发展方向；特别是在1997年香港政权顺利交接之后，两国关系进入全面发展的新阶段。1998年朱镕基总理访问英国期间，中英两国宣布建立全面伙伴关系。2004年5月，在温家宝

---

* 李靖堃，中国社会科学院欧洲研究所欧洲政治研究室主任，研究员。

总理访英期间，两国宣布建立全面战略伙伴关系。这仅比中国和欧盟建立全面战略伙伴关系的时间晚半年左右。此后10年间，尽管遇到一些困难和问题，但无论是在政治领域，还是在经济、科技与文化等各个方面，中英双边关系都得到了持续深入发展。

一 英国对华政策与中英政治关系

（一）工党执政时期

1997年，香港政权实现顺利交接；也是在这一年，英国工党击败保守党，在野18年后重新执政。直至2010年，工党共执政13年，这13年可以说是历史上中英关系最好的时期①。

1. 布莱尔执政时期：中英建立全面战略伙伴关系

1997年5月，布莱尔出任首相，遂全面调整外交政策，并提出外交"新思维"，目的在于重塑英国形象，重新恢复英国的大国地位。因此，其外交表现总体上更加积极主动，除继续维持并加深与美国、欧盟、英联邦国家等传统伙伴的关系之外，还致力于加强与其他国家，特别是与新兴国家的联系，力图在与这些国家的交往中实现英国的经济利益。同时，布莱尔政府还推出"新国际主义"，认为应注重外交政策中的所谓"道德因素"②。但是，英国外交传统中长期形成的现实主义传统，再加上英国自身力量远不如从前，又使得它在实际的国际交往过程中，对现实利益的考虑往往优先于意识形态。

在上述原则指导下，在对华政策方面，布莱尔政府表现出很大程度的务实性和积极性，强调以国家利益，特别是经济利益为出发点，积极看待中国的发展，认为中国的发展为世界（包括英国）提供了巨大机遇，尽管中国的发展

---

① 尽管本文跨度为2003~2013年，但鉴于英国工党政府自1997年上台执政，考虑到外交政策的延续性，因此政治关系部分将简要提及1997~2003年的一些重要事件。

② 刘成：《道德还是利益：布莱尔政府的外交思想与实践》，《世界历史》2006年第1期，第23页。

会对英国提出挑战，但不是威胁①。为此，布莱尔政府重视以经济关系为依托，与中国发展全面关系，推动双边关系向更深层次发展，同时加强与中国在国际组织中的多边合作。与此同时，英国在中国的人权问题上采取了较为谨慎的态度。在西藏、台湾等涉及中国核心利益的问题上，相较于法国和德国，布莱尔政府也更为低调，更加尊重中国主权，因此中英两国在这些问题上的摩擦也相对较少。

在布莱尔任内，中英关系在政治领域实现诸多历史性突破，特别是，2004年5月，在温家宝总理访问英国期间，中英双方发表联合声明，宣布将1998年建立的"全面伙伴关系"升级为"全面战略伙伴关系"，并明确将贸易与投资、财政金融、能源、科技、教育文化和环保作为双方今后的重点合作领域。同时，在此期间，中英两国之间的高层互访实现机制化。其中两个最重要的政治对话机制为中英政府首脑年度会晤和副总理级战略对话。

根据2004年签署的联合声明，中英双方宣布从2005年开始定期举行两国政府领导人（中国总理与英国首相）会晤，每年一次，在英国和中国轮流举行。这是英国首次与欧盟和北约以外的国家定期举行首脑会晤。两国政府领导人互访从此机制化，这有助于加强双方在国际和地区事务中的磋商与协调。由于种种原因，该对话机制从2008年才正式开始，至2011年6月连续开展了四轮会晤。

除此之外，2004年的中英联合声明还设立了副外长级的战略对话（Strategic Dialogue），主要聚焦于外交政策问题，也是每年一次，在英国和中国轮流举行。中英首轮战略对话于2005年12月在伦敦举行。2010年，该战略对话升级为副总理级年度对话，由英国外交大臣与中国负责外交事务的国务委员共同主持。最近一次对话为2011年9月在伦敦举行的第五次对话。但是，由于英国首相卡梅伦和副首相克莱格于2012年5月会见达赖，2012年的中英政府首脑会晤与战略对话均被推迟。

2. 布朗执政时期（2007～2010）：英国公布首份对华政策文件

2007年6月，布朗接任英国首相。布朗政府总体上继承了布莱尔时期积

---

① 《中国驻英大使谈中英关系：英积极面对中国发展》，新华网，http://news.xinhuanet.com/world/2005-11/05/content_ 3737265. htm。

极、务实的对华政策。2008年，布朗曾先后于1月和8月两次访问中国，中国成为其任首相后访问的第一个亚洲国家。特别是在2007~2008年间，在中国与德国和法国等欧洲大国的关系处于低潮的情况下，中英关系继续保持良好和健康的发展就显得更为难得。

2009年1月，在温家宝总理访问英国前夕，英国政府发表首份对华政策文件《英国与中国：合作框架》（The UK and China: A Framework for Engagement）①，英国因此成为首个发表对华战略文件的西方大国。该文件阐明了英国的"中国观"，为英国未来的对华政策奠定了基调。文件特别指出，对英国而言，中国对英国利益的影响很大，且在不断增强。因此，英国必须与中国合作，以应对面临的重大挑战，发展对华全面关系将是英国政府今后数年外交工作的"重大优先目标"。

从该政策文件可以看出②，从总体上说，布朗政府对中国的作用以及发展与中国的关系有比较客观和较为全面的认识。第一，它认为，中国已成为全球性的经济和政治力量，中国不仅对于全球经济的恢复和发展必不可少，而且对于世界政治的稳定、全球安全、国际机制的改革和国际秩序的重建等方面均至关重要。第二，它正确地认识到，中国愿意与国际伙伴就稳定与可持续增长进行合作，并认为这与中国的内部稳定同等重要，同属于中国优先发展的目标。第三，文件提出，英国的战略是坚定发展与中国的关系，并坦陈两国之间的分歧，认为须确保双方关系以合作为特点，而不是对抗。第四，文件认为，英国需要通过各种渠道更好地了解中国，以减少双方的分歧。

但是，从该政策文件中，我们还是可以看到，布朗政府仍坚持用固有的政治理念和价值观评判中国事务，甚至比布莱尔政府时期更为突出。例如，该政策文件指出，中国需要在法治、人权等领域"取得进步"；另外，死刑问题、司法程序问题、西藏问题等中国的内部事务也在文件中被提及。这说明，布朗政府对华政策中有着自相矛盾和两面性的特征，事实也证明了这一点。例如，

---

① 该政策文件全文参见英国外交部网站，http：//ukinchina.fco.gov.uk/en/working-with-china/uk-and-china。
② 对该政策文件的分析，详见笔者从前的一篇文章《解读英国首份对华政策文件——兼评英国在实现中国对欧战略中的作用》，http：//ies.cass.cn/Article/cbw/zogx/201005/2488.asp。

2008年10月，布朗政府明确承认西藏是中国的一部分，承认英国过去对西藏的政策是"时代错误"。这是100多年来英国政府首次公开承认中国对西藏拥有主权，这一表态值得肯定。但是，就在同年5月，也就是该声明发表之前不到半年，布朗刚刚会见过达赖。这一事件充分说明其对华政策的摇摆性。也正因为此，在布朗任期最后阶段，特别是在2009年年底以后，中英摩擦有所加剧，尤其是在判决阿克毛问题上；而在哥本哈根气候大会之后，英国气候变化大臣米利班德更是指责中国"要挟"气候谈判。这些事态导致中英关系急转直下。此后，两国关系进一步紧张，英国方面取消了人权对话，布朗也取消了原定于2010年2月的访华计划。但很快，英国外交大臣米利班德于3月访华，并提升两国官方的对话级别，中英关系得以恢复。

（二）联合政府时期（2010年至今）

2010年5月，保守党与自由民主党组成联合政府，这是二战结束以来英国第一个联合政府。由于两个政党在外交政策理念方面存在一些差异，因此联合政府政策的制定与执行更加复杂，牵制因素也更为多样，需要更多的妥协和协商、谈判，在很大程度上降低了政府在外交政策方面做出重大变动的可能性。当然，由于保守党在议会中的力量远远超过自由民主党，因此，在政策制定的过程中仍由保守党发挥主导作用。

与此同时，联合政府执政期间面临的最大问题是如何尽快使低迷的英国经济走向复苏，因此，相对而言，本届政府更重视内政问题，在外交领域总体上不如工党时期积极，这也从另外一个方面决定了联合政府的整体外交政策不会发生根本性变化。具体到对华政策也是如此，双边关系的大框架并未发生实质性变动，尤其是在英国本身及其主要贸易伙伴经济前景普遍不看好的情况下，英国更需要继续巩固和深化与中国的经贸关系。

在这样的背景下，在联合政府执政的前两年，即2010年6月至2012年上半年，中英两国关系在平稳发展的基础上得到进一步深化。上任半年后，即2010年11月，英国首相卡梅伦访问中国，随行的除4位内阁成员外，还有由50位工商界领袖组成的史上规模最大的企业代表团。中英双方签署一系列经济和文化教育合作协议。2011年6月，中国总理温家宝访英，与卡梅伦首相举行年度总理会晤，宣布建立中英高级别人文交流机制，同时签署12项合作协议，涵盖贸易、税收和科研等各个领域。2012年是中英两国建立大使级外交关系40周年，双方于上半年举行了一系列纪念活动。

但是，2012年下半年，中英两国关系遇冷。原因在于，尽管中方多次交涉，英国首相卡梅伦与副首相克莱格仍执意于5月14日在伦敦会见达赖，严重干涉中国内政，破坏了中英关系的正常发展。为此，中国政府无限期暂停两国部长级会晤。在英国贸易与投资大臣格林勋爵与联邦事务部国务大臣恩杰·布朗访华期间，原计划与中国部长级官员的会晤要么被取消，要么级别被降低。此外，原定于下半年举行的第五次中英经济财金对话也被推迟。这再次表明，英国政府对华政策中的所谓"价值观"问题仍在很大程度上影响着中英关系，特别是由于联合政府的两个政党都强调"民主、自由和人权"等价值观，支持"人道主义干预"，这也给未来的中英关系走向留下了不确定因素。

尽管中英双方目前①仍未恢复高层会晤，但自2013年年初以来，已有一些迹象表明，中英双方都在努力使双边关系重新回到正常轨道。例如，中国新一届政府成立之后，李克强总理应约与英国首相卡梅伦通电话。卡梅伦重申英国愿深化中英两国在各领域的务实合作，并为两国关系注入新的动力。李克强总理也认为，中英两国作为世界上有影响的大国，在双边和多边领域拥有广泛共同利益。推动两国关系向前发展，是双方的共识。但他同时也指出，关键是双方要切实尊重对方核心利益，妥善处置敏感问题，将发展两国关系的愿望落实到具体行动上②。5月，卡梅伦在议会下院接受质询时表示，英国政府没有改变长期以来的对华及涉藏政策，即承认西藏是中国的一部分，不支持"西藏独立"，尊重中国主权。英国希望与中国建立强劲、积极的双边关系，并对未来两国紧密合作充满期待③。2013年6月，在中国外交部长王毅与英国外交

---

① 本文定稿时间为2013年9月。
② 中国驻英使馆：《李克强同英国首相卡梅伦通电话》，http：//www.chinese-embassy.org.uk/chn/zywl/t1024462.htm。
③ 中国驻英使馆：《英国首相卡梅伦表示"不支持西藏独立"》，http：//www.chinese-embassy.org.uk/chn/zywl/t1038986.htm。

大臣黑格通电话时，黑格也表示尊重中国的主权和领土完整，愿在尊重中方关切的基础上妥善处理西藏问题①。

二 经贸与财金合作

经贸关系是中英关系中最重要的方面，也是双方合作的最重要基础。除个别年份外，中英经贸关系一直发展顺利；特别是在英国经济因世界金融危机而陷入低迷时，中英经贸关系也未受到严重影响。同时，两国在财政金融领域的合作也取得了实质性进展。

（一）双边贸易

1. 双边贸易概况②

目前，英国是中国在欧盟内的第三大贸易伙伴，而中国则是英国在欧盟以外的第二大贸易伙伴，全球第七大出口市场。中英双边贸易近10年来发展十分迅速。2003年，两国货物贸易进出口总额为143.94亿美元；到2012年，双边贸易额达到631亿美元。其中，在2008年金融危机爆发之前，双边贸易额增幅均在20%以上，其中2004年高达37%。2009年，受金融危机影响，中英双边贸易额下降14%，尽管2010年恢复增长，但增长速度明显放慢，2012年同比仅增长7.5%③。然而，如果考虑到整个欧盟的情况，这一成绩实属来之不易：同期中国同欧盟的贸易下降了4.1%，而当时在所有欧盟成员国中，英国是唯一对中国的出口和进口都实现正增长的国家。2013年上半年，中英贸易继续呈增长态势，尽管双边贸易额仅增长2.2%，但英国向

---

① 中国驻英使馆：《王毅同英国外交大臣黑格通电话》，http://www.chinese-embassy.org.uk/chn/zywl/t1052903.htm。
② 由于中国和英国采用的统计方法并不完全相同，因此双方的统计数据也有一定差异。本文中的绝大部分数据使用的是中方数据，主要来源为中华人民共和国商务部网站（http://data.mofcom.gov.cn）以及中华人民共和国海关总署《海关统计》。在没有找到中方数据的情况下，部分数据引用了英国官方的数据，文中已予以注明。需要说明的是，因本文的重点在于对中英经贸关系的趋势、特点等进行分析，因此并不过于强调数据的精确。
③ 《2012年中英货物贸易额达631亿美元，增长7.5%》，中国日报网站，http://www.chinadaily.com.cn/hqcj/gsjj/2013-01-14/content_8020711.html。

中国出口的增长率高达13.8%①。值得一提的是,自2008年以来,中国从英国进口的增长幅度一直高于中国向英国的出口,而2008年之前的情况则恰恰相反。

从商品贸易结构来看②(以2013年上半年为例),英国向中国出口的前四大类商品是运输设备、机电产品、化工产品、贱金属及制品,占其向中国出口总额的6.3%、20.8%、12.4%和9.4%。英国自中国进口的前三大类商品是机电产品、纺织品及原料、家具玩具和贱金属,占其从中国进口总额的37.9%、14.2%和12.2%。值得欣喜的是,尽管中国向英国出口的商品仍以劳动密集型产品为主,但传统及初级产品所占比例已经从1997年的6.2%下降到2009年的2.8%,同类产品占中国从英国进口货物总额的比例则由1997年的9.43%提高到2009年的15.01%③。

与此同时,中英两国的服务贸易也取得长足进展。2001~2010年,中英服务贸易额由5.9亿英镑增加到21.3亿英镑,中国已成为英国第17大服务贸易出口目的地④。另外,根据英国国家统计局的数据⑤,仅在2009~2011年两年间,英国向中国出口的服务贸易总额就增加了62%,但总体规模仍然较小,仅占英国服务贸易出口总额的1.5%左右。为进一步促进中英两国的服务贸易,2011年,两国政府签署《服务贸易合作谅解备忘录》,建立双边服务贸易合作机制。服务贸易将成为引领中英贸易结构转型的主要动力。

中英经贸联委会(Joint Economic and Trade Commission, JETCO)是两国在经贸领域的主要官方合作机制,由英国企业、创新与技能大臣和中国商务部长共同主持,第十次联委会会议于2011年12月在英国召开。

---

① 商务部:《国别贸易报告:2013年1~6月英国货物贸易及中英双边贸易概况》,http://countryreport.mofcom.gov.cn/record/view110209.asp? news_id=35371。
② 商务部:《国别贸易报告:2013年1~6月英国货物贸易及中英双边贸易概况》,http://countryreport.mofcom.gov.cn/record/view110209.asp? news_id=35371。
③ 余敏:《中英货物贸易的比较优势和贸易互补性的实证分析》,《湖南商学院学报》2011年第3期,第28页。
④ 《英国对华出口潜力分析》,中国服务贸易指南网,http://tradeinservices.mofcom.gov.cn/a/2012-03-13/97234.shtml。
⑤ Office for National Statistics, "International Trade in Services, 2011," http://www.ons.gov.uk/ons/dcp171778_301979.pdf。

2. 中英贸易关系中存在的问题

英国是近年来与中国的贸易关系发展最快的国家之一。原因在于,总体上看,中英两国具有很强的经济互补性,尤其是在服务业,特别是英国最具优势的金融服务业领域,两国有很大的合作空间。因此,英国政府在推动与中国贸易方面的态度十分积极①。

但是,中英贸易关系中也存在着问题,主要有:第一,贸易不平衡问题。尽管近年来,特别是2005年以来,中国从英国的进口不断增加,其增长率远远超过中国对英国的出口,但中国仍是英国贸易逆差的最大来源国,且呈逐年增长态势:2003年为73亿美元,2011年达到426亿美元,占英国对外贸易总逆差的27%左右。因此,英方时常以此为理由要求中国加大从英国的进口。第二,尽管中英双边贸易发展迅速,但在各自的全球贸易总额中所占比例并不大,仅占10%左右。另外,中英贸易与中德等双边贸易相比还有相当大的差距。例如,2011年,英国向中国的出口仅占其全球出口总额的2.8%,从中国的进口占其全球进口总额的8.5%。第三,对一些高科技产品,英国仍然实施对华出口管制,从而限制了与中国的高科技产品贸易,并成为英国对华贸易长期逆差的重要原因之一。

(二)投资关系

1. 英国对华直接投资②

长期以来,英国一直是中国最主要的外商直接投资来源地之一,且近年来增长十分迅速。2003年,英国对华投资仅为7.4亿美元,到2011年时,英国对华投资达到16.1亿美元,9年间增加120%左右。而且,在2007～2011年间,英国对华投资超过德国,为欧盟成员国中对华投资最多的国家。但在2012年,英国对华投资大幅下降,比2011年减少36%之多,不仅将欧盟最大对华投资国的地位拱手让于德国,而且也被荷兰超过,在欧盟国家中排名第三位,在所有对华投资国家和地区中排名第九。这一情况与英国投资者面临的诸

---

① 主题报告课题组:《欧盟"中国观"的变化》,载周弘主编《欧洲发展报告(2008～2009)》,社会科学文献出版社,2009,第25页。
② 关于英国对华投资数据,2001～2008年数据来源为商务部《外资统计情报》;2009～2012年数据来源为商务部网站,http://data.mofcom.gov.cn。

多不确定性有关，特别是全球经济持续低迷与欧洲主权债务危机导致投资者信心不足，致使对外投资减少。

截至2012年12月底，英国累计在华实际投资将近200亿美元。根据英中贸易协会2012年5月发布的英国企业在华事业年度调查报告[①]，多数受访的英国企业对中国市场表示乐观和有信心，并计划增加对华投资。

但是，从总体上看，英国对华直接投资在中国吸引的外国直接投资总额中仅占很小的比例：在2003～2012年的10年间，比例最高的年份也只有1.6%（2005年），最低的年份则在0.6%左右（2010年）。另外，英国的一些投资者认为，英国企业在华经营还面临许多困难，特别是劳动成本增加、竞争日益激烈、知识产权保护、技术人员流失等问题。因此，在加大英国对华直接投资力度方面，中英两国还有很多工作要做。

2. 中国在英国投资

英国也是中国最重要的海外投资目的地之一。近年来，中国对英国的投资发展尤为强劲。2006年，中国对英国投资仅3500万美元，到2010年时达到3.3亿美元，在五年时间内增加9倍之多。2011年以来，中国对英国的投资增长更为迅猛，英国已成为中国在欧盟的第三大直接投资目的地（位于卢森堡和法国之后）[②]。据不完全统计，在2011年1月至2012年6月仅一年半时间里，中国对英投资达到68.8亿美元，是过去几十年中国对英投资总和的5倍还多[③]。特别是2012年，中国企业在英国通过参股并购在英投资80多亿美元，超过2009～2011年的总和。为此，中国驻英国大使馆公使衔参赞周小明将2012年称作"中国对英投资年"[④]。鉴于欧债危机导致国外投资者对英国信心不足，进入英国的国外直接投资大幅下降（根据英国国家统计局数据[⑤]，2011

---

① 《调查显示英国企业对在华投资表示乐观》，腾讯网，http://news.qq.com/a/20120519/000035.htm。
② "China's Investment in UK Will Be 'Explosive'," China Daily, http://www.chinadaily.com.cn/china/2013-01/04/content_16078867.htm.
③ 《去年以来中国对英国投资迅猛增长》，中商情报网，http://www.askci.com/news/201206/12/14142_58.shtml。
④ 《中国对英投资并购呈"井喷"式增长》，金融界网站，http://forex.jrj.com.cn/2013/01/14070614936482.shtml。
⑤ Office of National Statistics, "Foreign Direct Investment Involving UK Companies, 2011."

年进入英国的对外直接投资只有319亿英镑,是2004年以来的最低值),在这种情况下,中国对英国的投资就显得格外重要。

目前,落户英国的中国企业有四五百家。此外,近年来,中国在英国投资的规模较大的项目数量也越来越多,同时,中国企业的投资领域也越来越广,特别是在基础设施领域。英国是少数欢迎中国投资其基础设施的西方国家。2012年1月,英国财政大臣奥斯本访华,其重要议题之一正是为了寻求中国企业投资英国的基础设施。目前,中英双方已通过中英基础设施投资大会和中英经贸联委会等工作机制,就加强基础设施投资合作达成共识,并成立中英基础设施工作小组,以着手落实有关工作。

(三)财政金融合作

1. 经济财金对话(Economic & Financial Dialogue)

中英两国在财政金融领域有多种形式的合作与交流,且已机制化。中英经济财金对话是双方为在财金领域进一步加强合作与沟通而设立的高级别对话机制,也是双方讨论两国经济关系中的战略性、全局性、长期性问题的有效平台,目的在于加强两国在宏观经济政策和重大国际经济问题上的沟通与协调,巩固和推动中英经济关系和两国全面战略伙伴关系的发展[①]。

该对话的前身为副部级的中英财金对话,于1998年启动。在2004年签署的《中英联合声明》中,财政金融领域被确定为两国合作的重点。为落实这一目标,2008年,中英双方将财金对话提升为副总理级的经济财金对话,由英国财政大臣与中国负责宏观经济政策的副总理共同主持,每年一次,在英国和中国轮流举行。到目前为止,英国是唯一与中国有副总理级高层经济对话的欧洲国家。2008~2011年,双方共举行四次经济财金对话。双方讨论的话题非常广泛,涉及宏观经济政策和形势、金融部门发展和监管、中英贸易和投资关系、绿色发展和全球经济治理等多项话题。

在该对话框架下,中英双方还确立了金融监管与稳定领域的其他一些对话

---

① 中华人民共和国财政部:《中英经济财金对话机制概况》,http://wjb.mof.gov.cn/pindaoliebiao/yewujieshao/200903/t20090319_124426.html。

机制,包括英格兰银行与中国人民银行之间的年度联合研讨会、英国金融服务局与中国银行业监督管理委员会之间的年度双边对话等。

2. 人民币离岸业务

伦敦是全球最大的金融中心,尽管发展人民币离岸业务起步较晚,但发展迅速,特别是由于跨境结算量庞大,其规模目前已经与新加坡不相上下,占到11%左右[①]。将伦敦打造成人民币离岸交易中心,不仅有助于推动中英两国的贸易投资活动,也有助于推进人民币国际化进程。同时,这对促进英国国内的金融稳定具有重要作用,还有助于巩固伦敦作为国际金融中心的地位,增强其国际竞争力。因此,长期以来,英国一直在不遗余力地争取全球人民币离岸中心的地位。在2011年中英经济财金对话上,双方就将伦敦建成人民币离岸中心达成协议。

为此,中英双方于2012年4月正式启动这一计划,而达成货币互换协议是实现这一计划的重要步骤。经过双方共同努力,2013年6月22日,中国人民银行与英格兰银行签署了规模为2000亿元人民币/200亿英镑的中英双边本币互换协议[②]。互换协议有效期三年,经双方同意可以展期。中国人民银行与英格兰银行建立双边本币互换安排,可为伦敦人民币市场的进一步发展提供流动性支持,促进人民币在境外市场的使用,也有利于贸易和投资的便利化。中英双边本币互换协议的签署,标志着中英两国在货币金融领域的合作取得了新的进展,也标志着英国距离最终成为人民币离岸中心的目标又近了一步。

三 科技与气候变化领域的合作

(一)科技合作

1. 合作机制

中英两国机制化的科技合作始于1978年,并于1998年成立中英科技合作联委会(Joint Science Commission)。在2004年签署的联合声明中,中英两国

[①] 《渣打调查:香港人民币离岸业务占全球近八成,伦敦紧追新加坡》,和讯网,http://bank.hexun.com/2013-01-21/150390975.html。

[②] 中国人民银行:《中英两国央行签署双边本币互换协议》,http://www.pbc.gov.cn/publish/goutongjiaoliu/524/2013/20130623012047459276821/20130623012047459276821_.html。

将科技创新合作作为战略伙伴关系的一个重点领域。以此为指导，10年间，中英科技合作发展十分迅速。到目前为止，两国已经建立中英科技和创新合作伙伴关系，除政府间科技合作协定外，两国还签署了20多项科技合作对口协议或备忘录，涵盖基础研究、卫生、农业、水利、林业和航天航空等几乎所有领域；在农业、卫生、气象、地震等领域，双方还建立了定期会晤机制。2008年11月，两国签署《关于加强科学和创新领域全面合作与交流联合声明》和《进一步推进合作关系发展谅解备忘录》。2012年4月，中国科技部与英国商业、创新与技能部签署《关于促进中英创新合作的谅解备忘录》，创新政策与技术成为中英合作的一个新领域。到目前为止，英国已成为中国第三大科研合作伙伴[1]，仅次于美国和日本。

中英科技联委会是两国政府在科技领域开展合作的最重要高层对话机制，由双方负责科技事务的大臣/部长共同主持，每两年举行一次。通过该机制，两国定期就各自的科技政策、创新战略和国际合作战略进行交流，就双方科技合作计划和项目的执行情况及重点合作领域进行沟通和调整。2011年6月，第六次中英科技联委会在北京举行，进一步明确两国科研和创新合作的优先领域，包括前沿学科、能源与可再生能源、环境、人口健康、食品安全、应用科学、空间科学和创新与政策交流。

创新合作在中英双方的科技交流中占有重要地位。为加强"科技创新伙伴关系"，2010年，双方设立创新对话机制，以探讨建立创新体系，并分享企业创新方面的信息和经验。最近一次创新对话（第三次创新对话）于2012年10月在伦敦举行，双方签署《关于中华人民共和国科技部和英国商务、创新与技能部建立对话交流机制的备忘录》。

除上述双边合作机制和合作项目之外，英国方面的努力还包括于2007年10月在北京成立英国研究理事会（Research Council）[2]中国代表处，这是其在

---

[1] 中华人民共和国外交部：《中国同英国的关系》，http://www.fmprc.gov.cn/mfa_chn/gjhdq_603914/gj_603916/oz_606480/1206_607616/sbgx_607620/。

[2] 英国目前共有7家研究理事会，主要涉及工程和自然科学、生物技术和生物科学、自然环境等领域。其性质虽不属于政府机构，但每年均从英国政府获得相当可观的科研经费，此外还可以从政府部门和私人委托的研究项目中得到资助。研究理事会在政府、高等院校以及企业之间起到了非常重要的协调和组织作用。

欧洲以外设立的第一个海外分支机构。自成立以来，它已经与中国科技部合作开展多项活动。2013年1月，它与中国科技部共同公布中英重点领域战略合作计划资助项目，这是双方首次联合资助研究项目，英国研究理事会将提供100万英镑资助，中国科技部也将提供对等资助。计划资助项目涉及老龄人口健康、能源和粮食安全三大主题领域。

2. 主要合作项目

中英双方的科技合作主要集中在再生能源、清洁煤技术、农业、交通、生物技术、基因组研究、远程教育、风险投资、环境及天文学等领域。目前，双方已经完成或正在执行的具有代表性的重大科技合作计划和项目主要有[①]：①清洁能源合作。英国政府先后出资1350万英镑，在中国开展包括碳捕获和封存（CCS）技术、氢能和燃料电池，以及清洁化石燃料技术等方面的合作。②中英创新计划（ICUK）。该计划于2007年11月启动，至2010年11月结束，是两国之间的首个大型科技合作项目。英国高等创新基金拨款500万英镑，用于中英大学间的科技成果商业化研究。③中英科学桥计划。2008年4月启动，英方出资400万英镑，主要在自然环境、水资源和粮食生产、医药和医疗技术、4G无线移动通信技术以及可再生能源和建筑环境等四个领域加强中英两国研究机构间的合作。④中国明天计划。2009年3月启动，目的是促进中英两国研究机构和企业相互了解，共同合作，致力于技术创新。⑤干细胞研究基地。这是中英科技联委会确定的重点合作领域之一。2009年9月15日，英国爱丁堡大学与北京大学和无锡市政府签署框架合作协议，在江苏省无锡市建立一个新的干细胞研究基地。

在中英两国政府间科技合作不断深入的形势下，非官方性质的学术交流和合作也呈现出活跃态势，双方的多个科研机构、大学或企业之间都建有长期的学术合作或定期交流关系。而一些重大合作项目的确立，也成为民间科技合作的典范。例如，2010年5月，复旦大学与英国东英吉利大学签署合作协议，在上海建立"复旦—丁铎尔全球环境变化研究中心"；2011年6月，中国光华

[①] 本部分内容主要援引自中国驻英国大使馆网站的《中英政府间科技合作简况》，http://www.chinese-embassy.org.uk/chn/zygx/kjjl/t422158.htm。

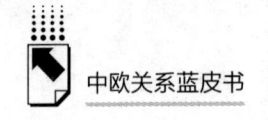

科技基金会与英国科技设施理事会签署合作谅解备忘录，这是中国首次有公益机构介入科技引进及推广领域；2012年3月，英国牛津大学ISIS科技创新公司宣布在江苏常州设立国际技术转移中心，这是英国大学院所所属技术转移公司在中国设立的第一家合资公司。

（二）能源与气候变化合作

英国十分重视应对气候变化问题，它不仅是该领域积极的倡导者和推动者，也是世界领先的低碳政策和技术创新者与实践者。对中国而言，应对气候变化，发展低碳经济，保证能源安全，也是当前的政策重点。因此，双方在能源与气候变化方面有诸多共同之处，并开展多项合作。其中，低碳发展是合作重点之一，也是双方合作较好的一个领域，它同时也是中英关系的核心领域之一。

1. 合作机制

2003年以来，中英双方先后签署多项重要法律文件，特别是以下几个文件：2006年9月签署的建立中英气候变化工作组和能源工作组的谅解备忘录；2008年1月签署的《关于气候变化的联合声明》；2011年9月签署的《关于加强能源领域合作的谅解备忘录》，以及2011年就气候变化合作续签的谅解备忘录等，这些文件是中英两国进一步深化气候合作的法律基础。

中英气候变化工作组与中英能源工作组是两国在气候变化与能源领域开展合作的主要协调与沟通机制。随着双方合作程度的加深，双方又进一步建立了部长级的中英能源对话机制。该对话由英国能源和气候变化大臣与中国能源局局长共同主持，目的在于通过双方合作，保证能源供应和稳定的气候体系。首次能源对话于2010年11月在北京举行。

除上述致力于气候和能源问题的专门性对话机制之外，中英双方还在其他一些部门性对话机制框架下在这两个领域开展合作，例如可持续发展对话、工业对话、农业对话等。与此同时，这也是中英经济财金对话的重要主题之一。

2. 中英两国在低碳领域的合作

如前所述，低碳领域不仅是中英双方合作的重点，也是合作较为成功的一个领域。其中，"中英低碳城市发展"计划与"中英低碳合作"项目最为典型。

2009年，中国科技部与英国研究理事会合作开展"中英低碳城市发展"（LCCD）计划。该计划是中国"十一五"生态城市建设科技工作的延伸，也是"十二五"时期国际科技合作的一项新重点，目的在于更好借鉴英国在低碳城市建设方面的经验，并通过合作推进中英双方低碳发展领域科技成果的转化与应用。根据该计划，双方选定广州、上海、南阳作为中英低碳城市建设合作首批试点，并与中国科学院生态研究中心、中国社会科学院工业经济研究所、伦敦大学、英国南安普敦大学等多家研究机构合作，共同推进试点城市低碳发展建设。3个试点城市在低碳发展领域各有侧重。该计划在推动城市低碳发展，促进政府决策、科学研究、商业发展的有机结合方面取得了极佳效果。

2011年举行的第四次中英财金对话将低碳领域的合作作为今后的工作重点。2011年1月，中英双方签署《低碳合作谅解备忘录》，并随后成立"中英低碳合作委员会"。在该谅解备忘录框架下，中英双方开展了新一轮的合作活动，即"中英低碳合作"（LCC）。主要侧重三个主题：低碳规划；利用市场机制，包括排放计量与交易、低碳政策框架和分析；低碳标准、低碳认证和采购。该计划将重庆、广东和湖北三个省市作为试点。与此同时，中英两国还将在包括碳市场政策与管理培训、低碳产品及低碳企业评价指标、气候立法等在内的低碳政策领域，批准15个以上新的合作项目。

此外，在英国外交部设立的"全球繁荣基金"框架下设有专门的中国合作项目，即"中国繁荣项目战略基金"，其中两个主题即为能源安全与低碳/气候变化，其目的在于通过项目实施推动中国经济向开放、稳定以及平等的低碳经济转型，同时鼓励中英双方合作，因此基金要求所有项目都必须有至少一个中方项目方和至少一个英方项目方参加。在该基金框架下，中英双方在2012~2013财政年度共开展超过49个以气候变化与能源等为主题的低碳高增长项目，例如"吉林市低碳发展线路图""建立中国南部节能社区"等。

2012年8月29日，英国议会能源委员会发表题为《与中国的低碳增长关系》[①]的报告，着重支持中英双方共同推动低碳发展。该报告对英国在低碳发

---

① House of Commons, Energy and Climate Change Committee, "Low-carbon Growth Links with China," http://www.publications.parliament.uk/pa/cm201213/cmselect/cmenergy/529/529.pdf.

展方面给予中国的支持表示赞同，同时对进一步拓展双方的合作提出建议。该报告还赞扬中国在向低碳经济转型过程中采取的一些行动，以及"十二五"规划着重发展低碳技术和基础设施的一些举措。此外，该报告还强调中英两国在合作拓展全球市场低碳产品和服务方面所具有的潜力。

四 人文交流

（一）中英高级别人文交流机制（People-to-people Dialogue）

2011年6月，在温家宝总理访问英国期间，中英双方就建立高级别人文交流机制达成一致。2012年4月16日，中英高级别人文交流机制启动会议在伦敦召开，由中国国务委员刘延东和英国文化大臣亨特共同主持，会后双方签署《中英两国政府关于建立高级别人文交流机制的谅解备忘录》。

中英高级别人文交流机制是继中英战略对话、中英经济财金对话之后的中英关系第三个支柱，也是继美国之后，中国与其他国家建立的第二个高级别人文交流机制。其目的在于为中英两国人文交流搭建更高层次的交流平台，推动双方在教育、文化、青年和媒体等各领域的合作。该对话由英国文化、媒体与体育大臣和中国负责人员交流事务的国务委员共同主持，涵盖教育、科研、创新以及文化等领域的广泛问题。对话在英国和中国轮流举行。该机制的建立有利于双方在各个相关领域开展更大范围、更深层次的人文交流。

（二）文化交流

中英两国都拥有悠久的历史和灿烂的文化，文化交流与合作是中英关系必不可少的组成部分，对于增进两国人民之间的相互理解和沟通具有不可替代的作用。两国之间的文化交流由来已久，且有十分广阔的合作空间。在当前中英两国关系遇到困难的情况下，加强文化交流就显得尤为重要。

事实也证明了这一点。根据1979年签署的《教育和文化合作协定》，中英双方商定定期签订文化交流执行计划。2009年2月，双方签署《2009~2013年文化交流计划》，确定未来几年两国文化交流的总体框架，并就表演艺术、视觉艺术、大型活动、考古和文化遗产保护、文学和出版、电影、广播和电视、青年、体育等领域的交流与合作制订计划,为进一步推动两国文化关系的发展奠定了基础。

自中英战略伙伴关系建立以来,双方文化领域的交流也日趋活跃,合作项目和人员交流的数量呈明显上升趋势,双方成功举办的大型文化交流活动越来越多。中英之间具有一定规模的文化交流合作项目平均每年有 60 余个,其中中国访英项目占 60%[①]。近年来一些规模较大的交流项目主要有以下几个。

(1)"创意英国"(Think UK):2003 年 4～10 月在北京、上海、广州和重庆举办,主要目的在于展现英国的最新创意与创新精神,集中于教育、商业、技术和艺术等方面。本活动尤其注重吸引青年人参与,大约有 450 万名青年通过各种形式参与了这一活动。

(2)"中国文化年":于 2003～2004 年在英国举办的大型系列活动,包括中国电影节、芭蕾舞、京剧巡演、杂技、画展和大型丝绸之路展等多项很有影响的活动,除此之外,中国代表团还参加了在爱丁堡为英国女王举行的皇家综艺晚会演出。

(3)"欢乐春节":自 2005 年举办以来,每年春节都在伦敦举行中国春节庆祝活动,已成为海外最有影响的春节庆祝活动之一,也是在亚洲之外举办的规模最大的春节庆祝活动,为传播中国文化、增进中英文化交流做出了重要贡献。

(4)"2006 中国在伦敦":是伦敦历史上规模最大的中国文化节,于 2006 年 1 月 26 日开幕,共举办 100 多项各具特色的文化活动。

(5)"盛世华章"故宫文物展:由英国皇家美术学院于 2006 年举办。中国国家主席胡锦涛与英国女王伊丽莎白二世出席开幕式并共同观展。本次展览为新中国成立以来故宫博物院在国外举办的规模最大的一次展览。

(6)"秦始皇帝——中国兵马俑"大型文物展:2007 年 9 月至 2008 年 4

---

① 本部分内容参见中国驻英国大使馆《中英文化交流简况》,http://www.chinese-embassy.org.uk/chn/zygx/culture/t687652.htm。

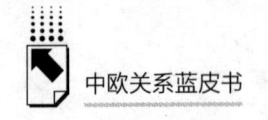

月在伦敦大英博物馆举办,中国政协副主席、中国社会科学院院长陈奎元与英国首相布朗共同出席开幕式。本次展览打破了英国博物馆特展门票销售的历史纪录。

(7)"时代中国"(China Now):2008年2月在伦敦开幕,该活动被认为是中英文化交流史上规模最大、时间最长、层次最高、内容最丰富的文化活动,其间共开展800多项活动,范围遍及整个英国。

(8)伦敦书展中国主宾国活动:伦敦书展是仅次于法兰克福书展的世界第二大图书版权交易会。2012年4月,中国首次作为主宾国出席伦敦书展。除图书推广之外,中英两国在此次书展上还开展多种文化交流活动,以及涉及出版与音乐、电影、版权保护等领域的10场高端对话。

(9)"艺述英国"(UK Now):2012年4~11月,由英国驻华使馆在中国17座城市开展的大型艺术文化活动,这是英国在华举办的有史以来规模最大的艺术与创意产业盛会。除各种形式的演出、展览和艺术活动之外,该活动特别致力于推动中英两国艺术和创意产业的未来发展。

(三)教育交流

1. 概况

中英两国很早就开始了教育交流,近年来又得到进一步发展。

第一,双方确立了教育部长年度磋商机制。该机制启动会议于2005年2月在北京举行,并签署了《关于全面加强教育合作与交流的联合声明》。该机制由英国教育大臣和中国教育部长共同主持,目的在于加强中英双方在教育和科学研究领域的合作。第六届年度磋商会议于2011年10月在伦敦举行,双方就基础教育、职业教育、高等教育改革及语言教学合作等进行深入交流,签署了《中英教育伙伴关系行动计划》,并举办大学校长高峰论坛和留学中国教育展。

第二,中英两国10年来签署多项教育交流合作协议和备忘录,涉及教育、教学、科研、汉语研究等多个领域。特别是2003年签署的《关于相互承认高等教育学位证书的协议》规定,中英互相承认高等学历(指本科以及本科以上学历),即中国留学生在英国取得的学位将在国内得到承认;同样,中国学生在国内获得的由中国政府认可的高等教育学位证书也可以得到英国政府及相关教育机构的认可。但是，值得注意的是，由于英国的高等院校具有很大程度的自主性，英国政府不会强制要求英国大学认可所有得到中国政府承认的高等院校的学历，例如有些高校只接受中国前100名高校颁发的学位与学历。

第三，英国目前是中国留学生人数最多的欧洲国家。2011年，英国有中国留学生10万人左右（其中内地学生7万名左右）。从比例上看，在英国留学的海外学生中，中国留学生所占比例最大（占留学生总数的14%，占非欧盟学生的19%）。但总体来看，英国在华留学生规模较小，只有3000余人（不包括参加短期语言和文化课程的访问学生），排名第16位。

第四，英国的汉语教学活动十分活跃。迄今中国已在英国建立17所孔子学院和58个孔子课堂①，数量居欧洲之首。英国共有600余所中小学开设汉语课程。

2. 主要教育合作项目

近年来，无论是在基础教育还是高等教育领域，中英两国政府都开展了一系列合作交流项目②。

在基础教育方面，比较典型的合作项目有中英西南基础教育项目，是英国政府目前实施的规模最大的教育赠款项目。项目执行期为2006~2011年，英国政府共投入2700万英镑援款，用于支持中国西南地区27个国家级贫困县的基础教育。

与基础教育相比，中英两国政府之间的高等教育合作更为活跃。其中比较突出的一些项目包括：①中英优秀青年学者奖学金项目，于2005年启动，目的在于培养中国重点高校的博士和博士后等高层次人才。2005年成功派出20名博士生和博士后赴英学习。自2006年起，该奖学金名额增加到50名。②中国大学生赴英实习项目。该项目于2006年开展小规模试点，2007年6月全面

---

① 《驻曼彻斯特总领事潘云东出席曼城学联龙年新春晚会》，凤凰网，http：//news.ifeng.com/gundong/detail_ 2012_ 02/09/12401217_ 0. shtml。

② 本部分内容主要参考了中国驻英国大使馆的《中英教育交流概况》，http：//www.edu-chinaembassy.org. uk/jyjl/jiaoliugaikuang. htm。

推进，计划资助200名中国在校大学生或研究生赴英国相关机构或公司实习，且多为带薪实习，实习期限一般为12～50周。③高校领导能力培训项目。该项目于2003年启动，中英两国每年各自遴选12名高校领导到对方国家进行学习考察。④中英教育合作伙伴项目，于2011年4月正式启动，是中英第五次教育部长峰会的成果之一，目的是资助两国的高等教育和继续教育机构进一步创建合作伙伴关系。另外，近年来，随着中国高等教育的发展，中国政府奖学金项目日益得到英国学校、政府部门和公众的关注和重视，有越来越多的英国留学生受益于这一项目。

特别值得一提的是志奋领奖学金（Chevening Scholarship）项目，这是英国政府推出的一项旗舰奖学金计划，由英国外交部出资，于1983年启动，中国一开始就被纳入这一项目。资助对象为工作三年以上、有希望成为行业带头人的申请者，他们将在英国高等教育机构进行一年研究生课程学习或研究。该项目的运作由英国驻华使馆和驻上海、广州及重庆的总领事馆负责。项目为获得批准的申请者提供上限为12000英镑的学费、生活费、一次性往返国际机票及英国外交部同意的其他补贴等。每年有200名左右中国学生获得这一资助[1]。自2007年起，中国国家留学基金管理委员会与英国大使馆设立志奋领联合奖学金，每年共同承担15名中国留学生的费用，同时也共同办理申请人的初审、面试，以及最后批准等事宜。

除两国政府之间的教育合作之外，学校和其他教育机构也在多个层面开展多种教育交流与合作，例如大学层面的科研合作项目、互派交换生项目、访问学者项目、合作办学项目以及中小学层面的学生互访项目、校长和教师互访项目、姐妹学校项目等。

（四）旅游

2005年1月，中英两国签署《关于中国旅游团队赴英国旅游签证及相关事宜的谅解备忘录》，英国正式成为中国公民旅游目的地之一（但英国也是当

---

[1] 英国驻华使馆：《志奋领奖学金》，http://ukinchina.fco.gov.uk/zh/about-us/working-with-china/chevening-scholarship-scheme/。

时25个欧盟成员国中最后一个成为中国公民旅游目的地的国家）。这一备忘录的签署极大地促进了中国公民赴英旅游的热情。

近年来，赴英旅游的中国公民不仅在数量上急剧增长，而且在英国的消费也呈直线上升趋势。2010年有12.7万名中国游客到英国旅游，比1993年增加6倍；2011年达到14.7万，比上一年增加35%左右①。2007年，中国游客在英国的支出为300万英镑，2010年时达到3亿英镑②。中国游客已成为赴英国旅游消费的第三大客源，仅次于海湾国家和尼日利亚③。英国政府的目标是到2015年使到英国旅游的中国游客增加到50万。如果这一目标能够实现，中国游客每年在英国的旅游支出将增加5亿英镑左右，同时为英国多创造14000个工作岗位。

目前，与到法国、意大利和德国等其他欧洲国家旅游的中国游客（每年50万~70万）相比，到英国旅游的中国游客数量并不算多，特别是与法国相比。法国是吸引中国游客最多的欧洲国家，2011年有90万中国人到法国旅游④。造成这种状况的主要原因是英国没有加入申根协定，中国游客赴英国旅游需要单独办理签证，手续的烦琐限制了赴英国旅游的中国游客数量。这一问题已引起英国政府高度重视，特别是在经济不景气的情况下，英国政府希望以旅游业来促进经济增长，因此，英国政府正在探讨简化中国游客赴英签证手续的可能性，但也有一些人担心此举在安全和移民问题上可能造成的负面影响，因此最终方案尚未出台。

与此同时，英国也是中国重要的国际游客来源地之一。2004年，来华旅游的英国游客为41.81万人次。2005年旅游目的地协议的签署也促进了英国来华旅游人数的快速增长。例如，2010年，有超过57.5万名英国人赴中国内

---

① "UK's Initiative Targets Tourists from China," People's Daily Online, http：//english.people.com.cn/90778/7912813.html.
② "UK Bound Chinese Tourists Soar," World Travel Online, http：//news.travel168.net/20110525/27675.html.
③ 《中国籍游客已成为英国旅游消费第三大客源》，人民网，http：//finance.people.com.cn/GB/n/2013/0228/c70846-20635345.html。
④ "France Tops European Table for Chinese Tourists," The Guardian, http：//www.guardian.co.uk/world/2012/aug/17/france-tops-table-chinese-tourists.

地旅游观光，2012年时这一数字达到61.84万，同比增长3.8%[①]。2012年，英国是中国第十五大国际游客来源国，在欧盟国家中仅次于德国。

五 结语：中英关系未来展望

总的来看，2003～2013年这十年是中英关系发展最好的十年，不管是在政治、经济、科技，还是人文等领域，两国的合作与交流都得到进一步深化。尽管2012年下半年出现一些波折，但并未影响双边关系的总体趋势。可以认为，英国政府今后几年，甚至更长时期内对华政策的总体基调仍然是在稳定中寻求深化。其原因是多方面的，既有历史原因，也有现实原因；既有政治原因，也有经济原因。

第一，在1997年香港政权实现顺利交接之后，中英关系中不再有历史遗留问题，也不存在根本性利害冲突，一直处于相对平稳的发展过程之中。这样一种长期形成的良好态势具有很大程度的延续性。另外，英国的实用主义外交传统也决定了其对华政策将保持务实、理性和积极的总体取向。第二，从政治层面看，尽管英国的相对实力较之前有所下降，但仍是世界上一支重要的政治力量，而中国在世界上的地位则正处于上升阶段，因此，双方有诸多领域可以开展更深入合作。第三，与法德等国家相比，英国更推崇自由贸易和开放理念，主张推动全球化，反对贸易保护主义，例如，它反对限制中国产品向欧洲出口。同时，它还强调外交为经济服务，并采取意识形态分歧下经济利益优先的策略[②]，这一理念对于中英经济贸易关系的进一步深化十分有利。因此，尽管未来中英经贸关系还会出现摩擦，但不会影响双边关系的总体发展态势。第四，与德国等国家相比，中国和英国的经济互补性强，且互补性大于竞争性[③]。例如，德国的经济优势集中在制造业方面，而中国近些年在制造业领域已经具备与其进行竞争的一定优势；而英国则恰恰相反，实体经济在整个国民

[①] 中国国家旅游局：《2012年1～12月入境旅游外国人人数（按目的分）》，http://www.cnta.gov.cn/html/2013-1/2013-1-17-17-13-54943.html。
[②] 赵怀普：《关于英国对华外交的几点思考》，《国际展望》2010年第1期，第61页。
[③] 周弘主编《欧洲发展报告（2008～2009）：欧盟"中国观"的变化》，社会科学文献出版社，2009，第19、25页。

经济中所占比重不大，其经济优势集中在服务业，尤其是金融服务业，而中国则恰恰欠缺金融服务业等领域的经验，这也正是英国所愿意"输出"的。因此，英国在推动与中国的贸易方面表现得比德法等国要积极。第五，英语作为一种国际语言具有其他语言所不具备的优势，为中英两国在文化、教育、旅游和其他各个领域的人文交流提供了便利，有助于中英关系的全面发展。

当然，尽管笔者对未来的英国对华政策和中英关系持乐观看法，但这并不排除双方关系中将出现的一些矛盾和争议。相反，由于种种原因，特别是中英两国具有不同的价值取向、不同的国家利益和不同的外交与安全战略，从而导致两国关系中可能存在很多不确定性。第一，英国奉行西方的价值观，强调外交政策的所谓"道德标准"，因此，在人权、法治、西藏等问题上，英国政府不会停止对中国施加各种压力。第二，气候变化是英国政府最重要的外交政策议题之一，尽管它与中国在该领域开展多项合作，但仍有可能在气候及环保等问题上对中国施加更大的压力。第三，尽管在不同时期程度有所不同，但英美"特殊关系"一直是英国外交政策的基石之一，因此，美国的对华政策动向仍然会对英国的对华政策产生重要影响。第四，作为欧盟成员国，英国的对华政策或多或少也会受到欧盟对华政策的影响。当然，反过来，英国的对华政策也将在一定程度上影响欧盟作为一个整体的对华政策，从而使中英关系与中国和欧盟的关系表现出一定的相关性和同步性。这一点，最明显的表现是在2008～2009年期间，当时中国与欧盟的关系处于调整期，摩擦有所增大，这与时任英国首相布朗会见达赖，以及北京奥运火炬传递在伦敦受阻相互回应；同样，英国对于中国采取的友好措施也有助于并基本上与中欧关系的恢复同步，例如，在中欧关系陷入低潮之际，正是2009年1月英国政府发表的首份对华政策文件开启了欧洲与中国缓和关系的大门。

鉴于欧盟共同外交与安全政策仍属于政府间合作领域，因此，作为欧盟重要成员国的英国在欧盟整体对华政策中的作用不容忽视。

B.13
中国与中东欧国家：中欧关系新亮点

孔田平*

摘　要： 最近10年，中国与中东欧国家关系取得长足发展，中东欧国家在中国对外政策中的重要性得到提升。2011年以来，中国开始以地区方式处理与中东欧国家的关系，中国与中东欧国家关系进入新的历史阶段。

关键词： 中国　中东欧国家　对外关系

自2003年以来，中东欧国家回归欧洲的进程日益加快。迄今为止，已有11个中东欧国家加入欧盟。克罗地亚于2013年7月加入欧盟，成为欧盟第28个成员国。10年来，中国与中东欧国家关系在各领域得到长足发展。[①] 2011～2013年中东欧国家在中国对外政策中的重要性得到提升，中国与中东欧国家的关系已经进入新的历史阶段。

一　中国与中东欧国家的政治关系

（一）中国对中东欧国家的政策日渐明晰

2002年12月结束入盟谈判后，2003年中东欧国家加入欧盟进程进入关键

---

* 孔田平，国际政治专业，法学博士，中国社会科学院欧洲研究所中东欧研究室主任，研究员。
① 迄今为止，中东欧11国已加入欧盟，其余5国处在程度不同的欧洲化进程之中。我国外交强调中国与中东欧国家关系是中欧关系的重要组成部分。

时期。2003年4月16日，波兰、捷克、匈牙利、斯洛伐克、斯洛文尼亚、爱沙尼亚、拉脱维亚和立陶宛在希腊雅典与欧盟签署入盟条约。面对即将扩大的欧盟，2003年10月中国政府首次发表的《中国对欧盟政策文件》明确指向扩大的欧盟。文件指出，"2004年，欧盟将扩至25国。一个囊括东西欧、面积400万平方公里、人口4.5亿、国内生产总值逾10万亿美元的新欧盟行将出现"①。文件强调"深化同欧盟各成员国，包括新成员国的关系，维护中欧总体关系的稳定性和连续性"，首次提到与新成员国的关系②，这表明即将入盟的中东欧国家被纳入中国对欧政策的框架之中。同年11月，中国现代国际关系研究所中东欧课题组发表《中国对中东欧国家政策研究报告》，报告强调，随着中东欧国家入盟的实现，今后中国对这一地区的政策将纳入对欧政策的整体框架之中，中国应更加积极主动地推动与之关系的进一步发展③。值得注意的是，一些中东欧国家同时开始关注中国。2003年匈牙利麦杰希政府提出"亚洲战略"，将对华关系置于其"亚洲战略"的首位。

2004年是中东欧国家地缘政治地位发展重大变化的一年。继1999年波兰、匈牙利和捷克加入北约后，2004年3月，斯洛伐克、斯洛文尼亚、罗马尼亚、保加利亚、爱沙尼亚、拉脱维亚和立陶宛成为北约成员国。同年5月，波兰、匈牙利、捷克、斯洛伐克、斯洛文尼亚、爱沙尼亚、拉脱维亚和立陶宛加入欧盟，实现了回归欧洲的历史夙愿。2007年罗马尼亚和保加利亚入盟。中东欧国家的地缘政治地位得到提升，有学者称，由于中东欧国家的大西洋主义的外交政策以及欧中关系中美国因素的出现，中东欧国家在欧中关系中的重要性增加④。

2008年爆发的世界金融危机对绝大多数中东欧国家的经济产生严重冲击，

---

① 《中国对欧政策文件》，2003年10月，http://news.xinhuanet.com/world/2003-10/13/content_1120641.htm。
② 《中国对欧政策文件》，2003年10月，http://news.xinhuanet.com/world/2003-10/13/content_1120641_1.htm。
③ 中国现代国际关系研究所中东欧课题组：《中国对中东欧国家政策研究报告》，《现代国际关系研究》2003年第11期。
④ Nicola Casarini, "Europe-China Relations and the New Significance of Central and Eastern European Countries," International Issues & Slovakia Foreign Policy Affairs, Vol. XVI, No. 3/2007, pp. 3–17.

匈牙利等国不得不接受国际货币基金组织和欧盟的救助。西方发达国家的经济衰退导致进口需求下降，中国的出口部门受到影响。在世界金融危机的背景下，中国与中东欧国家合作的需求增加，双边发展关系的政治意愿增强。

此时，在经历剧变后"相互忽视"的第一个10年后，中国与中东欧国家重新发现了彼此的价值和合作的需求。中国对中东欧国家的重新发现主要基于三点：第一，由于中东欧国家的入盟，中东欧成员国在欧洲政治中可以发挥重要作用；第二，由于中东欧独特的地缘位置，中东欧国家可能成为中国开拓欧洲市场的桥头堡；第三，尽管中东欧国家受到世界金融危机不同程度的冲击，但中东欧国家经济的调整能力要强于南欧国家，其经济发展尚有很大潜力。中东欧国家对中国的重新发现主要体现在三点。第一，中国已经成为全球力量变化的重要因素。中国长期保持经济高速增长，10年间经济总量从世界第六上升到世界第二。加入世界贸易组织10年后成为世界第一大出口国和第二大进口国。外汇储备达到3万亿美元。波兰前总统克瓦希涅夫斯基认为，"世界正在向多极化的方向前进，美国、欧洲以及像中国、印度或巴西这样的强国将在多极化世界中扮演重要的角色。中国或欧洲都能够在这世界里拥有强有力的地位"[1]。匈牙利总理欧尔班2010年10月在上海发表演说，强调亚洲巨人处在正在发生的地缘政治变化的中心。"新的权力引擎正在出现，经济政策的新的观念和构想占据主导地位。我们都非常清楚，世界正在经历快速而深刻的变革，中国在这些变革中发挥关键作用"[2]。第二，中国保持良好的经济增长纪录，经济影响力持续扩大。波兰外交部副部长贝阿塔·斯泰尔玛赫认为，"从30年前开始，中国向现代化和全世界开放的方向迈进，并在令人惊异的短时间内完成了真正的'大跃进'。中国是亚洲经济增长的领导者，就像我们的国家一样（波兰是中东欧增长的领导者）。不论是对进口商、对出口商或是投资企业而言，中国的经济增长使其成为非常具有吸引力的合作伙伴。因此我们必须进一步思考在我们面前的潜在合作领域"[3]。第三，中东欧国家与中国的合

---

[1] 《来自欧洲和波兰的观点：聚焦中国》，《智库》杂志波中合作专辑，2011。
[2] "Hungarian Prime Minister Viktor Orban Meets Premier Wen Jiabao and Gives Keynote Speech on Final Day of Shanghai Expo 2010," http://www.itnsource.com/shotlist/RTV/2010/11/01/RTV2775010/? v = 1.
[3] 《来自欧洲和波兰的观点：聚焦中国》，《智库》杂志波中合作专辑，2011。

作潜力巨大。作为中东欧面积最大和人口最多的国家,波兰官方强调波中之间的商业合作有着巨大的发展潜能。中东欧国家的一些学者认为,贸易盈余和外汇储备让中国人能够在欧洲进行投资。其中最有前景的领域为铁路的现代化、高铁的引进、道路和航空基础建设项目、能源工业、矿业和造船业等。中国与中东欧国家相互的重新发现推动了中国对中东欧国家政策的转变。

自2011年起,中国开始以地区方式处理与中东欧国家的关系。中东欧国家在中国对外关系的重要性有所提升。2011年6月25日,温家宝总理出席在布达佩斯主办的中国中东欧国家经贸论坛,向中东欧国家发出中国发展与中东欧国家关系的信息。2012年温家宝总理在华沙出席中国中东欧经贸论坛上提出的12点政策倡议进一步强化了中国处理与中东欧国家的地区方式。

中国将与中东欧国家关系嵌入对欧战略框架之中,使这一组关系在中欧关系中的地位更加明确。2012年4月26日,中国与中东欧国家16国领导人在波兰华沙会晤,并发表新闻公报,强调"中国与中东欧国家传统友好,其相互关系是整个中欧关系的重要组成部分"[①]。目前中欧关系为多层次的关系:如与大国(德法英)的关系、与欧盟机构的关系、与次地区(南欧、北欧和中东欧)的关系。

(二)中国与中东欧关系的机制化和务实化

中国与中东欧合作的机制化已经起步。2012年9月6日,中国—中东欧国家合作秘书处成立大会暨首次国家协调员会议在北京举行,中国与中东欧合作的政府间网络初步形成。

2012年4月,温家宝总理在华沙提出发展与中东欧国家关系的倡议包括机制化和许多具体落实的细节。

(1)成立中国与中东欧国家合作秘书处。秘书处设在中国外交部,负责沟通协调合作事宜、筹备领导人会晤和经贸论坛并落实有关成果。中东欧16国根据自愿原则指定本国对口部门及1名协调员参与秘书处协调工作。

---

① 《中国与中东欧国家领导人会晤新闻公报》, http://www.gov.cn/jrzg/2012-04/27/content_2124462.htm。

(2) 设立总额 100 亿美元的专项贷款，其中配备一定比例的优惠性质贷款，重点用于双方在基础设施建设、高新技术、绿色经济等领域的合作项目。中东欧 16 国可向中国国家开发银行、进出口银行、工商银行、中国银行、建设银行和中信银行提出项目申请。

(3) 发起设立"中国—中东欧投资合作基金"，首期募集基金目标为 5 亿美元。

(4) 中方将向中东欧地区国家派出"贸易投资促进团"并采取切实措施推进双方经贸合作。愿与各国共同努力，力争中国与中东欧 16 国贸易额至 2015 年达到 1000 亿美元。

(5) 根据中东欧国家的实际情况和需求，推动中国企业在未来 5 年同各国合建 1 个经济技术园区，也愿继续鼓励和支持更多中国企业参与各国已有的经济技术园区建设。

(6) 提出与中东欧 16 国积极探讨货币互换、跨境贸易本币结算以及互设银行等金融合作，加强务实合作的保障与服务。

(7) 成立"中国—中东欧交通网络建设专家咨询委员会"。由中国商务部牵头，中东欧 16 国本着自愿原则加入，共同探讨通过合资合作、联合承包等多种形式开展区域高速公路或铁路示范网络建设。

(8) 倡议 2013 年在中国举办"中国—中东欧国家文化合作论坛"，并在此框架下定期举行文化高层和专家会晤及互办文化节、专题活动。

(9) 在未来 5 年向中东欧 16 国提供 5000 个奖学金名额。支持 16 国孔子学院和孔子课堂建设，未来 5 年计划邀请 1000 名各国学生来华研修汉语。加强高校校际交流与联合学术研究，未来 5 年派出 1000 名学生和学者赴 16 国研修。中国教育部计划明年在华举办"中国—中东欧国家教育政策对话"。

(10) 倡议成立"中国—中东欧国家旅游促进联盟"。由中国国家旅游局牵头，欢迎双方民用航空主管部门、旅游和航空企业参与，旨在加强相互推介和联合开发旅游线路，并探讨开通与中东欧 16 国更多直航。中国国家旅游局计划 2012 年秋在上海中国国际旅游交易会期间协办中国—中东欧国家专项旅游产品推介会。

（11）设立"中国与中东欧国家关系研究基金"。中方愿每年提供200万元人民币，支持双方研究机构和学者开展学术交流。

（12）中方计划于2013年举办首届"中国与中东欧青年政治家论坛"，邀请双方青年代表出席，增进相互了解与友谊。

（三）中国与中东欧国家的政治关系得到提升，高层交往增加

政治关系的提升体现在中国与中东欧国家之间对双边关系的界定上。2004年，中国与波兰和匈牙利将双边关系提升到友好合作伙伴关系。同年，中国与罗马尼亚建立全面友好合作伙伴关系。2005年，中国与克罗地亚建立全面合作伙伴关系。2009年和2011年，中国分别与塞尔维亚和波兰建立战略伙伴关系。中国与中东欧国家的高层交往得到加强。10年中，中国领导人数度对中东欧国家进行专访。国家主席胡锦涛于2004年6月访问波兰、匈牙利和罗马尼亚。温家宝总理2005年12月访问斯洛伐克和捷克。全国人大常委会委员长吴邦国2007年5月访问匈牙利和波兰。政协主席贾庆林2008年5月访问罗马尼亚、匈牙利、斯洛文尼亚和克罗地亚。温家宝总理2009年5月赴捷出席第十一次中欧领导人会晤。国家主席胡锦涛2009年6月访问斯洛伐克和克罗地亚。国家副主席习近平2009年10月访问保加利亚、匈牙利和罗马尼亚。全国政协主席贾庆林2010年11月访问波兰。温家宝总理于2011年6月访问匈牙利，2012年4月又访问了波兰，参加首次中国—中东欧国家领导人会晤和中国与中东欧国家第二届经贸论坛；同月，国务院副总理李克强访问匈牙利。

在这段时间里，中东欧国家领导人也纷纷来华访问。2003年1月，斯洛伐克总统舒斯特访华。2003年8月，匈牙利总理麦杰希访华。2003年12月，斯洛文尼亚总理罗普访华。2004年4月，捷克总统克劳斯访华。同月，拉脱维亚总统弗赖贝加访华。2005年5月，克罗地亚总理萨纳戴尔访华。2005年6月，捷克总理帕鲁贝克访华。2005年8月，爱沙尼亚总统吕特尔访华。2005年9月和2007年9月匈牙利总理久尔查尼两次访华。2006年3月，罗马尼亚总统伯塞斯库访华。2006年4月，斯洛文尼亚总统德尔诺夫舍克应邀出席博鳌亚洲论坛年会。2007年2月，斯洛伐克总理菲佐访华。

2007年9月，拉脱维亚总理卡尔维季斯访华。2007年11月，斯洛文尼亚总理扬沙访华。2008年8月，罗马尼亚总统伯塞斯库、捷克总理托波拉内克、斯洛伐克总统加什帕罗维奇、爱沙尼亚总理安西普、拉脱维亚总统扎特列尔斯、拉脱维亚总理戈德马尼斯、立陶宛总理基尔基拉斯出席北京奥运会开幕式。2008年10月，波兰总理图斯克和保加利亚总统珀尔瓦诺夫访华，并出席第七届亚欧首脑会议。2009年8月，塞尔维亚总统塔迪奇访华。9月，拉脱维亚总统扎特列尔斯访华。2010年5月，拉脱维亚总理托姆布洛夫斯基斯访华。2010年6月，塞尔维亚总理茨韦特科奇访华。2010年9月，斯洛伐克总统加什帕罗维奇来华出席上海世博会国家馆日活动。2010年10月，匈牙利总理欧尔班出席上海世博会闭幕式。2011年8月，罗马尼亚总理博克访华。12月，波兰总统科莫洛夫斯基访华。2012年4月26日，中国与中东欧国家总理在华沙举行首次会晤，中国与中东欧国家的政治关系得到提升。

（四）中东欧国家的"向东方开放战略"

2009年8月塞尔维亚总统塔迪奇访问中国。塔迪奇总统在塞尔维亚—中国贸易投资论坛发表演说，强调过去塞尔维亚外交有三个支柱：布鲁塞尔、华盛顿和莫斯科，现在塞尔维亚获得了第四个支柱：北京。在世界地缘政治形势重新界定的时候，加强与中国的关系成为塞尔维亚外交的支柱之一。2010年青民盟赢得大选胜利。欧尔班出任总理。欧尔班总理提出"向东方开放战略"。欧尔班认为，"西方的金融和经济危机以及接踵而至的经济失误和停滞带来了一个新世界。强者变弱，弱者变强。在我们眼前，转型正以惊人的速度发生"[1]。他强调中国忠诚于西方近来已经背弃的原则：节制消费、尊重劳动和不愿负债。温家宝总理访问匈牙利时，欧尔班强调匈牙利与中国已经建立新的经济同盟，匈中合作可以为中国与中欧地区的合作铺平道路，匈牙利准备成

---

[1] Speech by Viktor Orbán at the China-Central and Eastern European Countries Economic and Trade Forum, http://www.miniszterelnok.hu/in_english_article/speech_by_viktor_orban_at_the_china_central_and_eastern_european_countries_economic_and_trade_forum.

为中国在东南欧的经济、金融和物流的桥头堡。波兰制定了对中国及对整个东亚的新政策。新政策包含政治战略议题（如中国与欧洲必须应对全球性挑战），以及经济议题如投资（如说明在哪些战略部门能够引入中国的投资）、贸易（加强双边贸易）、科学、文化或旅游。

（五）中国与中东欧国家的顺利发展需要排除政治干扰

中东欧国家奉行"一个中国"原则，2003年以来，中国与中东欧国家的关系在涉台问题上未发生问题，但是在涉藏问题上则纷扰不断。2008年12月达赖喇嘛访问波兰，与波兰总理图斯克和总统卡钦斯基会面。中方对此表示抗议，而波方辩称会见是"非官方的"。2009年9月达赖喇嘛访问斯洛伐克，斯洛伐克总统与总理未与之会面。2010年4月达赖喇嘛访问斯洛文尼亚，未与斯洛文尼亚官员举行会晤。2010年9月，达赖喇嘛访问匈牙利，欧尔班总理并未会见达赖。2011年8月达赖喇嘛访问爱沙尼亚，爱沙尼亚总统伊尔韦斯与之会晤，拉脱维亚和立陶宛议会代表团也出席了会晤。中国外交部召见爱沙尼亚驻华大使表示抗议，要求就达赖访问一事进行解释。2011年12月，达赖喇嘛访问捷克，捷克总统与总理未与之会面，但是捷克外长施瓦岑贝格"非官方"会见达赖。在人权问题上，一些政客利用对中国人权的批评谋取政治利益。对上述问题，如果处理不当，会直接损害双边关系的发展。

二 中国与中东欧国家的经贸关系

（一）中国与中东欧国家的双边贸易

1. 中国与中东欧国家双边贸易总量增长迅速

2003~2012年中国与中东欧国家的双边贸易增长迅速。2003年中国与中东欧国家贸易额为86.8亿美元，其中中方出口69.3亿美元，进口17.4亿美元。2012年中国与中东欧国家的贸易额达到520.6亿美元，其中中国出口388亿美元，进口132.5亿美元。中国与欧盟新成员国的贸易额为492.2亿美元，出口364.6亿美元，进口127.5亿美元。2012年中国与中东欧国家的贸易额约为2003年的6倍。2012年中国与欧盟中东欧成员国的贸易额为2003年的5.9倍。

2. 欧盟新成员国是中国在中东欧重要的贸易伙伴

在中国与中东欧国家的贸易中，中国与欧盟新成员国的贸易居主导地位。2012年中国与新成员国的贸易额占中国与中东欧国家贸易额的94.5%。而在2003年中国与这些未来的欧盟成员国的贸易额约占中国与中东欧国家贸易额的95.4%，从2003~2012年中国与中东欧欧盟新成员国贸易额在中国中东欧国家贸易中所占份额未发生实质性变化。中国与维谢格拉德四国的贸易额为372.5亿美元，占中国与中东欧国家贸易额的约71.6%（参见表1、表2）。

表1　2003年中国中东欧贸易统计

单位：万美元，%

国家	进出口额	同比变化	出口额	同比变化	进口额	同比变化
匈牙利	258781	60.0	228644	57.8	30137	78.5
波兰	197965	43.1	162049	39.1	35916	64.3
捷克	157882	64.1	128160	58.7	29722	92.2
斯洛伐克	25919	100.0	13707	49.4	12212	222.5
罗马尼亚	97565	29.6	50555	39.7	47010	20.2
保加利亚	22521	89.1	16648	70.6	5873	173.5
斯洛文尼亚	18731	49.9	15128	58.5	3603	22.0
克罗地亚	17596	48.6	16915	50.2	681	18.5
塞黑	14946	96.4	13553	84.5	1393	429.4
马其顿	3886	116.9	2413	39.7	1473	2195.4
阿尔巴尼亚	3223	71.7	3217	72.2	6	-31.9
波黑	635	83.1	571	85.2	64	66.5
立陶宛	18772	70.6	17046	73.5	1726	46.2
爱沙尼亚	17000	-1.9	13968	1.8	3032	-15.9
拉脱维亚	12983	78.5	11062	63.9	1921	266.9
中东欧国家	868405		693636		174769	
中东欧10国	828119		656967		171152	

资料来源：中国海关。

表2 2012年中国中东欧国家贸易

单位：万美元，%

国　　家	进出口额	同比变化	出口额	同比变化	进口额	同比变化
匈牙利	806099	-12.9	573786	-15.7	232313	-5.3
波兰	1438414	10.8	1238679	13.2	199735	-2.5
捷克	873029	-12.6	632340	-17.6	240689	3.8
斯洛伐克	607825	1.8	242304	-3.6	365521	5.7
罗马尼亚	377695	-14.2	279735	-19.0	97960	3.5
保加利亚	189496	29.4	105458	4.9	84038	83.0
斯洛文尼亚	182267	-2.9	156663	-6.5	25604	26.7
克罗地亚	137449	-15.2	129998	-15.6	7451	-6.3
塞尔维亚	51450	8.5	41288	4.2	10162	30.5
马其顿	22762	-7.5	8875	-3.3	13887	-10.0
阿尔巴尼亚	48681	11.6	34391	22.2	14290	-7.5
波黑	7001	-1.9	4671	12.7	2330	-22.1
黑山	16694	63.6	14576	62.0	2118	75.7
立陶宛	172091	21.0	131271	22.2	6883	2.0
爱沙尼亚	136943	2.5	123379	9.1	13564	34.0
拉脱维亚	138154	10.0	131271	10.0	6883	8.5
中东欧欧盟成员国	4922013		3646771		1275242	
西巴尔干国家	284037		233799		50228	
中东欧16国	5206050		3880570		1325470	

资料来源：中国海关。

3. 双边贸易不平衡问题比较严重

2003年中国贸易顺差为51.9亿美元，到2012年中国的贸易顺差达到255.5亿美元。2012年中国贸易顺差为2003年的5倍多。2003年中国对中东欧国家出口额与进口额之比为4.0，2012年中国对中东欧国家出口额与进口额之比为2.9。

4. 贸易结构过于单一

中国与中东欧12国的贸易主要集中在机械及运输设备和杂项制品，约占贸易额的80%[①]。由于地理因素，中东欧国家的主要出口市场为欧盟，中国不

[①] 尚宇红：《2001~2011年中国与中东欧国家货物贸易结构分析》，《俄罗斯中亚东欧市场研究》2013年第1期。

是其主要出口市场。由于中国出口更多的高附加值产品，进口低附加值产品如矿产品，中东欧国家面临不利的贸易条件。

（二）中国和中东欧国家的经济合作

1. 直接投资

中国在中东欧国家的投资项目持续增加。中国企业投资领域涉及机械、电子、电信、化工、印刷、农业、汽车、新能源等部门。根据官方统计报告，到2011年年底，中国对中东欧10国的对外直接投资存量为9.8亿美元，仅占中国对欧盟对外直接投资总额的4.85%（参见表3）[①]。据不完全统计，截至2011年底，我国对中东欧地区的投资超过30亿美元[②]。2003年以来，特别是欧盟扩大后，中国企业在中东欧的投资持续增加。2004年华为波兰公司成立，2008年在波兰建立东北欧地区总部，负责在中东欧、北欧和南欧的业务。2004年华为进入匈牙利电信市场，与主要运营商建立了战略伙伴关系，其高技术产品在当地市场占有一席之地。2009年华为在匈牙利设立欧洲供应中心。2012年5月，华为公司与匈牙利经济部签署战略合作谅解备忘录，华为拟斥资15亿美元在匈牙利建设欧洲物流中心。中兴公司也在中东欧国家建立公司或设立代表处，在开拓当地市场上取得了不俗业绩。2004年TCL集团在波兰投资4730万美元建电视机厂。2006年6月，联想公司投资500万欧元在斯洛伐克成立EMEA大区（欧洲、中东和非洲地区）客户运营中心。2006年12月6日，长虹欧洲电器有限公司举行开工典礼。长虹欧洲电器有限公司是中国在捷克建立的第一个生产型投资项目。2009年苏州胜利精密制造有限公司在罗兹投资设厂，2012年又在戈茹夫市设厂。中国一拖开拓塞尔维亚市场取得成效。2009年中国一拖与经销商合作建设拖拉机组装线，2010年初开始建设，当年5月份便实现YTO-454型45马力拖拉机批量组装，为产品获取欧盟市场标准认证、进入欧盟国家创造了可靠条件。中国本土汽车企业开始在中东欧投资。2009年10月，中国长城汽车股份有限公司与保加利亚利特克斯集团公

[①] 官方的统计数据可能低估了中国对中东欧国家的投资额。
[②] 李前：《瞄准中东欧的未来》，《进出口经理人》2012年第10期。

司正式签署合作协议，共同投资8000万欧元在保加利亚北部城市洛维奇市建设汽车制造厂。该厂2012年2月正式投产。2012年12月11日，比亚迪与保加利亚Bulmineral公司正式签约，双方宣布以50：50的比例成立电动大巴合资公司，并命名为Auto Group Motors。据悉，这是欧洲第一个电动大巴合资公司，也是比亚迪在海外成立的第一个电动车合资公司。中国贸易中心是华人在塞尔维亚的大型投资项目，投资达6000万欧元。中国贸易中心是集商品批发、零售、仓储、餐饮、休闲于一体的综合性场所。

表3 2003~2011年各年末中国在中东欧国家的对外直接投资存量情况

单位：万美元

国　　家	2003年	2004年	2005年	2006年	2007年	2008年	2009年	2010年	2011年
阿尔巴尼亚	—	—	50	51	51	51	435	443	443
波黑	146	401	351	351	351	351	592	598	601
马其顿	—	—	20	20	20	20	20	20	20
塞尔维亚	—	—	—	—	200	200	268	484	505
黑山	—	—	—	—	32	32	32	32	32
克罗地亚	—	—	75	75	784	784	810	813	818
保加利亚	60	146	299	474	474	474	231	1860	7256
波兰	272	287	1239	8718	9893	10993	10030	14031	20126
捷克	33	111	138	1467	1964	3243	4934	5233	668
爱沙尼亚	—	—	126	126	126	126	750	750	750
拉脱维亚	161	161	161	231	57	57	54	54	54
立陶宛	—	—	393	393	393	393	393	393	393
罗马尼亚	2975	3110	3943	6563	7288	8566	9334	12495	12583
斯洛伐克	10	10	10	10	510	510	936	982	2578
斯洛文尼亚	—	—	12	140	140	140	500	500	500
匈牙利	543	542	281	5365	7817	8875	9741	46570	47535
中东欧10国				6602					98458
欧盟总计	—	—	76801	127451	294210	317385	627793	1249689	2029079

资料来源：《2011年度中国对外直接投资统计公报》，中国统计出版社，2012年8月。

2. 企业并购

中国企业在中东欧国家的并购取得进展。2009年11月1日，新成立的北京京西重工有限公司成功收购德尔福制动和悬架的全球业务，德尔福公司在克拉科夫的研发中心和克罗斯诺的工厂为京西重工接管。2011年1月底，万华实业以12.6亿欧元成功收购匈牙利宝思德公司96%的股权，成为世界第三大聚氨酯生产商。万华的收购使宝思德公司免于破产，避免了债权人和股东的损失，而万华公司则拥有了开拓欧洲市场和维护欧洲客户的平台。2012年1月31日，广西柳工集团完成对波兰企业HSW集团的并购。HSW是中欧最大的建筑机械制造商。柳工集团与波兰HSW达成协议，收购其民用部分。这项并购的总额约为2.5亿兹罗提，这是迄今在波兰最大的中国投资项目。柳工同时宣布将继续投资12亿兹罗提用于在斯塔洛瓦沃拉市建设公司的欧洲中心和研发、配送中心。这是中国企业首次参与波兰国有企业私有化。2013年5月20日，襄阳汽车轴承股份有限公司与波兰工业发展局在华沙签署股份转让协议，收购波兰工业发展局持有的波兰KFLT轴承公司89.15%的股份，成功并购了这家波兰最大的轴承制造企业。

3. 工程承包

中国在中东欧国家的工程承包并非一帆风顺。2009年9月，中海外和中铁隧道联合上海建工集团及波兰德科玛有限公司中标波兰A2高速公路最长的A、C两个标段，总里程49公里，总报价13亿波兰兹罗提（约合4.72亿美元）。2011年6月13日，中海外放弃波兰A2高速公路项目合同，导致A2高速公路项目无法按期完工。波兰业主则给联合体开出7.41亿兹罗提（约合2.71亿美元）的赔偿要求和罚单，外加3年内禁止其在波兰市场参与招标。中海外高速公路项目的失败教训深刻。中海外对波兰市场缺乏了解、低价竞标、合同疏漏、管理失控等因素导致了项目的失败。2010年7月，中国路桥公司承建的泽蒙—博尔察跨多瑙河大桥项目正式奠基，该项目开创了中国企业参加塞尔维亚基础设施建设的先例。2010年2月，中国机械设备进出口总公司同塞尔维亚电力公司签署有关科斯托拉茨热电站合作项目的初步合同，预计项目总投资约8.5亿欧元。2012年11月，科斯托拉茨电站一期项目开工。2012年12月，中盛广电中盛光电集团ETSolar Group宣布承建罗马尼亚最大的50兆瓦光伏电站项目。该项目总装机容量为50兆瓦，由6个相对独立的光伏电站组成，是罗马尼亚有史以来最大的光伏电站项目群。

4. 金融合作

2003年2月，匈牙利中国银行正式开业。这是中国银行在中东欧地区的第一家分行。2012年3月，中国工商银行全资子公司工银欧洲在波兰开设分行并进行经营活动的申请得到了波兰金融监管局的正式批准。同年11月22日，中国工商银行华沙分行正式营业。2012年6月6日，中国银行（卢森堡）有限公司波兰分行开业。2013年9月9日，中国人民银行与匈牙利中央银行签署中匈双边本币互换协议，以加强双边金融合作，促进两国贸易和投资，共同维护地区金融稳定。互换规模为100亿元人民币/3750亿匈牙利福林，有效期3年，经双方同意可以展期。

（三）中国与中东欧国家经贸关系前景

中国和中东欧国家的经贸关系尚有提升的空间。温家宝总理2012年4月在华沙指出，中国和中东欧国家要相互扩大市场开放，争取在2015年双边贸易额达到1000亿美元。中国与中东欧国家的贸易不平衡问题需要关注。中方表示愿意更多地进口中东欧国家的产品，同时愿意为中东欧国家企业开拓中国市场提供方便。对彼此的市场和商业环境的不了解不利于双边经贸关系的提升。中国向中东欧国家派出贸易投资促进团，有助于中国的企业家了解中东欧国家的市场。一些中东欧国家政府开始协助本国企业拓展中国市场。2012年3月，波兰经济部和波兰信息与外国投资局联合在华沙开通专门用于支持波兰企业开展与中国进行经贸合作的政府门户网站——www.gochina.gov.pl，以回应中国的走出去战略。

有利的地理位置、良好的商业环境、相对低的劳动力成本以及较大的经济增长潜力是有助于中东欧国家吸引外资的主要因素。近年来中国在中东欧国家的投资呈现增长的势头，但是从总体上看中国在中东欧国家的投资规模并不大。中国企业对中东欧国家并不熟悉，特别是对当地的语言文化、法律法规和商业文化缺乏深入了解。由11个中东欧国家已经入盟，欧盟法规也适用于新成员国。中国企业面临着十分复杂的经营环境，一些行业尚有市场准入和技术准入的壁垒。欧债危机背景下欧洲贸易保护主义的抬头，也会影响中东欧国家的投资环境。因此，中国企业需要增强风险防范意识。中国企

业的投资与一些中东欧国家的期望并不吻合，中国企业关注企业并购和工程承包，而一些中东欧国家期望中国的投资能带来新的技术，创造新的就业机会。中国企业要想在中东欧国家立足，还需要适应中东欧国家的商业环境。

三　中国与中东欧国家人文领域的合作

人文领域的合作在中国与中东欧国家双边关系中发挥着重要作用。自2003年以来，这一合作得到进一步加强。

1. 文化交流

中国与中东欧国家均签署有文化合作协定，双方政府主管部门保持着高层交往。中国与塞尔维亚、匈牙利和波兰签署有互设文化中心的谅解备忘录。与罗马尼亚签署有互设文化中心的意向书。最近10年中国与中东欧国家文化交流活动不断，艺术家和艺术团体的互访成为常态。艺术家和艺术团体成为文化交流的使者和传播友谊的纽带。2009年，为庆祝中国与一些中东欧国家建交60周年，在波兰、罗马尼亚、塞尔维亚、捷克、匈牙利举办中国文化节，在保加利亚举办庆祝中保建交60周年音乐会。2012年，中国在波兰举办首届"中国文化季"活动，历时5个月，共举办10项文化活动。活动从传统到现代，从表演艺术到传统手工艺再到少数民族文化，从不同角度向波兰民众展示中华文化的独特魅力。近年来，每年均有波兰的钢琴家、乐团和其他演出团体访华，向中国观众展示波兰音乐文化的魅力。如波兰钢琴家马莱克·布拉查在2008年北京奥运会和2010年肖邦100周年诞辰音乐会上为中国音乐爱好者所认识。2012年，马莱克·布拉查再度访华，3月1日在国家大剧院给北京音乐爱好者奉献了一场精彩的音乐会。波兰驻华使馆为向中国儿童推广波兰，2011年12月开通KULA中文网站，以动画展示波兰的城市风貌。在一些中东欧国家，民间也积极推动对华文化交流，2004年6月，罗马尼亚民间成立中国文化中心，揭幕仪式在布加勒斯特举行。2013年5月14日，中国—中东欧国家文化合作论坛在北京举行，并通过《中国—中东欧国家文化合作行动纲领》。

表4 中东欧国家孔子学院分布

国家	孔子学院名称及启动时间
保加利亚	索菲亚孔子学院(2007年6月) 大特尔诺沃大学孔子学院(2012年10月)
波兰	克拉科夫孔子学院(2006年12月) 奥波莱孔子学院(2008年10月) 米兹凯维奇大学孔子学院(2008年6月) 弗罗茨瓦夫大学孔子学院(2008年12月)
捷克	帕拉斯基大学孔子学院(2007年9月)
罗马尼亚	锡比乌大学孔子学院(2007年11月) 克鲁日巴比什-波雅依大学孔子学院(2009年9月) 特兰西瓦尼亚大学孔子学院(2012年3月)
塞尔维亚	贝尔格莱德孔子学院(2006年8月)
斯洛伐克	布拉迪斯拉发孔子学院(2009年2月)
匈牙利	罗兰大学孔子学院(2006年12月) 塞格福大学孔子学院(2012年10月)
斯洛文尼亚	卢布尔雅那大学孔子学院(2010年5月)
克罗地亚	萨格勒布大学孔子学院(2012年5月)
爱沙尼亚	塔林大学孔子学院(2010年9月)
拉脱维亚	拉脱维亚大学孔子学院(2011年11月)
立陶宛	维尔纽斯大学孔子学院(2010年11月)

资料来源：国家汉办/孔子学院网站，http://www.hanban.edu.cn/。

2. 教育合作

近10年中，中国与中东欧国家的教育合作得到很大发展。中国与中东欧国家教育合作的主要形式有互换留学人员、互聘教师和高校校际合作等。中国与多数中东欧国家有政府互换留学生项目。中国与波兰政府互换留学生人数保持在每年35人。2008年之后，中国与捷克政府互换留学人员的人数从原来的每年15人增加到20人。中国在中东欧国家的自费留学生增长迅速，目前在波兰的留学生约有近千人。2011年12月，在波兰总统科莫洛夫斯基访华之际，"中国波兰大学校长论坛"在北京外国语大学举行，两国大学校长就加强两国高校的交流与合作等问题进行深入探讨。中国教育国际交流协会与波兰卜弥格大学联盟签署了谅解备忘录。到2012年4月，中东欧国家的孔子学院和孔子课堂多达58个，学习汉语的人数有所增加。此后又有3所孔子学院成立（参

见表4）2013年6月28日，"中国—中东欧国家教育政策对话"在重庆举行。来自中国和中东欧国家的教育官员和高校代表与会，会议通过了《中国—中东欧国家教育政策对话重庆共识》。

3. 地方合作

中国与中东欧国家的地区合作得到加强。中国与波兰9个省、17个市签订合作协定。地方合作在交流经验和产业推广上发挥了重要作用。中匈地方间交往不断扩大，双方结好省州、城市已发展到20对。中国与罗马尼亚已结成友好省县、城市24对。2013年7月3~4日，重庆市政府和外交部中国—中东欧合作秘书处联合举办中国—中东欧国家地方领导人会议，来自中国和中东欧国家地方省市的官员和企业家参加会议，并达成了一些具体的合作协议。中方希望通过加强地方合作，将国家层面促进合作的政策，转化为务实合作的成果，推动中国中东欧合作的可持续发展。与会的地方领导人发起"重庆倡议"，强调中国—中东欧国家合作的开启为地方发展带来了重要机遇，愿意将地方合作打造成中国—中东欧国家合作的重要支撑之一，促进这一合作全面深入发展，并欢迎中国和中东欧国家更多的省、州、市加入到合作行列中。

4. 政党交往

中共与中东欧国家主要政党交往呈现出良好的发展势头，其中与罗马尼亚、捷克、波兰、匈牙利、斯洛伐克、保加利亚、塞尔维亚、克罗地亚等国的主要政党均建立了联系。最近10年中共代表团多次应邀访问中东欧国家，中东欧国家主要政党领导人也率团访华。双方就共同关心的问题交换意见，交流治国经验，同时为经贸合作牵线搭桥，党际交往日益成为维护和促进中国与中东欧地区国家关系发展的重要力量。中东欧国家主要政党参加2013年4月在苏州举行的第四届中欧政党高层论坛，围绕中欧关系等问题与中共进行交流。政党交流日益成为中国与中东欧合作的新平台。

5. 科技合作

中国与许多中东欧国家签署政府间科技合作协议，双方科技主管部门定期举行会晤，就科技政策、科技发展与国际合作等问题进行交流，确定政府间科技合作计划。近年来中波科技合作的主要领域有物理、环境、能源、生物、农业、材料、计算机等，中匈科技合作的主要领域有农业、生物、中医药、材料、物理和环境科学等领域。中捷科技合作的主要领域有农业、物理、生物、环境和纳米等领域。中罗科技合作的重要领域主要涉及农业、生物、医药、材料、能源等领域。2011年10月，首届中国罗马尼亚科技研讨会在布加勒斯特举行，讨论的主题为电动汽车。2012年第二届中罗科技研讨会在布加勒斯特和锡比乌县阿夫里格市举行，讨论的主题为"新能源与东欧商机"。中东欧国家对发展对华科技合作态度积极。2012年10月塞尔维亚教育、科学和技术发展部长奥布拉多维奇访华，塞尔维亚建设的4个科技园已经具备与中国合作的条件。塞尔维亚与中国的科技合作的优先领域是信息技术、农业、生物制药、生物技术和环保，以及建立一个全新的中塞科学研究中心。匈牙利国家创新局局长梅斯萨罗斯在2012年12月访华时表示，匈牙利希望与中国共同成立研究机构，在软件、生物技术、宇宙科学和生命科学等领域共同研发。匈牙利的科研成果可以在中国产业化，而中国的高新技术也可以到欧洲，匈牙利希望成为中国高新技术在欧洲的桥头堡。2012年10月19日，内蒙古农牧业科学院在呼和浩特市举行"中国—匈牙利农业科技合作促进中心"启动仪式，匈牙利圣·伊斯特万大学和内蒙古农牧业科学院签署农业科技合作协议。双方将在农作物资源交换、畜禽地方品种遗传资源引进、肉羊、肉牛、奶牛繁育技术、生物技术利用、生态环境治理、现代农业创新平台建设和人才培养等方面开展合作。2013年7月3日，重庆市副市长凌月明与匈牙利国家协调员、外交部副国务秘书温特曼戴尔·彼得为"中国—匈牙利—两江创新创业中心"揭牌。

6. 旅游合作

2003年，中国分别与克罗地亚和匈牙利签署旅游谅解备忘录，克罗地亚和匈牙利获准成为中国公民自费旅游的目的地国家。2004年，波兰、捷克、斯洛伐克、斯洛文尼亚、罗马尼亚、爱沙尼亚、拉脱维亚和立陶宛成为中国公民旅游目的地国家。2007年，保加利亚成为中国公民旅游目的地国家。2009年，黑山成为中国公民旅游目的地国家。2010年，塞尔维亚成为中国公民旅游目的地。2011年，中东欧国家居民赴中国旅游的人数达23万人次，首站前往中东欧国家的中国游客接近7.5万人次。近年来，许多中东欧国家的旅游主管部门来华进行旅游推广活动，在2012年中国国际旅游交易会上，中国—中东欧国家合作秘书处举办了中东欧国家旅游产品专场推介会。

中国与中东欧国家之间尚存在认知上的差距，加强人文交流有助于弥合差距，增加了解。中国与中东欧国家在智库、媒体和青年的交流上仍大有可为。

四 结语

中国与中东欧国家关系在最近10年取得了长足进步，未来10年能否持续这一势头仍需观察。中东欧国家与中国尽管没有根本的利害冲突，但是中东欧国家的选举周期决定了中东欧国家不可能有对华的长期战略。中东欧国家外交的重点在欧洲，发展对华关系的政治意愿是否会因为欧债危机的缓解而减弱尚不得而知。

中国新领导层致力于发展与中东欧国家关系的政治意愿没有变化，强调发展与中东欧国家关系对促进中欧关系的重要意义。中国与中东欧国家的关系是中欧关系的重要组成部分，如何利用现有中欧合作框架推动中国与中东欧国家的合作值得深思。然而，欧洲的一些观察家和官员对中国发展与中东欧国家关系的战略意图尚有疑虑，认为中国试图"分化欧洲"。事实上，中国在其第一份对欧政策文件中已经表明，希望看到统一的欧洲在全球事务中发挥更大作用。中国与中东欧国家在经济领域的务实合作无疑会惠及中东欧国家，有助于中东欧国家经济复苏。欧洲的一些学者认为，中国在中东欧国家的投资也会与欧盟产生竞争，可能会加剧欧盟内部的分歧[1]。在欧盟日益将中国视为经济上的竞争对手的背景下，中国与欧盟新成员国经济合作面临新的约束条件。中国与中东欧国家发展经贸关系奉行互利共赢的原则，不寻求经济扩张。中国与中东欧国家经济上的互补性与竞争性并存，中国与中东欧国家可利用全球化的机遇，在全球产业链的形成上加强合作。中东欧欧盟成员国一方面在政策制定过程中可在一定程度上影响欧盟对华政策；另一方面一旦政策形成，中东欧欧盟成员国将受欧盟对华政策的约束。作为欧盟新成员国的中东欧国家可以在欧盟中推动或阻碍中欧关系的发展，中国期望中东欧欧盟新成员国在推动中欧关系

---

[1] Justyna Szczudlik-Tatar, "Central and Eastern Europe in China's Foreign Policy after the Last EU's Enlargement," http://cenaa.org/analysis/central-and-eastern-europe-in-chinas-foreign-policy-after-the-last-eus-enlargement/.

中发挥建设性作用。

中国与中东欧国家关系已经进入新的历史时期。中国与中东欧合作秘书处的正式运作将有助于推动中国与中东欧国家关系进一步发展。考虑到中东欧国家既有欧盟成员国，又有非欧盟成员国，既有欧元区成员国，又有非欧元区成员国，中东欧国家又可分为不同的次区域，因此中东欧国家不太可能以统一的政治框架对华交往。由于中东欧国家并非同质化地区，如何有智慧地处理中东欧国家的差异性和不同的利益需求是中国对中东欧国家的关系面临的主要挑战。中国与中东欧国家关系的深化需要排除政治干扰，需要扩大人文领域的交流。中国与中东欧国家经济关系的发展需要发挥中央、地方和企业各方面的积极性，地方合作和企业合作（特别是中小企业的合作）将成为中国中东欧国家务实合作的重点。中国与中东欧国家需要扩大贸易规模和增加双向投资，在基础设施建设、清洁能源、科技创新、金融合作、农业合作等领域仍有进一步拓展的空间。

B.14 中国与南欧国家：经受危机考验的双边关系

张 敏*

摘　要：
中国与南欧国家自建交以来，在政治、经贸、文化、科技、教育等各领域的交流与合作不断加强。随着中国经济快速增长和国际地位不断提升，南欧国家日益重视发展对华关系。2003～2005年，意大利、西班牙、葡萄牙和希腊四国先后将对华关系提升为全面战略伙伴关系，不断建立和完善一系列对华合作机制。在2003～2013年，影响中国与南欧国家关系发展与变化的两大因素，一是欧盟对华政策的调整，欧盟成员国对外政策协调程度的提高；二是南欧国家在发展与中国关系时对自身国内外发展环境及其利益与价值观的考量。近年来，中国政府购买希腊、葡萄牙、西班牙等欧债危机"重灾国"国债，加快对欧直接投资、加强在经贸、科技、能源、气候、环境等方面的合作，给予南欧国家克服和尽快摆脱危机的信心和能力，中国与南欧关系经受此次欧债危机的历史性考验，双边关系将步入新的发展阶段。

关键词：
中国与南欧国家关系　全面战略性伙伴关系　合作机制　经贸混委会制度　文化交流　科技合作

---

* 张敏，中国社会科学院欧洲研究所欧洲科技研究室主任，研究员，中国社会科学院西班牙研究中心秘书长。

中国与南欧国家：经受危机考验的双边关系

中国与南欧国家①自建交以来，在政治、经贸、文化、科技、教育等各个领域的交流与合作不断加强。随着中国经济快速增长和国际地位的不断提升，南欧国家日益重视发展对华关系。2003～2005年，意大利、西班牙、葡萄牙和希腊四国先后将对华关系提升为全面战略伙伴关系，不断建立和完善一系列对华合作机制。同时，在2003～2013年，中国也本着互惠互利、尊重各国核心利益和价值观的原则，不断深化与南欧国家的全面战略伙伴关系，推动中国与南欧国家关系向全方位、多领域、多层次的方向发展。

一 在全面战略伙伴关系框架下，双边政治互信关系日益巩固

南欧国家与中国关系的发展主要受两大因素影响：一是欧盟对华政策的调整，以及欧盟成员国对外政策协调程度的提高；二是南欧国家在发展与中国关系时对自身国内外发展环境和本国利益与价值观上的考量。2003年是中欧关系发展中具有重要意义的一年。中欧全面战略伙伴关系的建立对推动中欧关系的发展起到了关键性作用。中欧双方在解决重大国际和地区性问题上对相互重要性的认知度不断提高。在多极化世界中，中国与欧盟都将彼此视为国际社会的重要力量和多极世界中的重要一极，努力寻求更多政治共识。欧盟与中国在建立全面战略伙伴关系文件中强调在多极化世界中发展中欧关系的重要性。对此，中国对欧政策文件也高度认同："世纪之初，国际形势发生深刻变化。世界多极化和经济全球化趋势继续曲折发展，和平与发展仍是时代主题。……欧盟是世界上一支重要力量。欧盟已成为当今世界一体化程度最高、综合实力雄厚的国家联合体……"②

南欧国家积极支持欧洲一体化进程，因此，欧盟的对外政策对南欧国家的外交政策具有较大影响。随着欧盟对外政策协调能力的提高，南欧国家与中国关系的发展与欧盟对华政策总基调基本一致。

---

① 南欧国家与中国建交的年份分别是：意大利1970年11月，塞浦路斯1971年11月，马耳他1972年1月，希腊1972年6月，西班牙1973年3月，葡萄牙1979年2月。
② 参阅《中国对欧盟政策文件》，载《人民日报》2003年10月14日第七版。

261

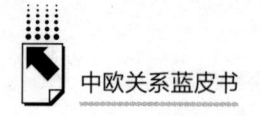

同时，南欧国家和中国发展关系时也充分考虑到自身国内外发展环境和本国利益与价值观。总体来看，南欧国家发展对华关系的原则是：以加强双边政治互信作为建立和巩固双方关系的基础，通过保持高层互访、党际交流和高级别对话，不断增进政治互信和相互了解，将实现国家经济利益和文化交流置于优先目标。在影响双边关系发展的一些敏感政治因素或其他不利因素上，南欧国家一般不会像德国、法国那样借助人权、民主、价值观等外交工具对中国施压，政治上保持对华友好。因此，中国与南欧国家关系发展相对平稳，双方政治互信不断增强，经贸关系持续深化，科技、文化等各领域合作全面推进。近年来，中国与南欧国家不断强调和重申各自的重要性，双方在全球性重大问题上互相借重和相互帮助，取得了实质性成果。

受欧债危机影响，南欧国家公共债务高筑，经济陷入危机和持续衰退中。在这场危机中，中国政府对南欧国家能够尽快摆脱危机持有信心，不仅从舆论上和道义上对南欧国家全力支持，而且以购买希腊、葡萄牙、西班牙等国家的政府债券、鼓励中国企业跨国兼并和扩大对南欧国家的投资等实际行动，尽力帮助南欧国家度过危机。从实际情况看，这场欧债危机客观上拉近了中国与南欧国家的关系。

（一）中国与西班牙的全面战略伙伴关系

西班牙社会党上台执政后，双方高层交往频繁，各级别交流对话密切。双方始终理解和支持对方重大关切，通过共同应对世界金融危机，两国各领域务实合作取得新的显著进展。2005~2011年，萨帕特罗首相先后四次访华，除了与胡锦涛主席举行正式会晤外，还参加了亚欧首脑会议、出席上海世博会和博鳌亚洲论坛年会等活动，是在任期间访华最多的西班牙首相。胡锦涛主席2005年11月访西期间，两国宣布建立全面战略伙伴关系，提升中西传统双边关系，并正式签署中西引渡条约、和平利用核能合作协定、互设文化中心等16项双边合作文件。

西班牙王室参与外交活动，是西班牙表达外交姿态的一种重要形式。中西建立战略合作伙伴关系以来，西班牙国王卡洛斯和索菲娅王后曾于2007年6月来华参加中国西班牙年的揭幕仪式；西班牙王储、王储妃等王室成员也于

2008年来华出席北京奥运会、残奥会开闭幕式并观摩赛事，充分体现西班牙对发展中西关系的重视。西班牙王室积极致力深化中西关系，为推动中西关系发展做出了富有成效的努力。

2009年，中国与西班牙发表进一步深化全面战略伙伴关系的联合声明。为构筑全面战略性伙伴关系，双方将努力实现以下目标。第一，巩固政治互信。双方认为通过保持高层交往，密切政府、立法机构、政党、地方交流，可以加深双方理解，不断巩固政治关系。第二，通过两国经贸混委会、行业协会等机制作用，努力扩大贸易规模，推动贸易和投资便利化，通过加强合作逐步实现双边贸易平衡发展，扩大和建立互利合作模式。第三，新技术、新能源和低碳产业等领域的合作进一步密切经贸关系。深化风能、太阳能等新能源及电信、基础设施建设领域投资和技术合作。第四，加强人文交流。扩大双向语言教学规模，积极拓展双方文化、旅游合作。第五，密切国际合作。加强在联合国改革、气候变化、金融稳定等问题上的磋商和合作，继续在各自关切的重大问题上相互给予理解和支持。

当前中西政治互信不断增强，中国与西班牙互相视为最好的合作伙伴。萨帕特罗首相在出席博鳌亚洲论坛2011年年会时指出："西班牙是中国在欧洲的好朋友、好伙伴。"2009年和2011年，温家宝总理和李克强副总理分别访西时也都表示，西班牙是中国在欧洲最重要的伙伴之一。刚刚卸任的西班牙驻华大使布雷戈拉特先生认为："中西关系正处于历史上最好的时期。"①

（二）中国与意大利全面战略伙伴关系

2004年中意两国发表建立全面战略伙伴关系的联合公报后，中意关系进入快速发展的轨道。温家宝总理于2004年5月6至9日对意大利进行正式访问期间，中意两国政府表示愿共同努力，进一步加强双边关系。中意全面战略伙伴关系体现在如下几个方面。首先，重视并提升中意两国政府

---

① 西班牙驻华大使：《感谢中国支持西班牙应对经济危机》，国际在线专稿，2012年5月23日，http://gb.cri.cn/27824/2012/05/23/5951s3695839.htm。

的作用，确定建立"中意政府委员会"，"由两国外长任主席，全面规划、协调、指导双边关系，推动各领域务实合作，中意关系进入了全新的发展阶段"[①]。其次，充分发挥"双边经济混委会"和"中意高级经济论坛"作用，突出中意经贸互补性和优先重视促进双向投资的作用。再次，在双边关系中充分利用各自独特的文化遗产，相互推动对双方语言和文化的了解。2004年12月，意大利钱皮总统对中国进行国事访问。2006年，双方举办了意大利中国文化年，进一步密切了两国文化交流。2011年6月8日，时任国家副主席习近平访问意大利，并会见纳波利塔诺总统，出席"意大利统一150周年"庆典，进一步推动了中意两国关系的发展。

（三）中国与葡萄牙全面战略伙伴关系

2003年，葡萄牙社会民主党在野多年之后重新执政。在对华政策上，社民党政府保持葡萄牙社会党一贯对华友好的传统。2005年12月，温家宝总理访问葡萄牙，与葡萄牙苏格拉底总理共同宣布建立中葡全面战略伙伴关系，将中葡友好合作带入新的发展阶段。以此为契机，两国政府高层保持互访，葡萄牙总统桑帕约（2005年）、总理苏格拉底（2007年）、议长伽马（2009年）、国务部长兼外交部长阿马多（2008年、2010年）及国务部长兼财政部长多斯桑托斯（2010年）等先后访华；中国政协主席贾庆林（2004年）、温家宝总理（2005年）、胡锦涛主席（2010年）等对葡萄牙的访问也推动了中葡关系的顺利发展。中葡致力于发展全面战略伙伴关系，优先考虑的几大方面是：第一，加强高层会晤和政治对话机制。第二，充分利用经贸混委会、企业委员会等现有的磋商与交流机制，深化经贸合作，进一步发展贸易、投资、旅游等领域的合作关系。第三，进一步强调和发挥中葡企业委员会和"中国—葡语国家经贸合作论坛（澳门）"对发展两国机构和企业间经贸合作关系发挥的重要平台作用。第四，致力于中葡在教授对方国家的语言和文化方面的合作。通过深化卡蒙斯学院和葡萄牙东方学会与中国有关教学机构之间的合作，优化和增

---

① 丁伟：《意大利在中欧关系中大有可为》，〔意〕《外交季刊》2012年12月2日，http://www.fmprc.gov.cn/ce/ceit/chn/ggwj/t984985.htm。

加在中国现有的葡语教学手段。通过孔子学院开展的活动，扩大在葡萄牙的汉语教学规模并提高教育质量。

（四）中国与希腊全面战略伙伴关系

近10年来，中国与希腊政治关系发展顺利。2006年1月19日，中国与希腊签署建交以来的首份联合声明，决定建立中希全面战略伙伴关系，标志着两国关系将由此进入一个新的发展阶段。为体现中国与希腊全面战略伙伴关系的实质与内涵，从2006年以来，两国政府优先关注的领域是：第一，进一步落实2000年签署的两国政治磋商协议。第二，双方将加强在联合国框架内的配合与协调，提高维和行动的效率，推动在军控以及防止大规模杀伤性武器扩散方面取得实质进展。希腊支持中国在朝鲜半岛核问题六方会谈中所发挥的建设性作用。主张安理会和国际社会采取的任何措施都应有利于促进塞浦路斯问题的解决。第三，定期召开经贸混委会，成立中希经贸合作论坛，每年召开一次会议。第四，支持中小企业的发展和科技合作，推动在农业特别是橄榄油和柑橘类水果、环境、可再生能源、农产品加工、市政服务及基础设施、电信、汽车、运输、金融等领域开展合作。第五，成立中希奥运合作联委会，指导和协调中希两国在奥运领域的形式多样合作。

中国与马耳他、中国与塞浦路斯虽然没有建立全面战略伙伴关系，但传统意义上的双边关系发展也十分顺利。中马、中塞通过保持高层互访、发挥经贸高层对话机制的作用，推动双边政治、经济、文化、科技、教育等各领域关系的发展与深化。

二 经贸合作渠道日益拓宽，经贸合作机制日臻完善

中国与南欧国家在经济发展水平、贸易结构、产业部门等方面存在一定的优势互补性，开展经贸领域的合作有利于双边经贸关系的发展，实现互利共赢。自2003年以来，中国与南欧国家在经贸领域采取了一系列的务实行动，经贸合作水平得到明显提升。

（一）不断完善经贸合作机制，发挥经贸混委会的主导作用

自建交以来，中国与南欧国家签署的一系列经贸协定①成为发展稳定、持续和健康的双边经贸关系的基础。为落实经贸协定，中国与南欧国家相继建立经贸混委会制度。在历次经贸混委会上，双方共同协商研究解决双边经贸合作中存在的问题，探讨进一步深化双边经贸合作的新方式、新机制和新领域。2003以来，中国与南欧国家之间举行的经贸混委会次数明显增多，会谈内容也日渐丰富。中国与南欧国家经贸混委会会议的活跃，反映了双边经济关系的紧密性，以及双方对进一步拓展双边经贸关系的重视程度。从最近一次的双边经贸混委会情况来看，中国与西班牙的经贸合作表现得更为活跃，2012年11月2日，中国与西班牙在马德里召开中西经贸混委会第23次会议。而同期，中国与希腊仅举行了11次经贸混委会会议（截至2012年11月），中国与意大利举行了10次经贸混委会会议（截至2012年3月21日），中国和葡萄牙举行了7次经贸混委会（截至2010年5月），中国与马耳他举行了8次经贸混委会会议（截至2009年6月）。双边经贸混委会会议次数的多少，显然反映了两国经贸关系密切程度。

（二）双边贸易额屡创新高，对华贸易逆差趋向常态化

中国与南欧国家保持着长期密切的经济贸易往来。建交初期，中国与南欧六国双边贸易规模很小，例如，1970年中意两国贸易额仅为1.2亿美元，1979年中葡建交当年双边贸易额仅为20万美元。2003年，中国与南欧六国的贸易总额为193.5亿美元，占中国与欧盟双边贸易总额的15.5%。目前意大利是中国在欧盟的第五大贸易伙伴，中国是意大利在亚洲的第一大贸易伙伴。中意双边贸易可谓一枝独秀，突破百亿美元大关，达到117.33亿美元。中西、中希贸易额分别为52.52亿美元和11.9亿美元，中葡贸易额仅为6亿美元，中马与中塞贸易额还不到5亿美元。2003~2012

---

① 中国与每个南欧国家签署的经贸协定大同小异。例如，中国与西班牙两国签署的主要经贸协定有：中西双边贸易协定、商标注册和保护协定、民用航空运输协定、政府间发展经济和工业合作协定、科技合作协定、避免双重征税协定和投资保护协定等。

年，中国与南欧国家的经贸关系日益加强，双边贸易额屡创新高，实现多次翻番。2012年12月底，中国与南欧六国的双边贸易额为786.8亿美元，占中国与欧盟27国双边贸易总额的14.4%。这一比例较2003年还略低一些，这也表明中国与欧盟其他国家的双边贸易也呈快速增长之势。中意贸易总额依然一路领先，2012年实现双边贸易额417.2亿美元。中西贸易紧随其后，双边贸易额为245.7亿美元。其余四国与中国的贸易规模仍然偏低，还不足50亿美元，中葡、中希、中马和中塞双边贸易额分别为40.1亿美元、40.2亿美元、31.4亿美元和12.1亿美元[①]。当前中国与南欧国家双边贸易具有如下几个特点。

1. 双边贸易不平衡性问题比较突出，南欧六国对华贸易逆差呈常态化

2003年，中国向南欧六国出口124.1亿美元，南欧六国向中国出口为69.4亿美元，对华贸易逆差为54.7亿美元。2012年中国向南欧六国出口533.3亿美元，南欧六国向中国出口253.5亿美元，对华贸易逆差攀升到279.8亿美元。

事实上，双边贸易的不平衡性既是双边关系中的不利因素，也是促动因素。一方面，双边贸易不平衡使得南欧部分国家对中国市场准入和市场开放程度持怀疑看法，对华贸易保护主义势头有所抬头，南欧对中国出口商品设置贸易壁垒等，抑制或限制了中国出口贸易规模。2005年中欧纺织品贸易战中，包括意大利、西班牙等拥有大型纺织工业的南欧国家要求欧盟对中国纺织品设定出口配额限制。

2012年9月，欧盟就中国光伏产品倾销立案调查，涉案金额200多亿美元，是迄今为止中欧之间最大的贸易摩擦案。2012年11月5日，中国就欧盟部分成员国的光伏补贴措施，正式启动世贸争端解决程序。在中国与欧盟的这场光伏贸易战中，意大利和希腊两国是两大诱因。意大利和希腊法律规定，如果光伏发电项目的主要零部件原产于欧盟国家或欧洲经济区国家，该项目生产的电力即可获得一定金额或比例的上网电价补贴。欧洲很多国家都实行对可再

---

① 中国与南欧六国的双边贸易统计数据根据商务部历年统计数据加以计算和整理而成。商务部相关网址如下：http://ozs.mofcom.gov.cn/article/date/。

生能源发电的上网电价补贴，但不区分光伏设备的原产地，而意大利和希腊两国是在此基础上，对符合当地成分条件的光伏发电项目提供额外的电价补贴，从而使欧盟当地设备生产企业获得竞争利益。以意大利为例，2010年中国光伏电池片和组件对意出口额为48亿美元。2011年意方出台上述补贴措施，当年中国相关光伏产品出口额降至38.8亿美元，2012年前9个月对意出口额仅为7.6亿美元，比上年同期下降78.8%[1]。

另一方面，双边贸易失衡反映出中国与南欧国家双边贸易具有较大的发展空间，如何更好地利用中国经济快速发展带来的各种发展机会，进一步放宽对华高技术产品出口限制，以及进一步拓展中国与南欧国家在农业贸易领域的合作领域和合作规模等，这些均是中国与南欧国家今后在加强双边贸易时必须认真考虑和重视的问题。

2. 中国与南欧国家贸易统计数据出入较大

例如，中国与马耳他的双边贸易统计数据就无法吻合。据马方统计，2012年双边贸易额为2.85亿美元，中方出口2.07亿美元，进口0.78亿美元[2]。而据中方统计，2012年双边贸易额为31.4亿美元，中方出口22.5亿美元，进口8.9亿美元[3]。双方统计数据出入较大，中国统计的双边贸易额远大于马方的双边贸易统计数据，主要是由于双方统计口径不同造成的：一是从马进口的主要产品芯片，大部分通过新加坡转口到中国，中国海关依据原产地原则，认定该产品来自马耳他，而马海关统计为出口到新加坡；二是马耳他是开放船舶登记的国家，一些国家从中国订购船舶，然后到马登记，对此，中国海关统计列为对马出口船舶产品，实际上这些船舶并未抵马；三是中国统计一些出口到马的商品并没有进入马关境，而是通过自由港转口北非或欧洲等。剔除这些因素，双边贸易额基本趋同。

---

[1] 参阅《中国将欧盟光伏补贴诉至WTO贸易摩擦升级》，人民网，2012年12月6日，http://fujian.people.com.cn/n/2012/1106/c337842-17680617.html。

[2] 中国驻马耳他经济商务处：《中国与马耳他经贸合作》，2013年3月5日，http://mt.mofcom.gov.cn/article/zxhz/sbmy/200704/20070404601608.shtml。

[3] 商务部欧洲司：《2012年1~12月中国与欧洲国家贸易统计表》，2013年2月7日，http://ozs.mofcom.gov.cn/article/date/201302/20130200025487.shtml。

3. 中国与南欧国家的进出口商品的优势互补性正趋于缩小，双方竞争加剧

近10年来，随着中国产业不断升级和产品质量的提升，中国与南欧国家的进出口商品的优势互补性正趋于缩小，在纺织品、制鞋业等劳动密集型产业上，中国对外出口对南欧国家本土市场形成挑战。中国向南欧国家出口劳动密集型产品、中低技术密集型产品，以机电、纺织品、鞋类等为主；南欧国家对华出口以资源性和劳动密集型产品为主，也有部分中低技术密集型产品。在双边进出口商品结构中，同类商品的进出口占较大比重。中国向南欧出口机电产品，同时也进口机电产品。中国向南欧出口服装纺织品和鞋类，严重冲击了当地市场。例如，在中意进出口贸易中，中国从意大利进口的主要商品以机电产品为主，包括纺织机械、牛皮革和马皮革、电视显像管、金属加工机床、橡胶或塑料加工机械、医药品、烟草加工机械、型模及金属铸造用型箱、电视、收音机及无线电通信设备的零附件、计量检测分析自控仪器及器具等。上述进口商品中，意大利除了在纺织机械、牛皮革和马皮革产品上具有技术优势外，其余产品与中国本土的同类产品相比，竞争优势并不明显。

4. 欧洲主权债务危机导致中国与南欧国家双边贸易大幅下挫

南欧国家是欧洲主权债务危机的重灾国，希腊债务危机引爆欧债危机后，葡萄牙、西班牙、意大利、塞浦路斯的严重主权债务不仅影响欧元区经济增长前景和单一货币欧元的稳定，而且在主权债务、银行业危机、房地产泡沫破裂等不利形势下，受经济持续下滑和衰退影响，南欧国家更是陷入内需萎缩、投资锐减的困境，相比2011年，2012年中国与南欧国家进出口贸易额同比下降29.7%。其中，中意双边贸易额大幅下降，2012年双边贸易额为417.3亿美元，同比下降18.6%，中国对意出口256.6亿美元，同比下降23.9%，进口160.7亿美元，同比下降8.6%。

（三）南欧国家对华投资规模逐年扩大，但双向投资规模并不对称

近年来中国对南欧国家的投资快速升温[①]，中国与南欧国家的双向投资存

---

① Hinrich Voss and L. Jeremy Clegg, "Understanding the Chinese-EU Investment Relationship," Feb. 2nd, 2011, http://www.eastasiaforum.org.

在较大的不对称性。2003～2012年，南欧国家对华投资规模逐年扩大，而中国对南欧国家投资的总体规模不大，最近一两年来，特别是欧债危机蔓延并加剧之时，中国对南欧国家直接投资开始趋热。

在南欧国家中，意大利对华直接投资规模最大，截至2011年12月，意在华投资项目共4597个，实际投入54.83亿美元。2004年，西班牙对华投资项目为155个，实际投入1.51亿美元；截至2011年12月底，西班牙在华投资项目为1889个，实际投入22.87亿美元，是欧盟第七大对华投资国。西班牙对华投资主要分布在北京、天津、上海、广东一带，行业涉及金融、能源、电信和运输等。对华投资主要大项目有：西班牙对外银行（BBVA）入股中信集团、西班牙电信入股网通（香港）、阿尔萨投资中国客运服务项目、乐家洁具（苏州）有限公司、蒙德拉贡联合公司等，主要分布在北京、天津、上海、广东等地。葡萄牙对华投资始于1988年，2004年葡萄牙对华投资项目17个，实际投入3322万美元。截至2012年3月底，葡萄牙累计对华实际投资额1.73亿美元，对华投资项目182个。2004年，希腊对华投资项目只有3个，实际投入2819万美元[1]。截至2011年年底，希腊对华投资项目107个，实际投入0.92亿美元[2]。

相比之下，中国对南欧国家的投资规模偏小，双向投资呈不对称性。截至2011年年底，中国在希腊直接投资总额为7.14亿美元，投资项目5个。在意大利直接投资总额为5.54亿美元，新建项目31个，兼并项目16个。在西班牙投资1.87亿美元。新建项目22个，兼并项目1个。在葡萄牙投资4700万美元，投资5个项目。在塞浦路斯投资300万美元，兼并项目1个。在马耳他没有投资[3]。（参见表1）

2008年以来，南欧国家受世界金融危机和欧洲主权债务危机的连续冲击，经济衰退，一些企业面临破产。为帮助南欧国家重振经济，在政府引导下，中国对南欧国家的投资开始升温。中国与葡萄牙投资合作的重点项目是：中兴通

---

[1] 参考《2005年1～12月（外商直接投资）利用外资分国别（地区）分析表》，http://www.fdi.gov.cn/pub/FDI/wztj/wstztj/lywzfgbdqtj/t20060423_27684.htm。
[2] 资料来源：《2012年中国商务年鉴》。
[3] Thilo Hanemann and Daniel H. Rosen Rhodium Group, "China Invests in Europe," June 2012.

表1 2000~2011年中国对欧盟27国的直接投资情况

	国别	投资额(百万美元)	新建项目数	兼并数	投资项目总数
1	法国	5722	46	24	70
2	英国	3684	69	26	95
3	德国	2543	113	33	146
4	瑞典	2251	14	6	20
5	匈牙利	2065	14	4	18
6	荷兰	1164	32	15	47
7	比利时	847	12	3	15
8	希腊	714	5	0	5
9	意大利	554	31	16	47
10	奥地利	391	6	5	11
11	罗马尼亚	299	13	1	14
12	波兰	190	15	1	16
13	西班牙	187	22	1	23
14	捷克	76	10	1	11
15	芬兰	48	1	4	5
16	葡萄牙	47	5	0	5
17	保加利亚	47	6	1	7
18	卢森堡	46	1	1	2
19	爱尔兰	44	6	1	7
20	丹麦	30	6	1	7
21	拉脱维亚	3.8	1	0	1
22	塞浦路斯	3	0	1	1
23	爱沙尼亚	0	0	0	0
24	立陶宛	0	0	0	0
25	马耳他	0	0	0	0
26	斯洛伐克	0	0	0	0
27	斯洛文尼亚	0	0	0	0
总额		20957	428	145	573

资料来源：转引自 Thilo Hanemann and Daniel H. Rosen Rhodium Group, "China Invests in Europe," June 2012。

讯和华为技术公司作为中国电信业的两家龙头企业，自2003年进入葡萄牙市场以来，在葡业务蓬勃发展，目前已有固定网络、光网络、宽带接入、智能网、UMTS、CDMA以及手机、3G数据卡等全系列产品在葡萄牙电信市场实现了规模应用。2011年12月,三峡集团以27亿欧元收购葡萄牙电力集团EDP 21.35%的私有化股份,成为该公司的最大股东。2012年2月,国家电网以总价3.87亿欧元收购葡萄牙电网REN 25%的股份,成为该公司的最大股东①。

三 文化合作加强,交流趋向机制化

在建立全面战略伙伴关系之前,中国与南欧国家之间的文化交流规模相对较小,影响也有限。近10年来,中国与南欧国家的文化合作无论是形式还是内容均比之前更加丰富多彩,文化交流迈向机制化,显示出文化合作在中国与南欧国家关系发展中的战略价值。南欧国家堪称欧洲文明发源地,具有丰富的历史文化遗产。中国作为东方文明古国,具有深厚的东方文化底蕴。不断发展的双边文化交流,不仅将有助于增进中国与南欧国家之间的相互了解,有助于其他双边领域如经贸领域合作的发展,也有助于中国与欧洲关系的发展。因此,中国与南欧国家都十分重视打好"文化牌",并提出了颇具创意的设想和计划。

(一)举办文化年活动

文化年活动是政府层面上最高级别、规模最大的文化交流活动。近10年来,多数南欧国家与中国互办了文化年活动。2007年,中国与西班牙两国在对方国家分别举办"西班牙年"和"中国艺术节"。2007年6月,西班牙国王卡洛斯和索菲娅王后专程来华参加在中国美术馆举办的中国西班牙年揭幕式。2007年9月至2008年9月,中国举办希腊文化年活动,通过历史文物和现代艺术品展览、电影展、古典音乐、现代音乐和民间音乐会、戏剧舞蹈演出,以及学术会议和研讨会等,展现希腊悠久的历史文化和令世人瞩目的现代艺术成就。2010年10月至2012年1月,"中国文化年"活动在意大利成功举办,130余场活动产生了广泛社会影响,受众上百万人,成为中意友好交流史中的佳话。

---

① http://www.fdi.gov.cn/pub/FDI/wztj/jwtztj/t20120904_145739.htm.

（二）设立文化交流中心和语言培训学校

文化中心是中国与南欧国家之间常设的文化交流机构，承载着文化传播的重任，对增进两国文化交往，发挥着重要作用。目前中国在马耳他和西班牙都建立了中国文化中心。2001年7月，时任中国国家主席江泽民访问马耳他期间，与马领导人共同倡议建立马其他中国文化中心。2003年9月19日，马其他中国文化中心落成并对外开放。位于马耳他首都瓦莱塔的中国文化中心设有中国信息咨询中心、图书馆、电子阅览室、舞蹈训练室、视听教室、语言教室和可容纳60余人的多功能厅，可举办各类讲座、研讨会、演出、汉语教学、武术、中医培训等活动。近年来，在中马两国政府的高度关注和社会各界的大力支持下，两国文化关系积极发展，文化交流领域不断拓展、层次不断深化。该文化中心举办过兵马俑展、世界太极日、中国刺绣展、郑和下西洋展、中国传统乐器展等活动。特别值得一提的是，连续举办三届的欢度中国春节活动现已成为马耳他国家文化活动的重要组成部分，每年都要吸引大批人前来观赏并参与活动。

设在西班牙马德里的中国文化中心于2012年9月18日正式启用，并于当天举行"中国书画作品展"开幕式。文化中心定期举办和组织汉语、武术、舞蹈等各类培训课程，是中西文化交流的重要基地。同时，中国还在西班牙设有4家孔子学院。2006年7月，西班牙塞万提斯学院正式在北京建立分院。2010年4月至2011年10月两国互办"语言年"。

此外，中国在意大利建立了10所孔子学院和11个孔子课堂，在葡萄牙建有2所孔子学院；葡萄牙语教学则扩大到多所中国高校。

（三）中国与南欧国家民间或地方层面上的文化往来

多种形式的文化艺术交流，包括电影、美术、摄影、发行专著等，对于增进中国与南欧民间往来起到了重要作用，同时也推动文化创意产业和旅游业的发展。中意两国已建立北京—罗马、上海—米兰、天津—伦巴第大区、南京—佛罗伦萨、苏州—威尼斯、杭州—比萨等60对友好省市和地区关系。中希两国已建立北京—雅典、上海—比雷埃夫斯、咸阳—纳夫普里昂、沈阳—萨洛尼

卡、厦门—马拉松、西安—卡拉马塔、广东省—克里特省等 13 对友好省市和地区关系。中国与葡萄牙地方和民间交往也日益密切。2007 年 10 月，葡萄牙里斯本市长科斯塔访华，北京与里斯本建立友好城市关系。目前，中葡间友好城市数量已达 5 对，除北京—里斯本外，其余 4 对分别是：上海—波尔图、无锡—卡斯卡伊斯、珠海—卡斯特罗布兰科和铜陵—莱利亚。

四 科技合作体现了双边关系的战略特性

中国与南欧国家科技水平差异较大，双方在很多领域具有合作潜力。自建交以来，特别是近 10 年来，中国与南欧国家科技合作关系日益加深，科技合作关系中呈现如下特征。

（一）在政府间科技合作协议框架下，由科技混委会确定双边合作计划和优先领域

中国与南欧国家签署的政府间科技合作协定是推动双边科技合作关系发展的基础。按照政府间科技合作协定，中国与南欧国家均建立科技混委会制度。科技混委会每隔两至三年举行一次，主要讨论双边科技合作计划、确定优先合作领域和具体合作项目，对科技合作经费做出安排。中意两国于 1978 年签署中意政府间科技合作协定，成立中意科技合作混委会，双方至今已召开 13 次混委会会议。中意在环境监测、水资源管理、可再生能源等领域合作成果丰硕，双方签署项目近百个。中国与希腊两国自 1979 年签订科技合作协定以来，已先后召开 10 次科技合作混委会，合作项目涉及农业、能源、地学、海洋学、生物、医学、社会学、材料和基础科学等领域。1985 年中西两国签署《中西政府间科技合作基础协定》以来，双方已召开 10 多次混委会会议，在基础研究、农业、地学、天文、海洋、生物、信息技术、环保、交通等多个领域开展合作。

中葡两国政府间科技合作协定于 1993 年 4 月 8 日在北京正式签字，从而揭开中葡两国政府间科技合作新的一页。1994 年 4 月，在里斯本召开第一届中葡科技混委会，迄今为止，双方共召开五届混委会，共确定 1114 个合作项

目，项目执行率约70%。

1984年中国与塞浦路斯签订政府间经济和科学技术合作协定，双方成立经济和科技合作联合委员会，2006年8月29日两国签订《经济合作协定》，取代1984年签订的《经济、科学和技术合作协定》。两国科技合作一直在中塞经贸科技合作联合委员会框架下进行的，迄今已召开五次会议。

（二）中国与南欧科技合作管理平台的机制化

政府间科技合作的中方执行部门是中国科技部。在南欧国家中，有些国家的执行部门是外交部，反映出其对科技合作的重视，成为对华外交的组成部分。在2000年4月西班牙正式组建科技部之前，西班牙外交部国际合作署是双边科技合作的执行部门。意大利外交部一直是中意科技合作的执行部门。为加强对创新活动的支持和管理，2004年4月，葡萄牙将原来的科学与高等教育部加强并调整成为科学、创新与高等教育部，负责执行中葡科技合作。希腊教育部是中希科技合作的执行机构。

经过多年合作，中国与南欧国家在科技合作上形成一套成熟的管理体系，以意大利为例。根据中意政府科技合作协定，双方建立起实施合作与交流的行政管理机制（参见图1）。中国科技部和意大利外交部分别作为中方和意方的协定执行机构，负责协调各自国家科技单位参加合作计划，共同组织轮流在罗马和北京举行由各有关机构参加的双边科技合作混合委员会会议，混委会确定合作交流计划和资金安排。第一次混委会会议是1979年在罗马举行的。2003年以来，中意举行了2次科技混委会。2006年1月在北京召开的第十二次混委会讨论确定了2006~2009年度45个合作交流项目。第十三次中意科技合作混委会会议2009年11月23日在罗马举行，双方签署2010~2012年项目执行合作协议，共同支持的10个项目涉及航天、能源、环境、农业、医疗健康、抗震减灾等领域。中意双方表示，将携手努力推动合作项目的深入开展，并促进这些项目孵化出中意联合实验室和联合研发中心，建立机构间稳定和长期的合作平台。

在执行机构管理体系下，双边科技合作计划和项目以签署对口合作协议的方式加以落实。西班牙执行中西科研合作项目的主体是高等科研理事会（CSIC）（与中科院相当），科研人员的交流和合作研究是其对华合作的主要形

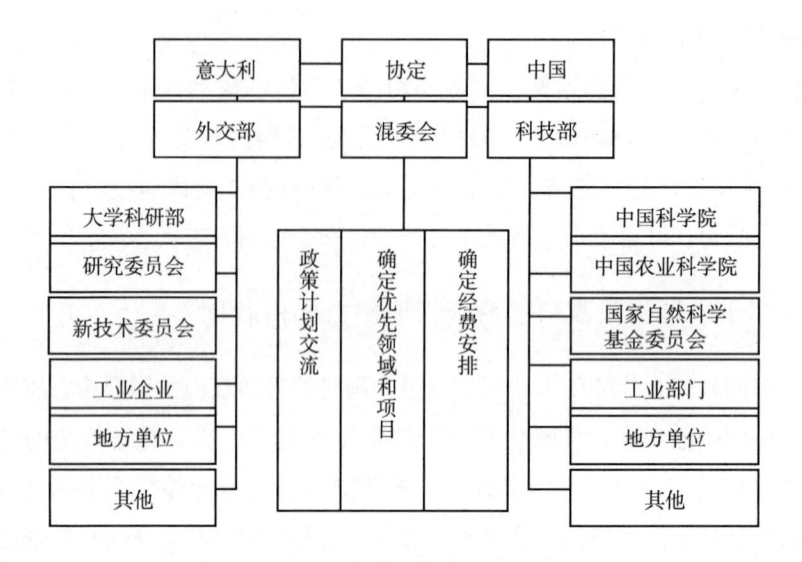

图 1　中意政府间科技合作管理机制图

资料来源：http://www.cistc.gov.cn/World_ST/World_S&T_T_4_Sbgx.asp?countryId=157&Id=49。

式。在中西两国政府间科技合作协定框架下，1988年，中国科学院和西班牙高等科研理事会签订了两国科研部门间的第一个对口合作协议。此后，中国国家科委、国家自然科学基金委员会、国家核安全局、国家海洋局、国家林业局、国家环保总局、水利部等部门先后分别与西班牙相关部门签署对口合作协议。这些协议的签署为两国同类机构建立了稳定的联系和交流渠道，为两国科技合作的全面铺开打下了基础。

中国与意大利两国已签署部门间科技合作各种协议50余个，包括科技部和意大利教育大学与科研部、意大利环境部、意大利卫生部、意大利国家新技术能源和环境委员会，中国科学院与意大利国家研究委员会，中国自然科学基金委员会与意国家研究委员会，两国统计局之间、科协之间、中国卫生部和意大利卫生研究院等签订的部门间合作文件。近年来，两国大学之间的交往也很频繁，据意大利方面的资料显示，两国的大学间已签订70多个合作文件。同时，两国地方机构也逐渐建立起伙伴关系，探求开展实质性合作。

2013年1月16日，中国与意大利在北京签署2013～2015年科技合作执行计划的协议。2013～2015年中意科技合作执行计划的协议目标是鼓励中意两国科技合作，主要在以下领域实施联合财政支持：应用基础科学（化学、数学、物理）、生物技术与医药、能源及环境、信息通信技术、纳米与先进材料、空间与航空、应用于文化遗产的技术等。在所提交的项目中，选定了31个项目，并将由中意双方的研究者在未来3年联合实施。

（三）合作形式日益多元化，共同出资的联合研究渐成主流

中国和南欧国家的科技合作与交流经历了由浅入深，逐渐规范成熟的一个发展过程。科技合作从最初向中国提供赠款项目，逐渐发展到双方之间的技术合作和联合研究，以及共同参与大型国际合作项目。

中国与西班牙科技合作形式最初以接待专家和代表团为主，后逐渐转向开展合作项目。2003年7月，中西签署中西抗SARS合作备忘录，西班牙向中国政府捐赠22.9万欧元用于购置P3实验室设备、24万欧元用于贫困地区医疗系统建设，西班牙国际合作署赠款54万欧元实施的中西内蒙古锡林浩特太阳能示范项目于2004年年底完成。2003年上半年西班牙工业技术中心（CDTI）与科技部火炬中心建立合作关系，双方将为两国技术型企业牵线搭桥，推动互利合作、技术转让及人员交流，为对方企业进入各自的市场提供便利，并重点支持具有产业化前景的技术开发和创新合作项目，尤其是中小型企业的项目。2003年10月，中西第一个联合研发合作单位——中西智能交通中心在北京正式启动。该中心由北京工业大学和马德里工业大学合作成立，为两国智能交通专家提供合作平台。该中心的成立标志着中西科技合作从对华赠款项目转向技术合作。

中国与意大利的科技合作目前已涉及包括农业、地学、航天、空间、环境、材料、能源、生物技术、医学、海洋学、文物保护、信息通信等诸多领域，许多项目取得了很好的成果，影响较大。比如，通过合作试验我国成功引进了意大利优良肉牛品种——皮埃蒙种牛，中国成功获得意大利用于快堆研究的钠回路设备，双方共同投资1200万美元在西藏羊八井建立宇宙线站联合探测研究高能物理项目，等等。中意在战略科研、能源和节能减排、中医药等方面的合作，全面提升了两国科技合作水平。中意科技合作已经成为两国全面战略伙伴关系的重要组成部分。

（四）可再生能源和环保领域的合作成为重点

2006 年，欧盟提出要加强欧盟对中国科技项目的参与范围，提高科技合作成效，加强中欧在清洁能源技术方面的合作[①]。此后，中欧科技合作领域出现了两个变化，一是中欧双方越来越多地共同分担研究项目经费；二是中欧科技合作的重点转向能源、环境和气候变化、生物技术、卫生等领域。近十多年以来，欧盟重视可再生能源的开发。在中欧科技合作中，在低碳环保领域的合作逐渐成为重点。

2004 年 5 月，中国科技部徐冠华部长访问西班牙，与西班牙教育科研部、工业贸易部长进行会谈，与对方共同商定能源，特别是可再生能源、公共卫生、农业、智能交通等为两国今后科技合作的优先领域。

西班牙在可再生能源研发领域位居世界前列。西班牙是世界第三大风能生产国，世界第四大、欧洲第二大光伏太阳能生产国，欧洲第四大生物气体和生物灰泥生产国。此外，在太阳电热能技术方面也名列前茅。西班牙政府为促进可再生能源产业的发展提供了良好条件，制定了一系列吸引和促进在该领域投资的法律框架，如：补贴制度、建设技术条例、支持研发和地区鼓励政策等。在自然条件方面，西班牙有其良好的得天独厚的自然资源，是欧洲太阳光照时间最长的国家，为 2500 小时，拥有便于发展风能的优越的气候条件，有效风力时间 2200 小时和良好的矿山能源条件。此外还有丰富的可用来发展生物能源、地热和其他替代能源的资源。

中意环境科技合作是近年来双边合作中的亮点。中意环保合作计划下所有项目总价值约 3.50 亿欧元。意大利环境、领土与海洋部为项目实施资助 1.85 亿欧元，资助形式包括直接出资，或通过世界银行的信托基金和其他多边基金共同融资。在 2002 年 4 月 8 日签署的中意环境合作协议框架下，由意大利环境部资助，双方自 2003 年开展了培训合作。此后，中意两国的相关政府部门、大学和研究机构、企业密切合作，以示范项目建设、合作研

[①] EU's China Policy Paper of 2006, "EU-China: Closer Partners, Growing Responsibilities," COM (2006) 631 final, http：//ec. europa. eu/comm/external_ relations/china/docs/06 - 10 - 24_ final_ com. pdf.

究、环境保护能力建设等多种方式,支持了清华节能示范楼、内蒙古的太阳能村、西藏可再生能源、宁夏生物质能 CDM 示范项目开发等 200 多个不同类型的合作项目,其领域覆盖可持续发展的各个方面,包括:①节能、清洁能源和可再生能源发展;②协助中国履行国际环境公约;③环境监测;④生态建筑和城市可持续规划;⑤垃圾资源化利用;⑥可持续交通;⑦水资源综合管理;⑧自然生态保护和风沙治理;⑨可持续农业;⑩环境保护能力建设。

示范项目是中意环保合作项目中最重要的部分。通过示范项目建设,意大利环境、领土与海洋部同中方合作伙伴一起将意大利及国际领先的环境技术、设备和方法引进中国,在不同部门、地区,根据当地的需要进行示范。示范项目所使用的技术和方法一般均较中国现有技术或方法先进。示范项目的建设可以迅速提高相关领域中国环境保护的技术水平。示范项目所占用的资金额占整个中意环保合作项目的 75% 左右①。

希腊是欧盟中的较不发达国家,整体科研水平和创新能力较弱,但在农业(油橄榄等)、地学、新能源、海洋学、医学、信息技术等方面有一定水平。中国与希腊的科技合作部分是借助欧盟科技研发框架展开的。为鼓励在欧盟科技框架计划下的合作,中希双方于 2003 年和 2004 年分别在北京和雅典举办共同申请欧盟项目的研讨会。2004 年雅典奥运会举办前后,双方各举办一次有关科技奥运的研讨会。2005 年 5 月,在北京举办的中希第十次科技合作混委会上,双方确定可再生能源、农业生物技术、环境、交通和通信等为优先合作领域,并确定 2005~2007 年合作项目 19 项。中国与希腊在科技合作领域已执行上百个合作项目。

五　南欧国家在推动中欧关系发展中的建设性作用

南欧国家在欧盟层面和重大国际事务中,对推动中欧建立持续、稳定和健康的关系有着重要作用。按照欧洲对外关系委员会高级政策顾问约翰·福克斯

---

① 有关中意环保合作项目的执行情况,可参见 http://www.sinoitaenvironment.org/indexC10.asp。

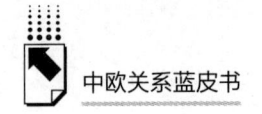

和弗朗索瓦·戈德芒的欧洲国家分组论①，南欧国家属于乐于通融的商业主义国："这些国家的共识是，与中国保持良好的政治关系将带来商业利益。这些成员国认为，经济问题应该作为对华关系的核心；他们认为反倾销手段是一个有用的工具并反对赋予中国市场经济地位。他们随时准备采取保护主义政策，但要避免在政治问题上与中国发生冲突。他们与意识形态自由贸易国一样拒绝在政治问题上向中国施压，这大大削弱了欧盟对华政策的核心：这些国家往往妨碍欧盟在西藏和人权等问题上采取更加坚决的态度。更有甚者，某些国家在欧盟内部充当了中国的代言人②。"这一分类中的多数判断比较符合南欧国家对华政策现状，南欧国家与中国发展关系时，实现其经济利益和文化战略是优先目标，在西藏、台湾、人权等问题上，能够维护和尊重中国的核心利益。南欧国家利用中欧领导人会晤等各种双边或多边场合，对化解中欧关系发展中的不利因素，推动中国与欧盟关系正常化做出了努力。葡萄牙表示愿继续在欧盟内努力，在欧盟首脑会议结论基础上，推动欧盟解除对华军售禁令，也认同中国在发展市场经济方面取得的进展，将继续与欧盟委员会努力，以使中国获得市场经济地位。西班牙愿继续推进欧中关系发展，支持欧盟尽早承认中国完全市场经济地位，解除对华军售禁令，希望双方加强在20国集团等多边机构的协调和合作。意大利也希望中意两国加强在联合国以及20国集团等多边场合的协调，共同为推动改善全球经济和金融治理做出努力。

---

① 欧洲对外关系委员会高级政策顾问约翰·福克斯和弗朗索瓦·戈德芒撰写的《欧中关系实力评估》报告中，将欧洲成员国分成四组：坚定的工业化国、意识形态自由贸易国、乐于通融的商业主义国和欧盟追随者。其中，乐于通融的商业主义国是最大的一个集团，包括保加利亚、塞浦路斯、芬兰、希腊、匈牙利、意大利、马耳他、葡萄牙、罗马尼亚、斯洛文尼亚、斯洛伐克和西班牙。本文撰写的南欧国家均属于这一集团。

② John Fox & François Godement，"A Power Audit of EU-China Relations," Published by the European Council on Foreign Relations, 2009.

B.15
中国与北欧国家：互利共赢与意识形态分歧

郭灵凤*

摘　要： 2003～2013年，中国与北欧国家关系总体发展平稳，在政治对话、经济贸易、科技合作、环境保护、文化教育等各领域、各层次的合作不断增强，各级别、各地区的交流合作日益增多，常设机构日益增多、合作机制不断深化。关于民主人权的讨论一直是影响北欧国家与中国关系顺利发展的重要因素。

关键词： 中国　北欧　外交关系　互利共赢　意识形态分歧

北欧各国与中国发展阶段、政治制度不尽相同，但追求可持续发展和社会和谐的美好愿望一致；虽存在意识形态分歧，但双方一直在寻找和谐相处、合作共赢之道。

北欧五国是最早与新中国建交的一批西方国家。[①] 之后，北欧五国与中国关系总体发展平稳，在政治、经济、科技、文化教育等各领域、各层次的交流与合作不断增强。北欧各国经济对外依存度高，与世界经济联系紧密，要在全球竞争中取得成功，发展与亚洲尤其是与中国的关系至关重要。改革开放后的中国作为发展中大国，市场潜力巨大，且亟须引进发达国家的先进管理经验和科学技术，以处理在经济发展、社会转型过程中面临的各种重要挑战，因此双

---

* 郭灵凤，中国社会科学院欧洲研究所社会文化研究室，副研究员。
① 1950年瑞典、丹麦、挪威、芬兰相继与中国建交，1971年中国与冰岛建交。

方具有互利共赢的良好合作基础。2003年以来，飞速发展的经济使得中国在全球价值链上的位置不断攀升，外交上日益自信、进取、活跃，重视多边合作与交往。北欧国家认识到，体量庞大的中国应对国内外挑战的战略举措将会对全世界产生广泛而深远的影响。它们一方面希望在中国持续发展进程中获益，另一方面也力图从国际冲突解决、环境保护、民主人权的角度来设法影响中国的发展，敦促中国担当起"利益共享者的角色并积极负起责任"。[1]瑞典、丹麦和芬兰是欧盟成员国，挪威、冰岛是欧洲经济区成员。虽然它们与欧盟的关系亲疏远近略有区别，但在中欧关系的发展中都扮演着重要角色。

一 政治关系不断加深，意识形态分歧时有表现

2003~2013年，北欧各国与中国双边关系不断发展，主要表现在三个方面。

一是各部门、各领域合作增多、高层互访频繁。2003~2013年中国与北欧国家，尤其是中瑞、中丹之间高层互访频繁，签订了许多重要的双边协议，涉及可持续发展战略、投资保护、企业责任、工业技术、环境与能源技术、文化合作、高等教育、职业教育和培训、终生教育、公共卫生、社会法律等各个领域的交流与合作。

二是各级别、各地区的交流合作日益增多。中国各省、市、自治区发展阶段、购买力水平参差不一，每个省市在确定国际合作伙伴方面都有不同偏好。在同中国的对话、合作中，北欧国家意识到要将中国幅员广阔、情况多样的特性考虑在内，深入了解中国各地区对于双方成功合作十分重要。北欧五国的一些地区、城市与中国的一些省份和城市建立了双边伙伴关系，签订了合作协议。

三是常设机构日益增多、合作机制不断深化。丹麦在中国设有7个使领馆及相关机构，分别是在北京的大使馆，在香港、广州和上海的总领事馆，在重庆和台北的贸易委员会，以及位于上海的丹麦科创中心。瑞典和挪威在中国分

---

[1] 丹麦外交部：《丹麦—中国：互惠关系》，2008。

别设有4个使领馆,即在北京的大使馆,驻上海、广州、香港的总领事馆。瑞典在华组织机构还包括:位于北京的斯堪的纳维亚旅游局(STB)、瑞典小学、中国瑞典商会北京办事处、瑞典国家发展政策评估与分析署、拉奥尔·瓦仑堡研究所、位于上海的北欧中心、中国瑞典商会上海办事处、瑞典—中国贸易委员会上海联络处、上海瑞典学校。芬兰在华机构包括在北京的大使馆和驻上海总领事馆。

在政治对话和争议话题方面,关于民主人权的讨论一直是影响北欧国家与中国关系顺利发展的重要因素。丹麦对华政策核心要素之一是丹麦及欧盟同中国的人权对话。丹麦还提出将在中国优先启动倡导言论自由及环境权的非政府组织及活动家的新项目。① 2010年10月,挪威诺贝尔委员会把诺贝尔和平奖授予因犯有煽动颠覆国家政权罪而被中国司法机关判处徒刑的罪犯刘晓波。该委员会声称,决定把2010年诺贝尔和平奖颁给刘晓波,一个重要理由是他长久以来用非暴力形式在中国为基本人权作抗争,并表示一直相信,人权与和平有密切的关系。对此,中国外交部发言人指出,诺贝尔委员会把和平奖授予这样一个人,完全违背该奖宗旨,也是对和平奖的亵渎。② 挪威国内对此亦有不同声音。从事特种船舶航运的挪威斯考根公司总裁莫里斯·斯考根在挪威《晚邮报》发表文章说,从经济发展和中国成为全球伙伴这个意义上讲,中国才应该得到诺贝尔和平奖。③ 此后,中挪关系进入冰冻期。2012年,挪威外交大臣在对议会报告中检讨对中国政策的失误。2012年10月,瑞典文学院宣布,将该年度诺贝尔文学奖授予中国作家莫言。

中国社会处于转型过程中,在创建"和谐社会"的总体目标下,显示出对北欧福利国家经验的强烈兴趣。近年来,大量中国代表团访问瑞典、丹麦、芬兰、挪威等北欧国家,学习其公共管理的模式及系统。北欧国家也借机积极向中国推介其在劳动力市场管理、社会保障体系及公共管理等方面的经验。

---

① 丹麦外交部:《丹麦—中国:互惠关系》,2008年。
② 姚仁格:《与诺贝尔遗愿背道而驰的和平奖》,光明网,http://news.gmw.cn/2010-10/24/content_1331214.htm,2010年10月24日。
③ 《挪威斯考根公司总裁撰文说中国才应得和平奖》,新华网,http://news.xinhuanet.com/world/2010-10/16/c_12667198.htm,2010年10月16日。

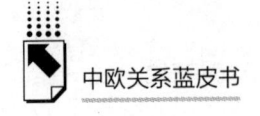

（一）中瑞关系

鉴于中国经济的庞大规模和良好发展势头，瑞典政府一直致力于深化各领域的中瑞合作关系，工商界是这种发展的主要推动力量。2006年7月，象征中瑞传统友谊的瑞典"哥德堡"号仿古船，沿着古航线成功驶抵中国。瑞典国王卡尔十六世·古斯塔夫前往广州出席"哥德堡"号复航中国欢迎仪式。2007年6月，从中国沿古老航线返回的"哥德堡"号仿古船抵达哥德堡。中国国家元首首次访问瑞典，胡锦涛主席出席了"哥德堡"号返航仪式。在同瑞典首相赖因费尔特的会谈中，胡锦涛指出，中国政府希望与瑞典深化合作关系。加强各级别政治对话，扩大政府、立法机构、政党交往，加深了解，增强互信；深化经贸合作，加强电信、环保、节能、生物制药等领域合作；扩大人文交流，加强文化、教育、旅游、体育等领域的合作，鼓励和支持两国青年、地方政府、民间团体、媒体等加强交流；密切在国际事务中的合作，就联合国改革、可持续发展、减少贫困、促进自由贸易、应对全球气候变化等共同关心的重大国际问题交换看法、协调立场。① 2009年瑞典外交部发表的《2009~2013年与中国选择性合作战略》指出，2009~2013年瑞典与中国合作的总体目标是提升中国民主治理、改善人权状况、支持环境和气候友好的可持续发展。因此，重点合作领域是民主和人权、环境和气候。而且随着中国经济实力的增长，瑞典政府强调中瑞双方作为互惠伙伴的合作关系，合作项目自筹资金，不从传统的发展援助项目中划拨资金。② 从双方政府来看，发展中瑞关系的着眼点是务实合作和互利共赢。正如中国驻瑞典大使兰俊立所说："瑞在可持续发展和创新领域起步早、技术新、优势强，中国正在加快转变经济发展方式，努力建设资源节约型、环境友好型社会，更加注重科技创新。双方合作有很多契合点。"③

---

① 《胡锦涛同瑞典首相赖因费尔特会谈》，新华网，http://news.xinhuanet.com/world/2007-06/10/content_6224128.htm，2007年6月10日。
② Ministry for Foreign Affairs, Sweden, "Strategy for Selective Cooperation with China, July 2009-December 2013," 2010.
③ 《中国驻瑞典大使：俞正声访瑞将为两国关系发展注入新活力》，新华网，http://news.xinhuanet.com/world/2013-06/01/c_115995412.htm，2013年6月1日。

2003～2013年中瑞签订的重要双边协定包括:《中瑞政府间科技合作协定》(2004年)、《中瑞投资保护协定》议定书(修订,2004年)、《关于加强中瑞两国中小企业合作的谅解备忘录》(2006年)、《中瑞经济、工业和技术合作协定》(2006年)、《关于高等教育合作的框架协议》(2006年)、《2006～2008年度文化合作意向书》(2006年)、《中瑞两国企业社会责任合作谅解备忘录》(2007年)、《中华人民共和国国家环境保护总局与瑞典王国环境部环境合作谅解备忘录》(2007年)、《中华人民共和国国家发展和改革委员会与瑞典王国环境部和外交部关于环境与能源技术合作框架协议》(2008年)、《瑞典环境保护局和中华人民共和国环境保护部关于中国环境与发展国际合作委员会的合作协议》(2008年)、《中华人民共和国住房和城乡建设部与瑞典环境部关于可持续城市发展合作的谅解备忘录》(2008年)、《成立企业社会责任合作工作组谅解备忘录》(2009年)、《中华人民共和国工业和信息化部与瑞典王国企业、能源和交通部中小企业合作备忘录》(2010年)、《中国商务部与瑞典外交部关于企业社会责任合作中长期规划》(2010年)、《中华人民共和国政府与瑞典王国政府文化合作谅解备忘录》(2010年)、《中华人民共和国和瑞典王国关于在可持续发展方面加强战略合作的框架文件》(2012年)。

(二)中丹关系

丹麦政府将中丹关系定位为"互惠关系",即在利益共享原则下广泛领域内的合作。[①] 2008年10月,丹麦首相安诺斯·福格·拉斯穆森出席第七届亚欧首脑会议并正式访华,两国共同发表《中华人民共和国政府和丹麦王国政府关于建立全面战略伙伴关系的联合声明》,中丹关系迈入新阶段。在北欧五国中,只有丹麦与中国建立了全面战略伙伴关系。2012年,中国国家主席胡锦涛对丹麦进行国事访问,是中丹建交62年来中国国家元首首次访丹。与中国发展深入、广泛的经贸关系和在研发领域的合作是中丹关系的重点,同时关于人权的批评对话也构成丹麦对华政策的一个核心要素。

2003～2013年中丹签订的重要双边协定包括:《中华人民共和国国家发展

---

① 丹麦外交部:《丹麦—中国:互惠关系》,2008。

和改革委员会和丹麦王国外交部谅解备忘录》(2004年)、《文化交流与合作意向书》(2004年)、《中华人民共和国商务部与丹麦外交部关于加强两国企业间合作的谅解备忘录》(2006年)、《中华人民共和国政府与丹麦王国政府关于相互承认高等教育学位的协议》(2007年)、《中华人民共和国教育部与丹麦王国教育部、科技创新部和文化部关于加强中丹教育合作的谅解备忘录》(2007年)、《中国商务部与丹麦外交部关于在中丹官方发展合作框架下开展气候变化与可再生能源合作的谅解备忘录》(2008年)、《中国科学院与丹麦科技创新部合作备忘录》(2008年)、《中国科学院研究生院与丹麦国家科学技术创新部关于中国科学院研究生院雁栖湖园区中国—丹麦科研教育中心"丹麦工业基金会大厦"建设、维护和运行协议》(2010年)、《中国科学院研究生院与哥本哈根大学、奥胡斯大学、南丹麦大学、奥尔堡大学、洛斯基勒大学、丹麦科技大学、哥本哈根商学院、哥本哈根信息技术大学关于建立中国科学院研究生院中国—丹麦科研教育中心合作伙伴协议》(2010年)、《中华人民共和国商务部和丹麦王国外交部关于在经贸联委会下设立投资促进工作组谅解备忘录》(2010年)、《中国机电产品进出口商会和丹麦外交部贸易委员会合作谅解备忘录》(2010年)、《中国卫生部与丹麦内政与卫生部卫生合作的谅解备忘录》(2010年)。

(三)中芬关系

中国经济持续快速发展,对芬兰是一个重要机遇。芬方致力于加强与中方在科技创新、清洁技术等领域的合作。芬兰坚持自由贸易和开放立场,反对欧盟对中国光伏产品和无线通信设备产品进行反倾销、反补贴调查。芬兰还支持中国成为北极理事会正式观察员国,愿同中方就北极事务加强合作。2010年,中国国家副主席习近平访问芬兰。2013年,芬兰总统尼尼斯特访华,他和中国国家主席习近平在博鳌亚洲论坛上就中芬共同构建"面向未来的新型合作伙伴关系"达成共识。中方希望重点深化投资、创新、环保、城镇化等领域合作,优势互补、强强联合。芬兰提出拓展经贸、城镇化、可持续发展、司法、减贫等领域合作。[①]

[①] 《习近平同芬兰总统尼尼斯特举行会谈 中芬共同构建面向未来的新型合作伙伴关系》,新华网,http://news.xinhuanet.com/2013-04/06/c_115283744.htm,2013年4月6日。

2003～2013年中芬签订的重要双边协定包括：《中芬投资保护协定》（2004年）、《中芬农业合作谅解备忘录》（2005年）、《中芬经济、工业和科学技术合作协定》（2005年）、《中芬职业安全与健康领域合作谅解备忘录》（2006年）、《中芬关于互认高等教育学位证书的谅解备忘录》（2006年）、《中芬关于合作建设赫尔辛基孔子学院的协议》（2007年）、《关于环境合作的谅解备忘录》（2007年）、《中芬关于进一步推动中芬高技术领域合作的谅解备忘录》（2009年）、《中芬关于生态园区合作的谅解备忘录》（2009年）、《美丽北京：中芬合作谅解备忘录》（2013年）。

二 日益紧密的经贸关系与科技合作

北欧国家经济与世界经济联系紧密，对外依存度非常高。在世界金融危机背景下，发展与中国的关系，开拓中国巨大的市场，对五国具有重要的战略意义。

（一）经贸关系

2003年，中国成为瑞典在亚洲的第一大贸易伙伴。瑞典重视开拓中国市场，截至2011年年底，中国共批准瑞在华投资项目1153个，瑞方实际投入23亿美元，行业主要包括电信、汽车及零部件、电器、建材、印刷、制药和造纸等。[①] 瑞典是中国在欧盟地区第八大贸易伙伴，在北欧地区第一大贸易伙伴。20世纪90年代以来，两国经贸关系飞速发展。2011年，双边贸易额（仅限中国内地）接近130亿美元，同比增长7%，其中中方进口61.4亿美元，出口68.3亿美元，同比分别增长12%和2%。[②] 中国对瑞典主要出口服装、箱包、鞋类、塑料制品、纺织品、焦炭、罐头、玩具、家具和电信产品，主要进口通信产品、精密机电、建筑及采矿机械、特种钢材及铁矿砂等。

中国与丹麦经济互补性强，两国经贸合作成果丰硕。中丹两国于1980年

---

① 中国外交部：《中国同瑞典的关系》，http://www.fmprc.gov.cn/ozs/sbgxdsj/t7356.html
② 中国驻瑞典大使馆经济商务参赞处：《中瑞经贸数据》，http://se.mofcom.gov.cn/article/zxhz/hzjj/201206/20120608159585.shtml，2012年6月3日。

建立经贸联委会机制。目前，双方在联委会下建有双边投资促进工作组和贸易促进合作机制。2007年9月，商务部副部长于广洲与丹外交部国秘斯蒂芬森在哥本哈根共同主持召开联委会第19次会议。2012年9月，商务部部长陈德铭与丹贸易和投资事务大臣迪赫在北京共同主持召开第20次会议，在生态园区、双向投资、医药、船舶和航运等合作领域达成了共识。目前丹麦是中国在北欧地区第二大外资来源国、第三大贸易伙伴和技术转让方。而中国已连续多年成为丹麦在亚洲的最大贸易伙伴。目前中国是丹麦的第十大出口国，丹麦工业联合会预计，到2030年中国将成为丹麦的第三大出口市场。据中国海关统计，2012年中丹贸易额为94.4亿美元，同比增长2.0%。其中，出口65.4亿美元，增长1.5%；进口29.0亿美元，增长3.2%。丹麦对华直接投资始于1982年。截至2012年年底，中国共批准丹在华投资项目775个，实际使用金额22.9亿美元。①

中国与芬兰经济互补性较强。1980年，芬给予中国普惠制待遇。近几年两国贸易增长很快。据中国海关统计，2008年贸易额为108.6亿美元，同比增长4.9%。中国是芬兰在亚洲最重要的贸易伙伴，同时芬兰也是中国在北欧最重要的贸易伙伴，是中国在北欧第二大技术转让方和第三大投资来源地。2005年，两国签署新的《中芬经济、工业和技术合作协定》。双方已举行18次经济、工业和技术合作联委会。2006年，两国签署在联委会下建立联合投资促进分委会的谅解备忘录。2008年，第十届中国国际高新技术成果交易会芬兰分会在赫尔辛基举办。截至2008年年底，芬在华直接投资项目348个，实际投资额约6亿美元，主要涉及木材加工、造纸机械制造和移动电话通信设备等领域。截至2008年年底，中国自芬引进技术和设备637项，合同金额约55.6亿美元，主要集中于电子通信、造纸、有色冶金等领域。② 2012年，芬兰政府出台国家投资战略，三个重点发展领域是环境科技、生命科学和采矿业。中国和美国、俄罗斯一道被芬兰政府列为三大招商引资国家。③

---

① 中国驻丹麦大使馆经济商务参赞处：《中丹经贸关系》，http://dk.mofcom.gov.cn/article/zxhz/hzjj/201303/20130300066511.shtml，2013年3月25日。
② 《中国与芬兰双边关系》，中国网，http://www.china.com.cn/international/zhuanti/2010-03/20/content_19648286.htm，2010年3月20日。
③ 马凌：《中资"淘宝"芬兰 芬兰将中国列入三大引资目标国》，21世纪经济报道网站，http://www.21cbh.com/HTML/2013-3-28/5ONjUxXzY1MDU5OQ.html，2013年3月28日。

（二）环境保护与科技创新

瑞典在信息通信、生物医药、能源、环保、精密机电等领域具有先进的研发水平和技术实力，是中国重要的技术引进国之一。截至2010年年底，中国从瑞典引进技术合同金额136.3亿美元。近年来，中国与瑞典签订技术引进大项目集中在通信、运输设备和电力等领域。[①] 中瑞两国在环保、可持续发展与创新领域的合作进入新阶段。2008年，在瑞典首相赖因费尔特访华期间，国家发展和改革委员会与瑞环境部、外交部及企业、能源与交通部签署关于环境与能源技术合作谅解备忘录，环境保护部和瑞环境保护署签署关于中国环境与发展国际合作委员会的合作协议。2008年，瑞典空间公司北京代表处成立；中瑞环境技术与可持续发展研讨会在北京召开；"气候变化经济学论坛——中国迈向低碳经济"研讨会和中瑞科技合作中期会谈分别在斯德哥尔摩举行，双方在3G通信、新材料、能源等领域的合作项目启动。2010年，第二届中瑞科技合作联委会在瑞举办。2012年两国政府签署关于在可持续发展方面加强战略合作的框架文件，中国宣布设立中瑞创新合作专项贷款。在可持续发展方面，中瑞确立以下重点合作领域：污染物总量减排，保障城乡饮用水源地环境安全，包括汞在内的重金属、持久性有机污染、危险化学品、危险废物等污染防治，提升城镇环境基础设施建设和运行水平，加强生态环境保护，健全环境监管体系。双方在中国环境与发展国际合作委员会框架下继续开展合作，瑞方为该委员会提供资金与智力支持。中国商务部和瑞典外交部在中瑞经贸联委会下设立经贸领域节能环保工作组，共同支持和推动两国企业和机构开展投资贸易合作，积极探索在中国国家级经济技术开发区内合作推动建立中瑞生态园。[②]

丹麦在节能环保、新能源、生物制药、创新等领域技术领先、经验丰富，中国正处在工业化、城镇化、信息化加速发展时期，致力于调整经济结构，转变经济发展方式，建设资源节约型、环境友好型社会，两国合作潜力巨大。截

[①] 中国驻瑞典大使馆经济商务参赞处：《2010年中国瑞典经贸合作简况》，http://se.mofcom.gov.cn/article/zxhz/hzjj/201103/20110307471848.shtml，2011年3月29日。

[②] 《中华人民共和国和瑞典王国关于在可持续发展方面加强战略合作的框架文件》，新华网，http://news.xinhuanet.com/world/2012-04/25/c_111843226.htm，2012年4月25日。

至2012年年底，中国累计自丹引进技术合同684个，合同金额33.4亿美元。中国自丹技术引进涉及领域有航空、电子、通信、有色和化工等。[①] 丹麦政府于2005年起恢复对华发展援助，支持中丹在可再生能源的开发和利用、生物质能清洁发展机制等环境领域的合作。2008年，丹方为"中丹可再生能源发展项目"提供1亿丹麦克朗的无偿援助，用以支持建立国家可再生能源中心，加强可再生能源政策、战略和技术的研发、推广与应用，推动可再生能源技术的商业化开发。[②] 2010年，中丹签署合作协议，建立中丹科教中心（SDC，Sino-Danish Center for Research and Education），在水资源与环境、社会科学、纳米技术、生物技术和可再生能源5个领域开展教学和科研工作。2012年胡锦涛主席访问丹麦指出，中丹两国在深化农业、交通物流等领域合作的同时，要开拓新领域、打造新亮点，把丹麦绿色技术和经验优势与中国加快产业结构转型升级需求充分结合起来，拓展绿色经济、节能环保、科技创新、生物制药等领域的合作，大力支持双向投资和两国中小企业合作，尽快落实中丹生态园合作项目，建立风能与智能电网创新中心，支持生物质能等可再生能源合作项目。[③]

2005年，在上海浦东新区政府和芬兰政府的共同推进下成立了芬华创新中心（FinChi Innovation Center）。它是一个由公众基金投资的非营利组织，旨在孵化来华的芬兰创新企业，为它们在建立商业网络和办理经商手续两方面提供"软着陆"支持。2013年在北京中关村也开设了芬华创新中心，计划每年引进10~20家芬兰企业。2013年芬兰总统尼尼斯特访华，促成了芬兰国家技术创新局和中国环保部国际合作司签署主题为《美丽北京》的中芬合作谅解备忘录。根据该谅解备忘录，中国和芬兰两国城市居住环境领域的专家将组成跨学科专家组，通过联合研究，提出覆盖科研、政策等方面的系列建议，以改善北京的生活条件，特别是大气质量。芬兰欧洲事务和外贸部长亚历山大·斯

---

① 中国驻丹麦大使馆经济商务参赞处：《中丹经贸关系》，http://dk.mofcom.gov.cn/article/zxhz/hzjj/201303/20130300066511.shtml，2013年3月25日。
② 中国驻丹麦大使馆经济商务参赞处：《中丹经贸关系》，http://dk.mofcom.gov.cn/article/zxhz/hzjj/201303/20130300066511.shtml，2013年3月25日。
③ 《外交部部长杨洁篪谈胡锦涛主席对丹麦进行国事访问》，新华网，http://news.xinhuanet.com/world/2012-06/16/c_112231530.htm，2012年6月16日。

图布说:"清洁技术产业是芬兰的优势产业之一。在我们1890亿欧元的国民生产总值中,清洁技术产业贡献了200亿欧元。中国的'十二五'节能减排计划提供了一个巨大的清洁技术市场,是一个金矿。芬兰在清洁技术和中国巨大的需求相结合将是一个双赢的局面。"①

三 文化教育合作与公共外交

北欧国家,尤其是瑞典学界有悠久的汉学研究传统,并且非常重视当代中国研究。2010年6月,由瑞典斯德哥尔摩国际和平研究所、斯德哥尔摩环境研究所和斯德哥尔摩经济学院三家智库联合筹建的斯德哥尔摩中国问题研究联盟(Stockholm China Alliance)正式成立。这是一个跨领域的中国问题研究组织,致力于开展三个方面的工作:组织较大规模和较深入的研究项目,从经济、政治、安全和环境等不同方面来分析中国的发展,以突破不同领域间的限制;为学者专家与决策者建立沟通的渠道,促进双方间的相互了解;通过与中国研究机构的合作实施高级人才培训计划。该倡议得到瑞典外交部的鼎力支持。②

中国与北欧五国在文化教育领域的交流合作十分广泛,从互派留学生到合作办学、共同执行科研项目,从访问演出、展览到共办文化节,合作形式多种多样。近年来,中国对外文化交流的机构,最著名的莫过于"孔子学院"。孔子学院在北欧成为民众了解中国的重要窗口。2005年,欧洲第一个孔子学院——"北欧斯德哥尔摩孔子学院"在瑞典斯德哥尔摩大学中文系成立。目前,中国在瑞典已开办4家孔子学院。2012年中国作家莫言获得诺贝尔文学奖,大大增进了瑞典民众对中国文化的了解,瑞典政府已决定在部分中小学开设汉语课程。中国政府将在斯德哥尔摩设立北欧第一个中国文化中心。2007年,"哥本哈根商务孔子学院"(CBS)成立,这是丹麦第一所孔子学院,也

---

① 马凌:《芬兰外贸部长详解中芬"新型合作伙伴关系"》,21世纪经济报道网站,http://www.21cbh.com/HTML/2013-4-12/0ONjUzXzY2MDU0OQ.html,2013年4月12日。
② 《瑞典成立跨领域中国问题研究组织》,新华网,http://news.xinhuanet.com/world/2010-06/10/c_12203329.htm,2010年6月10日。

是全球第二所"商务孔子学院"。哥本哈根商务孔子学院中方合作大学是中国人民大学。该学院对于促进汉语及中国文化在丹麦的传播与推广、加深两国人民的相互了解，以及丹麦的中文教学产生了积极影响。2010年，中国教育展在哥本哈根商学院举行，是中国高校首次在丹麦举行教育展。2009年，奥尔堡大学创新学习孔子学院成立，是丹麦第二所孔子学院，也是全球冠以创新学习的第一所孔子学院。2007年，挪威首家孔子学院在卑尔根成立，第二届"中国文化节"在挪举行；北京外国语大学首次开设挪威语专业。2007年，芬兰首家孔子学院在首都赫尔辛基建立，同年芬兰研究中心在北京外国语大学正式成立。2008年，芬中双语学校在赫尔辛基正式授课。2008年，北京外国语大学开设冰岛语言文化课程，同年，冰岛大学北极光孔子学院成立。

北欧国家重视国家形象对中国民众的影响。瑞典对中国外交的一个重要方面就是利用各种新媒体和知识网络、专业团体积极开展公共外交，与公民社会对话，以塑造良好的瑞典国家形象。2012年12月瑞典外交大臣卡尔·比尔特访华期间，通过瑞典官方网站的新浪微博账号与中国网民进行了长达1小时的微访谈，回答了网民有关瑞典的各种问题，内容涉及瑞典的政治、经济、文化、社会、教育、瑞典和中国的关系，以及比尔特对中国的印象等。[①] 比尔特是第一个在新浪上作微访谈的外国外交大臣。

四 未来十年的中国—北欧关系展望

未来十年，中国经济将经历从"中国制造"到"中国创造"的转型，而北欧国家素以研发创新为立国之基，因此，在知识密集型产业领域，中国与北欧国家既有合作的广阔前景，也会面临竞争的挑战。

北欧国家在环境保护和可持续发展方面技术领先、经验丰富。未来十年中国致力于调整经济结构、转变经济发展方式，在清洁和可再生能源开发利用、再循环环保产业、生物技术等绿色经济和科技方面，北欧国家仍将是中国主要

---

① 《瑞典外交大臣与中国网民微访谈》，瑞典官方网站，http://www.sweden.cn/about/latestupdates/detail/article/-216473e732/，2012年12月10日。

的技术来源国。但双方合作的机制将不单单局限于技术进口，共同研发将是发展趋势。

随着南海等海洋领土在中国整体战略中的地位提升，海浪发电、海上风力发电、海洋养殖业、海洋油气资源开发等相关产业将日益重要，在这方面中国与北欧也有合作的可能。在北极航道及油气资源开发方面，冰岛、丹麦等国积极支持中国企业加入北极开发的行列，也欢迎中国成为观察员国。

未来十年中，中国面临的最大挑战之一是解决地区发展不平衡、社会阶层贫富不均等问题。北欧国家将中国西部大开发战略视为北欧企业进军中国市场的新机遇。而中国卫生、教育、养老保障等体制的改革，也是瑞典、丹麦等北欧国家关注的热点，例如，中国庞大的老年人口养老需求是北欧养老服务产业管理经验出口的契机。

未来十年，随着中国改革日益深化、社会管理的难度不断加大，关于人权、民主问题无疑仍将是丹麦、挪威、瑞典等北欧国家与中国对话的议题。一个人口数量庞大、消费需求旺盛的中国市场，同时也是一个社会和谐发展的中国，这符合北欧国家的长期利益。为了这个目标，中国与北欧之间在社会管理方面也存在着经验共享的空间。

北欧各国，尤其是作为欧盟成员国的瑞典、丹麦、芬兰，也通过欧盟与中国保持多边合作。随着欧洲一体化的加强，欧盟因素也将在中国—北欧关系中日益凸显。在《中丹关于建立全面战略伙伴关系的联合声明》中，丹麦表示支持中国希望尽早得到欧盟承认其完全市场经济地位的愿望，并将在双方找到达成这一决定的合适框架时积极促成此事。[①]

总之，对未来十年的中国—北欧关系，机遇与挑战并存，但合作共赢仍然是中国和北欧各国的最理智选择。

[①] 《中华人民共和国政府和丹麦王国政府关于建立全面战略伙伴关系的联合声明》，新华网，http://news.xinhuanet.com/newscenter/2008 - 10/25/content_ 10248153.htm，2008 年 10 月 25 日。

中欧关系与欧美关系比较研究

A Comparison between China-EU and US-EU Relations

B.16
中欧与欧美政治关系比较研究

赵 晨*

摘　要: 本文从"传统政治"（包括军事安全和地缘政治利益）、价值观、"非传统政治"和机制建设等四项影响双边政治关系的因素入手，比较欧美政治关系与中欧政治关系的差异。军事安全关系是欧美关系的基石，欧美间也没有地缘政治利益纠纷，并有共同的世界观和价值观，这几个方面是中欧政治关系短期内难以赶上的"短板"。但得益于经济全球化，中欧的相互依赖程度在21世纪快速加深，中欧在"非传统政治"领域的接触不断增多，双边沟通和磋商机制也日趋完善。相较于"传统政治"和

---

* 赵晨，中国社会科学院欧洲研究所欧洲政治研究室副主任，副研究员，中国欧洲学会欧洲政治分会副秘书长。

价值观，这两个侧面的中欧政治往来更为顺畅，遇到的困难也小得多，它们是提升中欧政治关系的希望所在。

关键词：

中欧关系　欧美关系　传统政治　非传统政治

欧盟、美国和中国是世界上最重要的三大国际行为体。从国民生产总值上看，截止到2013年4月，欧盟GDP总量为16.584万亿美元，美国为15.685万亿美元，中国为8.227万亿美元，占据世界前三位[①]。从国际影响力上看，中美两国都是联合国安理会常任理事国，而欧盟中的英法则占据剩余三个常任理事国中的两席。从实力角度看，欧美关系和中欧关系可以排入世界上最为重要的双边关系序列。不过从政治关系的广度和深度来看，中欧关系与欧美关系却有着较为明显的差距，这种差距的产生，一方面是由于历史和文化因素，毕竟欧美同根同源，二战后又有北约这样的将大西洋两岸安全利益捆绑在一起的军事制度纽带；另一方面也是因为中欧关系在现实政治考量和机制建设方面没有达到欧美关系的高度所致。

近年来，中欧关系在相互重视程度和制度化建设方面取得长足进步，同时，由于美国奥巴马政府提出战略东移，世界正在发生变化，这也给中欧政治关系的发展提供了有利的契机。但未来具体如何提升中欧政治关系，需要对这一复杂的双边关系进行细致的分类解析，在某些工作领域，我们也可参考欧美关系中一些成熟的已有措施和制度。

一　传统政治

随着全球化的深入发展，国家之间的相互依赖程度不断加深，政治的含义也更为丰富了。我们可以把政治分为"传统政治"和"非传统政治"两个范

[①] IMF, "The World Economic Outlook Database," April 2013 Edition, http://www.imf.org/external/pubs/ft/weo/2012/02/weodata/index.aspx, 2013年5月12日访问。

畴，安全和防务属于"传统政治"范畴，社会政策、地区政策及其他一些经济议题可归入"非传统政治"范畴。"传统政治"涵盖的是与国家生存紧密相关的重要议题，而"非传统政治"议题都是与国家福利联系在一起的，对国家的存在没有决定性的影响。在全球化令欧美和中欧经济合作日益密切的今天，我们发现"传统政治"和"非传统政治"的概念区分，可以更好地帮助我们分析欧美关系和中欧关系；在防务合作和地缘政治利益等"传统政治"方面，中欧和欧美间的利益重合部和共同部分最小。

军事安全和防务合作是中欧关系距离欧美关系最为"遥远"的一对子关系。二战后，为应对冷战需要，美国主导设立的北约组织是连接欧美防务的制度纽带，欧美间通过北约这一安全组织来统一协调安全问题，组织安全行动，欧盟27个成员国中21个是美国领导下的北约成员国。美国在欧洲的军事基地超过440处，占到美国全部海外基地数量的一多半[1]。除欧洲司令部外，美军非洲司令部也设在欧洲（德国斯图加特）。冷战虽然已经结束20多年，但欧洲实际上仍然处在美国的核保护伞之下，美国在欧洲6个国家的8个空军基地部署了480件空射战术核武器[2]，在一些战略重点国家部署了反导系统。国际军事干预方面，欧盟国家参加了美国主导的伊拉克、阿富汗等地区的维和行动。整体上，欧盟视美国为促进全球和平和稳定最重要的战略伙伴。欧美每天都在应对恐怖主义、核扩散（包括伊朗），以及跨国犯罪（比如网络犯罪）等全球安全挑战方面进行密切合作。此外，欧美，特别是英美的情报机构之间的关系也是非常紧密的。美国中央情报局的一位前高官说，中情局与英国秘密情报局（军情六处）的关系比与美国联邦调查局密切得多。他又调侃道，美国海军情报机构与英国海军情报机构的关系可能比与美国陆军情报机构的关系更好[3]。欧洲大规模的安全行动在相当大程度上要依赖美军的协助，20世纪90

---

[1] 美国国防部2009财政年度基地结构报告。Department of Defense, "Base Structure Report Fiscal Year 2009 Baseline," http：//www.defense.gov/pubs/pdfs/2009baseline.pdf.

[2] 美政府智库"自然资源防护委员会"2005年撰写的《美国在欧洲的核武器》的报告。Natural Resources Defense Council, "U.S. Nuclear Weapons in Europe: A Review of Post-Cold War Policy, Force Levels, and War Planning," Feburay 2005, http：//www.nrdc.org/nuclear/euro/euro.pdf.

[3] 〔英〕提摩许·加顿·艾什：《自由世界：美国、欧洲和西方世界的未来》，张宁译，东方出版社，2009，第23页。

年代的科索沃战争、2011年的利比亚战争皆是如此。特别是英国，如果没有美国的支持，英国的核导弹都不能正常使用。英国空军基地很多都是美国的空军基地，美国指挥官下达命令，派遣这里的飞机到其他国家作战。相比之下，中欧安全合作仅限于数量很少的政策对话，比如中国定期参加慕尼黑安全对话会议等多边论坛；核安全方面也局限在和平利用核能的科技合作，如2004年中国与欧盟签署"和平利用核能研究协议"；中欧海外军事合作也开始得很晚，而且主要是一些"软"活动，如战略对话、维和训练、军队外交、教育互换、港口访问，以及初级层次上的联合演习。中欧2005年年底开始启动针对国际和地区安全问题的副部长级对话，中国2009年开始参加联合国安理会要求并授权的亚丁湾、索马里海域护航活动，不过，这是与欧洲开展真正的联合军事行动的最突出的案例。

地缘政治利益方面，中欧关系与欧美关系的差距没有防务合作那么大。欧美地缘政治关系相当坚固，双方没有领土诉求等利益纠葛，共同致力于保持大西洋两岸的繁荣和稳定。中欧之间也没有重大的地缘政治利益纷争。这一点与中美关系有明显区别。欧洲与美国不同，在英国和葡萄牙分别将香港和澳门移交给中国政府后，现在没有欧洲国家在中国周边地区拥有重要殖民地或大量驻军。中欧关系的基石是经贸关系，欧洲主要是从商业利益的角度思考中欧关系，它没有真正的对华地缘政治战略。美国和欧洲的全球地位是有差异的，美国是一个地缘政治意义上的全球行为体，是两洋国家，一只手在大西洋，另一只手在太平洋，而欧盟则不是，它在亚太地区没有战略利益。正如英国评论家提摩许·加顿·艾什所说："欧洲从未，也没有对中国从安全角度去考虑。中国没有被大多数欧洲国家看做军事威胁"[1]。欧洲对中国的政治兴趣并不大，而美国对远东的兴趣要比欧洲强烈得多，特别是美国的西海岸地区，在这一地区的报纸和期刊上，关于亚洲的消息要占到很大篇幅[2]。总体看，欧美地缘政

---

[1] Eberhard Sandschneider, "Transatlantic Divergences on the Rise of China," in David Shambaugh and Gudrun Wacker ed., *American and European Relations with China: Advancing Common Agendas*, SWP Research Paper, RP3, June 2008, Berlin, p. 25.

[2] 〔英〕提摩许·加顿·艾什：《自由世界：美国、欧洲和西方世界的未来》，张宁译，东方出版社，2009，第149页。

治是一种积极的双边关系，而中欧地缘政治虽然没有消极妨碍因子，但在塑造双边关系的积极性方面还有很大欠缺。

二 政治理念

在军事安全和地缘政治利益等"传统政治"之外，政治理念也是影响双边关系的重要因素。如20世纪初德国著名的社会学家马克斯·韦伯（Max Weber）所说："并不是观念，而是物质的和概念上的利益直接支配着人们的行为。然而常常是由观念所形成的'世界镜像'（world image）像扳道工一样决定着受利益动力驱使的行动运行的轨道。"[1] 政治文化和政治观念对一个国家的对外政策具有建构作用。在这方面，中欧关系与欧美关系存在着"天然"差距：中欧关系是建立在国家利益基础上的正常关系，而欧美之间则存在着由血缘，进而到文化上的亲近感。

欧美同为西方文明的一部分，历史上，美国是欧洲的"女儿"，它是欧洲移民在新大陆创设的"新欧洲"，但随着世界力量的不平衡发展，如戴高乐所言，这个"女儿"今天已经变成欧洲的"叔叔"（uncle）。不过无论怎样说，这种文明血缘关系让欧美拥有类似的价值观，它们在人权、自由、民主和法治等价值理念方面的看法相似，并且都自诩为这些价值的"捍卫者"。冷战时期，面对苏联这一共同威胁，欧美的这种文明渊源帮助它们建设起卡尔·多伊奇所说的综合意义上的"安全共同体"，即除了军事同盟之外，欧美关系还包括共同的价值观，相互信任和相互支持，以及一种"团体感情"（we-feeling）[2]。冷战后，苏联的安全威胁消失，但大西洋两岸这种感情仍然延续下来，只不过它受到美国领导人变更的影响，变得"脆弱"了。比尔·克林顿是比较"亲欧"的美国总统（1993～2001年），他在第二任期结束时，被德

---

[1] Max Weber, "Social Psychology of the World's Religions" (1913), in From Max Weber, *Essays in Sociology*, ed. by H. H. Gerth and C. Wright Mills, New York: Oxford University Press, 1958, p. 280.
[2] Karl Wolfgang Deutsch, Sidney A. Burrell, Robert A. Kann, Maurice Lee, Jr., Martin Lichterman, Raymond E. Lindgren, Francis L. Loewenheim, and Richard W. Van Waganen, *Political Community and the North Atlantic Area: International Organization in the Light of Historical Experience*, Princeton: Princeton University Press, 1957.

国亚琛市授予查理曼和平奖,他是获得此项欧洲最具声望的政治奖项的第一位美国总统。在获奖感言中,克林顿说,欧美之间一直以来都有分歧,但"一个简单的事实是,欧洲既是一个地方,也是一种理念,因此美国也是欧洲的一部分,它们之间有亲情、历史以及价值观相连"。在强调了大西洋两岸经济相互依赖程度很高之后,他总结道:"巴麦尊勋爵说,国家没有永久的盟友,只有永久的利益。但这对我们之间的关系不适用,因为美国在与欧洲永久联盟的过程中有永久的利益。"① 乔治·W. 布什（2001~2009 年）的价值观则与欧洲偏差较大,2003 年因伊拉克战争,欧美间爆发了冷战后最为严重的信任危机,以法德为代表的部分欧洲国家与美国进行了激烈的争吵和辩论。这场危机也揭示出欧美之间的价值观差异。在处理安全问题的路径上,欧洲强调机制化解决之路,认为联合国是解决国际问题的核心,双边和多边对话是更为可靠有效、副作用较小的方法。美国则认为安全的主体是美国本国,而不是地区的集体安全,实现国家安全的最好途径不是谈判和条约,而是暴力手段和军事优势②。布什在其第二任期内开始修复欧美关系,2009 年巴拉克·奥巴马继任后,其政策理念与欧洲更加接近。目前看来,欧盟的国际法治理念和美国的自由霸权,在人道主义干预的旗帜下找到了诸多共同点。在 2011 年的利比亚战争中,在 2012 年爆发并一直延续至今的叙利亚危机中,欧美的外交政策展现出明显的趋同趋势。

中国与欧洲的交往虽然源远流长,但确立具有当代意义的政治关系还是在 20 世纪 70 年代。中欧社会制度不同,意识形态不同,政治理念和世界观也有较大差异。为数众多的欧洲媒体和政治人物认为中国没有遵循西方的规则,总是从自己的战略利益出发看待世界事务。他们认为中国仍在违反人权,没有实施西方的法律标准,并且不愿走向他们定义的民主,认为中国政府在不惜一切代价维持稳定。欧洲目前有一种有影响力的观点,认为作为亚洲的主要崛起大国,中国一直在挑战西方的模式、价值和利益,中国目前正在崛起,它在经受

---

① Bill Clinton, "Remarks on Receiving the International Charlemagne Prize in Aachen, Germany," June 2, 2000, http://www.presidency.ucsb.edu/ws/? pid = 58579.
② 周弘主编《欧洲模式与欧美关系：2003~2004 欧洲发展报告》,中国社会科学出版社,2004。

一个半世纪的屈辱后,现在正在努力向世界发出更高分贝的政治声音[1]。当然,这只是硬币的一面,硬币的另一面是中国和欧洲也有为数众多的价值观共同点,比如认同多边主义和国际机制的重要性,认可联合国在国际体系中的核心地位,反对美国设立关塔那摩监狱等违反国际法行径,重视气候变化的全球影响等。不过整体来看,中欧之间价值观的差异还是大于欧美。

三 非传统政治

军事安全、地缘政治,以及价值观都属于双边关系的"硬核"部分,它们受历史和文化因素影响,是双边关系相对难以"撬动"的部分。中欧虽然没有地缘政治利益争执,价值观也具有一些共性,但与欧美在上述领域的紧密程度相比,差异还是较为明显的。不过,我们身处后冷战的时代,爆发大规模军事冲突的可能性在降低,军事安全的重要性相对弱化,同时在经济全球化的背景之下,越来越多的与具体经济、社会事务相关的政治问题已经成为双边谈判和博弈的重要,有时甚至是主要的内容。这些都是所谓的"非传统政治"议题。

"非传统政治"不仅涵盖经贸、相互投资和社会议题,非传统安全问题也包括在内。"传统政治"中的安全概念主要指传统安全,如防务、领土纠纷、主权、国家之间的军事态势等。但是近20年来,非传统安全,如经济安全(特别是金融安全)、恐怖主义、毒品走私、跨国犯罪、传染病、信息安全、文化安全,已经成为世界各国政府间磋商和非官方接触交流的重要议题,这些都可归入"非传统政治安全问题"。20世纪60年代以来,西方发达国家间率先进入相互依存的时代,参与国际政治的国家并非如现实主义国际关系理论所言,"都在不断准备或积极介入以战争形式出现的有组织的暴力","传统政治"问题依然存在,但是各国经济社会往来不断密切,导致"世界政治的性质出现变化"[2],武力的

---

[1] Eberhard Sandschneider, "Transatlantic Divergences on the Rise of China," in David Shambaugh and Gudrun Wacker ed., *American and European Relations with China: Advancing Common Agendas*, SWP Research Paper, RP3, June 2008, Berlin, p. 27.

[2] 〔美〕罗伯特·基欧汉、约瑟夫·奈:《权力与相互依赖》,门洪华译,北京大学出版社,2002,第3页。

效用下降，国内政策与外交政策的界限变得模糊，议程形成的政治也变得更为微妙和多样化[1]。由于彼此利益相关，相互依赖程度高，美欧的政府和民间机构不得不协同处理经济、社会、环境和非传统安全等"非传统政治"领域出现的各种问题，这些问题已经超出国界，不是一个国家裁决就可以圆满解决的。

中国自20世纪80年代开始对外开放，选择了通过向国际社会开放市场来迅速工业化的道路。20世纪90年代后，中国逐步加入经济全球化进程，客观上加深了与欧美等发达国家的相互依赖程度。时光荏苒，当前中国已经全面加入世界贸易组织、国际货币基金组织、世界卫生组织等各种国际组织和多边机制，深入参与世界经济、社会和政治事务。经济基础决定政治上层建筑，经济全球化将中欧如同欧美一样拴在一起，中欧关系成为新型洲际相互依赖网络的重要组成部分。欧盟是中国第一大贸易伙伴，中国是欧盟第二大贸易伙伴，双边贸易额2011年达到5672亿美元，2011年中欧人员往来达到500万人次[2]。如此大的经济和社会交往规模，不可能自然而然发生，它需要在各"非传统政治"领域，中欧各级政府和社会各层次进行频繁的磋商和合作，并协调解决其中的各项问题。中欧之间的部门对话领域相当广泛，涵盖从科技到市场规制，从环境问题到教育、信息社会，从反恐到能源和可持续发展等各项议题。2003年欧盟委员会出台文件，将中欧关系定位为"走向成熟的伙伴关系"，指出中欧关系的重点不应限于贸易、投资、财政或技术援助，还应当在经济、政治和社会领域进行全面对话，签署部门和行业的各项专门协议，比如环境和非法移民、基础和应用研究技术合作、经济关键领域的监管框架，等等。欧盟委员会在文件中指出中欧作为战略合作伙伴关系，在全球治理的许多问题上有共同利益，特别是，它们都认可多边国际组织和多边国际体系。无论是对全球环境治理、国际恐怖主义、大规模杀伤性武器的扩散，还是对非法移民、国际犯罪、全球健康问题（如艾滋病和非典）等非传统安全问题，中欧均持相似的态度和相近的国际立场[3]。

---

[1] 〔美〕罗伯特·基欧汉、约瑟夫·奈：《权力与相互依赖》，门洪华译，北京大学出版社，2002，第34页。
[2] 宋涛：《继往开来，共创中欧关系美好明天》，《国际问题研究》2012年第6期。
[3] EU Commission, "A Maturing Partnership: Shared Interests and Challenges in EU-China Relations," Brussels, 10.9.2003, http://eur-lex.europa.eu/LexUriServ/LexUriServ.do?uri=COM：2003：0533：FIN：EN：PDF.

中美欧都身处经济全球化的大潮之中，中欧间"非传统政治"协商涉及的领域宽度已经与欧美相差不远[1]。不过，中欧关系与欧美关系在"非传统政治"领域还有一些差距，主要体现在以下两个方面。第一是合作的深度，欧美间的深度交流开展得早，相互依赖程度比中欧深，欧美毕竟仍是世界前两位的经济体，它们的国民生产总值要占到世界总量的49%，它们之间的贸易占到世界贸易总量的31%[2]。中欧经贸和相互投资虽然发展快，但仍需要较长时间追赶。第二是合作的国际性，欧盟将欧美关系定义为一种"全球性合作伙伴关系"，除希望保持欧美双边关系稳固外，它还期望同美国合作在世界范围共同促进世界贸易的自由化和扩展，应对全球挑战，扩展自由民主价值观，促进世界和平、稳定、民主和发展。而中欧关系则更多地被双方定位为地区性双边关系。除了在非洲地区，由于中非关系近年来迅猛发展，欧盟希望中欧非进行三方合作外[3]，它发展中欧关系的想法主要停留在双边层次上，其期望是，通过接触和影响，促使中国深度融入西方主导的国际社会。不过在这一点上，我们需要意识到，欧美关系商讨议题的全球化也是2003年伊拉克战争后才开始的。欧美在其关系逐渐恢复正常后，开始越来越多地讨论欧洲之外的危机和情况，比如伊朗、苏丹（达尔富尔）、非洲、巴以关系、朝鲜、中国、核不扩散以及涉及范围广泛的非传统安全议题。而现在，如美国学者沈大伟所说，大西洋关系的国际化是大西洋关系的重要特征，而且成为关系密切的新的黏合剂[4]。随着中国世界影响力的不断扩大，中国的海外利益在世界范围内，在广度和深度上逐渐扩展，所

---

[1] 欧盟与美国的部门合作领域主要为司法与内务合作、能源和能源安全、环境保护合作、科技合作、教育和培训、发展援助合作以及大规模杀伤性武器不扩散合作。见欧盟对外行动署官网，http：//eeas.europa.eu/us/sector_en.htm，2013年6月1日访问。本书有专章比较中欧与欧美间的政策协定。

[2] http：//eeas.europa.eu/us/，2013年6月1日访问。

[3] 欧盟理事会2006年12月召开会议，说非洲是双方"核心战略利益"，欧盟期待与中国就非洲事务进行"结构性对话"。见Council of the European Union, Press Release, 2771st Council Meeting, Brussels, article 8, p. 7. 欧盟委员会2008年也专门为此发布文件，见EU Commission, "The EU, Africa and China: Towards Trilateral Dialogue and Cooperation," Brussels, Oct. 17, 2008, http：//ec.europa.eu/development/icenter/repository/COMM_PDF_COM_2008_0654_F_COMMUNICATION_en.pdf。

[4] David Shambaugh and Gudrun Wacker ed., *American and European Relations with China: Advancing Common Agendas*, SWP Research Paper, RP3, June 2008, Berlin, p. 6.

以现在有必要考虑进一步加强与欧洲在全球范围内的合作与协商。如中国外交部宋涛副部长所说，目前中欧关系也已经开始超越双边范畴，中欧合作的影响也已不再局限于各自的发展①。在可预见的未来，中欧关系的全球性必将得到较大提升。

四 机制建设

制度是支撑国家相互合作的手段②。外交关系机制化是第二次世界大战结束后国际政治的一大趋势，发达国家除在国际组织中紧密合作之外，同时也在建设各种双边的政府间和跨政府网络，其直接目的是加快具体问题的解决速度，间接目的是以此巩固双边政治关系，增强政治互信。虽然并非所有的外交机制都具有法律约束性，但通过长时间的定期对话、磋商和谈判，坐在会议室内的双方政府官员或其他组织代表可以增加对对方的了解和理解，避免误解，及时沟通，有助于培养同呼吸共命运的"共同体感"。

中国—欧盟领导人定期会晤机制创建于1998年4月亚欧首脑峰会期间，在中欧政治关系进入21世纪后，制度化建设更是取得了长足的进步。2003年10月，中欧确定建立全面战略伙伴关系，随后双方先后建立起高级别战略对话、经贸高层对话和高级别人文交流对话三大机制；截止到2012年9月，各领域对话与磋商机制也从2003年的19个增加到60多个③。中国外长与欧盟轮值主席国外交部长和欧盟共同外交与安全事务高级代表会议根据需要随时召开。自2010年开始，由中国共产党倡议，中欧开始每年举办"中欧政党高层论坛"。中欧议会机构之间的机制性联系也在增强，全国人大和政协也与欧洲议会和欧洲经社理事会建立了定期交流机制④。

---

① 宋涛：《继往开来，共创中欧关系美好明天》，《国际问题研究》2012年第6期。
② 〔英〕赫德利·布尔：《无政府社会：世界政治秩序研究》（第二版），张小明译，世界知识出版社，2003，第59页。
③ 温家宝2012年9月20日在布鲁塞尔出席第八届中欧工商峰会的讲话：《做21世纪国际合作的典范》，http://money.163.com/12/0921/06/8BTGHE3V00253B0H_all.html，2013年5月20日访问。
④ 《全国人大已与14个国家议会及欧洲议会建立定期交流机制》，人民网，2013年3月8日，http://lianghui.people.com.cn/2013npc/n/2013/0308/c357320-20726316.html，2013年6月1日访问。

同欧美间的外交对话机制比起来，中欧间的差距第一是在对话的深度和前沿性方面还有欠缺；第二就是欧美间有专门针对中国的战略对话，即副国务卿/副外长级的"关于中国的跨大西洋战略对话"，合作应对中国崛起给美欧造成的挑战，而中欧间却没有类似协调机制；第三是欧美之间还设有协调部门级对话的专设机构，即"高层工作组"和"新跨大西洋议程专责小组"，设有专职主管（副国务卿或助理国务卿级别），以便更好地统筹协调双方在各领域的矛盾和问题。

美国非常注重在与欧盟的双边机制中讨论其他地区的安全事宜。1995年欧美峰会发布的"联合行动计划"中，明确说明欧美在世界其他地区要共担责任，特别提到它们将"共同努力降低朝鲜半岛、台湾和南中国海地区的冲突风险"[1]。而中国和欧盟之间则不存在这类专责协调机制。这反映出欧美之间是军事联盟和政治联盟关系，同时欧美对中国崛起存在一定的共识和担忧。2004~2005年，在法德等国的推动下，欧盟尝试解除对华武器销售禁令，这一事件刺激了美国国会和政府，它们除了大力阻止之外，也充分意识到需要增强与欧洲的沟通和协调，随后欧美之间启动了关于亚洲的半年一次的官方对话（实际上是只针对中国），对话在欧盟委员会和美国政府间进行[2]。而中国则没有主动发起过针对美国的与欧盟的对话的倡议。

此外，在非官方的"二轨"及"一轨半"交流方面，欧美的中国问题专家之间的对话密度和广度也超过中欧。欧美之间的这类对话项目包括美国乔治·华盛顿大学的中国政策项目与法国巴黎政治学院的亚洲中心举办的"美欧关于中国的对话"，斯德哥尔摩中国论坛，美国布鲁金斯学会与德国科学和政治基金会（SWP）、英国的欧洲改革中心（CER）、法国的欧盟战略研究所合办的"美国欧盟关于中国的战略对话"，德国外交政策协会（DGAP）与美国的史汀生中心关于中国的战略对话，德国科学和政治基金会与美国战略和国家研究中心（CSIS）联合组织的跨大西洋对话，德国的阿登纳基金会、美国

---

[1] http://www.eu2006.at/en/The_Council_Presidency/EU-USSummit/ImportantDocuments/ActionPlan.pdf.

[2] David Shambaugh and Gudrun Wacker ed., *American and European Relations with China: Advancing Common Agendas*, SWP Research Paper, RP3, June 2008, Berlin, p. 7.

的大西洋协会和布鲁塞尔的欧洲政策中心（EPC）联合举办的"美欧中三边对话"等，这些对话帮助双方政府凝聚共识。欧美间的官方和"一轨半""二轨"对话可分为两个阶段。第一阶段是2002～2007年，这段时间澄清了在宏观和微观问题上的欧美间对华政策的相异和相同点。第二阶段是2008年后，欧美开始"下沉深入"（drill down）研究各个具体领域如何更深入和准确地贯彻大西洋两岸的共同立场，参加的合作伙伴包括美国、欧盟、欧洲各国政府和非政府组织，方法或者是合作，或者是平行进行。各方讨论在有不同意见的领域，或者是在有一些细微不同的观点方面，怎么去弥合这些差异[①]。中欧学术界在1997～2002年间开展了"欧中学术网络"（ECAN），提高了专家间的相互认知，但是后续阶段的活动没有继续。中欧近年来也增强了智库和大学研究人员之间的"二轨"和"一轨半"的对话，召开了一系列会议，但对话的密度和话题的广度，还没有达到欧美交流的水平。

五 结语：从"非传统政治"向"传统政治"的发展

从"传统政治"（包括军事安全和地缘政治利益）、价值观、"非传统政治"和机制建设等四项影响双边政治关系的因素入手，比较欧美政治关系与中欧政治关系的差异（具体情况见表1），可以发现中欧关系与欧美关系的差距。美国参与了20世纪前半叶两次世界大战中欧洲战场的战斗，二战结束后通过"马歇尔计划"帮助欧洲恢复经济，冷战时期置西欧地区在其核保护伞之下；欧美之间长期的军事合作历史、北约机制的存在以及美国的超强军事实力使得军事安全关系成为欧美关系的基石。而中国对外奉行"不结盟"外交原则，在地理上与欧洲相距遥远，政治道德规范和实际地缘状况决定了中欧军事合作不可能达到欧美军事关系的深度。中欧之间的价值观乃至思想方式的差异也是短时间内难以弥合的。近年来中欧在人权、达赖、诺贝尔和平奖等问题上发生争执和不快，价值观不同是主要原因。

---

① David Shambaugh and Gudrun Wacker, "American and European Relations with China: Advancing Common Agendas," *SWP Research Paper*, RP3, June 2008, Berlin, pp. 8, 9.

表1　政治关系对比：欧美与中欧

		欧美关系	中欧关系
传统政治	军事安全	以北约为纽带,统一协调区域内外安全问题	数量很少的军事对话和交流
	地缘政治利益	没有地缘政治利益纠纷,共同致力于保持大西洋两岸稳定	没有地缘政治利益纠纷,但缺乏积极因子
价值观		欧美同属西方文明,同根同源,有共同的世界观和价值观,但在实现方式上有不同意见	中欧社会制度和意识形态不同,但都认同多边主义和国际机制的重要性
非传统政治		欧美相互依赖程度深,磋商领域广,探讨问题前沿,且具有全球视野	中欧相互依赖程度在迅速加深,磋商领域较广,但探讨问题的前沿性和全球性需要加强
机制建设		欧美外交联系机制化程度高,有专门针对中国的对话机制,非官方的"二轨"和"一轨半"对话起到有效补充作用	中欧外交联系机制建设正在迅速完善,但缺乏全球视野,非官方的"二轨"和"一轨半"对话的效用有限

得益于经济全球化,中欧的相互依赖程度在21世纪快速加深,中欧在"非传统政治"领域的接触不断增多,双边沟通和磋商机制也日趋完善。相较于"传统政治"和价值观,这两个侧面的中欧政治往来更为顺畅,遇到的困难也小得多。未来,中国将继续坚定不移地走和平崛起的发展道路,成为世界发展更加重要的一部分,中国与世界也将形成更加系统、更加深化和更可持续发展的共同利益。扩大和深化同包括欧洲在内的相关各方的利益汇合点,以构建利益共同体的方式加深中国同世界的联系,是推动实现中国和世界各国的共同和平发展的重要路径[①]。随着中欧经济关系的深化,社会交往的增多,双方碰到越来越多需要协商解决的问题,这些问题都需要政治协调。欧洲一体化初期也碰到过类似的现象,如一位新功能主义学者所言,"最初在一个领域进行一体化的决策外溢到新的功能领域中,一体化涉及的人越来越多,官僚机构之

---

① 郑必坚:《在和平发展中构建利益共同体》,《人民日报》2013年3月17日。

间的接触和磋商也越来越多,以便解决那些由一体化初期达成的妥协而带来的新问题。"[1] 最终,原初一个领域的问题会"外溢"到其他领域,引发连锁效应,从而引起双边或多边关系的全方位提升。尽管"传统政治"和价值观属于较难合作和妥协的"硬核",但"风物长宜放眼量",如果中欧建立起利益攸关、沟通顺畅的除军事之外的宽领域双边政治关系,也不排除"硬核软化"的可能。

---

[1] 多尔蒂、普法尔茨格拉夫:《争论中的国际关系理论》第 5 版,世界知识出版社,2003,第553 页。

B.17
中欧与欧美的部门合作比较研究

张海洋*

摘　要： 通过对冷战结束以来欧美和中欧双边部门合作机制建设发展的梳理，以及对欧美和中欧近年来部门合作成果的分析比较，本文认为，近年来欧美部门合作的重点在于全球性市场规则和技术标准的制定，新兴高技术领域的研发合作，以及贸易和原材料领域针对第三国的立场协调；而中欧部门合作的重点在于经贸领域的分歧管理和农业、环境和能源等传统领域的治理合作。欧美部门合作的密切程度和机制化建设水平要高于中欧，且相较中欧部门合作有更高水平的社会参与。

关键词： 中欧关系　欧美关系　部门合作

中国、欧洲和美国是当今世界上的重要力量。它们之间关系的变化和互动，在很大程度上影响着未来国际格局的发展走向。从总体上看，中美欧三方的关系是合作性的，但必须承认，这种三边关系在绝大多数时期仍处于不平衡状态，欧美之间在意识形态、价值观、基本政治制度和社会发展阶段上的诸多共同点使欧美合作关系建立在非常稳定的基础之上。参照欧美在各个领域的合作关系，对中欧关系各个层面的发展进行回顾和反思，将有利于对中欧关系的未来走向和新的增长点做出更客观的判断。

本文将主要从双边部门合作的视角来进行考察。双边部门合作，是指在战

---

* 张海洋，中国社会科学院欧洲研究所《欧洲研究》编辑部助理研究员。

略性双边关系框架下,由双方政府专业性部门主导和推动,针对较为具体的经济、科技、社会等议题展开的、相对固化的合作关系。相对于领导人峰会之类的双边渠道,双边部门合作的政治级别较低,但这种低政治性的双边交往也是双边关系中最技术化、最贴近双方国计民生和经济社会现实领域的,不但反映双边合作的实质性内容和走向,也是双边关系的密切程度的直接体现。

一 冷战后欧美跨大西洋关系的机制建设

欧美间跨大西洋伙伴关系,是当今国际关系领域中较为稳固和密切的战略性关系,但其发展自冷战结束至今也经历了多次起伏的过程。第一个调整期始于冷战结束初期,由于双方关系的历史基础源于东西方对峙格局下的反苏同盟,苏联解体后,共同敌人的消失使欧美关系一度陷入危机,而苏联留下的权力真空以及国际格局变化期的种种不确定性,客观上又需要欧美间的战略协调以确保"西方世界"的利益最大化。在这种背景下,欧美于1990年11月发表《欧共体—美国跨大西洋宣言》[1],双方约定在维护国际和地区安全、全球范围内推动民主和人权、推动经济发展和帮助中东欧转型等问题上展开合作[2]。为了确保合作的进展,双方设立欧美首脑间、外长间,以及欧盟委员会和美国政府部长级官员间一年两次的磋商机制,并约定欧洲政治合作框架下的部长级会议简报将通报美国[3]。这一系列沟通机制,是冷战后欧美跨大西洋关系机制化建设的最早成果,也为20世纪90年代初期欧美关系的稳定提供了一个制度基础。

由于《欧共体—美国跨大西洋宣言》出台于冷战后国际格局快速变化期,其性质在很大程度上是临时性和反应式的。到20世纪90年代中期,随着后冷战时期国际格局趋向明朗化,以及欧美关系内在张力的不断增加,欧美双方开始尝试对双边关系进行新一轮的调整,这集中体现在1995年欧美共同出台的

---

[1] 参见 EEAS,"Transatlantic Declaration," http://eeas.europa.eu/us/docs/trans_declaration_90_en.pdf。

[2] 参见 EEAS,"Transatlantic Declaration," http://eeas.europa.eu/us/docs/trans_declaration_90_en.pdf。

[3] 参见 EEAS,"Transatlantic Declaration," http://eeas.europa.eu/us/docs/trans_declaration_90_en.pdf。

《新跨大西洋议程》[①]中。《新跨大西洋议程》的主要宗旨是将欧美关系从1990年跨大西洋宣言框架下的信息沟通拓展为实质性的政策合作,其主要合作目标包括:第一,在全球范围内推动民主和人权;第二,应对恐怖主义、跨国犯罪和环境恶化等全球性问题;第三,推动全球贸易并在欧美之间建立更紧密的经济关系;第四,在欧美之间开展跨大西洋的专家对话(people to people dialogue)。为了落实这些目标,欧美针对这四个领域开展了大约150项共同行动计划(Joint Action Plan, JAP),在诸如中东欧民主化改造、乌拉圭回合贸易谈判,以及其他各种国际和地区性问题上,都展开了合作。在原有的首脑峰会和外长会议等高层互动机制的基础上,欧美设立了副部长级高级工作组(Senior Level Group)和新跨大西洋议程专责小组(NTA Task Force),以落实双方商定的各项合作。由于经济领域的合作对欧美关系的重要性,双方还在《新跨大西洋议程》的框架下,专门推出"跨大西洋经济伙伴关系计划"(Transatlantic Economic Partnership, TEP),在农业、贸易、投资、知识产权、产品技术标准、WTO相关问题、消费者问题、劳资关系问题等领域建立了多项对话机制,部分对话由于种种原因没有长期延续,但跨大西洋商业对话、消费者对话和立法者对话一直持续至今,成为欧美之间重要的沟通机制。

《新跨大西洋议程》是冷战后欧美双边关系的制度化建设的第一个高峰,它不但将欧美合作议题从原本北约框架内的安全合作,拓展到更广泛的经济、科技和社会领域,更通过欧美部门间的渠道建设,为欧美全方位多层次的双边合作打下了一定基础。《新跨大西洋议程》至少是为欧美跨大西洋伙伴关系的全面深化画出雄心勃勃的蓝图,虽然在后来的实践中双边合作的实质性效果没有完全达到预期。一方面,1998年美国通过的具有经济排外倾向的"赫尔姆斯-伯顿法"和"达马托法"以及伊拉克战争引发的欧美矛盾,使欧美双方的合作氛围趋向恶化[②];另一方面,《新跨大西洋议程》的设计也并不完全符

[①] 参加 EEAS, "New Transatlantic Agenda," http://eeas.europa.eu/us/docs/new_transatlantic_agenda_en.pdf。

[②] 参见孙晓青《"跨大西洋经济一体化"剖析》,《现代国际关系》2007年第8期,第37页;另见 EUROPEAN COMMISSION DG External Relations Unit C1, *Review of the Framework for Relations between the European Union and the United States*, TENDER OJ 2004/S 83-070340, p.3。

合欧美关系的实际。首先，由于高层政治介入不足，《新跨大西洋议程》无法将诸如管理波音\空客争端这样的战略性双边议题纳入合作框架，而《新跨大西洋议程》的公共宣传又不够，以致给外界留下《新跨大西洋议程》只是一个技术性框架的印象。其次，由于《新跨大西洋议程》设置的议题和目标数量过于分散，缺乏战略性重点，结果双方都关注的重要议题在有限的资源下无法取得令人满意的进展。此外，由于《新跨大西洋议程》的透明度不够高，欧盟在外交上又具有多头参与的特点，对欧盟各成员国来讲，绕开欧盟机构而直接与美国进行接触显然更有效率[1]。2004 年，欧盟委员会对《新跨大西洋议程》框架下欧美合作的成果进行了调查，数据显示，合作目标得以完成的议题只有45%，有一定进展的议题占33%，而在欧美合作的全部议题中，有 1/3 的合作讨论都存在争端[2]。在该项调查中，欧盟委员会对参与《新跨大西洋议程》的欧美各方官员进行了访谈，访谈结果显示，所有的受访者都认为《新跨大西洋议程》的设立在多个层面都有助于欧美关系的发展，但同时，大多数受访者也提出《新跨大西洋议程》的框架与欧美关系的实际需要有差距，需要调整[3]。

2004 年欧盟委员会对欧美关系的考察报告，是欧盟自伊拉克战争后全面重新思考欧美关系的一个标志。其后，随着《新跨大西洋议程》下欧美跨大西洋商业对话的重启，以及跨大西洋经济一体化成为欧美 2005 年华盛顿峰会的主要议题，欧盟内大西洋派力量开始占据上风。德国在 2007 年担任欧盟轮值主席国后，开始大力推动跨大西洋经济一体化，并在德国总理默克尔访问美国期间，提出详细的跨大西洋经济一体化计划，作为欧美未来战略合作的重心。该提议得到美国积极回应，双方在 2007 年 4 月的华盛顿峰会上签署了欧美跨大西洋经济一体化的框架协议[4]，并对原有的欧美双边机制框架做出调

---

[1] EUROPEAN COMMISSION DG External Relations Unit C1，*Review of the Framework for Relations between the European Union and the United States*，TENDER OJ 2004/S 83 – 070340，p. 3.

[2] EUROPEAN COMMISSION DG External Relations Unit C1，*Review of the Framework for Relations between the European Union and the United States*，TENDER OJ 2004/S 83 – 070340，p. 18.

[3] EUROPEAN COMMISSION DG External Relations Unit C1，*Review of the Framework for Relations between the European Union and the United States*，TENDER OJ 2004/S 83 – 070340，p. 20.

[4] 参见 EEAS，"Framework for Advancing Transatlantic Economic Integration between the European Union and the United States of America，" http：//ec. europa. eu/enterprise/policies/international/files/tec_ framework_ en. pdf。

整，建立了跨大西洋经济理事会（Transatlantic Economic Council，TEC）这一专职机构，在各个层面全面推动和监督欧美的双边合作[①]。

到目前为止，跨大西洋经济理事会建立已有六年，从运作效果来看，尽管其和之前的新跨大西洋议程一样面临权限不足的问题[②]，但和过去的框架相比，跨大西洋经济理事会的工作重点更为突出，其在建立之初就提出明确的总目标——跨大西洋市场一体化，并在总目标之下设立各个部门合作的子目标，有计划有步骤地推动跨大西洋市场一体化的建设。而从2007年到2011年，欧美围绕跨大西洋经济一体化这一目标，在若干重要领域启动了多项部门间合作，随着部门间合作机制的不断发展以及双边合作技术性成果的不断累计[③]，跨大西洋合作的前景开始变得广阔。2011年以后，跨大西洋经济理事会提出新一轮的欧美合作计划，不但原有的合作得以延续，双方还在原有合作基础上新增了云计算、电动汽车、纳米技术，以及远程医疗等新兴高端产业的合作，总体合作的领域也从原有的6个扩大到12个，在改革后的双边框架下，欧美的双边合作正在进入加速期。图1为当前的欧美双边合作机制结构示意。

二 冷战后中欧双边关系的机制建设

冷战结束后，由于1989年的政治风波，中欧关系一度遭遇困境，但在其后大约3年的时间里，中欧政治关系大体上得到恢复，与此同时，中欧经贸关系也开始了新一轮的发展。到1994年欧盟提出亚洲新战略以后，中国成为欧盟亚洲战略最重要的对象国。1995年，欧盟委员会提出《中欧关系长期政策》，强调要和中国在政治、经济和贸易等领域建立长期和全面的关系，欧盟

[①] 有关近年来欧美经济一体化发展的背景和进程，参见孙晓青《"跨大西洋经济一体化"剖析》，《现代国际关系》2007年第8期。
[②] 如在美国禽类和化学品出口欧洲产品的健康标准，以及欧洲货物出口美国的船运安全问题上，监管的统一需要欧美各自国内法系统的配合，而跨大西洋经济理事会不具有这样的权限。——作者注。
[③] 如双方近年在知识产权保护和反盗版贸易协定问题上取得了较大进展，参见Jarolim Antal, "Transatlantic Institutions—Remarks on their Work," *Contemporary European Studies*, No. 1, 2011, p. 107。

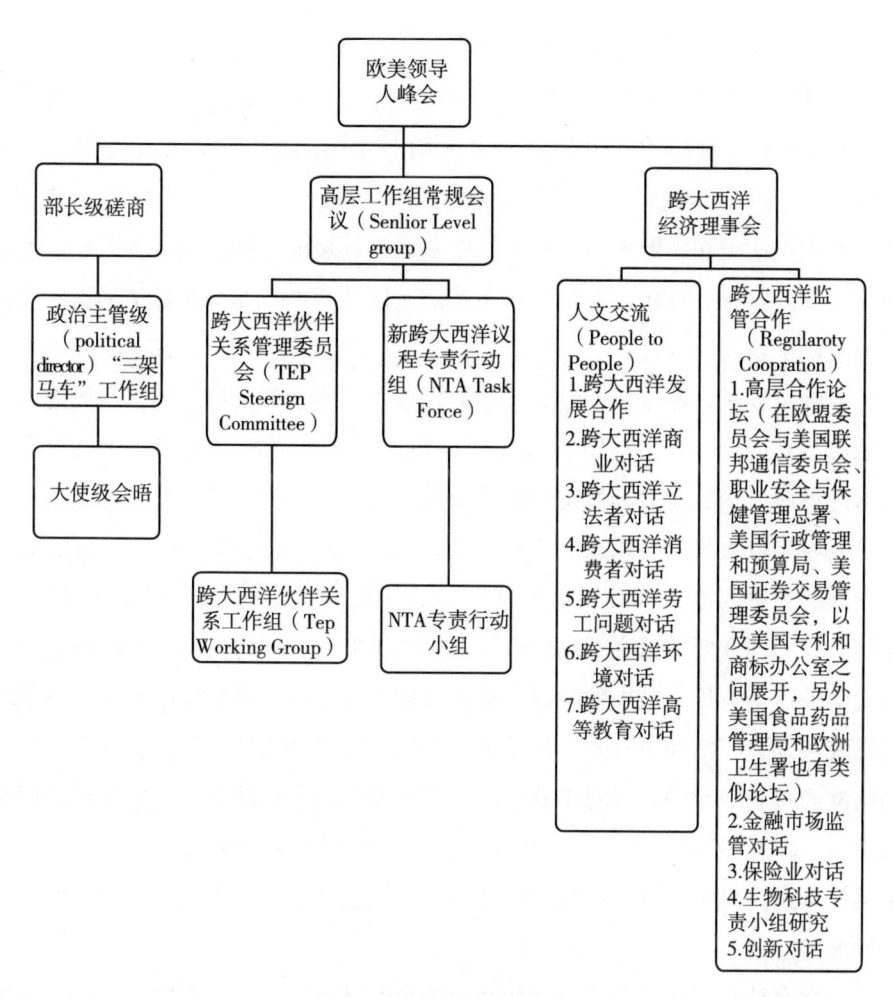

```
                              欧美领导
                              人峰会
        ┌────────────────────────┼────────────────────────┐
    部长级磋商              高层工作组常规会              跨大西洋
                           议（Senlior Level            经济理事会
                           group）
        │              ┌─────────┴─────────┐          ┌────┴────┐
   政治主管级        跨大西洋伙伴        新跨大西洋议          人文交流         跨大西洋监
   （political       关系管理委员         程专责行动          （People to      管合作
   director）"三架    会（TEP             组（NTA Task        People）        （Regularoty
   马车"工作组       Steerign            Force）           1.跨大西洋发       Cooporation）
                    Committee）                          展合作            1.高层合作论
        │                                                2.跨大西洋商       坛（在欧盟委
    大使级会晤                                            业对话            员会与美国联
                                                         3.跨大西洋立       邦通信委员会、
                          │                  │           法者对话          职业安全与保
                          │                  │           4.跨大西洋消       健管理总署、
                     跨大西洋伙伴关        NTA专责行动       费者对话          美国行政管理
                     系工作组（Tep        小组             5.跨大西洋劳       和预算局、美
                     Working Group）                     工问题对话         国证券交易管
                                                         6.跨大西洋环       理委员会，以
                                                         境对话            及美国专利和
                                                         7.跨大西洋高       商标办公室之
                                                         等教育对话         间展开，另外
                                                                         美国食品药品
                                                                         管理局和欧洲
                                                                         卫生署也有类
                                                                         似论坛）
                                                                         2.金融市场监
                                                                         管对话
                                                                         3.保险业对话
                                                                         4.生物科技专
                                                                         责小组研究
                                                                         5.创新对话
```

图1 欧美双边关系结构

资料来源：该图为笔者汇总部分中外学者对欧美双边关系结构研究的成果整理而成，主要参考资料包括：John Peterson and Rebecca Steffenson, "Transatlantic Institutions: Can Partnership be Engineered," *The British Journal of Politics and International Relations*, 2009, Vol. 11, No. 1, p. 29；王靖：《美国与欧盟间跨大西洋伙伴关系中的制度建设》，《国际关系学院学报》2011年第2期，第82页；Rebecca Steffenson, *Managing EU-US Relations: Actors, Institutions and the New Transatlantic Agenda*, Manchester University Press, 2005, pp. 56-59。

对华战略新的政策框架由此开始形成，中欧双边关系的机制建设也开始提速。在此之前，中欧关系框架的基础是1985年双方签署的《贸易与经济合作协定》，随着双方关系的升温，原有的合作框架已经不能满足需要，一些新的机制由此得以建立。

在政治领域，中欧1994年签署协议，开始定期化的政治对话，到1998年，中欧领导人年度对话机制得以确立并延续至今，2002年，双方达成新的政治对话协议。2005年起中欧又设立欧盟与中国副外长级的战略对话，并于2010年升级为副国级的高层战略对话。与此同时，中欧在地方层面和特定领域的专家对话也在不断发展。目前，中欧政治领域的对话已经涵盖人权、发展援助、安全防务、移民、军控、核不扩散，以及亚洲、非洲和拉美的国际地区事务等诸多议题。

在经贸领域，原来中欧经贸交往的协调和管理主要由中欧建交后设立的中欧经济贸易混合委员会（EU-China Joint Committee）承担，随着双边经贸交往的不断加深，中欧双方开始增设新的交流管道。一方面，双方在特定经济或次经济领域增设大量的、以软性机制为基础的部门间合作；另一方面，双方高层的宏观经贸协调也有所发展。2004年，为了配合中欧领导人年度会议机制，中国商务部和欧盟委员会开始联合筹办中欧工商峰会，将其作为中欧政商界高层交流的一个论坛。在中欧领导人第十次晤会后，为了就对中欧双边经贸领域的议题展开更广泛和更有效率的交流，中国国务院和欧盟委员会成立副总理级的中欧经贸高层对话，以对中欧贸易、投资和经济合作战略问题进行最高层级的探讨。作为中国和欧盟在经贸领域最高级别的定期磋商机制，该对话填补了中美战略经济对话机制和中日高层经济对话机制建立之后中国与欧盟之间在这一领域的空白。

中欧在社会层面的双边机制相较政治和经贸领域发展得较晚，尽管双方通过中欧高等教育合作和伊拉斯谟项目等渠道，开展一些学术上的合作，但其总体进展与政治和经贸领域仍无法相比；而中欧都迫切希望进一步提升双方在该领域的合作。2011年5月，欧盟和中国达成共识，除了政治和经贸，需要在中欧合作关系中开辟新领域，即中欧人文交流机制。2012年4月，中欧高级人文交流论坛第一次会议在布鲁塞尔召开，这也标志着中欧合作关系中第三支柱的正式确立。

随着中欧在各个领域双边关系的不断发展，中欧关系的总体架构自20世纪90年代至今也发生了很大变化，到2012年中欧关系确立第三支柱为止，中欧关系在制度层面呈现一种全新的结构，图2为目前中欧关系结构示意。

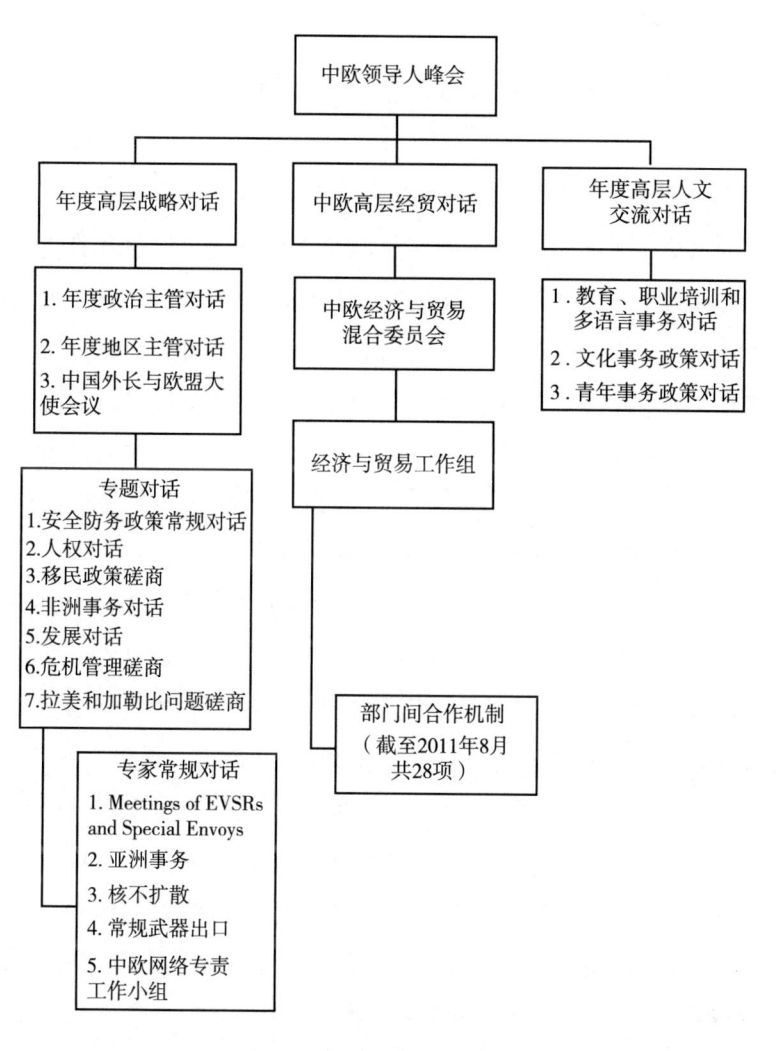

```
                    中欧领导人峰会
    ┌──────────────────┼──────────────────┐
年度高层战略对话      中欧高层经贸对话      年度高层人文
                                          交流对话
┌──────────────┐   ┌──────────────┐   ┌──────────────┐
│1.年度政治主管对话│   │中欧经济与贸易  │   │1.教育、职业培训和│
│2.年度地区主管对话│   │混合委员会     │   │  多语言事务对话 │
│3.中国外长与欧盟大│   │              │   │2.文化事务政策对话│
│  使会议        │   │              │   │3.青年事务政策对话│
└──────────────┘   └──────────────┘   └──────────────┘
                          │
┌──────────────┐    经济与贸易工作组
│  专题对话      │
│1.安全防务政策常规对话│
│2.人权对话      │
│3.移民政策磋商   │
│4.非洲事务对话   │
│5.发展对话      │
│6.危机管理磋商   │
│7.拉美和加勒比问题磋商│
└──────────────┘    ┌──────────────┐
                    │部门间合作机制  │
┌──────────────┐    │（截至2011年8月│
│  专家常规对话   │    │  共28项）    │
│1. Meetings of EVSRs│└──────────────┘
│  and Special Envoys│
│2. 亚洲事务     │
│3. 核不扩散     │
│4. 常规武器出口  │
│5. 中欧网络专责  │
│   工作小组     │
└──────────────┘
```

图 2　中欧双边关系结构

注：图中的部门间合作机制主要包括两部分，一是在中欧1985年经贸协定框架下开展的部门间合作，二是基于现有的或计划中的部门间协定框架开展的对话与合作。前者主要包括：环境对话、能源工作组会议、信息社会对话、产业政策对话、竞争政策对话、TDI工作组、市场经济地位工作组、高科技工作组、食品安全和消费者保护对话、知识产权对话、卫生检疫标准常规交流、农业对话、宏观经济对话、经济和金融对话、金融服务对话、可持续发展对话、农村发展对话、地区政策对话、就业和社会事务对话、中欧气候变化对话。后者主要包括中欧科学技术管理委员会、中欧海运合作协定、中欧海关合作协定、中欧空间技术合作对话、中欧旅游业协定、中欧卫星导航合作协定（伽利略计划）、核研究合作对话、民用航空对话。

资料来源：此图整理自欧盟官方网站，http：//eeas.europa.eu/china/docs/eu_china_dialogues_en.pdf。

三 2007年以来欧美、中欧部门合作比较

双边部门合作在欧美、中欧双边关系中，均扮演了重要角色。欧美的部门间合作更为系统，尤其在1995年以后，其主旨更侧重于促进欧美跨大西洋经济合作的总体目标。而中欧的合作重心相对分散，中欧交往中各领域的信息交流、技术性磋商，以及双方在经济社会治理中的合作，很大程度上都通过部门间的合作来推动。2007年以来，欧美和中欧的双边合作机制都经历了新的调整。欧美之间建立了跨大西洋经济理事会这一机构，整合了原有的各类部门间监管合作论坛和人文交流（People to People Dialogue）并统一进行监管，从结构上看隶属于欧美关系总体架构的第三支柱（参见图1）。而中欧之间则借第十次中欧领导人会晤的时机建立了中欧高层经贸对话，"最初的目的是作为讨论诸如贸易不平衡和汇率等突出问题的一个论坛。然而，在它创立之后，其议程要广泛得多。其核心议程包括：多边全球贸易体系；战略性双边贸易以及与贸易有关的问题；投资；创新（包括知识产权与科技）；以及中欧经济合作。其宗旨是，通过定期举行高层指导会议，将其作为部长级合作的一个持续性论坛，以及解决中欧经济与贸易关系中出现的难题的方式"[1]。与欧美之间的跨大西洋经济理事会相比，中欧高层经贸对话的结构比较松散，但由于其议题的广泛性，实际上在中欧关系框架中扮演了相当于欧美间跨大西洋经济理事会的角色[2]。从结构上看隶属于中欧双边关系总体架构中的第二支柱（参见图2）[3]。

近年来，欧美和中欧的双边部门合作在各个领域都取得了进展，但具体合作成果的统计并不容易，一方面，由于这类合作经常以部门对话的形式启动，

---

[1] 参见弗朗西斯·斯奈德编著《欧洲联盟与中国（1949-2008）：基本文件与评注》，第五章第二节，社会科学文献出版社，2013。
[2] 参见弗朗西斯·斯奈德编著《欧洲联盟与中国（1949-2008）：基本文件与评注》，第五章第二节，社会科学文献出版社，2013。
[3] 2012年以后，中欧推出了新的人文交流机制（英文译名为People to People Dialogue），并将这一形式作为中欧双边总体关系的第三支柱，但从内容上看，该机制的功能主要是促进双方高层知识和文化精英的交流，和欧美之间以行业专家为主的人文交流机制有所不同，并不是典型意义上的双边部门合作。

而对话的内容并不总是对外公开。另一方面，从20世纪90年代起，欧美和中欧的双边合作机制都历经了较大的调整，相关的部门合作也因此进行了多次重组，因而也影响了相关成果的统计。欧美和中欧官方对部门合作成果的制度化公布，主要集中于2007～2008年双边高层机制建立以后，因此本文对欧美、中欧双边部门合作的成果比较，主要依据跨大西洋经济理事会项目资料库、中欧高层经贸对话的公开文献，以及中欧政策对话项目资料库项目2007年以来的数据[①]。

从部门合作的领域来看，欧美2007年以来的部门合作主要分为两个阶段，2007～2011年，双方合作的重点领域是金融市场监管、科技创新、知识产权、制药业规则整合、行业标准趋同和航运贸易安全；2011年以来新一轮合作启动后，双方在原有合作基础上新增了贸易安全和原材料供应保障、高技术产品贸易规则协调、中小企业发展协作，以及四个新兴高端产业的（云计算、电动汽车和智能充电网络、纳米技术，以及基于信息通信技术的远程医疗)[②]。而2007年以来中欧部门合作的领域主要包括：清洁能源、高技术产品贸易、知识产权保护、贸易和投资、中小企业、可持续发展、消费者保护、创新、交通运输、竞争政策以及海关合作[③]。

从部门合作的成果来看，欧美双方的合作成果主要体现在以下几个方面。[④]

[①] 参见欧美跨大西洋经济理事会项目资料库（http：//www.state.gov/p/eur/rt/eu/tec/c33533.htm)、中欧高层经贸对话的公开文献（http：//trade.ec.europa.eu/doclib/docs/2008/april/tradoc_138632.pdf，http：//trade.ec.europa.eu/doclib/docs/2009/may/tradoc_143096.pdf，http：//trade.ec.europa.eu/doclib/docs/2010/december/tradoc_147155.pdf)、中欧政策对话项目资料库（http：//www.euchinapdsf.org/CN/pdsf1.asp)，因中欧高层经贸对话2010年后陷入停顿，相关合作内容只更新到2010年，但中欧政策对话项目资料库项目对2010年之后的中欧部门合作仍有部分记载，受限于资料来源，本文的成果梳理为不完全统计，笔者也希望通过此文起到抛砖引玉的作用。

[②] "Current workplan of Transatlantic Economic Council," Transatlantic Economic Council website, http：//www.state.gov/p/eur/rt/eu/tec/c33533.htm.

[③] 参见2008年、2009年、2010年中欧高层经贸对话新闻简报，http：//trade.ec.europa.eu/doclib/docs/2008/april/tradoc_138632.pdf，http：//trade.ec.europa.eu/doclib/docs/2009/may/tradoc_143096.pdf，http：//trade.ec.europa.eu/doclib/docs/2010/december/tradoc_147155.pdf。

[④] 欧美部门合作2007年以来的成果整理于欧美跨大西洋经济理事会项目资料库（"Transatlantic Economic Council：Annexes to the TEC Joint Statement，" http：//www.state.gov/p/eur/rls/or/178419.htm)，以及跨大西洋理事会工作计划中各类别部门合作资料库（"Current Workplan of Transatlantic Economic Council," Transatlantic Economic Council website, http：//www.state.gov/p/eur/rt/eu/tec/c33533.htm)。

(1) 金融领域。欧美双方实现了部分审计文件在欧美审计机构间的共享，建立了金融监管的信息交流机制，加强了针对第三方信用评级机构的立场协调，并推出了统一会计标准的路线图。

(2) 投资领域。欧美双方以2007年创立的欧美投资对话为基础，建立了有关双边投资政策、针对第三国的投资壁垒，以及外国政府投资等领域的交流机制，并出台了欧美开放投资声明，作为在未来促进全球性投资开放的试点计划。

(3) 贸易领域。欧美双方启动了货物安检标准相互承认问题的磋商，出台了相互承认制度发展路线图，并在运输主管机构之间实现了人员轮换办公。在高技术产品贸易方面，双方希望通过合作，设立ICT产品（信息通信技术产品）的国际贸易原则，并推动这些原则在欧美与第三国的双边经济贸易关系中得以实施。在2011年，双方共同出台了ICT产品国际贸易原则文本，并在文本中明确规定了第三国的义务，如政府采购的透明化、反对对第三国本地产品的保护性条款、在信息通信技术产品领域对外资的开放，等等。欧美现已将该原则提交WTO，并致力于获得WTO成员国的广泛支持，同时，欧美已经开始在与第三国的经贸关系中，启动有关ICT产品贸易原则的谈判。此外，欧美已经在与筹备中的FTA框架内的几个重要伙伴开始了ICT产品贸易原则的谈判，准备将这些原则打造成未来FTA中具有法律效力的条款。

(4) 研发和创新领域。欧美双方建立了创新实践领域的专家交流机制，延长了欧美科技协定的期限，出台了一个在超过12个领域继续进行合作的路线图。双方还在云计算、电动汽车、纳米技术和远程医疗四个高新技术产业开展了若干技术和标准合作，如设立云计算欧美对话以促进欧美标准协调，成立电动汽车技术和标准的共同研发机构并在WTO和联合国框架下进行产品技术标准的协调，在纳米技术领域召开行业专家会议探讨的研究重心和行业规则，在远程医疗领域共同培训有信息化诊疗能力的职业医师，等等。

(5) 知识产权领域。欧美双方在跨大西洋知识产权工作组的框架下，建立了每两月一次的会议制度，并在会议内加强了对"关键性国家"，如中国和俄国的信息共享。双方还通过海关，在打击盗版问题上实施了若干共同行动，收缴了大批盗版ICT产品。

(6) 能源和原材料供应领域。欧美双方同意评估各自与第三国的贸易协定，在原材料贸易上协调立场，采取共同行动，抵制原材料贸易领域的壁垒，加强在经济合作与发展组织中针对出口管制问题的合作，欧美还准备出台一个WTO框架下的原材料供应国名单，共同探讨与这些供应国相关的原材料贸易问题。2012年9月，双方召开了初级和二级原材料贸易流向会议，开始磋商全球原材料分布信息共享问题。此外，双方还联合日本召开了战略性原材料三方会议，开始探讨包括稀土在内的稀缺原材料的节约利用以及可替代材料研发。在能源合作方面，欧盟参加了由美国环保局发起的新能源之星项目，过去五年间，该项目在美国促进节约了223万亿瓦时电能，节省了220亿美元的开销，减排的温室气体相当于290万辆汽车的同期消耗；在欧洲，过去三年间，该项目促进节约了10万亿瓦时电能，节省了20亿欧元的开销，欧美未来将继续推进这项合作。

中欧之间2007年以后部门合作的成果，主要包括以下几个方面[①]。

(1) 贸易领域。中欧双方在海关合作问题上达成共识，同意在世贸组织多哈回合谈判中就贸易促进开展密切合作，旨改进全球海关程序的标准化；双方建立了双向管理协作工作组以加强信息沟通，推出了中欧智能和安全贸易通道的试点项目，在2010年出台了海关系统的战略合作框架，在反毒品、反走私和反盗版的领域开展了一系列合作。在高科技产品贸易领域，中欧信息及通信技术对话取得了进展，中欧双方同意中欧高科技工作组在谅解备忘录的基础上，开始中欧高科技会谈，以促进高科技产品贸易。中欧双方在中欧信息及通信技术对话取得进展，促进了双方进一步合作，确保规则的相互协调，并防止了新的贸易壁垒的产生。欧盟希望深化和扩大中欧在ICT领域的对话，并将所有的行业利益相关者（包括资方和监管方）都纳入对话。在政府采购问题上，中欧还讨论了中国政府采购的框架，并就各产业领域（包括风力发电）对外

---

① 本文中2007年以来中欧部门合作的成果整理自2008年、2009年、2010年中欧高层经贸对话官方公报（http://trade.ec.europa.eu/doclib/docs/2008/april/tradoc_138632.pdf, http://trade.ec.europa.eu/doclib/docs/2009/may/tradoc_143096.pdf, http://trade.ec.europa.eu/doclib/docs/2010/december/tradoc_147155.pdf），以及中欧政策对话项目资料库（http://www.eu-chinapdsf.org/CN/pdsf1.asp）。

资进入的均等条件问题进行了磋商。中国表示在外商投资企业和内资企业之间，并无歧视存在。

（2）投资领域。中欧双方同意建立投资对话，致力于开展有关投资协定的协商，并且这种协商将成为常规的高层接触；中欧双方认为中欧投资专责小组向中欧高层经贸对话提交报告是一个积极的步骤；双方就中国投资的市场准入问题以及中国设立外商投资产业指导目录的问题进行了深入磋商；欧盟于2010年在北京设立了欧洲中小企业中心。

（3）研发和创新领域。中欧双方就创新和研发促进问题进行了交流，欧盟强调创造可预期和透明的标准化规则框架对经济增长和创新非常重要；中欧双方达成共识，创新是经济增长的驱动力，双方在共同感兴趣的研发促进和创新项目上进行了讨论；中欧双方探讨了简化中国强制性产品认证制度，以消除不必要的产品壁垒问题，中方确认将主动改进认证程序；在产品专利问题上，中欧双方同意，对在不同产地注册专利的产品要同等对待，中欧双方都不把产品的专利注册地作为政府采购的条件。

（4）知识产权领域。中欧双方在商标制度、专利认证制度、因特网产品版权等领域进行了加强合作的技术性磋商，开展了打击盗版和伪劣产品的共同行动；双方商定将双边技术合作扩展到知识产权领域，并加强知识产权领域的海关合作；双方同意加强在专利系统方面的合作，致力于提高专利质量和专利保护，双方要求中欧知识产权专责小组加快其在提高专利质量方面的工作。双方还讨论了如何在现有的立法和公证等领域的共同行动加快合作。

（5）能源和原材料领域。中欧双方举办了多次年度能源大会，以及专项的能源法研讨会和可再生能源电力并网研讨会，欧盟委员会和中国国家能源局合作推出了中欧清洁能源中心项目，以加强清洁能源和可再生能源技术的开发，以及清洁能源在中国的推广。在原材料领域，中欧在2010年的中欧高层经贸论坛上就原材料供应问题进行了磋商，欧盟向中方提到了保障原材料供应（包括稀土）的对全球市场稳定的重要性。

（6）环保和农业领域。中国环境保护部和欧洲委员会组织了有关中国—欧盟环境执政能力的专题会议，就环境执政能力的国际经验和中国地方层面的环境执政能力等问题进行了信息沟通。中欧双方还在绿色交通、农业农村环保技术、水资源管理、农业清洁生产与生态补偿等领域，建立了专家交流平台，召开了一系列以经验和信息交流为主的圆桌会议。

如果将2007年以来欧美与中欧部门合作的概况和成果加以比较，可以得到以下几个发现。

第一，欧美部门和中欧部门合作的侧重点有显著差别，欧美之间的合作重心主要有三个：①双方在金融、投资、贸易和产品标准等领域，通过推动部门间的技术性磋商、相互承认制度和合作路线图，尽可能地消除各种壁垒以推动市场一体化；②在前沿的战略性高科技产业（包括云计算、电动汽车和智能充电网络、纳米技术、E-健康和制药等）和创新体制建设上强化合作，积极制定行业技术标准并酝酿相关标准的国际推广；③在知识产权、原材料贸易、高科技产品贸易等领域加强对第三国的协调。相较而言，中欧之间的合作主要有如下特点：①双方的主要合作仍集中在传统的贸易及贸易相关领域，而且双方在这些领域的分歧管理（如贸易平衡和政府采购问题）仍是双边部门合作面对的重要问题；②自伽利略计划之后，虽然双方近年来在信息通信、因特网等传统的技术领域有一定合作，但与欧美相比，中欧双方在前沿新兴科技产业的合作基本是空白；③在农业、环境、安全生产、能源等传统领域，中欧之间有相当数量的治理合作，而在欧美之间并无类似合作。但需要指出的是，此类合作中欧盟主要扮演经验输出方的角色，中方派员赴欧考察而欧方派员来华宣讲，仍是此类合作的主要特点。总体而言，如果说双边合作的层级有高低之分的话，那么欧美之间以市场一体化、高端新兴产业合作和行业技术标准协调为基础的合作具有明显的高端特征，而中欧之间以传统贸易、分歧管理和经验学习为主的合作则处于相对低端的位置。

第二，欧美之间的合作相较于中欧关系更为密切。以欧美金融监管合作为例，双方探讨的话题是机密审计文件在双方官方审计机构间的共享；又以科技领域合作为例，美国联邦食品药品管理局和欧洲药品管理局已经实现高级官员的轮换办公。而在中欧关系的框架下，实现此类合作的条件显然尚不成熟。此外，在一些关键性的议题上，欧美关系不但密切程度高于中欧关系，其利益共同点还与中国的利益产生矛盾。在原材料供应问题上，欧美都反对原材料贸易的出口管制，而中国在稀土问题上恰恰是欧美共同针对的第三方。在知识产权领域，欧美建立定期的专家会议和知识产权网络以加强对所谓"关键国家"的信息共享，并在WTO框架下对这些国家展开共同行动，中国也是其主要对象之一。在全球性技术标准和ICT产品贸易领域，中国相较欧美同样处于相对孤立的地位。

第三，欧美部门间合作的机制化建设的水平要高于中欧。如果从单项的部门间合作来看，无论是欧美之间还是中欧之间，其部门间的各项合作都有一定时间的交往历史、特定的法律框架基础、固定的合作群体和明确的合作议题。但如果将欧美和中欧各领域的部门合作结合在一起进行宏观比较，可以发现：一方面，欧美部门间合作的目标更为明确，各个项目之间有更为密切的联系，尽管各种部门合作的议题五花八门，但其最终目的，都服务于跨大西洋经济一体化这一总目标；另一方面，跨大西洋经济理事会充分发挥技术型专职机构的特点，通过明确的短期、中期和长期工作计划，统一的工作进度和成果发布平台，将欧美各类双边合作整合到一个总体框架之下，不同领域之间的政策相关者可以在第一时间了解其他领域的工作进展，这一体制有利于政策相关方跨领域的观念交流，尤其是在创新和试点型政策领域进行合作。相对而言，中欧部门合作的机制化建设仍比较滞后，尽管中欧高层经贸对话的政治级别很高，但从创立之初就更接近于一个反应式和问题解决式的机制，并没有从战略层面提出总领性的宏观目标，而基层各个部门的合作虽然都有固定的议题和任务，但部门之间却缺乏一个进行政策协调和信息共享的平台，各部门目标之间的协调和联系也不紧密，以至于合作管道虽多，却显得各行其是。

第四，市场和社会的力量在推动欧美部门合作中扮演重要角色。尽管跨大西洋经济理事会的建立只比中欧高层经贸对话早一年，但早在1995年欧美提出新跨大西洋议程开始，来自欧美市场和社会层面的力量，就积极地参与欧美关系的建构，其中尤以跨大西洋商业对话和跨大西洋消费者对话最为典型。跨大西洋商业对话汇集欧美民间的商业精英和企业巨头，也是欧美多个部门对话机制中最受关注的一个，欧美在金融监管、多边贸易、知识产权、创新研发和产品标准统一领域的合作议题，最初都源于跨大西洋商业对话的讨论，而把建立跨大西洋共同市场作为欧美关系的优先议程，也是由跨大西洋商业对话最早提出。跨大西洋消费者对话则聚集来自欧美的几十个民间团体和消费者组织，致力于在欧美推动经济一体化的背景下有效平衡资本的力量，保障消费者的权利。欧美在食品药品等民生领域的监管合作，就源自跨大西洋消费者组织的倡议。相比之下，中欧之间的部门合作，仍主要局限于政府对政府，尽管双方在官方的交流机制建设近年来一直都在进展，但社会、企业界的参与与欧美相比仍明显不足，中欧之间也没有建立类似于欧美跨大西洋商业对话和消费者对话的市场和社会交流管道。如果不能有效调动市场和社会的力量，则中欧之间的部门合作仍将面临"不接地气"的问题，不利于中欧关系长远和健康的发展。

B.18
欧美双边条约与中欧双边条约比较研究

叶 斌*

摘　要： 本文全面回顾了当前有效的欧美双边条约和中欧双边条约。欧美双边条约主要是在两个平台上缔约的，其一是 GATT/WTO，其二是1990年建立的跨大西洋议程。贸易领域的协定约占欧美双边协定的2/3，而近年来欧美在规则协调、情报共享和司法协助方面的合作呈增长之势。中欧双边条约发展较晚，数量远远少于欧美双边协定。尽管中国在入世之后为落实WTO承诺与欧盟达成几部新的双边协定，但是目前中欧双边法律基础与欧美相比比较薄弱。参照欧美关系，中欧之间在推动自由贸易、投资保护、科技合作、互免签证、反恐、环境保护和司法合作等方面，都有着广泛的合作前景。尤其是在欧美启动"跨大西洋贸易与投资伙伴关系协定"的新背景下，中欧亟须建立与中欧贸易和全面战略伙伴关系相对称的法律基础。

关键词： 中欧关系　欧美关系　双边条约　跨大西洋贸易和投资伙伴关系协定　双边投资协定　自由贸易协定

随着欧美启动"跨大西洋贸易与投资伙伴关系协定"（TTIP）谈判，中欧也将启动"中欧投资协定"（BIT）谈判，欧美双边条约和中欧双边条约在欧美关系和中欧关系中的分量和意义凸显。条约，特别是双边条约，常常是双边

---
* 叶斌，国际法学博士，中国社会科学院欧洲研究所欧盟法研究室副主任，助理研究员。

关系发展的基本框架和最重要成果，是反映国际行为体之间关系的一项重要指标。条约为双方关系设定具有约束力的稳定法律框架和基础，使双边关系在有关领域制度化和法制化。本文着重比较欧美之间和中欧之间的双边法律基础，全面回顾现有的双边协定，对照欧美在相关领域的关系，发现中欧关系存在的现实困难和进一步发展的空间和可能性。

欧美双边关系是在二战后由美国主导的西方秩序之下建立起来的，表现在国际法律层面，欧美不仅积极参与并主导关贸总协定与世界贸易组织等多边机构或机制，并且双方之间也缔结了数目众多的双边条约[①]。在冷战结束后，1990年开始建立的跨大西洋议程成为欧美双方缔结双边条约的新平台。截至2012年1月1日，欧盟及其前身欧洲共同体与美国签订并生效的双边条约达50多项。除欧共体/欧盟外，欧洲原子能共同体（EURATOM）、欧洲核研究组织（CERN）、欧洲航天局（ESA）、欧洲气象卫星应用组织（EUMETSAT）、欧洲南方天文台（ESO）等欧洲机构与美国签订的有效双边条约也达到22项之多[②]。

中国与欧盟关系的双边法律基础发展得比较晚，与欧美关系相比显得比较单薄。1975年中欧建立正式外交关系之后，签订了综合性的中欧双边贸易合作协定（1978年和1985年）和一系列的中欧纺织品贸易双边协定。随着中国加入WTO，中欧之间的纺织品贸易在2004年12月31日之后不再受这些双边协定约束，而转由WTO法调整。当前，中欧之间签订并有效的双边条约仅为10项[③]，

[①] 本文主要比较欧共体/欧盟与美国和中国的双边条约。由于目前国际组织大都仅接受国家为成员方，欧盟可以从法律上完全参与的多边机制还很少，例如联合国、国际货币基金组织等。

[②] 欧盟和美国官方公布的双边条约资料不尽相同。在本文中，欧美之间双边条约资料参考美国国务院每年公布的有效条约清单，见 U. S. Department of State, "Treaties in Force-a List of Treaties and Other International Agreements of the United States in Force on January 1, 2012"; 同时参考欧洲对外行动署（EEAS）条约处条约清单，见 Treaties Office of European Commission External Relations DG Relex/B2, "Annotated Summary of Bilateral Agreements between, on the One Part, the European Union, the Former European Community or Euratom, and, on the Other Part, Third States or International Organisations," 07/07/2011。除非特别说明，本文中提到的条约一般为2012年1月1日有效的条约。

[③] 中欧双边条约主要参考〔英〕弗朗西斯·斯奈德编著《欧洲联盟与中国（1949~2008）：基本文件与评注》，李靖堃等译，社会科学文献出版社，2013，第二章和第六章；同时参考欧洲对外行动署（EEAS）条约处条约清单和中华人民共和国外交部网站。

其中包括已经显得过时的1985年的《中欧贸易和经济合作协定》。这种双边法律基础的薄弱，与中欧互为最大贸易伙伴以及双方领导人决定建立全面战略伙伴关系的目标，是不太相称的。

一 欧美双边条约

有学者认为，欧美关系主要建立在两大支柱上，其一是北大西洋公约组织（NATO）框架下的防务关系，其二是欧盟与美国之间的双边关系[①]。该观点反映出北约框架下的防务关系是跨大西洋关系的核心。除了防务之外，欧美之间双边条约的涉及面非常广泛，从传统的贸易、海关、科技、教育、空间和原子能合作，延伸至情报共享、相互承认、司法协助等领域。其中，贸易领域的具体协定约占欧美双边协定的2/3，双方在规则协调、情报共享和司法协助方面的合作呈增长之势。

（一）在GATT/WTO框架之下的欧美关系及其双边贸易协定

欧盟与美国之间签订的有关贸易的双边协定，目前都是在关贸总协定（GATT）和世界贸易组织（WTO）框架下达成的。1990年欧美建立跨大西洋关系之后，欧盟和美国又陆续在相互承认认证标准等领域达成几项新的双边协定。截至2012年1月1日，欧美之间涉及贸易的有效双边条约多达40余项，不仅涉及多种农产品、酒类、化学品、钢铁、纺织品、动物、航运设备等多个类别的贸易，还涉及双方竞争规则的适用和礼让等。

在第二次世界大战结束不久后的1947年，美国国务卿马歇尔宣布实施"欧洲复兴计划"，总共向16个欧洲国家提供约130亿美元的援助。除去协助欧洲进行战后重建之外，美国还积极鼓励欧洲内部进行合作。在欧洲煤钢共同体成立的第二年（1953年），美国就向其派出第一支观察团，稍后又于1956

[①] 参见 Günter Burghardt, "The EU's Transatlantic Relationship," in Alan Dashwood and Marc Maresceau (eds.), *Law and Practice of EU External Relations: Salient Features of a Changing Landscape*, Cambridge University Press, 2008, p. 378。

年向其派驻第一个外交使团。1962年7月4日,美国总统肯尼迪发表著名的"相互依赖宣言"①,提出分三步走的大西洋构想:第一步是推进西欧一体化,然后是结成美国与西欧的大西洋伙伴关系,最后建立大西洋共同体②。这一时期,美国力促英国加入共同市场,以使欧洲大陆更多地受到美国的影响;提出所谓北约"多边核力量"的建议③,英美就核武器问题达成《拿骚协议》④。不过事与愿违,肯尼迪政府的"宏伟计划"最后多陷入流产。"美国治下的和平"(Pax Americana)受到法国总统戴高乐的挑战,法国数次抵制英国加入共同体,并且于1966年退出北约。在核问题上,由于《拿骚协议》不能提供英国核威慑力量的独立性,英国于1963年10月宣布退出多边核力量防务体系。与政治领域发展受阻不同,欧美于1962年便初步建立有关贸易的正式法律关系。1962年3月7日,欧共体与美国在日内瓦签署《关于商业关系的联合声明》⑤。

欧共体/欧盟与美国之间的双边贸易关系,是在战后由美国主导的多边自由贸易体系下建立起来的。1947年关贸总协定(GATT-1947)的基本原则和主要规则,如最惠国待遇原则、多边关税减让原则、国民待遇原则、非歧视原则、特惠制例外规则、国营贸易规则、农业政策条款等,最初都是以美国的政策计划作为依据⑥。欧共体并非GATT的创始缔约方,但欧共体在GATT/WTO中逐渐形成与美国、日本(或加拿大)三(或四)足鼎立

---

① John F. Kennedy, "Address at Independence Hall, Philadelphia," July 4, 1962. Online by Gerhard Peters and John T. Woolley, "The American Presidency Project," http://www.presidency.ucsb.edu/ws/? pid=8756.

② Harold van B. Cleveland, *The Atlantic Idea and Its European Rivals*, New York: McGraw-Hill Book Company, 1966, p. 25.

③ 参见陈乐民《战后西欧国际关系:1945~1984》,中国社会科学出版社,2007,第148、168页。

④ Geoffrey Warner, "The Nassau Agreement and NATO," *The World Today*, Vol. 19, No. 2, 1963, pp. 61-69. 也参见陈乐明《战后西欧国际关系:1945~1984》,中国社会科学出版社,2007,第168~169页。

⑤ "Joint Declaration Concerning Commercial Relations between the United States of America and the European Economic Community" [1962] 13 UST 958; TIAS 5033; 445 UNTS 195. 美国国务院条约清单报告将1962年欧美商业关系联合声明视为双边条约(treaty/agreement),但欧盟委员会和欧盟理事会的网上条约数据库都未将其列入。

⑥ 舒建中:《多边贸易体系与美国霸权》,南京大学出版社,2009,第178页。

之势①。以前是美国领导各轮贸易谈判，但现在WTO已经形成美国和欧盟的G-2管理架构②。

长期以来，欧盟与美国、日本等发达国家之间不存在全面调整双方贸易关系的双边协定，这与欧共体/欧盟和世界上绝大多数发展中国家广泛建立双边协定贸易关系的现象形成鲜明对照。在建立跨大西洋关系之前，欧共体与美国的贸易关系完全是在关贸总协定的框架内，特别是在总协定各回合多边贸易谈判中，通过双边谈判完成的③。造成这种情形的原因，有学者认为，是因为欧共体与美国的贸易关系本质上是一种依赖—竞争型关系，欧共体与中国等发展中国家的贸易关系是依赖—合作型贸易关系④。欧美出口商品的结构相似，出口贸易互补性不如中欧贸易那样显著。强烈的竞争性使欧共体与美国在贸易关系中很难达成深层的合作关系。

关贸总协定初期回合主要集中在关税减让上，农业贸易政策因美国的坚持被排除在外⑤。在1947年日内瓦谈判中，美英是谈判的关键国家，谈判的焦点主要在于英国强力捍卫帝国特惠制，而美国主张完全取消之。最终美英达成"布朗-赫尔莫解决案"，美国对历史性的特惠制做出让步，英国则将殖民地特惠关税限定为25%以下，并维持尚存的特惠关税⑥。到狄龙回合期间（1960～1961年），1958年成立的欧洲经济共同体加入GATT谈判。美国是狄龙回合的主导国家。由于美国受本国国内法授权上的限制，无法与欧洲经济共同体国家就"综合性关税削减法"展开有效的谈判，导致狄龙回合成果有限。这时，欧洲经济共同体刚刚开始建立共同农业政策（CAP），尚未成为与美国谈判的障碍。1962年3月7日，欧共体与美国签署《关于商业关系的联合声明》的

---

① 参见曾令良《欧共体及其成员国在WTO中的双重地位及其对中国的影响》，《法学评论》1999年第2期。
② C. Fred Bergsten, "Fifty Years of the GATT/WTO: Lessons from the Past for Strategies for the Future," in WTO Secretariat (ed.), *From GATT to the WTO: The Multilateral Trading System in the New Millennium*, The Hague: Kluwer Law International, 2000.
③ 刘星红：《欧共体对外贸易法律制度》，中国法制出版社，1996，第201页。
④ 沈骥如：《欧洲共同体与世界》，人民出版社，1994，第193～195页。
⑤ Alan Barkema, David Henneberry and Mark Drabenstott, "Agriculture and the GATT: A Time for Change," *Economic Review*, Feb. 1989, p. 23.
⑥ 参见舒建中《多边贸易体系与美国霸权》，南京大学出版社，2009，第151～162页。

同一天，双方根据关贸总协定（GATT）第 24 条第 6 款签署两部涉及农产品关税减让的特别协定，一部涉及玉米、高粱、普通小麦和鸡肉，另一部特别针对优质小麦①。

在得到 1962 年《美国贸易延长法》的授权后，美国敦促关贸总协定部长会议将"综合性关税削减法"确立为多边关税谈判的原则，并发起肯尼迪回合谈判（1963~1967 年）。肯尼迪回合主要在美国和欧洲经济共同体之间展开②，从而自此形成美、欧、日共同主导关贸总协定制度及多边贸易谈判的格局③。此轮谈判对工业制成品达成一揽子削减关税 33%~35% 的协议，成为战后贸易自由化运动的最高潮。不过，农业贸易政策成为肯尼迪回合的难点。由于美国认为欧洲经济共同体的共同农业政策限制了美国农产品出口并且对美国农业贸易造成巨大损失，美国主张将农业政策纳入到多边贸易谈判的范围。但是，欧洲经济共同体在农产品问题上毫不妥协。从此，欧美在农业贸易政策上对峙长达 30 多年。肯尼迪回合仅就农产品达成《国际谷物协定》，只对为数不多的几种农产品降低部分关税④。欧洲经济共同体在农业贸易政策上的坚持，意味着西欧国家战后对美国经济依赖的结束，欧洲经济共同体国家很快成为世界贸易体系中与美国平等的伙伴⑤。1963 年 7 月，欧洲经济共同体与 18 个非洲国家签订《雅温得协定》（Yaounde Convention），给予相关非洲国家的主要出口商品以贸易优惠。1971 年 3 月，欧洲经济共同体和日本先后宣布关税优惠计划⑥。1971 年 7 月，关贸总协定缔约国大会将普遍关税优惠制度非正

---

① "Agreements with Respect to Corn, Sorghum, Ordinary Wheat, Rice and Poultry," signed at Geneva March 7, 1962, 445 UNTS 199; 13 UST 960; TIAS 5034. "Agreement with Respect to Quality Wheat between United States, and European Economic Community and Member States of the Community" [Belgium, Germany (Fed. Rep.), France, Italy, Luxembourg and Netherlands], signed at Geneva March 7, 1962, 445 UNTS 205; 13 UST 964; TIAS 5035.
② T. E. Josling, S. Tangermann et al., *Agriculture in the GATT*, London, MacMillan Press LTD, 1996, p. 54.
③ 舒建中：《多边贸易体系与美国霸权》，南京大学出版社，2009，第 238 页。
④ Irwin R. Hedges, "Kennedy Round Agricultural Negotiations and the World Grains Agreement," *Journal of Farm Economics*, Vol. 49, No. 5, 1967, pp. 1332 – 1341.
⑤ 参见 Gian Paolo Casadio, *Transatlantic Trade: USA-EEC Confrontation in the GATT Negotiations*, Lexington Books, 1973, pp. 181 – 182。
⑥ 舒建中：《多边贸易体系与美国霸权》，南京大学出版社，2009，第 244 页。

式地引入 GATT 中。在欧洲经济共同体和日本与发展中国家发展贸易优惠关系的重压之下，美国不得不在 1976 年 1 月宣布加入普惠制体系①。

在 1973~1979 年的东京回合中，美国尼克松政府将谈判重点转向消除非关税贸易壁垒，以巩固美国主导下的关贸总协定制度，维护美国领导地位。东京回合对关贸总协定做出重大的结构性改革，在非关税壁垒方面取得丰厚成果，达成包括海关估价协议、进口许可程序协议、技术性贸易壁垒协议、补贴与反补贴措施协议、反倾销措施协议和政府采购协议在内的 6 项协议。在东京回合中，农业问题被作为一个单独的议程，欧洲经济共同体国家强烈反对美国的农业贸易政策自由化以及将相关限制性措施纳入关税领域等提议，最后只在市场准入、乳制品和牛肉协定、补贴和标准准则三个方面取得成果②。在此基础上，欧美签订关于乳制品和牛肉贸易两个协定。但是在小麦、大麦、高粱和玉米四种主要农产品的销路和问题上，未能达成实质性协议③。

为了维护在高新技术领域的领先优势，在乌拉圭回合（1987~1994 年）中，美国、欧共体和日本成功地将服务贸易、知识产权和投资措施纳入到多边贸易体系，取得《服务贸易总协定》（GATS）和《与贸易有关的知识产权协定》（TRIPS）等重要成果，并于 1995 年建立世界贸易组织。欧美在取消政府对农产品的国内支持和出口补贴问题上一直争执下不，欧共体反对美国提出在 10 年内完成取消农产品补贴的方案，直到回合最后一刻，欧美才就农产品协议达成妥协。双方在原来较为困难的谈判领域达成多项妥协，在面条、钢铁、油籽、酒精饮料、大型民用航空器贸易、政府采购等方面达成多部双边协定。

在 GATT 争端解决机制运作期间，美国在发起诉讼方面最为积极，而欧共体成为美国的主要诉讼对象。欧共体对 GATT 争端解决机制的态度经历了从"消极应诉"到"积极利用"的转变。为求得权利的最大化，欧共体逐渐将 WTO 争端

---

① Joan E. Twiggs, *The Tokyo Round of Multilateral Trade Negotiations: A Case Study in Building Domestic Support for Diplomacy*, University Press of America, 1987, p. 122.
② Mihaela-Daniela Tancu, "US' and EU's Agricultural Policies in the Context of GATT/WTO," 2010, p. 8, available at http: //pure. au. dk/portal/files/12176/mt84715_ thesis. pdf?.
③ 刘星红：《欧共体对外贸易法律制度》，中国法制出版社，1996，第 263~264 页。

欧美双边条约与中欧双边条约比较研究

解决机制作为一个有效的对外贸易政策工具[①]。以 1960~1985 年为例，80 起 GATT 诉讼中有 26 起是在欧美之间进行的，占到全部案件的 1/3 强。在此期间，美国发起的 31 起诉讼中有一半针对欧共体（17 起），欧共体诉美国仅为 8 起。在与美国的 GATT 诉讼中，早先欧共体是处于被动的，直到 1973 年才对美国的出口补贴发起第一起申诉[②]。欧共体早期更倾向于用外交和政治的方式解决贸易纠纷。经过长期的适应和内部调整之后，欧共体从 1980 年以后将 GATT 争端解决机制作为实现贸易政策的工具[③]。在 1980 年以前，美国向欧共体发起 9 起诉讼，欧共体对美国只发起 2 起[④]。在 WTO 成立之后，欧盟成为 WTO 争端解决机制的主要发起者。截至 2013 年 6 月，欧盟向 WTO 对美国共发起 32 起申诉，对中国发起 6 起；美国对欧盟发起 19 起申诉，中国对欧盟发起 3 起[⑤]。

在关贸总协定争端解决中，有一半以上案件是针对欧共体的共同农业政策[⑥]。通过差价税制度和出口补贴制度，共同农业政策（CAP）对农业和农产品市场给予了高度的贸易保护。在实践中，欧共体的农产品贸易政策与区域性优惠贸易安排常常面临 GATT 非歧视贸易竞争的法律与纪律的严峻挑战[⑦]。由于美国的廉价农产品被完全挤出共同体市场，并且欧共体抢占原本属于美国的世界市场，欧美之间多次爆发针对农产品的贸易战，例如 1983 年争夺埃及市

---

① 余敏友：《论欧共体对 WTO 争端解决机制的政策与实践》，《湘潭大学学报（哲学社会科学版）》2009 年第 4 期。
② 欧共体诉美国所得税立法，BISD 23S/98。也参见 J. Michael McGuire, "The GATT Panel Report on Domestic International Sales Corporations: Illegal Subsidy under the GATT," *Manyland Journal of International Law*, Vol. 3, No. 2, 1978, p. 387。
③ 参见陈卫东《从国际法角度评欧共体对 WTO 争端解决机制的政策与实践》，《法学评论》2000 年第 4 期。亦参见余敏友《论欧共体对 WTO 争端解决机制的政策与实践》，《湘潭大学学报（哲学社会科学版）》2009 年第 4 期。
④ See Robert E. Hudec, "Legal Issues in US-EC Trade Policy: GATT Litigation 1960 – 1985," in Robert E. Baldwin, Carl B. Hamilton and Andre Sapir (eds.), *Issues in US-EC Trade Relations*, The University of Chicago Press, 1988, pp. 18 – 22.
⑤ http://www.wto.org/english/tratop_e/dispu_e/dispu_maps_e.htm?country_selected=EEC&sense=e.
⑥ See Robert E. Hudec, "Legal Issues in US-EC Trade Policy: GATT Litigation 1960 – 1985," in Robert E. Baldwin, Carl B. Hamilton and Andre Sapir (eds.), *Issues in US-EC Trade Relations*, The University of Chicago Press, 1988, pp. 22 – 23.
⑦ 余敏友：《论欧共体对 WTO 争端解决机制的政策与实践》，《湘潭大学学报（哲学社会科学版）》2009 年第 4 期。

场的小麦战、1986年西班牙和葡萄牙加入欧共体而引发的多种农产品贸易战、1986~1999年"荷尔蒙牛肉战"[1]、1993年"香蕉案"等。

1993年2月13日欧共体成立香蕉市场共同机构，对不同的香蕉供应国适用不同的待遇。美国及拉丁美洲数国以此为由向GATT/WTO起诉欧共体（WT/DS27）。该案虽然经过多年磋商，但是迟迟得不到解决[2]。直到2009年12月15日，欧盟才最终与拉丁美洲11国草签《日内瓦香蕉贸易协定》，《欧美香蕉贸易协定》作为该协定的补充[3]。对于香蕉进口，欧盟对美国承诺适用"最惠国单一关税制"，不再采取配额、关税税率配额和进口许可机制，并且承诺不再适用歧视性的措施[4]。

除了农产品争端之外，欧美还在其他领域发起贸易战[5]。在外国销售公司案[6]、美国钢铁保障措施案[7]、美国贸易法301条款案[8]、伯德修正案[9]、空中客车案[10]等与美国的关键性贸易争端中，欧盟对美国毫不服软，日益表现出多边贸易体制领导者的霸气[11]。

---

[1] 参见 Renée Johnson and Charles E. Hanrahan, "The U. S. -EU Beef Hormone Dispute," CRS Report for Congress, December 6, 2010。

[2] WTO DS27, European Communities-Regime for the Importation, Sale and Distribution of Bananas.

[3] "Ending the Longest Trade Dispute in History: EU Initials Deal on Bananas with Latin American Countries," Brussels, 15 December 2009, available at http://trade.ec.europa.eu/doclib/docs/2009/december/tradoc_145606.pdf.

[4] "Agreement on Trade in Bananas between the European Union and the United States of America," OJ, L 141/6, 9.6.2010.

[5] 参见张健雄《欧洲联盟》，社会科学文献出版社，2006，第465~468页。也参见 Marc L. Busch and Eric Reinhardt, "Transatlantic Trade Conflicts and GATT/WTO Dispute Settlement," conference on Dispute Prevention and Dispute Settlement in the Transatlantic Partnership European University Institute/Robert Schuman Centre, Florence, Italy, 3-4 May 2002; Raymond J. Ahearn, "Trade Conflict and the U. S. -European Union Economic Relationship," CRS Report for Congress, Updated July 26, 2006。

[6] WTO DS108, United States-Tax Treatment for "Foreign Sales Corporation".

[7] WTO DS248, United States-Definitive Safeguard Measures on Imports of Certain Steel Products.

[8] WTO DS152, United States-Sections 301-310 of the Trade Act 1974.

[9] WTO DS217, United States-Continued Dumping and Subsidy Offset Act of 2000.

[10] WTO DS316, European Communities-Measures Affecting Trade in Large Civil Aircraft, 案情可参见 "EU/US Large Civil Aircraft WTO Disputes-Background Fact Sheet," available at http://trade.ec.europa.eu/doclib/docs/2007/september/tradoc_136044.pdf; European Commission Statement on the Publication of the Final Report in the "Airbus" WTO case, Brussels, 30 June 2010; WTO 争端解决裁定参见 http://www.wto.org/english/news_e/news10_e/316r_e.htm。

[11] 李广计：《欧盟贸易政策体系与互利共赢的中欧经贸关系》，对外经济贸易大学出版社，2009，第198页。

（二）跨大西洋议程下的欧美关系及其双边协定

柏林墙的倒塌改变了战后世界格局，也在很大程度上影响了欧美关系的发展。冷战结束之后欧美立即展开战略性扩张，加剧了西方国家之间的竞争。欧美竞争不仅突出地表现在欧美农产品贸易、钢铁贸易和政府采购纠纷上，也表现在对东欧等投资和贸易市场的争夺上[1]。除了竞争之外，欧美也开始试图在应对国际恐怖主义、大规模杀伤性武器扩散、地区战争和冲突方面建立新的合作框架。

1987年7月1日生效的《单一欧洲文件》使欧共体在机制上获得外交政策合作的能力。1990年11月22日，在老布什和德洛尔共同推动下，美国与欧共体在欧洲安全合作会议（CSCE）峰会结束时发表《跨大西洋宣言》（TAD）[2]。该宣言首次在正式文件中明确欧盟和美国合作与磋商的原则，确定了三个主要目标：经济自由化，教育、科技和文化合作，合作打击跨国犯罪、恐怖主义和环境退化。在程序方面，跨大西洋宣言建立起欧美定期首脑峰会和部长级会晤机制。宣言同意为跨大西洋和全球贸易与经济关系注入新的动力，美国为此停止了对欧共体在1992年建立内部市场是树立"欧洲堡垒"的批评。这期间，双边磋商的议题主要涉及反恐和反武器扩散，但是军事事项在美国明确要求下被排除在外。这时，美国更希望在NATO框架下谈军事问题，而不是在双边层面。

1993年11月1日欧盟正式成立之后，欧盟共同外交与安全政策（CFSP）和欧盟东扩的2000年议程逐渐开始实施。1995年，美国与欧盟在马德里峰会上提出《新跨大西洋议程》（New Transatlantic Agenda, NTA）[3]，从四个方向推进双方的对话和合作：促进世界和平和稳定、民主和发展；应对全球性挑战，合作领域包括环境保护、公共健康保护和法律执行；继续扩大世界贸易和深化经济关系；搭建欧美商业、学术、消费者、劳工、环境和政府层面双方代表的

---

[1] 参见张蕴岭主编《欧洲剧变与世界格局》，社会科学文献出版社，1996，第250页。

[2] "Transatlantic Declaration on EC-US Relations," Nov. 22, 1990, available at http：//eeas. europa. eu/us/docs/trans_ declaration_ 90_ en. pdf. or http：//useu. usmission. gov/1990transatlantic_ declaration. html.

[3] "The New Transatlantic Agenda," December 5, 1995, available at http：//eeas. europa. eu/us/docs/new_ transatlantic_ agenda_ en. pdf. or http：//useu. usmission. gov/new_ transatlantic_ agenda_ html.

对话和合作，为此建立了"跨大西洋立法者对话"（TLD）[1]和"跨大西洋商业对话"（TABD）等。新跨大西洋议程的目的是将原先的磋商推向采取共同行动，并且在事项上全面地涉及安全和防务问题。此后，"新跨大西洋议程"成为欧美之间开展合作的最具综合性的"宪法基础"[2]。

1998年，欧盟与美国在伦敦峰会上发表关于"跨大西洋经济伙伴关系"（Transatlantic Economic Partnership, TEP）的联合宣言[3]，确定欧美在贸易和投资领域加强多边和双边合作与共同行动的一系列具体行动计划。"跨大西洋经济伙伴关系"涉及双边和多边贸易，在双边方面，它处理不同类型的贸易壁垒，推动货物和服务领域的相互承认协定，在政府采购和知识产权法律领域开展合作。在多边方面，它主要通过世界贸易组织推动贸易自由化。并且，环境和消费保护议题也被纳入其中。在TEP行动计划基础上，欧盟委员会和美国政府制定了"监管合作与透明指南"。

在新的跨大西洋议程下，欧美在多边和双边领域合作频繁。例如，在多边框架下，欧美在WTO中联手推动达成《信息技术协定》《基础电信业务协议》《金融服务协定》等协议，双方在确保中国和俄罗斯加入WTO承诺开放市场方面进行协调，在OECD中共同推动有关打击国际商业腐败公约等。在双边关系上，欧美签订多部双边协定，涉及相互承认、竞争法律礼让适用、情报共享、警务与司法互助、科技合作等多个领域。不过，欧美之间一直不存在框架性的综合双边协定，尽管从2006年起，欧洲议会试图推动欧美达成框架性的"跨大西洋伙伴协定"[4]。对于欧洲议会的提议，欧盟委员会认为，欧盟和美国

---

[1] 欧美立法者对话进展可参见 Kristin Archick and Vincent Morelli, "The U. S. Congress and the European Parliament: Evolving Transatlantic Legislative Cooperation," Congressional Research Service Report for Congress, January 2, 2013。

[2] Günter Burghardt, "The EU's Transatlantic Relationship," in Alan Dashwood and Marc Maresceau (eds.), Law and Practice of EU External Relations: Salient Features of a Changing Landscape, Cambridge University Press, 2008, p. 386.

[3] http://eeas.europa.eu/us/docs/trans_econ_partner_11_98_en.pdf.

[4] "European Parliament Resolution on Improving EU-US Relations in the Framework of a Transatlantic Partnership Agreement," 1 June 2006, Brussels, 2005/2056 (INI); Elmar Brok, "Report on Improving EU-US Relations in the Framework of a Transatlantic Partnership Agreement," Committee on Foreign Affairs of European Parliament, 8 May 2006, A6 -0173/2006; Francisco José Millán Mon, "Report on the State of Transatlantic Relations in the Aftermath of the US Elections," 2.3.2009, 2008/2199 (INI).

在共同战略方面一直在开展合作,正式的协议未必能给予双方关系更多的意义,成员国和美国政府尚无政治意愿达成这样的双边关系框架协定①。

2007年4月30日欧美峰会期间,巴罗佐、默克尔和小布什签署《跨大西洋经济一体化框架计划》(Framework for Advancing Transatlantic Economic Integration),该框架的核心是在司法和内务、能源和能源安全、环境、科技、教育和培训领域展开合作,促进双方在多个领域内统一或者相互承认技术标准以及法律法规,消除双方的贸易、技术和法规障碍。根据该计划,双方成立常设的"跨大西洋经济理事会"(TEC),以作为推动这些合作的政治平台。

1. 相互承认与竞争法规协调

1998年5月18日,双方在减少技术壁垒方面迈出第一步,达成《欧美相互承认协定》(MRAs)②。该协定旨在通过双方接受对方的合格评定程序,减少产品上市时间,增加技术性规章、法律、政策和程序的透明度。有6个产品领域被纳入《相互承认协定》中:通信、电磁兼容(EMC)、供电安全、娱乐性船只、医疗用具和药品优良制造规范。根据该协定,只要符合协定条件,双方就有义务承认对方产品合格评定程序的结果。另外,2004年2月27日,欧美达成《欧美关于相互承认航海设备合格证书的协定》,该协定涵盖救生、防火和导航等30余种航海设备的合格证书,通过双方的相互承认促进欧美航海设备贸易,涉及每年约1亿欧元的贸易量。

在协调反垄断规则方面,欧美也取得了一定的成果。欧美在反垄断评判标准上,一直存在严重分歧,曾试图在 WTO 框架下予以协调③。欧美在竞争规则上的分歧主要在于:美国是少数几个对反托拉斯行为课以惩罚性赔偿及刑罚的国家之一;美国与欧盟对"市场支配力量"(Market Power),如垄断以及"滥用优势地位"的理解存在差异;另外,美国根据其效果原则,主张域外管辖权,而欧盟则主张地域管辖权。1991年美国与欧共体签订《欧美竞争法适

---

① 参见2006年5月31日欧盟委员会委员在欧洲议会关于 EU-US Transatlantic Partnership Agreement-EU-US Economic Relations 上的辩论,http://www.europarl.europa.eu/sides/getDoc.do?type=CRE&reference=20060531&secondRef=ITEM-013&language=EN&ring=A6-2006-0131。

② 目前,欧盟还与澳大利亚、加拿大和新西兰签订了相互承认协定。

③ 有关 WTO 框架下的竞争规则协调,可参见王晓晔《不可或缺的合作——竞争政策领域的国际协调》,《国际贸易》2003年第7期。

用协定》。该协定被认为是继1986年《经合理事会（OECD）建议》之后的革命性变化。1998年双方又签订《欧美关于在实施竞争法中适用积极礼让原则的协定》作为补充。根据这两项协定，欧美竞争法主管机关就重要情况互相通报，定期会晤，相互协助并开展合作与协调。1991年协定引入了"礼让原则"，要求在决定是否开始反不正当竞争调查程序、决定调查的范围、实施救济及惩罚的性质等行为时，应充分考虑到对方重要利益，甚至可以主动将案件交由对方主管机关处理；如果一方认为由对方处理更好时，该方应要求对方进行调查，并给予积极协助。1998年协定又进一步同意，双方可以要求对方根据本国法律进行调查和处罚，提出这种要求时可以不必考虑反竞争行为是否同时触犯了请求方的竞争法以及请求方是否已经根据本国竞争法采取了执行措施[1]。

2. 司法合作与反恐

"9·11"恐怖袭击之后，美国和欧盟明显加快了推动欧盟成员国与美国之间的警务与司法合作的步伐。2001年和2002年，美国与欧洲刑警组织签订了两部协定，允许美国执法机关和欧洲刑警组织共享战略情报和个人信息。由于欧盟严格的信息保护标准，美国与欧盟在情报共享方面的谈判非常艰难。

2003年6月25日，欧盟与美国签订《欧美司法互助协定》和《欧美引渡协定》，这是欧盟在司法和内务领域中最早签订的国际协定。在经过复杂的批准程序之后，两部条约于2010年2月1日生效。这两部协定构成欧美司法合作的框架，它们协调欧盟成员国与美国的现有双边协定，简化引渡程序，并且促进信息共享和检察合作。这两部条约并不妨碍成员国和美国之间的双边司法协助协定的效力。欧美希望这两部协定不仅用于打击恐怖主义，而且还用于打击金融欺诈、有组织犯罪、贩卖毒品等跨境犯罪[2]。《欧美引渡协定》保留了引渡不判死刑原则和本国国民不引渡原则。《欧美司法互助协定》允许对方机关在刑事调查时获得银行的账户和金融信息，通过视频会议获得证据，允许进

---

[1] 陈力：《经济全球化背景下的美欧竞争法冲突及国际协调》，《国际贸易问题》2002年第5期。
[2] Kristin Archick, "U.S.-EU Cooperation Against Terrorism," CRS Report for Congress, May 21, 2013, p.5.

行联合调查等①。《欧美司法互助协定》专门设立"联合调查团",允许欧美自行决定哪些机构的官员可以参与联合调查团,包括警察、海关、移民署、毒品管制局与安全局(包括英国的 M15 和美国的联邦调查局与中情局②)。不过,对于欧美司法合作,欧洲官员常常抱怨美国希望从别人那里获取信息,而自己却不愿意共享③。

在情报共享方面,欧美达成关于银行信息和乘客资料等数部协定。对于银行账户信息,曾有报道称,从 2001 年起美国被允许秘密进入环球银行间金融通信协会(SWIFT)获取账户金融信息,这引发人们对个人隐私保护的担忧。2007 年 6 月,欧盟允许美国为反恐为目的获取 SWIFT 资料④。2009 年 11 月 30 日,欧美签订《恐怖分子财务信息追踪项目(TFTP)协定》,但遭到欧洲议会的否决。不少欧洲议会议员认为,该协定没有给予个人信息和隐私权足够的保障。2010 年 6 月,欧美达成新的为期 5 年的 TFTP 协定。该协定授权由欧洲刑警组织决定是否同意美国获取 SWIFT 资料的请求,建议欧洲建立与美国 TFTP 相对应的恐怖分子财务信息追踪制度(TFTS),允许欧盟在华盛顿设立独立观察员以监视资料的使用等。新协定由于增加了保护阀门,避免美国大规模取得资料,打消了欧洲议会的疑惑。该协定于当年 8 月 1 日生效。对于协定中建立的恐怖分子财务信息追踪制度,目前欧盟委员会还未提出立法议案。

2004 年 5 月,美国与欧盟在华盛顿签订《关于向美国国土安全部海关和边境保护局移交航空运输器乘客姓名记录并使用的协定》,要求航空公司在飞机离港 15 分钟内向美国海关和边境保护局提供乘客姓名记录(PNR)。这部协定在欧洲引起广泛争议,人们担心它违反个人隐私权以及没有给予个人资料以足够的保护。为此,欧洲议会向欧洲法院提起诉讼,2006 年 7 月欧洲法院以法律依据不适当为由宣布条约无效。2007 年 7 月,美国与欧盟不得不签订新

---

① U. S. Department of Justice Press Release, "U. S. /EU Agreements on Mutual Legal Assistance and Extradition Enter into Force," February 1, 2010.
② 张福昌:《欧盟司法与内政合作:反恐议题解析》,台湾商务印书馆,2011,第 281 页。
③ Kristin Archick, "U. S. -EU Cooperation against Terrorism," CRS Report for Congress, May 21, 2013, p. 5.
④ Kristin Archick, "U. S. -EU Cooperation against Terrorism," CRS Report for Congress, May 21, 2013, p. 9.

协定，新协定将美国保留资料的存储期从3年半延长到最高15年，允许美国在特定情况下获得乘客人种、民族、宗教和健康等敏感信息，要求航班在至少离港72小时之前提交信息。新协定从签字之日起只是临时生效，由于欧洲议会久拖不决，条约未能正式生效。此后，在欧洲议会的呼吁下，欧盟委员会制定了欧盟"全球PNR对外政策"①。2011年5月，欧美再次修订PNR协定，规定乘客信息在6个月后将被非个别化，要求严格控制有权获得乘客信息的人数等。欧洲议会对此仍不满意，2011年11月欧美又达成修订后的协定，规定仅能以恐怖主义犯罪和3年刑期以上的跨境犯罪为由获得信息，信息存留的时间仅因恐怖主义调查为15年，因其他类型犯罪为10年②。该版本最终获得欧洲议会的批准，于2012年6月1日生效，有效期7年③。

2007年4月30日，欧美达成《欧盟和美国机密情报安全协定》④，该协定为机密情报的分级、交换和安全设定了共同规则。建立机密情报的共同分级制，意味着欧美机密情报共享的机制化和常态化。

由于与欧盟在情报共享方面谈判艰难，美国希望与欧盟达成一揽子的协定，通过欧盟整体上接受美国的数据隐私标准，解决欧盟磋商单一性情报共享协定耗时太多的问题。欧盟原本不愿意接受这种方案，但后来逐渐改变看法。2009年欧洲议会呼吁签订欧美框架协定，保护打击恐怖主义和跨国犯罪中交换的数据。2011年3月，欧美正式启动"数据隐私和保护协定"（DPPA）谈判。该协定的初衷是相互承认双方的数据保护制度。不过，有不少欧洲议会议员认为，美国应该修订其1974年的隐私法以使当事人获得司法赔偿，但美国专家认为奥巴马政府不大可能修订该法案⑤。目前，该协定尚在谈判当中。

---

① "Communication from the Commission on the Global Approach to Transfers of Passenger Name Record (PNR) Data to Third Countries," COM/2010/0492, September 21, 2010.
② "Agreement between the European Union and the United States of America on the Processing and Transfer of Financial Messaging Data from the European Union to the United States for the Purposes of the Terrorist Finance Tracking Program," OJ L 195, 27/07/2010, p. 5.
③ Kristin Archick, "U. S. -EU Cooperation against Terrorism," CRS Report for Congress, May 21, 2013, p. 14.
④ "Agreement between the European Union and the Government of the United States of America on the Security of Classified Information," OJ L115, 03/05/2007, p. 30.
⑤ Kristin Archick, "U. S. -EU Cooperation against Terrorism," CRS Report for Congress, May 21, 2013, p. 15.

3. 航空、海关、边境控制方面的双边协定

2007年4月30日的欧美峰会上，双方签订了《欧美航空运输协定》（天空开放协定）[1]。这是欧委会1999年提出的建立跨大西洋共同航空运输区域的落实步骤，有学者认为欧美都朝着开放天空的共同目标前进，树立了令人印象深刻的先例[2]。该协定第一阶段协议于2008年3月30日生效。协议为双方航空公司提供了新的航权，为双方管理当局提供了广泛的合作平台。该协议取代了美国与欧盟各成员国之间的双边协议，认可欧盟承运人的概念，消除了跨大西洋以及远航线的运力、运价等市场准入障碍。协议还设立联合委员会，加强欧美双方管理当局在航空保安、竞争事务、国家援助、空中交通管理、消费者权益保护、气候变化等领域的合作。根据该协议，双方管理当局将相互认可对机场的评估，共同从空中交通管理角度采取措施减少排放，加强竞争事务管理方面的协调。2010年3月25日，美国与欧盟经两年磋商之后，初步达成天空开放第二阶段协议，第二阶段协议确立广泛框架以处理航空对本地和全球环境的挑战，包括双方在各自排放交易机制方面保持协调一致，避免采取重复措施；降低航空公司和消费者在气候变化措施上的成本；相互认可保安措施，在应对新的威胁单方面采取措施前，加强沟通；相互认可管理当局的决定，简化航空公司的办事手续等[3]。

由于交通工具成为恐怖分子发动恐怖袭击的主要工具，欧美在边境控制和交通安全方面展开多种合作，2001年以后欧美陆续采取类似的管制规则。2008年，欧美签订《民航安全管制合作协定》，相互接受对方航空管理机关的决定，推动空中交通安全合作，并且就管制展开协调和合作[4]。另外，欧盟配合美国的2007年"9/11授权法案"，对所有进出美国的航班和集装箱的行李进行百分之百的扫描。

---

[1] 参见 Eugene Alford and Richard Champley, "The Impact of the 2007 U.S.-EU Open Skies Air Transport Agreement," ITA Occasional Paper, No. 07-001, May 2007。
[2] 黄涧秋：《"开放天空"：欧盟航空运输管理体制的自由化》，《欧洲研究》2009年第2期。
[3] 中国民航局：《美欧达成天空开放第二阶段协议》，见 http://www.caac.gov.cn/dev/ICAO/GZDT/201004/t20100412_31698.html。
[4] "Agreement between the United States of America and the European Community on Cooperation in the Regulation of Civil Aviation Safety," OJ L291, 09/11/2011, p. 3.

在海事交通方面，2004年美国与欧盟达成海关合作协定后，希望将其"集装箱安全倡议"（CSI）推广至欧盟，允许美国海关向其港口派驻官员对进口集装箱进行预扫描，以避免爆炸物、大规模杀伤性武器等危险品进入美国。目前，欧盟已有十个港口参加美国集装箱安全倡议。2012年5月4日，欧美达成新的海关合作协定，通过相互承认对方的诚信贸易商认证，以此提高双方进出口产品的通关速度。根据该协定，所有获得欧盟经济运营商认证（Authorised Economic Operators，AEO）的欧盟出口商和获得美国海关—商贸反恐怖联盟认证（Customs-Trade Partnership Against Terrorism，C-TPAT）的美国出口商，其出口产品在对方海关通关时获得降低通关成本、简化通关流程等便利化优待[1]。

4. 科技合作与教育合作

在科技合作方面，欧美科技合作协定最早签订于1997年，略早于1998年中欧科技合作协定。欧美科技合作协定续展多次，它为跨大西洋科技合作提供广泛的合作框架，涉及几乎所有研究领域。目前的欧洲研究框架项目（FP7）包括环境科学、信息通信技术、清洁能源、生物技术和纳米科学[2]。

在核能研究方面，1958年欧洲原子能共同体与美国达成协定，双方同意在原子能和平应用上进行紧密合作，此后将合作扩展至聚变能研究和核安全合作方面[3]，欧洲核研究组织与美国签订了几部关于大型强子对撞机科技合作的具体协定。此外，美国与欧洲航天局、欧洲气象卫星应用组织和欧洲南方天文台在空间方面展开密切合作，签订多项高精尖科技合作协定，涉及空间望远镜、国际空间站、火星探索、大天线阵等。

在1995年宣布跨大西洋议程的同时，欧美达成《高教和培训协定》，并于2006年向后续展8年期。协定的目的是鼓励欧盟和美国教育机构之间开展创新合作项目，特别是通过联合研习项目鼓励学生到对方机构参与研究和取得学位。根据该协定，欧美每年定期举办教育政策论坛。该协定将于2013年年底届满并不再续展，欧美计划采取新的工具开展教育合作。

---

[1] http://www.mofcom.gov.cn/aarticle/i/jyjl/m/201205/20120508112955.html.
[2] http://www.euussciencetechnology.eu/content/eu-us-collaboration-within-fp7.
[3] http://archive.euussciencetechnology.eu/home/st_agreement.html.

5. 海外干预合作

2011年5月17日，欧美在华盛顿签订《美国参与欧盟危机管理运作的框架协定》，允许美国参与欧盟的海外干预，协定于当年6月1日生效。该协定是在利比亚危机背景下达成的。在此之前，美国曾与欧盟就参与欧盟科索沃法治特派团（EULEX）和驻刚果（金）的欧盟安全部门改革团（EUSEC）达成单一的协定或安排①。该协定为欧盟邀请美国参与欧盟危机管理团提供了长期法律基础，此后无须再逐一签订单独协定②。有西方学者建议，由于美国难以在利比亚开展某些行动，美国可以借该协定在欧盟的旗号之下参与在利比亚的危机管理工作。③

6. 启动"跨大西洋贸易与投资伙伴关系协定"（TTIP）谈判

2013年2月13日，美国总统奥巴马、欧洲理事会主席范龙佩和欧盟委员会主席巴罗佐共同宣布欧美将启动"跨大西洋贸易与投资伙伴关系协定"（Transatlantic Trade and Investment Partnership, TTIP）的谈判④。这是欧美自建立新大西洋关系以来，双方所达成的最大的合作意向，对于未来国际经济关系和贸易格局将起到深远的影响。早在2011年11月28日，欧美领导人就要求跨大西洋经济理事会成立"关于就业和增长的高级别工作组"（EU-US High Level Working Group on Jobs and Growth）。在美国贸易代表罗恩·柯克（Ron Kirk）和欧盟贸易委员卡瑞·德古赫特（Karel de Gucht）的领导下，高级别工作组就欧美自由贸易协定进行了评估。2013年2月11日，高级别工作组公布关于综合性的跨大西洋贸易和投资协定的最终报告，建议该协定涉及广泛的

---

① "Secretary Clinton and EU High Representative Ashton Sign U. S. -EU Framework Agreement on U. S. Participation in EU Crisis Management Operations," Washington, DC, May 17, 2011, 参见http：//www. state. gov/r/pa/prs/ps/2011/05/163573. htm。

② 参见Eva Gross, "EU-U. S. Cooperation in Crisis Management: Transatlantic Approaches and Future Trajectories," in Eva Gross et al. (eds.), *Preventing Conflict, Managing Crisis: European and American Perspectives*, Washington, DC: Center for Transatlantic Relations, 2011, p. 41。

③ Patryk Pawlak, "From Protecting to Rebuilding: The EU's Role in Libya," in Eva Gross et al. (eds.), *Preventing Conflict, Managing Crisis: European and American Perspectives*, Washington, DC: Center for Transatlantic Relations, 2011, p. 80.

④ "Statement from United States President Barack Obama, European Council President Herman Van Rompuy and European Commission President José Manuel Barroso," Brussels/ Washington, 13 February 2013.

双边贸易和投资问题，为全球贸易制定新的规则[1]。2013年6月14日，欧盟理事会授权欧盟理事会与美国政府进行协定的谈判[2]，除影视产品应法国要求被暂时排除在谈判内容之外。双方预计在两年内完成谈判。欧盟是美国最大贸易伙伴，而美国是欧盟第二大贸易伙伴，2011年的贸易量分别占对方贸易总量的17.6%和13%，占世界贸易的1/3。根据委员会评估，该协定有望为欧盟GDP带来0.48%的增长，提供国民收入增长约860亿欧元。由于欧美之间从来没有综合性的双边协定，TTIP谈判将极大地加强欧美战略关系，为跨大西洋经济一体化带来新的可能性。

欧美为TTIP设立雄心勃勃的目标，以综合性的跨大西洋贸易和投资协议囊括自由贸易和投资保护，计划：①削减贸易关税壁垒；②削减或防止贸易、服务和投资壁垒；③加强规章和标准的一致性；④对所有类别的贸易削减或防止非关税壁垒；⑤加强在推动共同关注的全球议题上合作并为取得共同的全球经济目标加强合作。在结构和内容上，TTIP将包括市场准入、规章问题和非关税壁垒，以及在知识产权、环境和劳工、海关便利化、竞争政策、本地化贸易壁垒、原材料和能源、中小企业和透明度等方面达成双边规则[3]。

"跨大西洋贸易与投资伙伴关系协定"不同于在投资、服务和公共采购领域取消关税和开放市场的传统自由贸易协定，而是集中致力于整合规则和技术产品标准[4]。欧美认为，规则和技术产品标准是当前跨大西洋贸易中最严重的壁垒，有研究表明，规则的差异所导致的额外成本负担相当于超过10%的关税，某些产业的比例甚至高达20%，而传统关税仅约4%。欧美希望借此应对当前它们共同面临的经济衰退和就业压力问题，通过合作给双边带来重大经济利益[5]。对欧美最具意义的是，欧美希望加强双方规则的一致性，为全球制定

---

[1] "Final Report of High Level Working Group on Jobs and Growth," February 11, 2013, p.6.

[2] "Council Press Release, Council Approves Launch of Trade and Investment Negotiations with the United States," Luxembourg, 14 June 2013.

[3] "Final Report of High Level Working Group on Jobs and Growth," February 11, 2013.

[4] European Commission MEMO, "European Union and United States to Launch Negotiations for a Transatlantic Trade and Investment Partnership," MEMO/13/95, Brussels, 13 February 2013.

[5] Francisco José Millán Mon, "Report on the Role of the EU in Promoting a Broader Transatlantic Partnership," Committee on Foreign Affairs of European Parliament, 14.5.2013, 2012/2287 (INI).

自由贸易和投资规则，继续保持其竞争优势，从而应对迅速崛起的新兴国家对其贸易地位的挑战。

然而对于多边贸易机制，在多哈回合进展艰难之际，最强势的两个伙伴绕开WTO进行单独的双边谈判，势必对多边机制的有效性构成挑战。由于TTIP还涉及与贸易有关的其他领域，如知识产权、环境保护和劳工保护等，通过高筑技术性壁垒应对新兴国家的意图十分明显。TTIP将不可避免地重构国际贸易中的大国关系。

二 中欧双边条约

中国与欧共体/欧盟的外交关系建立于1975年。1978年4月，双方签订第一个综合性的中欧贸易协定。此后，该协定很快就被范围更为广泛的1985年《贸易和经济合作协定》所取代，这部协定保留了成员国与中国缔结经济合作协定的权力。目前，1985年的贸易和经济合作协定仍然是中欧贸易的双边法律框架[1]。

1985年以后，中欧签订了一系列纺织品贸易协定，包括议定书和修订协定在内，数量多达17部，其目的主要是为了保护欧洲市场，同时根据中国入世承诺逐渐取消其纺织品配额。2001年12月11日，中国加入世界贸易组织，《纺织与服装协定》（ATC）规定的过渡期于2004年12月31日结束，中欧纺织品贸易的配额逐步取消，中欧贸易开始完全由WTO法调整。在过渡期中，中欧于2005年6月10日达成《关于中国部分输欧纺织品和服装的谅解备忘录》（上海协定）及2005年9月5日磋商纪要，解决因配额取消带来的对欧纺织品出口激增问题。上海协定建立了磋商机制，并且在实际上重申了欧盟根据中国入世承诺而适用特保条款的可能性[2]。

1994年以后，特别是在中国加入世界贸易组织之后，欧盟与中国达成的

---

[1] 〔英〕弗朗西斯·斯奈德编著《欧洲联盟与中国（1949~2008）：基本文件与评注》，李靖堃等译，社会科学文献出版社，2013，第50页。

[2] 参见〔英〕弗朗西斯·斯奈德编著《欧洲联盟与中国（1949~2008）：基本文件与评注》，李靖堃等译，社会科学文献出版社，2013，第148~174页。

双边协定数量明显增加。这十年间，中欧共签订 10 项双边协定。在事项上，不再只是贸易协定，而是陆续在科技合作、教育领域、核能和平利用方面达成框架性或实施性的协定。在与贸易有关的海运、海关合作和旅游团领域，中欧合作卓有成效，进展迅速。

（一）中国入世后，中欧加快在海运、海关合作、旅游团等领域的双边协定谈判

2002 年中欧签订《中欧海运协定》，这是中欧在交通领域达成的第一部双边协定，对于中欧海上交通具有里程碑意义。协定由于受欧盟东扩影响，直到 2008 年 3 月 1 日才生效，2009 年修订而扩展适用于新加入的保罗利亚和罗马尼亚。中欧海运协定是混合协定，协定 5 年期满后可逐年续签。协定主要处理双方航运企业在对方建立商业存在和使用港口设施服务等内容，基本原则是海运服务自由、货物自由和口岸货运自由，不得限制使用港口及其附属设施，不得限制商业存在和采取歧视待遇。协定允许对方航运公司在本国设立开展国际海上货物运输和物流服务的独资或合资公司或分支机构[1]。中国对欧海运开放是与中国加入世界贸易组织的步伐相一致的。2003 年，中美之间也签订了海运协定。

在 2004 年欧美达成海关协定时，当年 12 月中欧也签订了海关事务合作与行政互助协定。中欧海关合作协定旨在促进双方海关的行政合作，特别是提高打击违法行为的有效性。协定的重点是打击非法贸易，包括打击赝品和规避海关检查等。协定建立的联合海关合作委员会成为此后中欧海关对话的重要平台。近年来，中欧海关合作进展迅速，在知识产权保护、AEO 互认、反瞒骗、贸易统计等方面展开了丰富的务实合作[2]。

2004 年，中国国家旅游局与欧共体就中国旅游团赴欧旅行签证及相关问题达成谅解备忘录。根据该协定，中国给予欧盟成员国以旅游目的地国地位；

---

[1] 参见〔英〕弗朗西斯·斯奈德编著《欧洲联盟与中国（1949～2008）：基本文件与评注》，李靖堃等译，社会科学文献出版社，2013，第 822～831、895～897 页。

[2] 中国驻欧使团：《中欧海关交往与合作概况》，http：// www.chinamission.be/chn/zogx/hgsw/zohghz/t673829.htm，2012 年 7 月 24 日。

丹麦、爱尔兰和英国除外。协定旨在促进中国赴欧团体旅游，旅游团至少由5个人组成，签证期为30天。协定还对接收非法滞留人员进行了约定。直到2007年，中美之间才签订类似的旅游团协定。

（二）科技合作领域

在科技合作方面，欧美和中欧均签订有框架性的协定。中欧科技协定还特别为知识产权的分配作了约定①。欧美在空间合作领域的关系极为密切，欧洲航天局与美国达成涉及诸如太空望远镜、和平空间站、火星探索等多个方面的12项协定。在气象卫星方面，欧洲气象卫星应用组织与美国有4项合作协定。在原子能领域，欧洲原子能共同体和欧洲核研究组织与美国共签订了7项条约，涉及核研究安全和大型强子对撞机等。

中欧之间也签订有《和平利用核能研发合作协定》，并于2004年续签。协定涉及核不扩散和核材料的管制、安全和再转让，为日后中欧参与国际热核实验反应堆（ITER）奠定了基础。2006年的《国际热核实验反应堆项目协定》是多边条约，缔约方包括欧盟、中国、日本、印度、韩国、俄罗斯和美国。ITER目前正在法国南部的卡达拉什兴建，有望于2015年完工。有学者认为，中欧合作参与国际热核实验反应堆项目对于中欧非贸易类协定具有普遍国际意义，可能对中欧关系的未来发展具有重要意义②。

2003年10月，中欧签订《民用全球卫星导航系统（伽利略计划）合作协定》，2004年10月又达成《中国国家遥感中心和伽利略联合执行体关于伽利略计划合作协议》。中欧伽利略计划合作是中欧在高科技领域合作上非常显著的举措，在经历数年停顿后，近期获得双方重视。中欧双方不仅在政府层面建立合作关系，各项目的实施过程中也实现了双方厂商合作开发。根据中国国家遥感中心的报道，中欧双方圆满完成多个项目的实施与验收。项目成果之一的激光卫星反射镜已用于伽利略系统首批发射的卫星上，其他相应的地面设施也

---

① 〔英〕弗朗西斯·斯奈德编著《欧洲联盟与中国（1949~2008）：基本文件与评注》，李靖堃等译，社会科学文献出版社，2013，第815页。
② 〔英〕弗朗西斯·斯奈德编著《欧洲联盟与中国（1949~2008）：基本文件与评注》，李靖堃等译，社会科学文献出版社，2013，第815页。

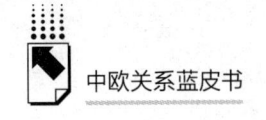

在伽利略系统研发过程中发挥了重要作用,中欧伽利略合作成果多次得到中欧双方的高度认可[1]。

(三)陷入停顿的中欧伙伴关系合作协定谈判(PCA)

欧盟与不少国家签订了伙伴关系协定,包括俄罗斯、东欧国家、南高加索和中亚国家。欧盟签订伙伴关系协定的目的是通过广泛领域的合作推动对象国的政治民主和社会发展。2007年1月17日,中欧宣布启动"伙伴关系合作协定"(Partnership and Cooperation Agreement)的实质性谈判[2]。双方原计划以这份中欧伙伴关系协定取代1985年的协定,使其成为中欧关系发展的"总纲领"。

除涉及贸易领域之外,中欧原本计划伙伴关系合作协定覆盖农业、交通、教育、科技、信息、安全、反恐、环境和能源等中欧已展开对话合作的领域[3]。在谈判内容方面,欧方的关注点包括市场准入、透明度、知识产权、民主、人权、法治、良政等,中方关注点涉及中国完全的市场经济地位、取消军售禁令、取消技术贸易限制、争端解决等。在谈判中纳入这些关注点,原本是出于双方达成综合性伙伴协定的雄心,但是过多的条件和过于敏感的议题使双方的分歧扩大化,这为日后谈判陷入停顿埋下了伏笔。

伙伴关系合作协定的谈判议题过于庞大,通过一部条约解决中欧之间的重大分歧使谈判工作难以为继。从启动谈判之后,中欧实际上只对伙伴关系协定中贸易和投资问题的1/4进行了磋商。2011年5月11日,双方谈判代表仅就贸易和投资问题进行短暂会晤,讨论未谈及未来进一步磋商的步骤。在2011年9月20日的协定督导委员会上,双方没有提出新的谈判动议[4]。自此,中欧再未就伙伴关系合作协定进行正式磋商,谈判进程陷入停顿。

---

[1] 中国国家遥感中心:《中欧伽利略计划合作》,2012年4月26日发布。
[2] http://www.china.com.cn/news/txt/2007-01/18/content_7672912.htm.
[3] 欧方关于中欧伙伴关系合作协定的立场,参见"Commission Position Paper on the Trade Sustainability Impact Assessment of the Negotiations of a Partnership and Cooperation Agreement between the EU and China," February 2009, available at http://trade.ec.europa.eu/doclib/docs/2009/february/tradoc_142373.pdf.
[4] European Commission, "Overview of FTA and Other Trade Negotiations," 30 May 2013, available at http://trade.ec.europa.eu/doclib/docs/2006/december/tradoc_118238.pdf, pp. 12-13.

(四)即将启动的中欧投资保护协定(BIT)谈判

中国与大多数欧盟成员国于不同时期签订了双边投资保护协定(BIT);因对象国经济和法律制度的差异,这些双边投资保护协定也存在着差异①。《里斯本条约》的生效使直接投资事项成为欧盟的专属权能,尽管欧盟委员会承认先前达成的条约仍然有效,但是这使得现有的投资保护协定的效力处于不确定之中。为了使成员国的国际投资保护协定与欧盟法协调一致,欧盟积极行使新权能,与第三国进行有关投资保护问题的谈判。

欧盟试图将自由贸易和投资保护一并与第三国进行磋商,以便扩大成果,更好地协调贸易与投资的关系。对于已经开始贸易协定谈判的国家,欧盟在谈判中增加了关于投资保护的内容,例如印度、加拿大和新加坡②。对于美国和日本,欧盟原先计划只涉及自由贸易协定,后来都加入投资保护问题。欧美于2013年7月8日启动第一轮的"跨大西洋贸易与投资伙伴关系协定"(TTIP)谈判③。另外,欧盟也计划与中国、俄罗斯进行双边投资或投资保护协定谈判。

2012年9月20日,中国总理温家宝在布鲁塞尔表示,中方愿意尽快启动"中欧投资协定"谈判,妥善解决市场准入、政策透明度、知识产权保护等业界关注的各种实际问题,为投资合作提供制度和法律保障,增强投资者的信心④。2012年11月,欧洲议会对中欧投资政策进行听证⑤。2013年5月,欧盟委员会向理事会提出与中国谈判投资协定的提议⑥。目前,中欧双方都在紧锣密鼓地就未来的正式谈判进行产业调研和学术研讨。

---

① 在投资准入、投资待遇、争议解决方面,中国与欧盟成员国的双边投资条约存在不同程度的差异,参见单文华《欧盟对华投资的法律框架:解构与建构》,北京大学出版社,2007,第二编和第五编。
② 肖芳:《〈里斯本条约〉与欧盟成员国国际投资保护协定的欧洲化》,《欧洲研究》2011年第3期。
③ http://ec.europa.eu/trade/policy/in-focus/ttip/.
④ 温家宝:《做21世纪国际合作的典范——在第八届中欧工商峰会上的演讲》,2012年9月20日,布鲁塞尔,http://www.fmprc.gov.cn/mfa_chn/ziliao_611306/zyjh_611308/t971902.shtml.
⑤ Wenhua Shan, "Towards an EU-China Bilateral Investment Treaty," European Parliament Hearing on EU-China Investment, 2012/11/6.
⑥ "Press Release by European Commission, Commission Proposes to Open Negotiations for an Investment Agreement with China, Brussels," 23 May 2013.

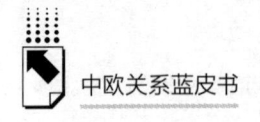

（五）欧盟自贸协定战略——绕开了中国？

2003~2004年多哈回合谈判陷入僵局，欧美转而通过双边机制推动贸易自由化。2006年10月，欧盟委员会发布的新贸易政策文件体现出欧盟贸易政策的这种转向①。2010年11月9日，欧盟委员会又将贸易政策提升到实现欧盟2020战略的高度，进一步推进所谓"新一代自由贸易协定"（FTA）谈判。与以往的自贸协定主要旨在减免关税不同，欧盟新一代自贸协定更加强调消除货物贸易与服务贸易中的非关税壁垒，减少投资管制，并且在知识产权、政府采购、创新保护、竞争政策和可持续发展（例如体面工作、劳工标准和环境保护）等方面达成新的承诺②。

目前，欧盟与世界大多数国家和地区已经完成或者正在进行自贸协定谈判，与美国和日本这两大贸易巨头的谈判也即将启动。在欧盟的主要贸易伙伴中，仅有中国、澳大利亚、新西兰、俄罗斯等国还没有列入欧盟的自贸协定谈判计划中③。目前在欧盟自贸谈判日程上，中国显然是被忽视的对象。

在2012年中欧峰会期间，中方向欧方表达了签订中欧自贸协定的意愿。在此之前的2006年，欧盟官方文件认为中国在很多方面符合FTA伙伴的标准④。在2013年2月的欧盟委员会文件中，欧盟委婉地表示希望中国释放更大的谈判意愿。据路透社报道，他们在尚未公开的欧盟文件中得知，欧盟有意愿与中国深化贸易关系，但是希望首先看到中方给予让步⑤。

---

① Commission of the European Communities, "Global Europe: Competing in the World-A Contribution to the EU's Growth and Jobs Strategy," Brussels, 4.10.2006, COM (2006) 567 final.
② "Trade, Growth and World Affairs-Trade Policy as a Core Component of the EU's 2020 Strategy," Communication from the Commission to the European Parliament, the Council, the European Economic and Social Committee and the Committee of the Regions, Brussels, 9.11.2010, COM (2010) 612 final, p. 10.
③ European Commission MEMO, "The EU's Free Trade Agreements - Where Are We?" Brussels, 25 March 2013.
④ "中方在很多方面符合新自贸协定对象国标准，但需要特别谨慎，因为机会与挑战并存", in Commission of the European Communities, "Global Europe: Competing In the World-A Contribution to the EU's Growth and Jobs Strategy," Brussels, 4.10.2006, COM (2006) 567 final, p. 9.
⑤ http://www.reuters.com/article/2013/05/21/us-eu-china-investment-idUSBRE94K11A20130521.

（六）空白的司法合作领域

目前中欧之间尚无司法合作方面的任何双边协定。中欧之间司法合作仍在与成员国关系的层面。形成这种情况是多方面的，其中最主要原因是欧盟缺乏在刑事司法合作方面的专属权能。不过，中欧达成司法合作协定的可能性并非不存在。欧盟和美国在刑事司法合作方面就已经达成多项协定，涉及引渡、司法协助、打击恐怖主义和国际犯罪以及人员资料互换等多个方面，这些都反映出欧美在刑事合作和反恐行动上的密切合作关系。

在民商事司法合作方面，欧盟已经具有缔结相关国际协定的权能。在这一领域，欧盟和美国都已签署海牙国际私法会议于2005年达成的《选择法院协议公约》，目前尚待双方批准。该条约是与1958年《纽约仲裁公约》相对应的解决民商事诉讼管辖权的多边公约。欧美的加入加重了这部公约的分量和国际意义。中国代表也全程参与了这项多边条约的起草和谈判。由于该公约在民商事争议解决方式上提供了可靠途径，有助于日益增多的国际民商事争议的解决，中国政府需要提高对该公约的重视程度。

三 综合性比较的结论

与欧美双边协定相比，当前中欧双边协定主要为框架性或原则性协定，尽管近年来进展较快，但是中欧合作事项仍然比较有限。中欧关系法律文件明显的特征是：经贸科技领域以硬法调整为主，而政治、社会领域以软法调整为主[①]。中欧关系的法律基础并不十分牢固，与欧美相比十分薄弱。参照欧美关系，中欧之间在推动自由贸易、投资保护、科技合作、互免签证、反恐、环境保护和司法合作等方面，都有着广泛的合作前景。

欧美在GATT/WTO中关系的发展可以给中国多方面的启示。欧共体逐渐从GATT规则的被动接受者转变为将其作为实现对外贸易政策的工具，这与欧

---

① 曾令良：《〈中欧伙伴关系与合作协定〉：问题、建议与展望》，《中国社会科学》2009年第2期。这里所谓硬法，指中欧双边协定；所谓软法，指中欧对话所达成的声明和合作项目文件。

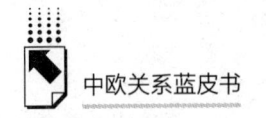

共体积极参与国际贸易规则的制定密切相关。在新一轮的国际贸易规则制定中，中国要避免成为局外人。另外，欧共体在 GATT 下经历了长期作为争端解决机制的被诉方的时期，欧共体是逐渐转变为争端解决机制积极的申诉方的。中国目前是 WTO 最大和最经常的被诉方，中国需要长期容忍这一现实考验。

在中国加入世界贸易组织之后，中欧双边协定的签订速度加快，在多个领域达成开创性的合作协定，尤其是在海关、海运合作等与履行 WTO 法承诺相关的领域进展明显。这反映了中国政府在"入世"之后继续扩大改革开放，兑现"入世"承诺的坚定决心和执行力，另一方面也表明中欧关系在中国"入世"的背景下有了大踏步的发展。

不过，在中欧伙伴关系合作协定谈判受阻后，中欧之间尚未在政治和社会领域达成具有法律约束力的双边条约。中欧伙伴关系合作协定谈判陷入停顿，表明中欧之间存在深刻的分歧，政治互信的实质性缺乏和意识形态的内在差异，制约了中欧实现全面战略伙伴关系的前景。

经贸领域的双边协定正在逐步提到中欧关系的议事日程。然而，受美国重返亚洲战略的间接影响，中国当前面临脱离新一轮自由贸易规则制定的危险。尽管中欧互为对方最大贸易伙伴，但在双边投资保护和自由贸易协定的日程上，中欧日程明显滞后于欧盟与印度、日本和美国等其他国家的日程安排。中国在欧盟自贸战略中的缺位说明中欧全面战略伙伴关系名不符实。结合欧美迅速启动 TTIP 以及中国在跨太平洋伙伴关系协议（TPP）谈判缺席来看，西方联手从战略上制衡中国的意图明显。

随着中欧经贸关系的发展和各领域内合作和对话的加深，中欧关系的发展不应只是停留在政治对话层面，还要落实在与全面战略伙伴关系相匹配的法律基础之上。当前，欧美西方力量联合的趋势明显，不断上升的新兴力量正在改变着国际秩序的面貌，世界格局正在发生着二战以来前所未有的巨大变化。在这种背景之下，中欧之间拓展和夯实双边关系，特别是通过双边条约这种具有法律约束力的方式，尤其具有战略意义。将中欧关系的发展纳入具有制度化的稳定框架，使之成为中国对外交往的一个支柱，不仅符合中欧双方的利益，而且有利于确保今后中国与包括欧洲在内的世界各地区关系的稳定和快速发展。

B.19 中欧、欧美贸易投资关系比较研究

陈 新*

摘　要： 本文从贸易量、贸易比重、产品结构以及贸易平衡等角度比较中欧、欧美的贸易关系，并对中欧、欧美在相互投资领域的差异进行比较，认为中欧贸易和投资关系需要从跨大西洋的视角来进行考量，才能得到更深刻的理解。进一步深化中欧贸易关系已经不能仅仅满足于增加对欧出口，不能仅仅将目标确定为做欧盟的第一大贸易伙伴，而是需要从更深的层次上夯实中欧贸易关系的基石，也就是加大双向的投资。

关键词： 中欧贸易　欧美贸易　中欧相互投资　欧美相互投资

自2004年以来，一直到2011年，欧盟连续8年保持中国最大贸易伙伴地位。全球金融危机之后，双边贸易在2010年和2011年连续两年攀升，达到历史最好水平。中国也连续两年挑战美国，问鼎欧盟第一大贸易伙伴席位。但受欧债危机影响，2012年中国对欧出口急剧滑坡，美国取代欧盟成为中国第一大出口市场。与此同时，欧美贸易也呈持续上升态势。中欧贸易和欧美贸易之间的差距重新拉大。2013年，欧美宣布启动"跨大西洋贸易与投资伙伴关系协定"（TTIP）谈判，期待通过新的贸易协定进一步推动欧美经贸关系上一个新的台阶。因此，在我们看到中欧贸易不断取得新成就的同时，有必要从跨大西洋视角来审视中欧贸易关系，有比较才能找差距，有挑战才能冷静面对现实，有竞争才能推动奋发和进步。

---

* 陈新，中国社会科学院欧洲研究所经济研究室主任，研究员。

一 贸易关系

（一）中国对欧贸易发展迅猛

过去10年，中国对欧贸易奋起直追，一度欲取代美国，成为欧盟最大贸易伙伴。

中欧贸易在中国加入WTO后发展迅猛。根据欧盟统计局的数据，2001年中欧贸易突破1000亿欧元，2005年突破2000亿欧元，2007年突破3000亿欧元，2010年基本接近4000亿欧元，到2011年中欧贸易已经超过4300亿欧元。其间，除了2009年因受全球金融危机的影响，双边贸易额有所下降之外，其他年份均呈直线上升态势（参见图1）。

相比之下，欧美贸易则呈现波浪起伏的发展态势。2001年，欧美贸易一度达到近4500亿欧元，成为新的标杆。此后双边贸易额出现下滑，2003年和2004年跌至4000亿欧元以下。2005~2007年，欧美贸易额重新出现新的一轮增长，但没有超过2001年的水平。此后受金融危机的影响，双边贸易额再次下滑，降到3600亿欧元。此后，欧美双边贸易不断攀升，2012年再创10年来的新高，达到近5000亿欧元（参见图1）。

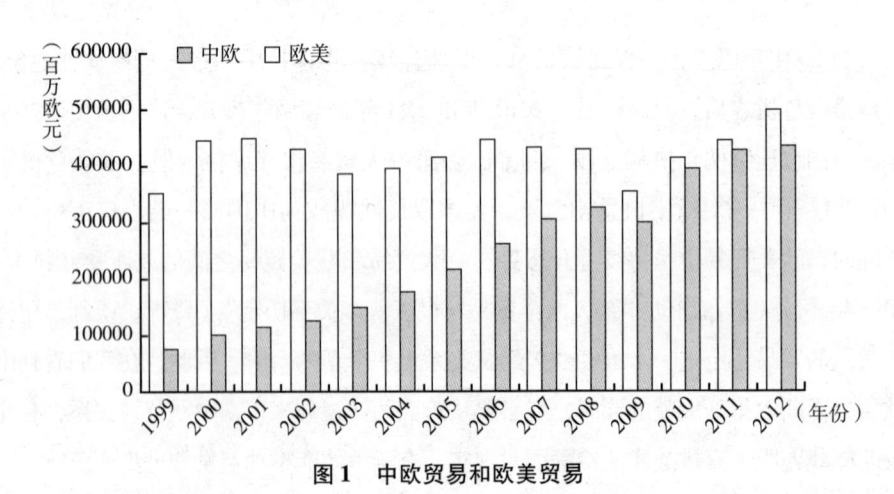

图1 中欧贸易和欧美贸易

资料来源：欧盟统计局。

2010年和2011年，中国和美国在欧盟最大贸易伙伴地位的竞争上呈胶着状态，中欧贸易离欧美贸易的差额不到170亿欧元。2012年，这一差额扩大到600亿欧元以上。中美之间在欧盟最大贸易伙伴地位上的差距重新拉大。

（二）中国和美国在欧盟对外贸易中的比重

近10年来，中国和美国在欧盟对外贸易中的比重也呈现此消彼长的态势。2001年中国在欧盟出口份额中占4%，2010年上升到9%，翻了一番；而美国的份额则从2001年的27%下降到2010年的17%，下降10个百分点（参见图2）。与此同时，中国在欧盟的进口份额从2001年的7%，发展到2005年与美国份额大致持平，2010年进一步上升到18%；而美国的份额则从2001年的21%下降到2010年的11%，下降10个百分点（参见图3）。

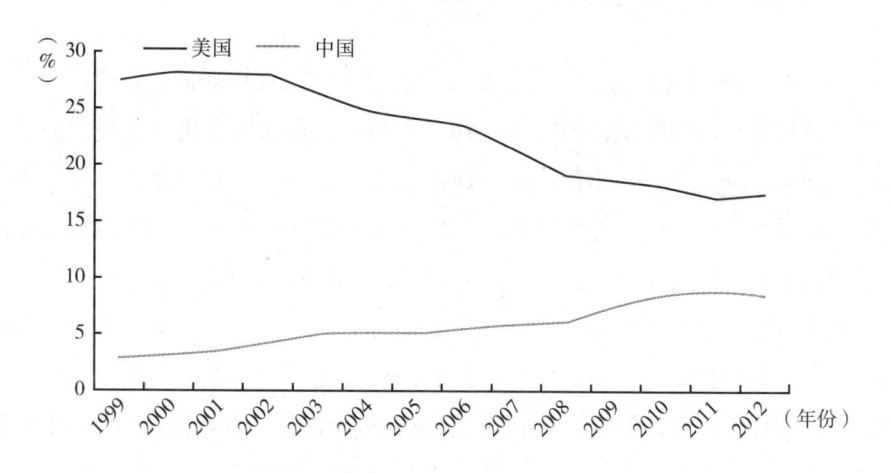

图2　中国和美国占欧盟出口的比重

资料来源：欧盟统计局。

值得注意的是，近一两年来，中国在欧盟进出口中的比重均呈现下降趋势，而美国则再次呈现上升态势。2012年，中国在欧盟出口中所占的份额有所下滑，从2011年的最高峰8.9%下降到8.5%，基本与2010年持平。而美国则略有上升，从2011年的17%上升到17.3%。中国在欧盟进口中所占的比重也呈现下滑态势，从2010年的峰值18.7%持续下降到2012年的16.2%。而美国的比重则在经历了2011年的微弱下滑后2012年重新超过2010年水平，占11.5%。

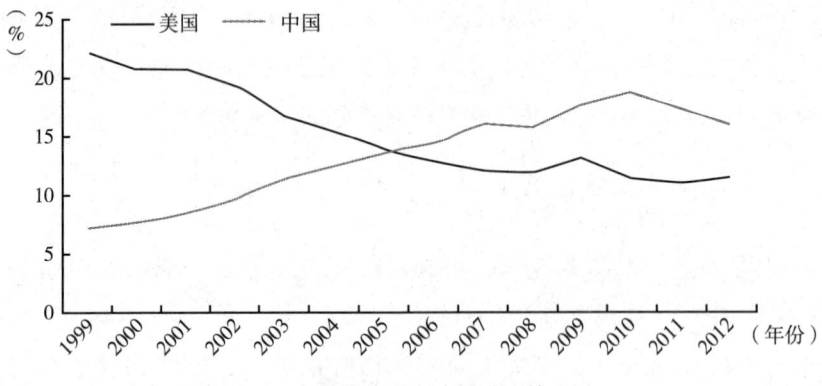

图3 中国和美国占欧盟进口的比重

资料来源：欧盟统计局。

（三）中欧与欧美贸易的产品结构

从产品结构来看，欧美贸易相对均衡，中欧之间贸易则存在失衡。

据欧盟统计局的数据，2012年，初级产品贸易在欧盟自美国进口产品中所占比重为18.1%，在对美出口产品中所占比重为14.1%。相比之下，在对华贸易中，初级产品在进口中所占比重为3.3%，在出口中所占比重为14.1%。在产成品贸易方面，产成品进口占欧盟自美国进口产品的76.9%，出口占欧盟对美出口的83.8%。中欧贸易中，产成品占欧盟自中国进口产品的96.3%，占欧盟对华出口产品的84.7%。虽然初级产品和产成品在欧盟对中国和对美国的出口中所占比例大致一致，但在进口中所占比例则差距甚远，具体体现为美国对欧盟的初级产品出口比例远高于中国，而中国对欧盟的产成品出口比例远高于美国。

类似的状况也表现在欧盟同类产品进出口的比重上。欧盟从中国进口的初级产品占欧盟同类产品进口总额的1.3%，对中国的出口占欧盟同类产品出口总额的6.8%；从美国进口的初级产品占欧盟同类产品进口总额的4.9%，对美出口占欧盟同类产品出口总额的13.9%。在产成品方面，中国进口的产成品占欧盟同类产品进口总额的29%，对中国出口的产成品占欧盟同类产品出口总额的9.1%；欧盟从美国进口的产成品占同类产品进口总额的16.4%，对美国出口占欧盟同类产品出口总额的18.3%。欧美之间的产成品贸易比例相对均衡，而中欧之间的产成品贸易失衡较大。

从产成品种类来看，办公和电信设备、机械产品以及纺织品、服装构成了欧盟自中国进口的主要产品，而化工产品、交通设备、机械设备构成了欧盟自美国进口的主要产品。欧盟对中国出口的主要产品是交通设备、机械产品以及化工产品，对美国出口的也主要是交通设备、机械产品和化工产品。

从同类产品所占比重情况来看（参见表1、表2），欧盟从中国进口的办公和电信设备占到欧盟同类产品进口总额的一半以上（51.3%），服装占到41.9%，纺织品占到33.7%。相比之下，欧盟从美国的进口相对均衡一些，同类产品最多的比重均没有超过30%；排列在前三项的有化工产品（27%）、机械产品（24.8%）和交通设备（24.4%），其他均在20%以下。出口方面，欧盟对华出口单项产品比重最大的是交通设备（13.7%）和其他机械产品（11.6%），其他均在10%以下。而欧盟对美国出口单项产品比重最大的是化工产品（24%）、交通设备（18.7%）、其他机械产品（17.1%）和钢铁产品（17.1%）。尤其值得一提的是，欧盟对美国出口的其他产品在同类产品中所占比重均在10%以上，因此在出口方面也再次表现出均衡性。

表1　2012年欧盟自中国和美国进口

SITC Rev. 3 (UN, WTO/ITS)	中国 金额（百万欧元）	中国 比例（%）	中国 占欧盟进口的比例（%）	美国 金额（百万欧元）	美国 比例（%）	美国 占欧盟进口的比例（%）
0000 – 总计	289915	100.00	16.20	205778	100.00	11.50
1000 – 初级产品	9544	3.30	1.30	37218	18.10	4.90
1100 – 农产品（食品和原材料）	6550	2.30	4.90	11335	5.50	8.40
1200 – 燃料和矿产品	2994	1.00	0.50	25883	12.60	4.20
2000 – 产成品	279134	96.30	29.00	158231	76.90	16.40
2100 – 钢铁产品	3523	1.20	13.00	1358	0.70	5.00
2200 – 化工产品	12931	4.50	8.00	43681	21.20	27.00
2300 – 其他半成品	23329	8.00	27.80	8286	4.00	9.90
2400 – 机械和交通设备	145561	50.20	32.20	78711	38.30	17.40
2410 – 办公和电信设备	92428	31.90	51.30	11723	5.70	6.50
2420 – 交通设备	9628	3.30	9.00	26014	12.60	24.40
2430 – 其他机械产品	43505	15.00	26.30	40975	19.90	24.80
2500 – 纺织品	7125	2.50	33.70	928	0.50	4.40
2600 – 服装	29275	10.10	41.90	530	0.30	0.80
2700 – 其他产成品	57391	19.80	38.80	24736	12.00	16.70
3000 – 其他产品	809	0.30	1.10	8848	4.30	12.00

资料来源：欧盟统计局。

表2 2012年欧盟对中国和美国出口

SITC Rev. 3 (UN, WTO/ITS)	中国 金额(百万欧元)	中国 比例(%)	中国 占欧盟出口的比例(%)	美国 金额(百万欧元)	美国 比例(%)	美国 占欧盟出口的比例(%)
0000 - 总计	143874	100.00	8.50	291880	100.00	17.30
1000 - 初级产品	20255	14.10	6.80	41057	14.10	13.90
1100 - 农产品(食品和原材料)	9275	6.40	7.30	15651	5.40	12.30
1200 - 燃料和矿产品	10980	7.60	6.50	25406	8.70	15.10
2000 - 产成品	121857	84.70	9.10	244602	83.80	18.30
2100 - 钢铁产品	2168	1.50	5.10	7298	2.50	17.10
2200 - 化工产品	16840	11.70	6.10	66364	22.70	24.00
2300 - 其他半成品	6538	4.50	5.50	15272	5.20	12.80
2400 - 机械和交通设备	84150	58.50	11.90	120880	41.40	17.10
2410 - 办公和电信设备	5126	3.60	6.40	9614	3.30	12.00
2420 - 交通设备	38036	26.40	13.70	51766	17.70	18.70
2430 - 其他机械产品	40315	28.00	11.60	59387	20.30	17.10
2500 - 纺织品	1054	0.70	6.00	1969	0.70	11.30
2600 - 服装	831	0.60	3.70	2478	0.80	11.10
2700 - 其他产成品	10245	7.10	6.70	30336	10.40	19.90
3000 - 其他产品	1143	0.80	2.20	2648	0.90	5.00

资料来源：欧盟统计局。

（四）贸易平衡状况

从贸易平衡情况来看，在中欧贸易中，中方是顺差，欧方是逆差；而在欧美贸易中，欧方是顺差，美方是逆差。

中欧贸易在过去的10年中欧方持续呈现逆差，这一逆差在2008年达到峰值之后（1695亿欧元），呈下降趋势，到2012年已经降到1460亿欧元。而欧美贸易在过去10年中，欧方持续呈现顺差，这一顺差在近5年不断加大，从2008年的655亿欧元增加到2012年的861亿欧元。

按照海关统计商品目录分类，中欧贸易中，22类产品在2008年除了第3类动植物油脂、第17类汽车和飞机等交通工具以及第22类其他未分类商品之外，其他基本上都是全线飘红，欧方为逆差。随着中欧贸易中欧方整体逆差状况的改善，到2012年，22类商品中顺差产品又从3类增加到7类，新增加的类别包括第 4 类食品饮料烟酒、第 5 类矿产、第 6 类化工产品以及第 10 类木浆及其他纤维制品。而在原有顺差类别中,第 17 类汽车、飞机等交通工具的欧方顺差增长幅度最大,从 2008 年的 53 亿欧元增加到 2012 年的 273 亿欧元。原有逆差类别中,逆差幅度最大的是第 15 类贱金属及其制品,从 2008 年的 130 亿欧元逆差减少到 2012 年的 54 亿欧元;而逆差增加幅度最大的是第 16 类机械及电器产品,从 2008 年的 745 亿欧元增加到 2012 年的 903 亿欧元。因此,简要归纳,中欧贸易中,机电产品贸易欧方的逆差持续扩大,与此同时,汽车、飞机等交通工具的顺差也在持续上升。(参见表 3)

表 3　欧中贸易状况

单位:百万欧元

		2008 年	2009 年	2010 年	2011 年	2012 年
TDC 01	活动物,动物产品	-1072	-1069	-1179	-949	-334
TDC 02	植物产品	-1419	-1150	-1369	-1579	-1575
TDC 03	动植物油、脂及其分解产品、精制的食用油脂,动植物蜡	17	17	52	79	110
TDC 04	食品,饮料,酒及醋,烟草、烟草及烟草代用品的制品	-614	-267	30	554	1027
TDC 05	矿产品	-1550	223	738	1378	2249
TDC 06	化学工业及其相关工业的产品	-2080	-114	-1091	-674	1303
TDC 07	塑料及其制品,橡胶及其制品	-3325	-1834	-2525	-3712	-3561
TDC 08	生皮、皮革、毛皮及其制品,鞍具及玩具,旅游用品、手提包及类似品,动物肠线(蚕胶丝除外)制品	-5039	-4366	-4873	-4656	-4622
TDC 09	木及木制品,木炭,软木及软木制品,稻草、秸秆、针茅或其他编织材料制品,篮筐及柳条编织品	-2275	-1688	-2047	-1857	-1912
TDC 10	木浆及其他纤维状纤维素浆,纸及纸板的废碎品,纸、纸板及其制品	-254	-204	-128	542	373
TDC 11	纺织原料及纺织制品	-29991	-29629	-33648	-35631	-32353
TDC 12	鞋、帽、伞、杖、鞭及其零件,已加工的羽毛及其制品,人造毛,人发制品	-7401	-7434	-8965	-9345	-9339
TDC 13	石料、石膏、水泥、石棉、云母及类似材料的制品,陶瓷产品,玻璃及其制品	-3926	-3101	-4065	-3655	-3648

续表

		2008	2009	2010	2011	2012
TDC 14	天然或养殖珍珠、宝石或半宝石、贵金属、名贵金属及其制品,仿首饰,硬币	-981	-892	-758	-724	-802
TDC 15	贱金属及其制品	-13020	-2959	-5956	-6989	-5385
TDC 16	机器、机械器具、电器设备及其零件,录音机及放声机、电视图像、声音的录制及重放设备及其零件、附件	-74485	-60536	-88792	-86760	-90367
TDC 17	车辆、航空器、船舶及有关运输设备	5254	6240	11994	21656	27275
TDC 18	光学、照相、电影、计量、检验、医疗或外科用仪器及设备、精密仪器及设备,钟表,乐器,上述物品的零件、附件	-1947	-1283	-1207	-489	-165
TDC 19	武器、弹药及其零件、附件	-21	-19	-17	-41	-41
TDC 20	杂项制品	-25604	-22170	-25385	-24875	-24372
TDC 21	艺术品、收藏品及古物	-32	-31	5	171	-46
其他	特殊交易品及未分类商品	226	421	100	236	143
总计		-169539	-131847	-169084	-157320	-146041

资料来源：欧盟统计局。

欧美贸易中，欧方主导顺差，逆差产品类别从2008年的6个下降到2012年的5个。但这期间既有逆差转成顺差的产品类别，也有顺差转为逆差的类别。最突出的是第5类矿产品，从2008年101亿欧元顺差转成2012年19亿欧元逆差。而同期，第7类的塑料及橡胶制品则从12亿欧元的逆差转成9亿欧元的顺差。类似的还有，第18类的光学产品从11亿欧元逆差转为14亿欧元顺差，第22类未分类商品从7亿欧元逆差转为14亿欧元顺差。原有的逆差产品类别中，第14类珠宝首饰产品的逆差从12亿欧元上升到近50亿欧元。而原有的顺差产品类别中，第16类机电产品顺差从97亿欧元上升到200亿欧元。因此，简要归纳，欧美贸易中，欧方的机电产品顺差持续扩大，与此同时，珠宝首饰类产品的逆差也在持续加大。(参见表4)

形象地说，中欧贸易中，中国人靠卖机电产品和纺织品挣钱，欧洲人靠卖汽车、飞机挣钱。与此同时，欧美贸易中，欧洲人靠卖机电产品和化工产品挣钱，美国人近两年靠卖珠宝首饰、贵金属挣钱。

表4 欧美贸易状况

单位：百万欧元

		2008年	2009年	2010年	2011年	2012年
TDC 01	活动物,动物产品	95	205	301	385	359
TDC 02	植物产品	-3040	-1516	-2165	-2313	-2050
TDC 03	动植物油、脂及其分解产品、精制的食用油脂,动植物蜡	376	362	434	311	401
TDC 04	食品,饮料,酒及醋,烟草及烟草代用品的制品	5793	5297	5958	6510	7766
TDC 05	矿产品	10102	4828	4324	-311	-1879
TDC 06	化学工业及其相关工业的产品	18610	20666	22489	22293	23179
TDC 07	塑料及其制品,橡胶及其制品	-1227	-791	-449	-172	933
TDC 08	生皮、皮革、毛皮及其制品,鞍具及玩具,旅游用品、手提包及类似品,动物肠线（蚕胶丝除外）制品	774	595	706	832	1179
TDC 09	木及木制品,木炭,软木及软木制品,稻草、秸秆、针茅或其他编织材料制品,篮筐及柳条编织品	115	-4	-145	-106	-103
TDC 10	木浆及其他纤维状纤维素浆,纸及纸板的废碎品,纸、纸板及其制品	-891	-825	-994	-1083	-909
TDC 11	纺织原料及纺织制品	2496	1688	2001	2339	2857
TDC 12	鞋、帽、伞、杖、鞭及其零件,已加工的羽毛及其制品,人造毛,人发制品	992	732	910	1038	1146
TDC 13	石料、石膏、水泥、石棉、云母及类似材料的制品,陶瓷产品,玻璃及其制品	1719	1333	1331	1280	1612
TDC 14	天然或养殖珍珠、宝石或半宝石、贵金属、名贵金属及其制品,仿首饰,硬币	-1211	-1976	-1339	-4027	-4992
TDC 15	贱金属及其制品	6281	3763	6479	7406	9295
TDC 16	机器、机械器具、电器设备及其零件,录音机及放声机、电视图像、声音的录制及重放设备及其零件、附件	9693	6318	9671	15011	20021
TDC 17	车辆、航空器、船舶及有关运输设备	14067	8760	16740	17133	21668
TDC 18	光学、照相、电影、计量、检验、医疗或外科用仪器及设备,精密仪器及设备,钟表,乐器,上述物品的零件、附件	-1128	-1330	-582	533	1434
TDC 19	武器、弹药及其零件、附件	314	431	350	375	554
TDC 20	杂项制品	1750	1248	1414	1753	1989
TDC 21	艺术品、收藏品及古物	488	199	474	247	275
其他	特殊交易品及未分类商品	-703	-1252	1475	2841	1367
总计		65467	48731	69385	72276	86102

资料来源：欧盟统计局。

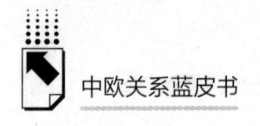

二 相互投资

与中欧贸易近10年突飞猛进的发展相比，中欧之间的相互投资，尤其是中国对欧盟的投资远远滞后。在跨大西洋背景下，同欧美之间的相互投资相比，中欧之间的相互投资更是微不足道。

（一）欧美相互为最大投资目的地和投资来源地

欧美的对外投资占据了全球投资的主要市场。2009年，欧美占到对外投资存量的75.3%。

美国对外投资的主要目的地是欧洲。近10年来，中国虽然在吸引外资方面成绩斐然，令世界瞩目，但美国作为全球最大资本输出方之一，其资金的主要流向依然是欧洲。据统计，2010年美国对欧洲的投资存量达11000亿美元，占到美国对外投资的52%。单爱尔兰到2009年年底就吸纳美国投资存量1240亿欧元，超过美国对中国、印度、俄罗斯和巴西四国投资的总和。美国对金砖国家的投资存量只占美国对外投资的3.7%。从流量上看，2011年欧洲依然是美国对外直接投资的首选地，美国当年对欧洲的直接投资达到2000亿美元，再次达到历史新高。而中国在美国企业对外投资目的地中排名第14位，2000~2011年美国对华投资累计400亿美元。

美国也是欧洲对外投资的最主要目的地。从欧洲的情况来看，2009年，欧洲对美国的投资存量为11000亿欧元，远远高于对中国的投资（583亿欧元）和对印度的投资（272亿欧元）。2010年欧洲对美国投资209亿欧元，存量上升到12000亿欧元。[①] 2000~2010年，美国吸纳外国投资的76%来自欧洲。

根据欧盟统计局的最新数据，2011年美国继续是欧盟最大的投资目的地和投资来源地。欧盟对美国投资1110亿欧元，占当年欧盟对外投资的30%；同样，欧盟吸纳美国投资1150亿欧元，占当年吸纳外资总额的51%[②]。

[①] http://trade.ec.europa.eu/doclib/press/index.cfm?id=796&serie=510&langId=en.
[②] Eurostat news release, "EU27 Investment Flows with the Rest of the World Recovered in 2011," 88/2012, 13 June 2012.

（二）中国对欧投资起步晚，但近年来发展迅速

中国在对外投资领域起步晚，2004年以后才不断加大对外投资的步伐，但在全球投资中所占比例很小，仅仅超过印度。世界金融危机爆发后，日本、英国等投资下降，到2010年中国超过日本和英国，在全球投资份额中占到5%，但落后于德国的8%，更是远远落后于美国的25%。

在欧盟2011年吸纳投资的来源地排名中，去除离岸金融中心（160亿欧元），中国香港位居瑞士（340亿欧元）和加拿大（70亿欧元）之后，以65亿欧元位居第四，中国内地对欧盟投资32亿欧元；中国香港和中国内地两者相加略高于加拿大对欧盟的投资。同样，在欧盟的对外投资目的地排名中，去除离岸金融中心（590亿欧元），中国内地位于瑞士（320亿欧元）和巴西（280亿欧元）之后，以175亿欧元位居第四，占5%，中国香港吸纳欧盟投资80亿欧元；中国香港和中国内地两者相加仍不及巴西。

从动态情况来看，尽管受到欧债危机冲击，中欧双向投资仍呈飞速上升态势。由于受金融危机的影响，欧盟对华投资在经历2008～2010年的缓慢提升之后（从年投资额65亿欧元爬升到71亿欧元），2011年尽管欧债危机不断，但欧盟对华投资2011年比上一年增加了1.5倍，达175亿欧元，并跻身投资目的地第四位；欧洲一些商会所谓中国投资环境恶化的言论不攻自破。与此同时，中国对欧盟的投资在2011年也有显著飞跃。在经历2008年的负增长、2009年近乎零增长之后，2010年中国对欧盟投资7亿欧元，2011年骤升到32亿欧元，增加3.5倍[①]。从成员国情况来看，德国是2011年最大的对华投资国，仅德国一国就达106亿欧元，占当年欧盟对华投资的60%。而卢森堡则是2011年中国对欧投资的主要目的地，吸纳中国投资30亿欧元，占当年中国对欧盟投资的90%以上。中国对卢森堡的投资大部分是金融资产投资，有助于进一步巩固卢森堡作为欧洲大陆金融中心的地位。

[①] Eurostat news release, "EU27 Investment Flows with the Rest of the World Recovered in 2011," 88/2012, 13 June 2012.

（三）欧债危机为推动中欧相互投资的进一步发展提供了契机

中欧相互投资与欧美相互投资相比微不足道，但呈飞速上升的势头。中国在欧洲的投资在一定意义上才刚起步。欧债危机为中国提供了购买欧洲金融和实体资产的机遇。而欧洲对华投资在欧债危机的背景下大幅上升，一方面表明欧洲资本的避险心态，另一方面也揭示了欧洲向中国加速转移产业的势头和进一步扩大在中国市场的需求。

三 小结与展望

中欧贸易和投资关系需要从跨大西洋的视角来进行考量，才能得到更深刻的理解。

第一，从GDP总量来看，根据国际货币基金组织的报告，2011年中国与欧盟经济占全球GDP的35.7%，而美国与欧盟占46.9%，美国与欧洲更是占到54%。也就是说，中欧经济加总，只占到全球经济的1/3强，而欧美经济加总却占到全球经济的近一半。

第二，从货物贸易来看，根据国际货币基金组织2011年数据，2010年全球货物出口中，欧美占25.9%，中欧占28.4%；其中中国占13.3%，美国占10.8%，欧盟占15.1%。中欧份额高于欧美份额的主要原因是，欧盟仍是全球第一大出口经济体。与此同时，全球货物进口中，欧美占32.9%，中欧占28.1%；其中中国占11.6%，美国占16.4%，欧盟占16.5%。

第三，从服务贸易来看，差距更大。同样是国际货币基金组织的数据，2010年欧美服务业出口占全球的42.9%，中欧占30.5%；其中，欧盟24.4%，美国18.5%，中国6.1%。中国的服务贸易出口远远落后于美国和欧盟。

第四，从贸易平衡来看，在中欧贸易中，中方是顺差，而在欧美贸易中，则欧方是顺差。换句话说，中国倘若成为欧盟第一大贸易伙伴是得益于中国的出口，欧盟面对的是巨大的中方贸易顺差，这在2012年已经是1460多亿欧元。而美国即使可能被中国取代，欧盟也是对美国顺差，2012年超过860亿欧元,美国依然是欧盟的第一大出口市场。今后10年中国是否能够成为欧盟的第一大出口市场,还需要双方深挖潜力。

第五,从贸易结构来看,企业内部贸易分别占美国自欧盟进出口的60%和30%。换句话说,从企业内部贸易角度来看,是美国而不是欧盟主导着欧美贸易,这与美国跨国公司在全球的主导地位紧密相关。而中国对欧出口的一半是加工贸易,中国处于产业链的中下游,这种为跨国公司打工的被动局面在较长时期内不会改变。同样,在中欧贸易中,美国的跨国公司也占据了重要地位。

第六,即使中国取代美国,成为欧盟第一大贸易伙伴,也并不意味着欧美之间的贸易关系会发生质的变化。一方面,事实上,无论是在欧美贸易中还是在中欧贸易中,美国主导的跨国公司的地位和作用都不可忽视。另一方面,中欧之间的贸易摩擦也并不会因为贸易量的增加而减轻,只要中方巨额贸易顺差继续存在,欧盟的反制措施就有可能加大。

第七,从对欧美、中欧相互投资的比较中我们可以看出,投资是中欧经贸关系中的一只严重的跛脚。虽然受到世界金融危机和欧债危机的冲击,但欧美相互投资的增幅远远超过中欧相互投资的增幅。投资带动贸易,进而带动就业和增长,欧美的相互投资构成跨大西洋关系的坚实经济基础。

因此,进一步深化中欧贸易关系已经不能仅仅满足于增加对欧出口,不能仅仅将目标确定为做欧盟的第一大贸易伙伴,而是需要从更深的层次上夯实中欧贸易关系的基石,也就是加大双向的投资。

B.20 中欧和欧美科技创新合作比较研究

孙 艳*

摘　要： 本文通过对中欧和欧美之间联合发表科学论文数量、产业的研发投资数额和分布、中欧与欧美之间政府间科技合作协定以及民间科技合作活动、创新人才交流数量等指标进行比较，认为世界上科技创新合作活动仍然主要发生在欧盟和美国之间。中国和欧盟创新合作表现为在政府间协议基础上的自上而下型；美国与欧盟则既包括自上而下型，也有自下而上型。在新兴产业领域，中欧合作主要在基础技术和产品研发层面，而欧美之间则侧重共同研发制定技术和行业标准，反映出欧美两大重要经济体合作抢占制定规则，以掌握未来关键产业竞争优势的利益冲动。通过中欧和欧美之间科技创新合作的比较，提出我国今后调整国际科技创新合作政策与战略的关注重点。

关键词： 中欧科技创新合作　欧美科技创新合作

一　中、美、欧在全球科技创新活动中的地位

在经济全球化和科技全球化推动下，世界各国在全球科技创新领域的地位不断发生变化。新兴国家，特别是金砖国家，在科技创新领域正在向美国、欧盟和日本发起挑战。通过观察对比衡量科学研究和创新活动的重要指标及其在

---

* 孙艳，经济学博士，经济学与公共政策博士后，中国社会科学院欧洲研究所助理研究员。

世界范围内所占比重的变化，如全职研究人员数量占比、各国国内研发经费支出占比、产生重要影响的科学出版物占比、专利申请数量在全球专利申请中所占份额等指标的变化情况，可以看到：在过去10年，欧盟在相关领域的地位非常稳定；而在研发支出和PCT国际专利申请①方面，欧盟和美国都正在失去优势地位，落后于亚洲经济体（参见表1、表2、表3、表4）。

表1 2000年以来各国全职研究人员数量所占比重

单位：%

年份	欧盟	美国	日本	中国	其他发达亚洲经济体（韩国+新加坡+中国台湾）	金砖国家（巴西+俄罗斯+印度+南非）	其他国家
2000	22.1	26.8	12.8	13.8	3.8	14.1	8.1
2009	23.4	22.1	9.9	17.4	8.0	12.1	8.1

资料来源：Eurostat，OECD，UNESCO，Science Metrix/Elsevier，DG Research and Innovation of European Commission 数据。表格系作者自制。

表2 2000年以来各国国内R&D经费支出总额占比

单位：%

年份	欧盟	美国	日本	中国	其他发达亚洲经济体（韩国+新加坡+中国台湾）	金砖国家（巴西+俄罗斯+印度+南非）	其他国家
2000	28.8	38.7	14.3	3.9	4.3	4.3	7.0
2010	22.7	31.2	11.1	14.4	8.2	8.2	7.2

资料来源：Eurostat，OECD，UNESCO，Science Metrix/Elsevier，DG Research and Innovation of European Commission 数据。表格系作者自制。

表3 2000年以来各国产生重要影响的出版物占比

单位：%

年份	欧盟	美国	日本	中国	其他发达亚洲经济体（韩国+新加坡+中国台湾）	金砖国家（巴西+俄罗斯+印度+南非）	其他国家
2000	33.1	40.7	8.3	2.7	1.1	1.7	14.8
2007	31.9	33.0	4.5	9.8	1.9	2.9	18.2

资料来源：Eurostat，OECD，UNESCO，Science Metrix/Elsevier，DG Research and Innovation of European Commission 数据。表格系作者自制。

---

① PCT：Patent Cooperation Treaty（《专利合作条约》）。根据PCT的规定，专利申请人可以通过PCT途径递交国际专利申请，向多个国家申请专利。

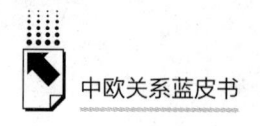

表4　2000年以来各国专利申请在全球专利申请中所占比重

单位：%

年份	欧盟	美国	日本	中国	其他发达亚洲经济体（韩国+新加坡+中国台湾）	金砖国家（巴西+俄罗斯+印度+南非）	其他国家
2000	38.0	39.8	10.8	1.6	2.2	1.4	8.6
2009	30.1	27.3	17.9	8.9	8.0	2.0	8.8

资料来源：Eurostat, OECD, UNESCO, Science Metrix/Elsevier, DG Research and Innovation of European Commission 数据。表格系作者自制。

从出版论文、专利申请数量等方面来看，欧洲国家在能源、环境科学领域具有相对优势，但专业化水平并不高，在专业化水平超过世界平均水平的健康和人文领域没有很高的科学影响力。美国在许多领域都表现良好，而且实现高水平的产出、专业化以及科学影响力，这些领域包括健康、环境、社会经济科学以及人文科学。而且美国在专业化程度不太高的领域也非常突出，如信息通信技术、生物技术、材料科学（不包括纳米技术）、运输技术以及食品、农业和渔业。亚洲在某种程度上刚好与欧洲形成互补。亚洲技术优势体现在信息通信技术和纳米技术，而欧洲在这些领域的专业化程度都没有那么高。过去10年的数据显示，亚洲国家高技术产业增长迅速，尤其是中国，这一趋势在制药和以信息通信技术为基础的制造业部门更为明显，在科学和测量仪器产业也是如此。各有特长的局面使中欧、欧美之间在科技创新领域形成以互补为基础的合作。

二　中欧和欧美科技创新合作综合比较

近10年来，经济全球化使各国科学家和研究人员之间合作更为紧密，并推动科技创新以及研发和创新系统的国际化。单从科学产出（如发表科学论文）这一项来看，欧盟的总体科学产出中几乎有1/3（30%）涉及不同国家研究者之间的合作。但数据显示，世界科技创新合作的主要活动仍然在欧盟和美国之间。从科技创新合作领域来看，中国和美国均积极参与欧盟的第七框架计划（FP7, the Seventh Framework Programme）[①]，中欧之间在新兴产业领域里的合作居多，而美国和欧盟之间合作则更为广泛，既有传统领域如核研究，也有新兴领域比如清洁汽车研究等。另外，中国和欧盟之间的创新合作表现为自上而下型，即更多是在政府间协议基础上进行；美国与欧盟的科技创新合作既包括自上而下型，也有自下而上型基础上的合作，如欧盟2012年1月开始面向美国发起的"欢迎到欧洲"（Destination Europe）项目以及2013年9月下旬首次举办的"亲莅欧洲——促进研究人员流动"（EURAXESS-Researchers in Motion）项目等。

为详细论述以上结论，本研究对中欧之间和欧美之间联合发表科学论文数量、产业研发投资数额和分布、中欧之间与欧美之间签署的政府间科技合作协定，以及民间科技合作活动、欧盟的联合研究中心分别与中国和美国的合作内容等指标进行比较分析。

（一）科学产出数量

欧盟和美国合作发表科学论文的数量远远大于中国和欧盟的合作发表数量；中欧、中美合作发表科学论文增长率均有大幅提高，且远高于欧美合作发表论文的增长率。

2000~2009年间，欧美合作发表科学论文总数超过51.0927万篇，同期中国和欧盟合作发表科学论文只有8.0940万篇；但美国比欧盟更重视发展同亚洲主要研究型国家的科学合作，从2000~2009年，中美合作发表论文的年增长率为18.7%，大大超过欧美的6.0%，而中欧学者联合发表科学论文的年增长率为17.5%（参见图1）。

[①] 欧盟的第七框架计划采取广泛开放和开发有针对性的国际合作双重方式。广泛开放原则允许所有来自第三国的研究单位参与第七框架计划，主要运用与第三国共同发起征集研究计划、与第三国协调发起研究计划（即经协调，分别在欧盟和第三国同时发起征集和评估研究计划）、特别国际合作行动（SICA, Specific International Cooperation Actions）、定向开放以及由欧盟和第三国共同资助建立研究项目网络以促进知识和研究人员及科学家的交流等方式。参与欧盟第七框架计划的第三国中排名前五位的是：俄罗斯、美国、中国、印度和南非。美国位居第二，中国位居第三。第七框架计划总预算的大约2.3%是支付给国际合作伙伴的。从单个国家来看，获得第七框架计划资助前五位的国家分别是：俄罗斯、美国、印度、南非和中国，美国位居第二，中国位居第五。

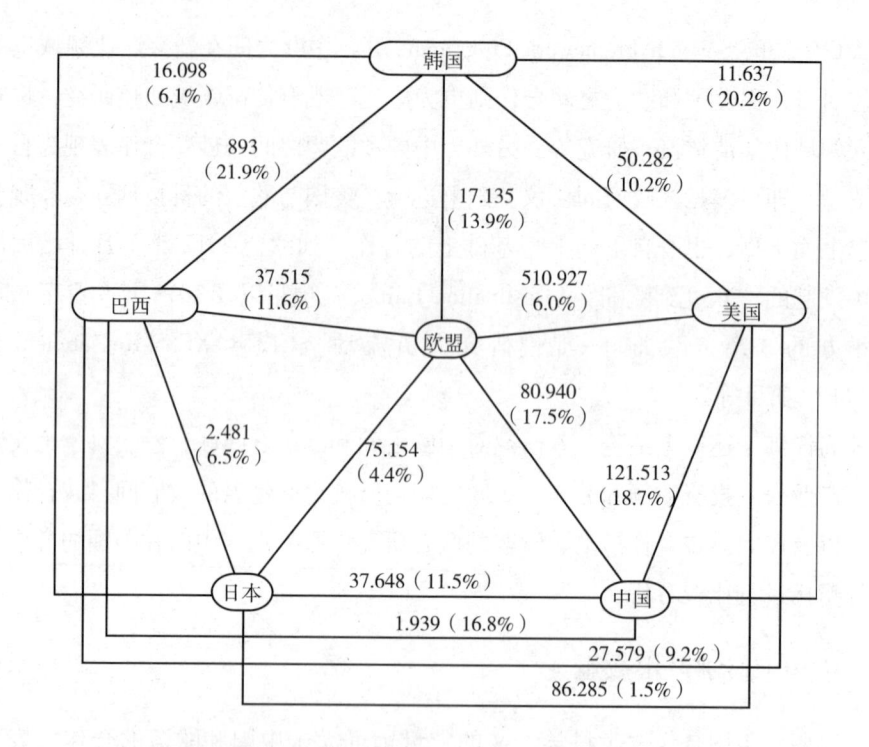

图 1 欧盟、美国、日本、韩国、中国和巴西 2000～2009 年合作发表科学论文的情况

资料来源：欧盟委员会研究和创新总司（DG Research and Innovation of European Commission）以及 Science Metrix/Scopus（Elsevier）。

从欧盟成员国来看，最大的成员国只占中国国际科学合作份额的 10%，大多数成员国只占中国国际合作发表著作的 2% 以下。但是，如果将欧盟作为一个整体来看，欧盟占中国在世界上科学合作量的 1/3 以上（占 36%），仅次于美国（中美合作发表科学著作占 42%），是中国的第二大科学合作伙伴（参见表 5）。

（二）研发支出

企业跨境研发活动是考察科技创新国际合作的重要指标。数据显示，世界上研发活动的投资主要也是在美国和欧盟之间。但中国正在吸引更多来自欧盟（以及美国）的研发投资。

表5 2009年中国和世界其他国家联合发表科学著作情况

单位：%

美国	42(19)	瑞典	2(21)
日本	11(12)	荷兰	2(21)
英国	10(19)	意大利	2(13)
德国	7(15)	其他欧盟成员国	9(20)
法国	4(19)	世界上其他国家	11(19)

注：括号内是2000~2009年间平均年增长率。
资料来源：欧盟委员会研究和创新总司（DG Research and Innovation of European Commission）以及Science Metrix/Scopus（Elsevier）。

有关企业研发支出的数据显示出美国和欧盟之间的合作关系极为重要，与从科学产出数量得到的结果相同。美国企业在欧盟的研发支出和欧盟企业在美国的研发支出之和占世界制造业外资企业研发支出总额的2/3。在欧盟大多数成员国中，美国也是各国外资企业中研发投资最大的国家。同时，在美国，制造业中研发支出总额的65%以上来自欧盟企业，如果再加上瑞士和挪威的话，则在美外资企业研发支出总额中欧洲企业研发支出所占比例超过90%。不过数据也显示，欧盟企业在美国的研发投资大大高于美国企业在欧盟的研发投资：以2007年数据为例，欧盟企业在美国的研发投资为132亿欧元，美国企业在欧盟内的研发投资只有95亿欧元。

就制造业来看，2007年在欧盟、美国、中国的外资企业研发投资额的具体情况如下[①]：

在欧盟（从欧盟总体来看），美国企业研发支出为95亿欧元，瑞士企业研发支出为25亿欧元，日本企业7.29亿欧元，其他国家企业（包括中国企业）在欧盟研发支出为29亿欧元；

在美国，来自欧盟27国企业的研发支出为132亿欧元，来自瑞士企业的研发支出为45亿欧元，日本企业研发支出为10亿欧元，其他国家企业（包括中国企业）在美研发支出为13亿欧元；

在中国，欧盟企业研发支出总额为14.44亿欧元，美国企业研发支出为8.56亿欧元，日本企业为1.1亿欧元。

---

① 资料来源：OECD, Eurostat, DG Research and Innovation of European Commission; US outward data by the US Bureau of Economic Analysis。

（三）欧盟联合研究中心（Joint Research Centre）[①]与中国及美国的合作内容比较

1. 欧盟的联合研究中心与美国之间签订的双边协议

欧盟联合研究中心主要通过签订合作协议（大多为双边协议）的方式与欧盟内以及世界其他国家大学、研究机构和国际组织等进行科技创新和研发合作，如与联合国机构（如国际原子能机构、联合国环境署、联合国欧洲经济委员会等）、各国研究机构（如美国国家标准和技术研究院），以及标准化机构（如欧洲标准化委员会、国际标准化组织、经济合作与发展组织等）一起开发国际标准并统一测量技术。

联合研究中心签订的200多个合作协议中，其与美国签订的数量最多，大约是总数的1/3，并且具有重要作用。例如，该中心与美国国家标准和技术研究院（National Institute for Standards and Technology，NIST）达成的协议便与"跨大西洋贸易与投资伙伴关系协定"（Transatlantic Trade and Investment Partnership，TTIP）密切相关。TTIP旨在消除关税及不必要的规制，并使大西洋两岸的贸易和投资获得便利。举例来说，一部根据欧盟的规定和标准检验具有安全性的汽车，一旦进口到美国，仍必须接受安全性检查。联合研究中心和美国国家标准和技术研究院的合作，正是为了解决因不同技术规定、技术标准和获得认证而增加的成本，此举将为跨大西洋两岸的企业节约上百万欧元并创造大量就业。

2013年7月17日，联合研究中心与美国国家标准和技术研究院同意将目前双方科技合作扩大到10个与标准和测量有关的不同领域[②]，其中环境、气候、能源、运输以及安全是双方关切度最高的领域，而健康保健和医疗标准、

[①] 欧盟的联合研究中心最早是1957年在欧洲原子能共同体条约（Euratom Treaty）下建立的，目的是进行研究活动促进欧洲的核安全保障。随着时间的推移，联合研究中心的使命扩展到对政策制定非常重要的其他领域，由一个专注于核能的纯粹研究驱动型机构转变为一个服务于客户、以研究为基础的政策支持机构。目前，联合研究中心与公共及私有研究机构、大学以及一些国家的国内机构及国际研究机构正在实施中的合作协议有大约200个，包括联合研究、信息共享，以及研究人员交流互换等。

[②] http：//www.euintheus.org/press-media/eu-and-the-us-extend-scientific-co-operation-on-standards-and-measurements/，last accessed on the 30th of August, 2013.

食品安全和营养，以及纳米技术都要接受方法、指标和文献标准的共同开发和协调。另外，双方合作还包括国内工程结构和新兴信息通信技术，以及海洋光学辐射测量研究。目前，双方达成协议的合作活动包括可以使用对方的科技基础设施，交换科技信息，专家交流互访以及支持培训科学家、工程师以及技术专家。

电动汽车和智能电网是跨大西洋经济理事会（Transatlantic Economic Council，TEC）的关键议题。这两大战略新兴领域的技术标准趋同、兼容性和互操作认证有利于加速清洁技术的产业化，进一步刺激世界低碳经济的增长和扩大就业，因此成为欧盟和美国的关注重点。欧盟联合研究中心和美国能源部经过18个月共同努力和紧密合作，2013年7月，欧美首家跨大西洋电动汽车与智能电网互操作中心在美国芝加哥附近的阿尔贡（Argonne）国家实验室落成，欧洲的互操作中心已分别在欧盟联合研究中心位于荷兰佩腾（Petten）和意大利伊斯普拉（Ispra）的研发基地开工建设，计划于2014年建成投入运营[1]。

欧盟联合研究中心与美国的合作还包括：①2011年11月，美国最大科学团体——美国科学促进协会（American Association for the Advancement of Science，AAAS）协助欧盟联合研究中心和美国国家标准和技术研究院组织"构建跨大西洋科学桥梁"圆桌会议，会议讨论了清洁能源和电动汽车解决方案，以及促进欧洲和美国科学家之间的联系。②2012年5月，美国海洋和大气管理局（National Oceanic and Atmospheric Administration，NOAA）与欧盟联合研究中心签订协议，确定双方今后四个合作主题：气候数据记录、太空天气状况、海啸模型化以及渔业研究。③美国国家核安全局（National Nuclear Security Agency，NNSA）与欧盟联合研究中心为准备2012年3月首尔核安全峰会所进行的众多合作。在核领域，欧洲原子能机构和美国能源部之间有两个协议，一个是在核能方面，一个是在核安全方面；另外，欧洲原子能机构和美国核管理委员会（US Nuclear Regulatory Commission）之间也签订了一个协议。

---

[1] http://www.euintheus.org/press-media/electric-vehicles-and-smart-grids-first-eu-us-interoperability-centre-opens-for-business/, last accessed on the 30th of August, 2013.

2. 欧盟的联合研究中心与中国之间签订的双边协议

欧盟联合研究中心与中国合作伙伴签订了 12 个双边协议，从这些协议来看，主要合作领域集中在农业和食品业、纳米技术以及气候变化和清洁能源等方面，具体项目包括：农作物产量预报、生命周期分析以及和平利用核能等方面。2010 年签署的 3 个协议分别是全球土壤土质分布图、电子通信以及纳米技术和替代动物测试的方法。2010 年 4 月中欧清洁能源中心在北京启动[①]。在纳米技术领域，2011 年 4 月中国检验检疫科学研究院与欧盟联合研究中心合作举办首届"中欧纳米消费品科学专题研讨会"，就纳米消费品的检测、生产、风险评估、安全监管及纳米技术在检测领域的应用进行学术成果交流与研讨。在核领域，2011 年 3 月中国科技部同意欧盟联合研究中心提出的动议，互相交换核电站安全评估经验；交换关于核事故分析方面的信息；一起合作工作，确保所有的新核电站建设都是在最好的可用技术基础之上，并遵循核安全和保障的最高标准。

（四）中欧、欧美之间的科技创新合作形式

中国与欧盟科技创新合作表现为自上而下型；美国与欧盟表现为自上而下和自下而上相结合，合作形式多样、合作内容广泛且在某些特定领域合作紧密深入。

1. 签订"科技合作协定"

中国与欧盟、美国与欧盟之间的科技创新合作都有自上而下的形式，即在政府之间签订的"科技合作协定"指导下开展创新合作活动。

欧盟与第三国共签订 20 个科技合作协定，在原子能条约框架下 15 个。这些协定为欧盟与国际合作伙伴协调并便利研究和创新合作活动提供了政治、法律和行政框架。

大部分科技合作协定的初始年限是 5 年，然后在评估结果基础上，分别在到期前的倒数第 2 年续签。虽然每个科技合作协定的内容都有不同，但这些协

[①] http://www.tsinghua.edu.cn/publish/news/4207/2011/20110225232444937650243/20110225232444937650243_.html, last accessed on the 30th of August, 2013.

定都有以下共同要素：

范围和原则——确定双方的共同利益领域，双方可互相参与对方的研究项目活动，保护知识产权，研究人员流动

合作形式——包括参与和资助研究项目，信息交流，协调行动，宣传和使用研究结果和信息，执行联合发起研究课题通知的各种安排

管理和协调——指定联合或指导委员会并确定其职责，确定各方协调研究活动的成本等

中国政府与欧盟1998年12月正式签署《中欧科学技术合作协定》，该协定1999年12月生效，并于2004年12月、2009年11月分别续签，下一次续签将在2014年；美国政府与欧盟1997年签署《欧美科学与技术合作协定》，1998年10月14日生效，下一次续签在2013年10月。

2. 数量和领域

欧盟与美国之间签订的双边科技协议大大多于其与中国签订的数量，且创新合作内容更广泛，在某些领域合作更紧密深入。如欧美在2010年签署核安全与核材料防护领域的研发合作协定，确定并强化双方核安全领域更广泛的科技合作，就研发合作内容进一步细化，如包括核防护措施、边境监测、核取证（Nuclear Forensics）、出口控制和核材料设施的人身保护等。

中国与欧盟和美国与欧盟政府间科技创新合作领域各有侧重，在某些合作领域，欧美间的紧密程度更高，合作内容也更深入，如空间合作、气象卫星、原子能、电动汽车领域等。中欧在某些领域的合作正在加强，如在和平利用核能方面，中欧2004年签署《和平利用核能研发合作协定》。

美国和欧盟科技合作内容更广泛，除前文所述外，还包括：2010年11月建立的欧盟美国互联网安全合作机制，旨在促进双方网络安全技术的研发合作；2009年欧美领导人峰会确立针对微生物抗体的共同合作研究机制，合作研究计划分别由欧盟流行病控制中心和美国疾病预防控制中心具体负责执行；另外，2011年11月，欧盟、美国和日本一致同意加快推动电动汽车国际标准的制定和应用，并在联合国世界车辆法规协调论坛框架下密切合作，促进全球电动汽车相关技术标准和规范的协调一致；2013年7月，欧盟、美国首家跨大西洋电动汽车与智能电网互操作中心在美国芝加哥附近的阿尔贡国家实验室落成。

3. 人才交流

中国与欧盟和美国与欧盟之间的创新人才交流都越来越频繁，美国与欧盟之间人才交流形式更具多样性。

无论中国与欧盟，还是美国与欧盟之间，除共同签订的科技合作协定和合作研究机制外，各参与方围绕科技创新合作进行的互访和磋商，以及创新人才交流都越来越频繁。不过，欧盟和美国之间的研究人员（包括研究生）和科学家流动更频繁。而且，由于美国的工作和教育机会以及从事科学研究的基础设施更好，从欧盟到美国的人员数量高于从美国到欧盟的数量。以2009年为例，当年欧盟有58000名学生和初级研究人员到美国攻读研究生课程（硕士或博士），同期有28200人从美国到欧盟去学习或从事研究。

中国和欧盟双方都鼓励研究人员积极参与交流，自2007年以来，已有约550位中国研究人员接受欧盟"玛丽·居里计划"的资助赴欧洲进行研究工作。2012年4月18日启动的中欧高级别人文交流对话会期间还探讨了"中欧青年科学家交流计划"。

从总体来看，美国与欧盟之间的创新人才交流形式更丰富多样，特别是欧盟面对人才流失挑战而专门面向美国设计的人才流动项目，如"欢迎到欧洲"（Destination Europe）和"亲莅欧洲——促进研究人员流动"（EURAXESS-Researchers in Motion）项目。

"欢迎到欧洲"项目于2012年1月由欧盟负责研究、创新和科学的委员在美国麻省波士顿发起，继而分别于2012年12月在加州旧金山、2013年2月在麻省剑桥，以及2013年4月在美国首都华盛顿特区共举办4次；2012年5月在布鲁塞尔举办一次[①]。该项目为欧洲重要研究机构、投资人以及产业界提供一个平台，以举办大会论坛的形式让它们向在美国的（无论国籍）研究和创新人员展示它们所能提供的研究和创新服务，并推介欧洲充满活力的研究和创新文化。同时还邀请那些已经选择到欧洲工作的人介绍经验，推广在欧洲从事创新研究的便利条件和良好设施。

2013年2月在麻省剑桥举办的论坛主题是促进跨大西洋"人才流动"

[①] http://destinationeurope.teamwork.fr/en/, last accessed on the 30th of August, 2013.

(Brain Circulation)，宣传在欧洲从事研究和创新的大量机会，邀请在美国的不同学科科学家和技术人员，以及准备攻读博士、进行博士后研究或在生物医学领域从事高技术工作的人士到欧洲。2013年4月是第四次在美国举办"欢迎到欧洲"活动，地点在首都华盛顿特区，并首次将项目主题设定为健康研究。

"欢迎到欧洲"项目在欧洲层面的资助包括欧洲研究理事会（European Research Council）和玛丽·居里人员流动和培训行动（Marie Curie Actions for Mobility and Training）以及"亲莅欧洲"项目。

"亲莅欧洲——促进研究人员流动"[①] 项目是2013年首次举办，面向在美国的年轻科学家进行竞争性选拔，脱颖而出者将获资助到欧洲从事科学研究。最终选拔于2013年9月底在美国首都华盛顿特区的美国大学举办。

4. 原创性科学论文和原创性科学研究项目联合署名数量

考察中欧和欧美联合发表原创性科学论文的情况，可以通过计算年度（或若干给定时间范围内）在SCI影响因子排在前位的综合性科学学术期刊联合发表论文的数量，进行比较。考察综合性科学学术期刊，可以避免因某些学科在某个特殊年份和某些具有明显学科优势国家论文出版数量集中而造成的结论误差。以历年排名稳定的《自然》（Nature）为例，作为周刊，《自然》每期刊登原创性研究论文2~3篇。2012年1~8月，该期刊的原创性研究论文共98篇，独创性论文比例较小，主要为合著。跨国联合署名作者情况见表6。

表6 原创性研究论文联合署名地区分布（2012年1~8月）

单位：篇

共98篇	中美	有来自美国研究单位的中国人参与研究工作	欧美	有来自欧洲研究单位的中国人参与工作	中欧	中、美、欧	亚（除中国以外其他亚洲国家）美	亚（除中国以外其他亚洲国家）欧
	2	41	36	5	1	1	6	6

资料来源：《自然》（Nature）官方网站，http://www.nature.com，表格系作者自制。

---

① http://ec.europa.eu/euraxess/, last accessed on the 30th of August, 2013.

以上数据显示，欧洲和美国的研究人员联合发表科学论文共 36 篇，中国和欧洲学者共同署名发表科学论文只有 1 篇，中国、美国、欧洲学者共同发表论文 1 篇。值得关注的一点是，有大量中国学者是以在美国的研究单位工作的身份参与论文工作的，有 41 篇论文是这种情况。另外，中国以外的亚洲其他国家，如日本、印度、韩国，在 2012 年与欧洲和美国学者共同发表论文数量均为 6 篇。可从图 2 更直观地观察以上结论。

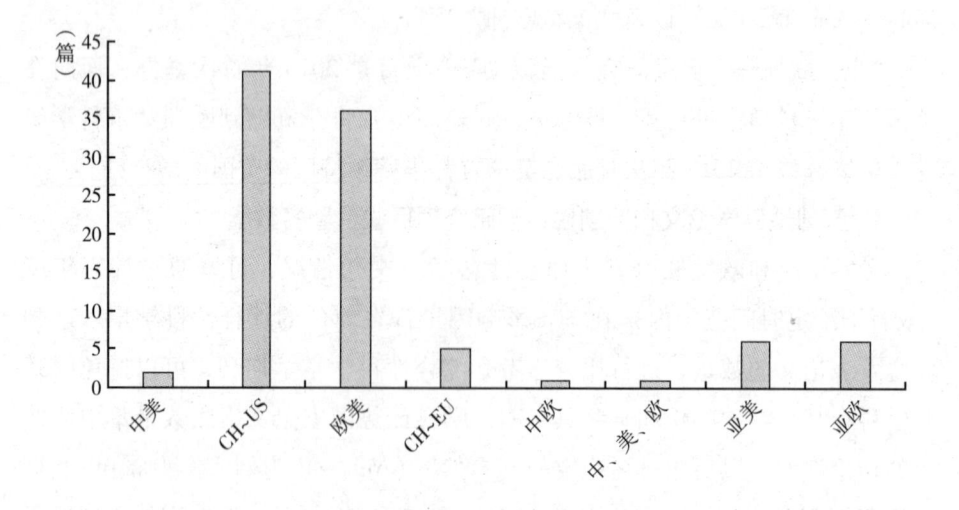

图 2　合作论文示意

注：CH-US 系指有中国人在美国的科研单位参与研究工作的论文数量；
CH-EU 系指有中国人在欧洲的科研单位参与研究工作的论文数量；
亚美和亚欧均指有除中国以外的其他亚洲国家科研人员参与研究的论文数量。

通过《自然》杂志还可考察本年度全球领先原创性研究的合作情况。要说明的一点是，《自然》杂志发表阶段性研究成果的研究项目均具有全球领先性；同时，该刊作为自然科学综合性期刊，可避免因某学科在某个年份或因某些国家在某学科领域独具优势而引起的误判。

《自然》杂志每期刊登全球领先性原创研究（阶段性）成果 11～15 项；2012 年 1～8 月共 443 项，其中多为大型、跨多国和地区的研究。主要情况见表 7。

表7　原创性研究项目跨国（地区）合作（2012年1~8月）

单位：项

共443项	中美	有来自美国研究单位的中国人参与研究	欧美	有来自欧洲研究单位的中国人参与研究	中欧	中、美、欧	亚（除中国以外其他亚洲国家）美	亚（除中国以外其他亚洲国家）欧
	17	122	141	11	12	9	27	27

资料来源：《自然》（Nature）官方网站，http://www.nature.com，表格系作者自制。

表7数据得出的结论与科学论文联合署名的情况大致相同。从2012年前8个月的样本来看，全球共有在研领先性原创研究项目443项，绝大部分为跨多国和地区的联合研究，其中欧美学者联合研究共141项，欧中研究人员的跨国合作只有12项，而中国人在美国从事研究工作、以美国研究单位人员参与的研究项目共122项；另外，中国以外的亚洲国家，如日本、新加坡、韩国、印度、菲律宾、柬埔寨等都有参与和美国、欧洲国家的研发工作，合作研究项目均为27项，而中美、中欧合作研究只分别有17项和12项。还可从图3更直观地观察以上结论。

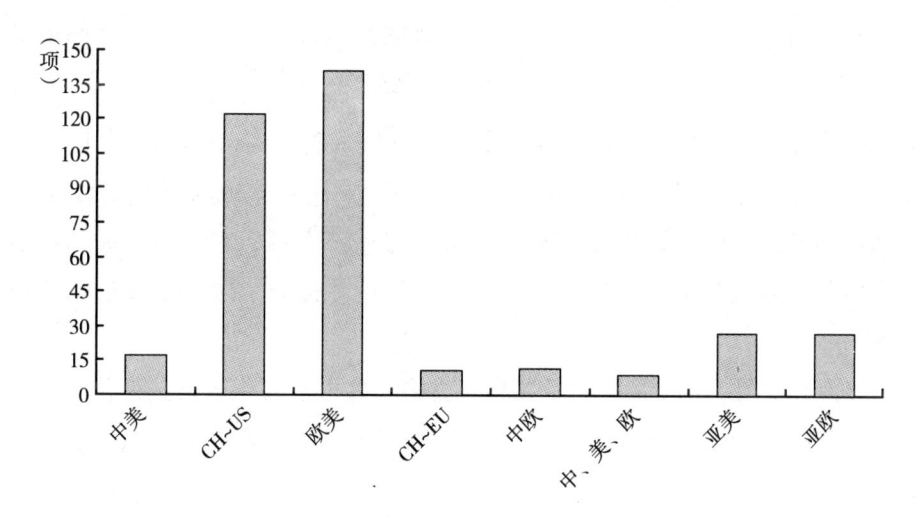

图3　合作研究示意

注：CH-US系指有中国人在美国的科研单位参与工作的研究项目数量；
CH-EU系指有中国人在欧洲的科研单位参与工作的研究项目数量；
亚美和亚欧均指有除中国以外的其他亚洲国家参与的研究项目数量。

以上分析表明，在自然科学领域美国和欧盟的科学家和研究人员合作、共同参与科学研发活动的数量远高于中国和欧盟的科学家合作数量。另外，虽然中欧政府间创新合作呈不断上升趋势，合作领域和范围都在增加，但尚需加强双方大学和科研机构的科学家和研究人员之间以研发活动为纽带的非政府主导的合作。

三　过去十年中国与欧盟科技创新合作历程和主要领域

中欧双方之间一直没有一个正式的科技合作协定来规范和保障双方的科技合作，特别是在高新技术领域的合作，直到1998年12月中欧在布鲁塞尔正式签署《中欧科学技术合作协定》。该协定1999年12月生效，并于2004年12月、2009年11月分别续签，下一次续签将在2014年。为方便合作活动的协调，中欧双方共同成立"中欧科学技术合作指导委员会"，负责协定的执行和合作的管理工作。中欧科学技术合作指导委员会自2000年以来至2012年11月已举办10次会议。

2005年5月举办的中国—欧盟科技战略高层论坛，闭幕式上共同发表了"中欧科技合作联合声明"：《中国—欧盟科技合作：建立以知识为基础的战略伙伴》，阐明今后中国和欧盟双方科技合作的指导原则、共同目标和具体措施，并确定2006年10月~2007年9月为"中欧科技合作年"。此活动的举办是中欧科技合作和交流史上的一件大事，它全面巩固和加强了中国与欧盟及其成员国的科技合作与交流，并提升了中欧全面战略伙伴关系。

2009年5月，第十一次中欧领导人会晤并签署了《中欧科技伙伴合作计划》，在继续扩大既有合作的基础上，开辟了中欧在优先领域实施战略合作的新机制。

2012年9月，中欧峰会同意建立全面的年度创新合作对话（首次对话会议将于2013年中欧领导人会晤之前举行），签署《中欧创新合作联合声明》。

根据中国科技部官方网站数据显示，2000年以来，中欧政府层面的交流合作不断加强，年度科技创新合作方面的交流呈增加趋势。从表8可以清晰地看出 2003~2004 年中欧战略合作伙伴关系建立对推动中欧重大科技合作和交流的积极影响，但这种态势于 2005 年再度回落到 2001 年的水平。

表8　2000~2012 主要年份中欧年度重大科技合作和交流数量

年份	数量	年份	数量
2000	5	2004	15
2001	9	2005	9
2002	9	2006	6
2003	16	2012	9

数据来源：中国科技部官方网站。

过去 10 年中国与欧盟在科技创新各领域的合作主要包括以下几方面。

1. 信息通信技术领域

1998 年，中欧成立"中欧信息通信合作工作组"，2001 年更名为"中欧信息社会对话"，后又在 2009 年改为"中欧信息社会科技合作对话"并于 2009 年 7 月召开首次对话会议。

2. 中欧伽利略计划合作

从 2001 年 10 月中欧伽利略计划合作技术工作组第一次会议，到 2003 年 9 月中欧伽利略计划合作协议在北京草签，再到 2003 年 10 月中欧伽利略计划合作协议签署，中国成为参与该计划的第一个非欧盟国家。2004 年 10 月中国国家遥感中心和伽利略计划联合体在北京签署关于伽利略计划合作协议，标志着中欧伽利略计划的合作进入实质性操作阶段。

3. 中欧"龙计划"项目

中欧科技合作"龙计划"是目前中国在对地观测领域最大的国际合作项目，由中国科技部和欧洲空间局共同组织实施。该项目于 2004 年正式启动，已于 2008 年、2012 年 6 月和 10 月成功举办三期陆地遥感高级培训班，目标是建立对地观测技术的中欧联合研究队伍。

4. 空间科技合作

2004 年举办"中欧空间合作高层研讨会"。8 月在北京举办"第一次中欧空间科技合作对话会"。目前，欧盟仅与美国、俄罗斯和南非建有空间对话机

制。2012年9月在第十五届中欧峰会上双方签署了《空间科技合作联合声明》。

5. 核能研发合作

2004年的中欧领导人第七次会晤，签订了《中华人民共和国与欧洲原子能共同体和平利用核能研发合作协定》。

2008年3月24日，中国与欧洲原子能共同体签署《中欧和平利用核能研发合作协定》，为推动中欧核能研发合作奠定了法律基础。2010年中国国家原子能机构（CAEA）和欧盟研究与创新总司（DG-RTD）以及欧盟联合研究中心（JRC）首次开展核能研究联合招标，资助双方科学家开展实质性合作研究。2011年3月举行"中欧核能研发合作协定第一次指导委员会"会议，此次会议确定成立中欧核能合作指导委员会，并设立核裂变、核安保和核保障及核聚变三个分委员会。

6. 应对气候变化领域合作——中欧煤炭利用近零排放合作项目（NZEC）

2005年9月中欧峰会期间，双方签署NZEC合作谅解备忘录。2009年11月第十二次中欧峰会上，中欧双方签署《中国科技部与欧盟委员会关于通过碳捕集与封存示范项目开展煤炭利用近零排放发电技术合作的谅解备忘录》。NZEC旨在应对中国日益增加的燃煤能源生产和二氧化碳排放，是中欧双方在气候变化特别是CCS领域开展的重要合作项目之一。

7. 中欧蛋白质组学合作项目

"中欧蛋白质组学"项目建立在"中欧科技伙伴计划"合作机制基础上，是中国973计划与欧盟研发框架计划在高水平上的对接。

8. 中欧创新型中小企业合作

2010年上海世博会期间，中欧签署《关于中欧创新型中小企业能源科研与创新的联合声明》，进行年度招标和项目对接。中方为此专门设立为期3年（2011~2013）、金额达1亿元人民币的"中欧中小企业节能减排专项基金"，用以支持双方中小企业在新能源、可再生能源等领域开展科技合作。

9. 中欧基础研究联合招标（如生物材料）

10. 国际热核聚变实验反应堆项目（ITER）合作

2006年11月，中国在法国巴黎与欧盟、印度、韩国、俄罗斯和美国共同签署《联合实施国际热核聚变实验堆计划建立国际聚变能组织的协定》，并与欧盟、印度、韩国、俄罗斯共同签署《联合实施国际热核聚变实验堆计划国际聚变能组织特权和豁免协定》。ITER 计划是中国迄今参加的最大的国际科技合作项目。

四 结语

分析、比较中国与欧盟、欧盟与美国过去十年科技创新合作状况，对于中国制定和调整科技创新国际合作及科技全球化战略具有重要意义。当前，世界科技创新合作主要仍然发生在美国和欧盟之间，中欧合作与欧美合作之间存在较大差距。

还应注意的是，尽管中国与欧盟、美国与欧盟政府间科技创新合作领域各有侧重，但同是新兴产业领域合作，中欧之间的合作集中在基础技术和产品研发层面，而欧美之间则侧重合作研究制定技术和行业标准，典型领域如电动汽车和智能电网，反映欧美两大重要经济体通过研发合作共同抢占制定规则的优先权，以掌握未来关键产业的竞争优势。以上的研究结论应成为我国今后制定和调整国际科技创新合作政策和参与科技全球化战略的关注重点。

中欧关系的民意认知

Public Perceptions of China-EU Relations

B.21
中国人的欧盟观

刘作奎[*]

摘　要： 中国人的欧盟观主要来自民众和精英两个层面，主要内容包括：对欧盟的好感度、对欧盟国际影响力的评价、对中欧关系现状和前景的看法。中国精英和民众在大多数问题上的欧盟观是相对乐观和积极的，但近两年下行趋势较为明显。精英比民众的欧盟观更为理性，在涉及中欧关系现状问题上，民众态度比精英积极，而在涉及好感度和未来发展前景上，精英态度更积极一些。中国人欧盟观的形成主要受中欧关系大环境、中国对欧战略以及全球化背景下中国人心态变化的影响。

关键词： 中国民众　中国精英　欧盟观　民意调查

---

[*] 刘作奎，中国社会科学院欧洲研究所副研究员，中东欧研究室副主任。

一 "中国人的欧盟观"研究说明

本调查报告提到的"中国人"主要是指中国民众和中国精英，中国精英主要包括涉欧的政府官员、企业家、学者以及非政府组织负责人等。"欧盟观"涉及的内容主要包括：中国民众对欧盟的好感度、对欧盟国际影响力的评价、对中欧双边关系现状和前景的看法等。

数据利用方面，中国社会科学院欧洲研究所在 2007 年、2008 年、2010 年共进行了三次国情调研[①]，对中国人的欧盟观进行系统跟踪。此外，由英国诺丁汉大学中国政策研究所牵头、中国社会科学院研究生院等参与的欧盟第七框架项目在 2010 年也做了中国人的欧盟观调查。皮尤的全球舆情调查项目也有中国对欧盟看法的调查。本调查报告将充分参考上述民意调查数据进行综合分析。

二 中国人欧盟观的具体内容和特点分析

（一）中国民众的欧盟观

1. 中国民众对欧盟的好感度

表1 2008年、2010年中国民众对俄、美、欧、日印象比较

单位：%

	很好	比较好	一般	比较差	很差	不回答
	2008/2010	2008/2010	2008/2010	2008/2010	2008/2010	2008/2010
俄罗斯	11.0/8.4	42.3/38.4	38.4/45.3	3.1/3.4	0.9/0.7	4.3/3.9
美国	4.1/6.9	23.4/28.1	44.5/47.1	18.4/11.4	6.4/3.3	3.2/3.2
欧盟	5.0/9.5	29.2/38.3	48.6/42.4	7.8/3.6	1.6/0.9	7.8/5.3
日本	1.5/2.8	8.5/13.6	29.4/39.5	30.0/22.0	26.7/18.3	3.9/3.8

[①] 下文引用数据，除非特别说明，均来自中国社会科学院国情调研数据。

与2008年调研相比，2010年中国民众选择对欧盟印象"很好"和"比较好"的比例明显上升，从34.2%上升到47.8%。这表明中国民众对欧盟的好感度处于持续上升状态（参见表1）。然而，需要注意的是，中方的调查止于2010年，对于2010年以后的变化，则没有数据支撑。这里引用皮尤的全球舆情调查来考察一下。

表2 中国民众对欧盟的好感度

单位：%

	2007年	2009年	2010年	2011年	2012年	2013年
有好感	40	39	47	32	33	37
无好感	40	44	39	47	50	46

资料来源：根据皮尤调查数据整理，http://www.pewglobal.org/database/indicator/28/group/11/。

皮尤调查表明，从2007年到2010年，中国民众对欧盟的好感度处于上升状态，从40%增长到47%，然而自2010年之后，这种好感度开始下降，2011年下降15个百分点，2012年为14个百分点，2013年为10个百分点。2011~2013年，中国民众的好感度虽有缓慢抬升，但与2010年相比，则明显下降（参见表2）。

表3 中国民众如何定位与欧盟的关系

单位：%

年份	朋友	合作伙伴	利益相关者	竞争对手	敌人	一般关系	其他词
2007	2.7	18.5	56.4	18.7	2.2	—	0.9
2008	13.9	67.1	—	9.6	0.3	—	9.1
2010	3.9	63.7	—	15.4	0.6	4.4	12.0

和2008年相比，2010年中国民众认为欧盟是"朋友"的比例明显降低，减少近10个百分点，有63.7%的受访者认为是合作伙伴。民众更多选偏中性的合作伙伴，而不再认可是中国的"朋友"这一更亲密的表述。2007年调研因增加"利益相关者"选项，因此使得纵向比较存在一定问题。但毫无疑问，三年的调查均表明，民众更加倾向于欧盟只是中国的普通合作伙伴，不是朋友，也不是敌人（参见表3）。

总之，从好感度来看，2008~2010年处于上升趋势，但从2011年到现在则处于下滑趋势。而在对关系定位上,民众的态度由积极转向偏中立的态度。

2. 中国民众对欧盟国际影响力的评价

表4 2008年、2010年中国民众对主要国家和地区国际影响力的评价

单位:%

	影响很大 2008/2010	影响较大 2008/2010	影响一般 2008/2010	影响不大 2008/2010	没影响 2008/2010	不回答 2008/2010
俄罗斯	16.0/11.9	61.5/42.5	31.6	14.5/5.7	1.5/0.8	6.5/7.5
美 国	65.5/61.9	26.6/24.9	5.7	2.5/1.5	0.8/0.5	4.6/5.5
欧 盟	27.0/25.6	55.6/47.9	15.2	8.5/2.8	1.4/0.6	7.5/8.0
日 本	6.3/5.5	46.2/27.5	43.4	33.5/13.8	7.1/2.7	6.9/7.2
中 国	27.4	51.4	—	13.2	2.4	5.6

2010年调研询问"您认为下列国家和欧盟对国际事务的影响程度如何"时,有25.6%受访者认为欧盟"影响很大",47.9%受访者认为"影响较大"。就美国、俄罗斯、日本和欧盟4个国家/地区而言,受访者对其影响力的排序从大到小依次是:美国、欧盟、俄罗斯和日本。2008年调查因为在问题选项上删除"影响一般",而在国别选项上增加"中国"选项,对两年的比较造成较大干扰。2008年调查中民众对国际影响力大小的排序是美国、欧盟、中国、俄罗斯和日本(参见表4)。

表5 2007年及2010年中国民众对欧盟在国际经济体系中作用的评价

单位:%

年份	极其重要	比较重要	不太重要	完全不重要	不回答
2007	35.10	50.50	3.50	0.80	10.00
2010	20.02	65.30	5.94	0.26	8.47

问及"对于欧盟在当前国际经济体系中的作用,您如何评价"时,受访者认为欧盟在国际经济中具有"比较重要"和"极其重要"的占85.32%,而2007年为85.60%,比率基本持平。但认为欧盟"极其重要"的比例从2007年到2010年出现明显下降(参见表5)。

总之,中国民众对欧盟国际影响力的评价相对积极,即欧盟国际影响力不

及美国,但超过中国、俄罗斯和日本。但具体到其在国际经济体系中作用的评价,认为"极其重要"的比例出现明显下降,认为"比较重要"的比例有一定上升。可以预见,随着欧盟因为债务危机国际影响力进一步下降,而中国国际影响力的逐步上升,应该会改变国际影响力排名。目前,国内新近两年调研数据尚未得到进一步充实,尚无法明确揭示这一趋势。

3. 中国民众对中欧关系现状和前景的看法

关于双边关系现状调查,中国社会科学院在2007年、2008年和2010年都有相关内容,但调查具体形式有所不同,对此笔者做一大致比较(参见表6、表7)。

表6　2007年、2008年中国民众对双边关系中中欧关系重要性的评价

单位:%

年份	很重要	比较重要	不太重要	根本不重要
2008	43.2	48.6	7.1	1.0
2007	54.4	40.4	4.4	0.8

表7　2010年中国民众对不同双边关系重要性的评价

单位:%

	影响很大	影响较大	影响一般	影响不大	没影响	不回答
俄罗斯	42.09	37.26	15.53	1.00	0.67	3.45
美　国	57.88	29.90	7.65	0.78	0.52	3.27
欧　盟	33.06	42.90	17.57	1.75	0.74	3.97
日　本	24.78	34.14	27.15	6.24	3.49	4.20

在2007年调查中,询问的是"在您看来,中欧关系的重要程度如何";2008年的问题是"你认为对中国来说下列双边关系的重要程度如何";2010调查的是中国民众对重要双边关系的评价。总体来看,3次调查中持积极看法的比例大大高于消极看法的比例。2007年调查的受访者认为中欧关系"很重要"和"比较重要"的比例高于后两次调研。此外,认为"很重要"或"影响很大"的比例保持持续下降的态势。其中原因,一方面应考虑到2007年调研更加侧重涉欧群体;另一方面,不排除自2007年以来,中欧关系进程影响到公众对双边关系的认知,对双边关系的权重认识处于下行态势。

表 8　中国民众对中欧关系前景的看法

单位：%

年份	非常乐观	谨慎乐观	保持中立	比较悲观	非常悲观	无回答
2010	5.27	55.72	28.01	1.60	0.15	9.25
2008	17.30	60.85	11.32	0.97	0.71	8.84
2007	21.90	42.70	17.10	4.70	1.00	12.60

关于对中欧关系前景的看法，选择"非常乐观"的比例呈逐年下降趋势，且下降的趋势明显，而选择"谨慎乐观"的比例比之2007年、2008年和2010年均有所上升，均有超过一半的受访者持"谨慎乐观"态度。但总的来说，持积极态度的比例仍大大超过消极态度的比例。这表明中国人对中欧关系前景的看法虽整体积极但向保守方向发展（参见表8）。

总而言之，对中欧关系现状和前景的看法上，民众的观点是比较积极的，但这种积极态度呈下滑趋势，谨慎态度表现得明显。

（二）中国精英的欧盟观

1. 中国精英对欧盟的好感度

表 9　2010 年中国精英对欧盟的好感度

单位：%

	很不好	不太好	比较好	非常好
美　国	4	27.8	54.7	12.2
欧　盟	1.4	11.7	67.7	16.3
日　本	25.3	37.6	32.1	3.3
俄罗斯	4.1	31.4	52.3	8.1

资料来源：根据2010年欧盟第七框架项目数据整理。

在对美国、欧盟、日本和俄罗斯四大国际行为体的比较当中，中国精英对欧盟的印象是最好的（"比较好"和"非常好"相加）。在"非常好"和"比较好"两项指标中，欧盟都占据最高位，其次是美国，第三是俄罗斯，日本

排在最末位（参见表9）。

那么，中国精英如何定位与欧盟的关系呢？

表10　用一个词形容中欧关系

单位：%

	2007年	2010年		2007年	2010年
朋友	3.9	1.7	竞争对手	0.5	3.8
合作伙伴	57.4	28.9	敌人	0.5	0.3
利益攸关者	36.8	63.8	其他	0.5	1.6

注：与2007年中国社会科学院调研数据比较。
资料来源：根据2010年欧盟第七框架项目数据整理。

2010年调查询问怎么形容当下的中欧关系时，绝大多数人选择"利益攸关者"，比例为63.8%，其次选择的是"合作伙伴"，比例为28.9%，很少有精英选择中欧之间是"朋友"，比例只有1.7%。与2007年的调查相比，认为欧盟是中国的"朋友"和"合作伙伴"的明显减少，尤其是对于"合作伙伴"的选择，下降了约一半（从57.4%到28.9%），认为是"利益攸关者"的明显上升（从36.8%到63.8%），精英对中欧关系定位的中性化趋势明显，此外，精英认为中欧是"竞争对手"的也有一定程度的增加（从0.5%到3.8%）。上述调查表明精英对中欧关系虽亲近感较高，但谨慎判断明显上升（参见表10）。

2. 中国精英对欧盟国际影响力评价

表11　2010年精英对欧盟国际政治影响力的评价

单位：%

	美国	欧盟	日本	中国	俄罗斯
最具影响力行为体	94.8	1.7	0.1	3	0
第二具影响行为体	3.2	56.9	2.1	16.4	20.8
第三具影响行为体	1.2	21.5	8.1*	40.5	25.7

资料来源：根据2010年欧盟第七框架项目数据整理。

在最具国际政治影响力的行为体的调查当中，精英大多认同，美国国际政治影响力最大，而在第二具影响力的行为体选择当中，大多数人选择的是欧盟，再次是中国，第四是俄罗斯，日本排名末尾。精英认为欧盟落后于美国，但排位仍靠前于中国，表明中国精英在2010年对自身与欧盟相比，仍有着较为清晰的认识（参见表11）。

表12 2010年精英对欧盟国际经济影响力的评价

单位：%

	美国	欧盟	日本	俄罗斯	中国
最具影响力行为体	94.6	1.9	0.5	0.1	2.5
第二具影响力行为体	3	59.2	12.2	2.2	22.8
第三具影响力行为体	1.3	26.7	26.3	4.4	39.4

资料来源：根据2010年欧盟第七框架项目数据整理。

调查结果显示，大多数中国精英认同欧盟是世界经济中第二具影响力的行为体，比例为59.2%。最具影响力的行为体是美国，高达94.6%。在第二具影响力的行为体选择中，选项最高的是欧盟，比例为59.2%。在经济领域，欧盟虽然GDP总量目前全球第一，但精英大都认为，总量第一并不意味着实际影响力第一。欧盟的影响力仍不及美国。与此同时，中国经济虽然增长很快，影响力日益增强，但比之欧盟的影响力仍有差距（参见表12）。

总而言之，在对欧盟作用和影响力的评价上，精英在给予欧盟相对客观评价的基础上，也表现出一定的积极态度。在全球国际政治和经济最具影响力的行为体的调查中，中国精英皆认为欧盟是仅次于美国的行为体，而且在这两项指标上欧盟都强于中国。

3. 中国精英对中欧关系现状和前景的看法

表13 精英对当下中欧关系的看法

单位：%

	2007年	2010年		2007年	2010年
很　好	9.0	0.6	很不好	0.2	0.3
一般好	78.9	57.8	不知道	3.4	13.4
不太好	6.3	27.8			

注：与2007年中国社会科学院调研数据做比较。
资料来源：根据2010年欧盟第七框架项目数据整理。

如表 13 所示，与 2007 年相比，"很好"和"一般好"的比例明显出现下降，而"不太好"和"很不好"的比例明显增高。这表明，精英认为从 2007 年到 2010 年中欧关系实际上处于下行通道。

表 14 精英对中欧关系前景看法

单位：%

	2007 年	2010 年		2007 年	2010 年
很乐观	26.2	7.2	有点悲观	1.5	0.9
谨慎乐观	56.4	66.8	很悲观	0.2	0.3
中 立	9.9	23.3	不 知 道	5.3	1.5

注：与 2007 年中国社会科学院调研数据做比较。
资料来源：根据 2010 年欧盟第七框架项目数据整理。

2010 年的调查表明，持"谨慎乐观"态度的人数最多，占到 66.8%，其次是持"中立"态度，达到 23.3%，而持"很乐观"态度的仅有 7.2%。数据显示，精英对中欧关系前景的看法明显趋于保守。与中国社会科学院 2007 年的调研数据相比，选择"很乐观"的比例大幅下降，而选择"谨慎乐观"和"中立"的比例明显上升（参见表 14）。

（三）中国人欧盟观特点分析

由于中国社会科学院从事的三次调研在样本选择、调研问题稳定性上存在一定的问题，而欧盟第七框架项目和皮尤项目在调研取样上也有差异，因此，本调查报告只是一种初步的、探索性分析。但通过不同角度比较，仍能看出其中一些特点。

第一，中国精英和民众在大多数问题上的欧盟观都是相对乐观的和积极的，其比率大多超过消极、悲观的比率。

第二，中国民众对欧盟的好感度在 2010 年之前保持上升态势，但此后进入一定的下行趋势。尤其是近两年来，下行趋势还是较为明显的。在对欧盟与中国关系的定位上，民众很少认同双方是"朋友"，而更倾向于关系具有偏中性色彩的"合作伙伴"和"利益攸关者"。

第三，至 2010 年民众对欧盟国际影响力的评价相对积极，认为其国际政治和经济影响力低于美国，但高于中国和俄罗斯。不过，民众对欧盟国际影响力的评价事实处于下行状态。

第四，在对双边关系现状和前景看法上，民众的看法总体积极，但从变化趋势看，民众的观点趋于保守，尤其是对中欧关系前景的看法上，谨慎态度表现得明显。

第五，精英在大多数问题看法上与民众相似，但也有与民众不同的地方，总的来说比民众更为理性一些。在涉及现状问题上，民众态度比精英积极，而在涉及好感度和未来前景上，精英态度更积极一些。如，在关系定位上，民众选择"朋友"和"合作伙伴"的比例大大高于精英。对于中欧关系的前景看法上精英则比民众更为乐观。

第六，根据中国社会科学院的调研，不同信息渠道和不同身份背景等因素对中国人的欧盟观有影响。在信息渠道的选择上，电视、报纸、互联网具有主导性作用，中国人对欧盟的了解，已经越来越受到这三种媒介的影响。不同的身份背景也日益影响中国人的欧盟观。通常来说，学历、收入越高，在欧盟有过学习、工作或旅游经历的，对双边关系尤其是未来前景的看法越积极。

三 中国人的欧盟观形成或影响因素分析

（一）中欧关系大环境影响到中国人的欧盟观

从 2006～2010 年，中欧关系在矛盾和合作中前行。2003～2004 年是合作的"蜜月期"，双方关系达到历史最好时期；西方民意调研机构在调查双边关系时，欧洲大国对华印象也较为良好。2006～2007 年，尽管双边官方关系在变调，但民意上"蜜月期"仍在延续。但自 2008 年开始，民意感受到双边关系出现的诸多问题，"好感"出现趋势性下滑。在承认中国市场经济地位和解除对华军售禁令两个传统议题上，欧盟依然没有拿出实际行动；在人权领域，尽管双方加强沟通，但是欧盟没有停止对中国人权状况的指责和非议；在气候变化问题上，虽然双方在 2009 年年底哥本哈根国际气候会议上达成一定的共识，但也出现较为严重的分歧；在经济领域，欧盟为扭转对华贸易逆差，更为

频繁地使用反倾销、知识产权保护等非关税壁垒来限制中国对欧出口，对人民币升值施压，要求中国开放公共采购市场。中欧关系中的这些问题影响了中国的民意。但是，这种民意下滑趋势不具有颠覆性，未从根本上改变中国人对欧盟的良好印象和评价。

（二）中国人对欧盟的看法是中国对欧积极战略引导的结果

中国尝试从国际格局多极化的角度看待欧盟，积极支持欧盟发展。中国支持欧洲一体化政策是一贯的，支持其成为世界的一极，成为国际社会具有影响力的力量。中国官方这种积极的对欧政策基调影响了民意认知。

（三）民意反映了全球化和国家迅速发展状况下中国民众的复杂心态

2010年欧盟第七框架项目对中国民众进行完全随机抽样调查。调查发现，多数民众对当前的"自我"感到满意，并认为大部分人值得信任，大部分人会公正对待他人，82.0%的公众认同这一观点，合作共赢心态表现比较明显[1]。但是，中国民众所表现的国家利益观也值得关注，在询问"中国可以信任其他国家吗？"55.9%中国民众表示同意，39.3%表示不同意。但有高达71.9%的中国民众认同"世界上大多数国家，只要有机会，都想从中国身上得到好处"的观点[2]。中国民众的心态一方面是开放的，另一方面出于对国家利益的担心，又有保守的想法。这种矛盾心态在对欧盟看法上有着比较明显的体现。

（四）中国人欧盟观逐渐转向消极会是今后的趋势

由于欧债危机影响，欧盟的国际地位和影响力下滑，加上部分欧洲国家民众反全球化趋势增强，以及欧盟机构和部分成员国对中国采取的一些不友好措施，预期中国人对欧盟的看法会持续消极。这一点在西方民意调研机构的调查中已经有所显示，但尚需中方充实相关调研数据，深度解读相关变化。

---

[1] 根据欧盟第七框架项目"中国人如何看欧盟"调研数据分析。
[2] 数据来源同上。

B.22 欧洲人的中国观

刘作奎[*]

摘　要： 欧洲的人中国观主要集中在四个方面：中国印象、中国责任、中国威胁和中国的未来发展走向。调查表明，欧洲民意是比较矛盾的：在中国印象、中国责任、中国威胁以及未来中欧合作上，欧洲人释放出的情绪是悲观的、消极的，在过去10年中，呈现出消极情绪增长而积极情绪下降的态势。对中国的未来发展走向上，欧洲人却普遍"看好"中国。上述中国观的形成原因复杂：既与全球化和欧洲主权债务危机等背景有关，与海外中国人形象不佳有关，又与国际民意调研机构的调研方式有关。此外，美国民意机构对欧洲民意中国观的塑造发挥了举足轻重的作用。

关键词： 欧洲民众　中国观　悲观和消极　民意调查

一　"欧洲人的中国观"研究说明

2003~2013年是中国发生巨大变化的十年，欧洲人对变化的中国是什么样的看法、有着什么样的期待，无疑是中欧关系研究中十分值得关注的问题。笔者对此进行了考察和分析并撰写了本调查报告。

首先，本调查报告所界定的欧洲人，主要是以欧盟国家为主的欧洲民众。目前，国际学界对欧洲人的中国观的研究，尚没有针对欧盟层面的"欧盟人"

---

[*] 刘作奎，中国社会科学院欧洲研究所副研究员，中东欧研究室副主任。

对中国看法的调查，因此，本调查报告将选择具有一定代表性的欧盟国家民众对中国的看法。欧洲精英对中国的看法也应纳入，但考虑到本书其他章节有所涉及，故本调查报告不再赘述。

其次是"中国观"的内容。欧洲人的中国观较为多元，涉及面非常广泛。仅以2008年为例，据笔者不完全统计，境外机构从事的全球范围内（含欧洲国家）对中国看法的调查就有30次之多。如美国皮尤舆情调查公司2008年针对中国的经济高速发展、奥运会、汶川地震、气候和环境问题、人权问题等一系列话题展开调查，英国智库列格坦（Legatum）进行的"繁荣指数"（Prosperity Index）调查，盖洛普公司从事的中国产品质量问题、中国领导人的工作表现、全球公民（含中国公民）自由度和生活质量的调查，等等。笔者通过对诸多民意调研的梳理和分析，大致描绘出欧洲人"中国观"的基本轮廓，具体体现在下列几个核心方面：中国印象（对中国的好感度和认同度问题）、中国责任（是否考虑他国利益）、中国威胁（军事和经济增长是否是一种威胁）、中国未来发展走向（是否会取代美国、是否会成为独一无二的经济和军事强国等）。这四个方面涵盖了欧洲人"中国观"的基本内容。

再次是对考察时间范围的选择。国际民调机构对中国的关注从2003年起逐步成为热点话题，2005年后开始出现大规模的集中调研。这一点无论从美国皮尤的全球舆情调查，还是美国德国马歇尔基金会的跨大西洋趋势调查以及英国BBC的全球舆情调查都表现得非常明显。故此，本调查报告虽以2003年为起点，但主要研究范围在2005年以后。

最后是调查数据的选择。本调查报告所用资料主要来自相关国际权威机构的调研数据。由于相关调研较多，有多个同时并行的项目[1]，因此，本调查报告只选择权威的、持续进行的调查。美国皮尤公司、美国德国马歇尔基金会、英国BBC和加拿大环球扫描公司的调研是笔者重点选择的数据。[2] 需要强调的

---

[1] 具体情况可参考：http://www.worldpublicopinion.org/pipa/polls.php。
[2] 皮尤公司的全球舆情调查项目从2002年开始就涉欧民众好感度的调查，但从2005年开始具体涉及对"中国形象"看法的调查，并一直持续到现在。美国德国马歇尔基金会从事的跨大西洋趋势调查始于2002年，保持了很好的连续性，其中涉及欧洲人对中国的看法。英国BBC联合加拿大环球扫描公司从事的全球舆情调查同样具有较好的延续性，涉中话题也较为集中。

是，笔者引用上述资料，只是如实反映调研内容，并不表示笔者完全认同相关的调研结果。

二 欧洲人中国观的具体内容和特点

（一）中国印象

国际民调机构对中国印象（或形象）的调查主要包含下列几个问题：对中国的好感度（the degree of favorability）、对中国影响力的评价（积极还是消极）、中国是欧洲的伙伴还是敌人等方面。皮尤公司、美国德国马歇尔基金会、英国BBC作了相关的持续性民意调查，具体情况如下。

1. 欧洲人对中国的好感度

表1 欧洲人对中国的好感度

单位：%

	2005年	2006年	2007年	2008年	2009年	2010年	2011年	2012年	2013年
	好/不好	好/不好	好/不好	好/不好	好/不好	好/不好	好/不好	好/不好	好/不好
英 国	65/16	65/14	49/27	47/36	52/29	46/35	59/26	49/35	48/31
法 国	58/42	60/41*	47/51	28/72	41/60	41/59	51/49	40/60	42/58
德 国	46/37	56/33	34/54	26/68	29/63	30/61	34/59	29/67	28/64
西班牙	57/21	45/38	39/43	31/56	40/41	47/38	55/39	49/46	48/47
意大利				27/61				30/64	28/62
波 兰	37/34		39/42	33/54	43/41	46/41	51/32	50/41	43/43
荷 兰		56/34							
斯洛伐克			45/43						
保加利亚			44/29						
瑞 典			43/40						
捷 克			35/58					33/56	34/55
立陶宛							52/36		
希 腊								56/38	59/37

注：*在针对个别国家的调查中，可能出现百分比超过100%的情况，这是由于数据在四舍五入时造成的。

资料来源：根据皮尤调查整理。

从2005~2013年的调研统计数据看，英国、法国、德国、西班牙、意大利等欧洲大国的中国好感度呈整体下降态势，而不好感度呈上升态势，最为明显的是法国和德国。被调查的两个中东欧国家捷克和波兰对华不好感度总体超过好感度，且不好感度相对维持高位。南欧国家希腊、意大利近两年的调查表明，希腊对华好感度相对较好，而意大利则比较低，为欧洲被调查国家对华好感度最低国家之一。总体而言，被调查的欧洲国家对中国多持负面印象，2008年对华好感度从总体上看下降到最低值。

美国德国马歇尔基金会做的10年跟踪调查也显示了相似的结果（见表2和表3①）。

表2 欧洲人对中国相关机构和人民的好感度

	法国	德国	英国	意大利	荷兰	波兰	葡萄牙	西班牙	斯洛伐克	保加利亚	罗马尼亚
2003年	51	49	50	45	51	38	43				
2004年	51	52	52	51	50	37	41	50	38		
2005年	44	46	52	43	48	37	40	47	36		
2006年	46	47	47	44	50	41	43	47	36	47	56
2007年	44	44	50	41	47	41	43	47	37	45	49
2008年	37	43	47	36	45	38	40	46	35	44	47

注：以0~100分为评价范围，100分为非常有好感度，50分为中立，0分为非常没好感。
资料来源：根据跨大西洋趋势调查整理。

表3 欧洲人对中国的好感度

单位：%

	2010年				2011年				2012年			
	很好	一般	不太好	很不好	很好	一般	不太好	很不好	很好	一般	不太好	很不好
保加利亚	11	49	22	6	14	52	18	4	10	46	25	5
法国	3	39	43	11	11	42	28	14	3	30	44	19
德国	3	31	54	8	5	30	45	14	3	31	48	11
意大利	4	33	44	16	8	33	34	16	8	28	35	21
荷兰	7	48	29	6	16	44	21	9	12	38	25	11

---

① 需要说明的是，跨大西洋趋势调查事实上分为两个时段（2003~2008年，2010~2012年），由于调研的话题一致，但调研的提问方式有所调整，故笔者统一进行了分析，以保证分析的连续性。

续表

	2010年				2011年				2012年			
	很好	一般	不太好	很不好	很好	一般	不太好	很不好	很好	一般	不太好	很不好
波 兰	2	31	36	9	3	40	29	6	3	36	30	7
葡萄牙	1	40	47	7	3	50	31	6	9	38	25	20
罗马尼亚	20	47	19	3	16	53	21	3	14	47	23	5
瑞 典					4	32	39	17	3	32	40	17
斯洛伐克	5	31	42	12	4	31	40	14	3	35	36	16
西班牙	11	40	26	18	12	36	25	21	12	35	22	26
英 国	11	53	23	9	8	44	22	10	9	40	25	13

资料来源：根据跨大西洋趋势调查整理。

从跨大西洋趋势的调查来看，被调查的欧洲国家对中国的评价负面超过正面，并且对华好感度总体呈下滑趋势，2008年对华好感度下降到谷底。其中一些大国如法国和德国表现得较为明显。英国则有所不同，对华积极评价超过消极评价，但从2003~2013年的情况来看则处于不断波动中，总体呈下行趋势。南欧国家意大利、西班牙和葡萄牙同样维持了对华不好感占主导地位的特点，但在不同年份表现有所不同。东欧国家存在态度分化，波兰对中国的不好感度较高，而罗马尼亚等中国传统友好国家对中国的好感度较高。

2. 欧洲人对中国影响力的评价。

BBC和环球扫描公司从事的对中国影响力的调查总体趋势与上述调查比较相近，但有一定差异（见表4）。

表4 欧洲人对中国影响力的评价

单位：%

	2012年	2011年	2010年	2009年	2008年	2007年	2006年	2005年
	积极/消极	积极/消极	积极/消极	积极/消极	积极/消极	积极/消极	积极/消极	积极/消极
英 国	57/32	38/48	40/38	58/19	48/38	49/34	40/44	46/34
德 国	42/47	24/62	20/71	61/15	28/59	30/53	31/44	34/47
西班牙	39/48	27/57	22/54		43/32		45/32	37/33
法 国	38/49	26/64	24/64	51/21	35/46	32/59	31/53	49/33
葡萄牙		28/43	25/54		36/45	22/58		
意大利		30/56	14/72		35/50	25/58	22/55	42/40

资料来源：根据BBC和环球扫描公司全球舆情调研整理。

在对中国影响力的看法上，被调查的国家观点虽有不同，但总体上对中国影响力评价"消极"的高于"积极"的。法国、德国、葡萄牙、意大利对中国也是更多"消极"评价。

3. 中国是欧洲的伙伴还是敌人

表5 中国是伙伴、敌人还是两者都不是

单位：%

	2008年 伙伴/敌人/都不是	2009年 伙伴/敌人/都不是	2010年 伙伴/敌人/都不是	2013年 伙伴/敌人/都不是
英 国	17/7/73		17/8/71	18/7/72
捷 克				30/6/61
法 国	21/6/72		19/11/70	21/10/69
德 国	21/14/64		26/16/55	28/10/61
希 腊				36/11/51
意大利				12/39/44
波 兰	18/19/56	27/7/60	25/14/55	24/13/57
西班牙	24/7/63		28/11/53	25/8/65

资料来源：根据皮尤调查整理。

皮尤调查在2008年、2010年和2013年进行了相关调研。其结果显示：欧洲国家认同中国是"伙伴"的比率极低，认为既不是"伙伴"也不是"敌人"的占较高比率，认为中国是欧洲"敌人"的比率最低；较之世界其他地区，整个欧洲区域国家对中国"伙伴"关系的认同度最低，认同度较高的国家主要集中在非洲、亚洲（日本除外）[①]。

综合欧洲人中国印象的调查，一个明确的结论是，欧洲人整体上对中国印象不好。大部分国家对中国的好感度不高，但是这种好感度在本调查报告考察时间段内是有波动的。

（二）中国责任

关于中国责任的调查从2008年开始纳入西方民意调研机构的视野。相关

---

① 参见皮尤公司相关调查，限于篇幅，这里不再列举相关数据。

调研分为两个部分，一部分是考察中国做决定时是否考虑他国利益，一部分是中国在一些全球治理问题上是否承担必要的责任。

1. 中国在做决定时是否考虑到他国利益

表6　中国在做决定时是否考虑到他国利益

单位：%

	2008		2013
	非常多和很多/不是很多和根本没有		非常多和很多/不是很多和根本没有
英　国	22/71		14/82
捷　克			17/79
法　国	17/82		16/83
德　国	37/59		27/70
希　腊			25/73
意大利			11/83
波　兰	28/61		27/65
西班牙	15/77		11/85

资料来源：根据皮尤调查整理。

从2008年和2013年两次调查数据对比来看，欧洲大国对中国责任的看法处于走低状况。认为中国考虑到他国利益远低于不考虑他国利益的比例，认为中国不考虑他国利益的比例普遍呈上升态势。欧洲不同国家表现也不一样，具体来说，德国表现得更温和一些，而英国、法国、西班牙和意大利则表现更为尖锐和极端一些。与其他地区对比，非洲和亚洲大部分国家对中国的评价非常积极，欧亚国家和美洲国家其次，排在最消极位置的基本上都是欧洲国家（日本除外），尤其是西班牙、意大利、法国等欧洲国家。总体来看，欧洲人对中国责任的看法普遍消极。

2. 中国在全球治理上的表现

从跨大西洋趋势调研数据来看，其关于中国责任问题的调查主要分为三个部分。

（1）中国在管理世界经济中所要扮演的角色

世界金融危机爆发后，中国在应对危机中的突出表现引起全球舆论的关注，有关中国将如何管理世界经济、中国在处理后危机时代世界经济中将扮演

什么样的角色，欧洲人的评价见表7。

调查数据显示，大多数被调查的欧洲国家民众认为中国将在管理世界经济中更多地扮演"积极"角色（与"消极"角色相比）。在英、法、德、西四大国中，除法国认为中国将更多扮演"消极"角色外，其他几大国家都对中国给予更多"积极"的评价。

表7 欧洲人认为中国在管理世界经济上将扮演什么样的角色

单位：%

	法国	德国	英国	西班牙	意大利	荷兰	波兰	葡萄牙	斯洛伐克	土耳其	保加利亚	罗马尼亚
积 极	34	42	46	41	35	58	28	39	28	22	37	44
消 极	43	32	21	28	43	18	30	29	26	22	19	11
都不是	19	22	30	27	16	19	28	27	32	25	25	29
不知道	4	4	4	4	6	5	14	5	15	31	19	16

资料来源：根据2010年跨大西洋趋势调查整理。

(2) 中国如何应对贫困问题

中国是世界上贫困人口最多的国家之一。近年来，随着中国经济的高速发展，贫困人口数量明显下降。在应对贫困问题上，中国经验无疑是值得借鉴的。不过，我们从表8中看到欧洲国家民众对此问题的看法却是另一种情况。

表8 欧洲人认为中国在消除贫困上将扮演什么样的角色

单位：%

	法国	德国	英国	西班牙	意大利	荷兰	波兰	葡萄牙	斯洛伐克	土耳其	保加利亚	罗马尼亚
积 极	11	14	20	22	14	20	10	29	16	18	22	31
消 极	61	50	42	45	51	49	46	39	27	23	14	14
都不是	24	33	34	29	26	25	32	26	39	25	36	38
不知道	4	3	4	4	6	12	5	18	34	29	17

资料来源：根据2010年跨大西洋趋势调查整理。

调查结果显示，除保加利亚和罗马尼亚两国外，所有被调查的欧洲国家民众都认为中国将更多地扮演"消极"角色，而不是"积极"角色。这种情况在法、德、意、波等被调查国家中表现得尤其明显。

(3)中国如何应对气候变化

应对气候变化是当今全球治理中的重要问题,也是欧洲乃至全球舆论高度关注的焦点。在此议题上,欧洲国家一直指责中国未能发挥很好的作用,在节能减排问题上未做出负责任的承诺,相关调查同样证明了这一点(见表9)。

表9 欧洲人认为中国在应对气候变化上将扮演什么样的角色

单位:%

	法国	德国	英国	西班牙	意大利	荷兰	波兰	葡萄牙	斯洛伐克	土耳其	保加利亚	罗马尼亚
积 极	12	13	17	23	12	23	11	26	16	16	14	28
消 极	71	68	55	50	63	54	39	48	27	22	13	10
都不是	14	16	24	20	16	18	33	19	36	25	35	35
不知道	3	2	4	6	10	5	18	7	22	37	38	26

资料来源:根据2010年跨大西洋趋势调查整理。

调查数据表明,除罗马尼亚和保加利亚两国外,所有被调查的欧洲国家民众都认为中国在应对气候变化问题上将扮演"消极"的角色,英、法、德、意、波等欧洲国家的看法更为激进,认为中国将扮演"积极"角色的人只占极少比例。

综合欧洲人对中国责任的调查,可以得出这样的结果,中国是不负责任的大国。尽管在管理世界经济问题上,欧洲大部分国家认为中国将扮演"积极"角色,但在消除贫困和应对气候变化这些具体问题上,欧洲人认为中国的作用是"消极"的。但是,对欧洲民众的表态也应该辩证地看待,正如跨大西洋趋势在调查分析中指出的,欧洲人更多是基于一种期望,希望中国应根据其经济发展规模与水平而承担更多的责任。

(三)中国威胁

对这一问题的调查主要集中在下列几个话题:中国军事力量增长问题、中国经济增长问题等。

1. 中国的军力增长是否构成了威胁

皮尤公司和美国德国马歇尔基金会均对此问题进行了密集和长期的跟踪调

查，其调查结果见表10和表11。

表10的调查显示，所有被调查的欧洲国家民众对中国军力增长持不认同的态度，认为是"好事情"的占较低的比例，他们更关注中国军力增长可能对地区和平与稳定造成的威胁。

表10　中国军力日益增长对欧洲国家来说是好事情还是坏事情

单位：%

	2007年 好事情/坏事情	2008年 好事情/坏事情	2010年 好事情/坏事情	2011年 好事情/坏事情
英　国	12/66	9/74	11/74	13/71
保加利亚	10/42			
捷　克	8/83			
法　国	15/84	12/87	12/87	16/83
德　国	10/77	8/81	16/72	12/79
意大利	7/70			
立陶宛				11/62
波　兰	8/72	9/74	17/65	13/68
斯洛伐克	10/75			
西班牙	15/58	7/72	11/68	12/74
瑞　典	9/61			

资料来源：根据皮尤调查整理。

表11　欧洲人对中国军事力量存在的看法

单位：%

	2007年			2010年			2011年			2012年		
	是威胁	不是威胁	不知道	是威胁	不是威胁	不知道	是威胁	不是威胁	不知道	是威胁	不是威胁	不知道
保加利亚	13	60	27	16	54	30	11	70	19	14	65	21
法　国	37	56	7	39	56	5	29	67	4	44	51	5
德　国	36	57	7	33	63	4	33	64	3	40	56	4
意大利	32	62	6	30	61	9	24	64	12	35	56	10

续表

	2007 年			2010 年			2011 年			2012 年		
	是威胁	不是威胁	不知道	是威胁	不是威胁	不知道	是威胁	不是威胁	不知道	是威胁	不是威胁	不知道
荷兰	23	69	8	24	69	6	22	71	7	27	62	11
波兰	44	39	17	44	40	16	37	44	19	38	46	17
葡萄牙	29	56	14	41	55	4	33	61	6	41	52	7
罗马尼亚	19	56	25	26	55	19	21	61	18	22	61	17
瑞典							30	64	6	42	50	8
斯洛伐克	30	40	31	37	40	23	29	48	23	28	50	22
西班牙	31	63	6	39	56	5	29	67	4	41	56	3
英国	36	57	7	39	57	5	35	60	5	44	49	7

资料来源：根据跨大西洋趋势调查整理。

表11的数据显示，跨大西洋趋势调查没有得出皮尤调查中的"一边倒"结果，即大多数被调查的欧洲国家认为中国军事力量不构成威胁，认为构成威胁的比例低于不构成威胁的比例（波兰除外）。不过，需要辩证地来分析这种结果，一方面，要仰赖于调研者用相对"中立"的立场提出问题，即不预设中国军力"日益增长"这一前提，从而使问题有了明显不同的结果；另一方面也应看到，大部分被调查的欧洲国家事实上对中国军力威胁的担忧总体保持上升态势，对中国军力威胁的认识实际上在恶化。

2. 中国的经济增长是否一种机遇

表12的数据显示，几乎所有被调查的欧洲国家都认为中国经济对它们而言更多的不是机遇，而是威胁，两个中东欧国家保加利亚和罗马尼亚在这一点上态度稍显温和，认为中国经济带来的机遇大于威胁。认为中国经济带来威胁的在法国所占比例很高，对中国经济受益最大的欧洲国家德国则态度比较两可，但总体上仍认为中国经济带给它的威胁大于机遇。

综合上述相关调研，可以得出结论，大部分被调查的欧洲人认为，中国军事力量和经济力量的增长更多的是一种威胁，或者带来的威胁正在增长。

表12　欧洲人对中国经济的看法*

单位：%

	2007年			2010年			2011年			2012年		
	机遇	威胁	都有	机遇	威胁	都有	机遇	威胁	都有	机遇	威胁	都有
保加利亚	34	30	14	31	35	20	49	27	14	43	27	18
法　　国	28	57	12	24	63	10	32	56	11	24	65	11
德　　国	41	51	5	50	43	5	57	36	5	50	40	7
意 大 利	30	55	11	29	57	9	37	47	11	38	47	12
荷　　兰	61	30	6	64	23	10	67	22	7	58	23	14
波　　兰	25	54	10	24	59	8	31	48	9	36	43	11
葡 萄 牙	24	55	13	29	64	6	38	54	5	34	54	9
罗马尼亚	43	22	12	44	26	12	51	23	10	56	25	8
瑞　　典							65	24	7	58	27	10
斯洛伐克	17	40	24	20	38	30	23	37	24	29	43	17
西 班 牙	41	50	6	37	58	4	46	47	6	42	51	6
英　　国	51	40	4	54	40	2	58	34	2	56	36	3

注：*即中国经济对市场和投资是一种机遇，还是对欧洲的就业和经济安全是一种威胁。

资料来源：根据跨大西洋趋势调查整理。

（四）中国未来发展走向

对中国未来发展前景的看法是西方民众"中国观"的重要组成部分。这一调研主要包含下列几个问题：中国能否取代美国成为主导性超级大国，美、欧、日、中谁会成为未来主导性经济大国，中国和欧洲合作的前景等。

1. 中国将取代美国成为世界主导性超级大国吗？

在这个问题上，被调查的欧洲国家一致"看好"中国，认为中国将取代美国成为主导性超级大国，其比例一直呈现上升态势（见表13）。

2. 谁将成为世界主导性经济大国

对此，被调查的欧洲国家也呈一致"看好"中国的情况，而且随着形势变化，从2008~2013年，"看好"中国的民众逐渐增加，并超过美国。与此相应，"看衰"欧盟则比较明显，甚至认为欧盟比日本更没有希望成为主导性经济大国（见表14）。

表13 中国将取代美国成为主导性超级大国吗？

单位：%

	2008年			2009年			2011年			2013年		
	将最终取代	已经取代	永远不会取代	将最终取代	已经取代	永远不会取代	将最终取代	已经取代	永远不会取代	将最终取代	已经取代	永远不会取代
英国	48	7	36	43	6	41	54	11	26	55	11	26
捷克										39	15	39
法国	51	15	34	44	11	43	49	23	28	48	22	31
德国	52	9	35	42	9	41	50	11	34	50	26	29
希腊										40	17	31
意大利										31	17	41
波兰	26	12	46	24	12	44	26	21	31	33	22	27
西班牙	52	5	35	40	8	44	53	14	30	55	16	26

资料来源：根据皮尤调查整理。

表14 美国、中国、日本、欧盟谁将成为未来的超级大国

	2008年				2009年				2010年				2011年				2012年				2013年			
	美	中	日	欧	美	中	日	欧	美	中	日	欧	美	中	日	欧	美	中	日	欧	美	中	日	欧
英	44	29	8	10	46	34	8	7	38	44	8	8	33	47	8	7	28	58	5	3	33	53	4	4
捷																	29	51	9	7	26	55	9	4
法	44	31	10	14	45	35	7	13	41	47	5	7	42	47	5	6	29	57	7	6	34	53	7	5
德	25	30	11	31	20	28	8	36	18	51	8	19	22	48	6	21	13	62	5	17	19	59	4	14
希																	36	45	3	4	50	34	3	4
意																	37	46	3	3	43	46	3	2
波	52	15	11	13	39	18	11	15	44	27	9	10	43	30	5	9	35	35	12	4	33	39	8	7
西	42	24	9	20	47	22	9	12	40	34	2	7	37	49	6	5	26	57	9	5	27	56	8	5

资料来源：根据皮尤调研数据整理。

3. 中国与欧洲合作的前景问题

关于中欧合作前景，西方民调机构主要从中欧之间是否有共同价值和利益，从而能够达成合作的角度来考察（见表15和表16）。

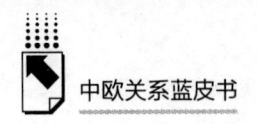

表15 欧洲人对中欧之间是否有共同价值观能够在国际上进行合作的看法*

单位：%

	2010年			2012年		
	有共同价值能合作	有不同价值无法合作	不知道	有共同价值能合作	有不同价值无法合作	不知道
保加利亚	35	39	26	44	35	22
法国	29	67	4	28	71	2
德国	21	74	4	31	63	6
意大利	26	66	8	37	56	8
荷兰	44	49	7	36	51	13
波兰	22	66	14	35	41	24
葡萄牙	38	57	5	52	41	7
罗马尼亚	37	40	24	54	25	22
瑞典				30	62	8
斯洛伐克	23	64	13	33	46	20
西班牙	35	60	5	41	54	5
英国	41	56	3	35	54	11

注：*即中欧之间有足够的共同价值观能够在一些重要国际问题上进行合作，还是中欧之间存在不同的价值观而不可能在国际问题上进行合作。

资料来源：根据跨大西洋趋势调查整理。

表16 欧洲人对中欧之间是否有共同利益能够在国际上进行合作的看法*

单位：%

	2010			2012		
	有共同利益能合作	有不同利益无法合作	不知道	有共同利益能合作	有不同利益无法合作	不知道
保加利亚	41	35	25	39	34	26
法国	39	57	4	32	66	2
德国	38	58	4	35	59	6
意大利	43	47	10	46	45	9
荷兰	48	45	7	41	46	13
波兰	29	51	20	37	39	24
葡萄牙	46	50	4	60	33	7
罗马尼亚	43	31	26	53	24	22
瑞典				34	56	11
斯洛伐克	24	62	15	36	43	21
西班牙	42	53	4	40	58	2
英国	44	49	7	37	53	10

注：即中欧之间有足够的共同利益能够在一些国际问题上进行合作，还是中欧之间存在众多的不同利益导致不可能在国际问题上进行合作。

资料来源：根据跨大西洋趋势调查整理。

绝大多数被调查的欧洲国家民众认为，中国和欧洲缺乏共同的价值和利益，以至于在国际问题上无法合作。相比而言，认为价值观差异导致无法合作的所占比例更高一些。认为有共同价值和利益从而能进行合作的比例从2010~2012年处于下行趋势，这显示出欧洲民众对中欧在国际问题上能够合作的信心不足。但不同国家有所差别，中东欧国家总体上乐观一些，而欧洲大国，英、法、德、西、意等普遍信心不足。

综合起来看，欧洲国家民众对中国将来成为主导性经济大国并且能够取代美国的前景非常"看好"，与此同时，对未来中欧能在国际问题上合作的信心不足。

（五）欧洲民众中国观特点总结

第一，欧洲民众中国观所释放的信号是相对悲观和矛盾的。无论是在中国印象、中国责任还是中国威胁以及未来中欧合作方面，欧洲民众大都持悲观的、消极的态度，并且时间长达近10年，迄今仍无明显改观。与此同时，在对中国的未来发展前景上，欧洲民众却普遍"看好"中国。由此可见，欧洲民众中国观中存在着矛盾心态，一方面看好中国的未来前途，一方面却对中国的现状"唱衰"，对中欧合作信心不足。

第二，从所有调研数据指标看，欧洲大国如英、法、德、西等国家民众中国观的绝大部分指标在2008年经历谷底后呈缓慢抬升趋势。但有的国家抬升不明显，对华好感度无大的改观，如英国和德国；有的国家抬升则相对明显，如西班牙和波兰。

第三，英、法、德、西、意等欧洲大国中，法国和意大利在大多数议题上对中国看法最消极，西班牙、德国紧随其后，而英国是欧洲大国中相对积极的。

第四，从调查区域看，西欧国家相对悲观（英国除外）；而中东欧国家相对积极一些（波兰、捷克在有些话题上除外）；南欧国家态度不够稳定，有些时候对华看法较为消极，但也有明显比较积极的时候；北欧国家由于数据缺乏，无法得出结论。

第五，部分欧洲国家民意与实际情况存在明显"倒挂"。如中国和德国是中欧政治和战略关系中最好的，但德国民众对中国的民意好感度多数时候很差。英国和中国政治关系近来不睦,但其民意好感度总体上在欧洲大国中表现较好,相对积极。

第六,从国际区域对比看,欧洲最为"看衰"中国。从整个亚洲、欧洲、非洲、南美洲、北美欧、大洋洲等区域比较来看,欧洲对中国的积极评价比其他区域总体都要低。亚洲国家呈现两极分化情况,日本、印度等国对中国评价不好,而巴基斯坦等国对华则评价较好。

三 欧洲民众中国观形成背景或影响因素分析

欧洲人的中国观的形成既有客观原因,也有主观原因。客观原因概括起来主要有如下几点。

首先,全球化无疑是主要原因。中国作为新崛起的国家,在资本积累和贸易发展上取得快速的进步。一些国家从中国的发展和繁荣中受益,而另有一些国家则因为产业结构等问题无法适应全球化进程中新经济体的崛起而导致利益格局变化。比如一些发达国家企业在与中国的竞争中不断受挫,导致西方国家普通民众和舆论对中国心存不满,这在法国和意大利表现得比较明显。一些西方国家认为没有从中国的发展中得到想象的利益而对中国心存不满,这在德国表现得比较明显。而英国因从与中国的合作和中国自身的经济发展中获得利益,导致民众对中国看法的负面因素相对较低。

其次,2008~2009年金融危机席卷全球,欧洲主权债务危机更使欧洲国家的经济雪上加霜,导致民众处于"焦虑"状态,对未来充满迷惘,反全球化情绪上升。与此同时,新兴经济体经济的快速发展以及对欧洲造成的竞争性压力,使一些欧洲国家民众对包括中国在内的新兴国家产生心理落差和不满。这表现在西方舆情调查公司自2006年以来历年的调查结果中,即欧洲大国民众对中国的不友好感持续上升,对中国经济和军事增长的忧虑增强。

再次,赴欧旅行的中国人和欧洲华人群体是欧洲民众了解中国最直观的渠道,对欧洲人中国观的形成有很大影响。有些到欧洲旅行和移民到欧洲的中国人给当地人印象不佳,中国移民不遵纪守法、中国游客行为不检点为欧洲人所诟病。这一点在法国、意大利和西班牙表现得较为明显,这三个国家都对中国移民采取过专项清理活动。法国针对华人华侨和中国游客的暴力事件持续攀升，意大利当地政府清查华人商铺、工厂，西班牙采取的"帝王行动"把华人等同于黑帮组织来加以清理。

事实上，一些主观因素对欧洲人中国观的形成产生了很大影响，具体体现为下列两点。

首先，民意调查貌似公正但有很强的诱导性。综观欧美国家舆论调查的形式、内容和结果，从中国学者立场看，比较突出的一个问题是这些民调问题多以西方价值观念为导向。西方很多学者承认，民意调查在收集民意的同时，某种程度上也是在塑造民意。欧美国家民意调研机构的涉华调查表明，其问卷设计多集中在围绕中国崛起而产生的一些负面问题上，其结果也会倾向于负面。

在西方，民意调查被定性为"精确新闻"，尽管寻求"精确"，但也是"新闻"，必须提供能引起关注的问题。因此，民意调查公司都是针对在中国发生的突发事件或者热点问题而展开调查。通常在调查问卷中，"积极"问题的比例少而"消极"问题的比例多，由此导致西方民意调查机构的结论必定带有某些"主观"的甚至"负面"的色彩。如西方媒体根据调查炮制出来的话题——"中国的威胁超过美国""中国是全球稳定最大的威胁"、中国是全球"最大的污染者"等都在西方国家和中国造成很大的影响，媒体曝光率较高。

其次，美国对塑造欧洲人的"中国观"具有重要的影响。具体表现在：①涉华民意调研多由有美国背景的民意机构所主导，在一定程度上折射美国的战略意图。美国对华战略想要一个什么样的"中国观"，在民意调查的推进下，便在欧洲舆论场中形成一个什么样的"中国观"。同时，欧洲民意调查机构尚无专门针对中国调查的意图和兴趣。尽管有英国BBC公司和加拿大环球扫描公司等合作进行关于中国好感度和中国威胁的调查，但其背后是美国在支撑（其世界舆情调查基本为为数众多的美国基金会资助①）。②在相关舆论调

---

① 主要资助者是洛克菲勒基金会、洛克菲勒兄弟基金、福特基金会、美国德国马歇尔基金会、卡耐基基金会、马里兰大学基金会等，详见http://www.worldpublicopinion.org/pipa/about.php?nid=&id=。

查中成功植入"中国话题"。美国的德国马歇尔基金会跨大西洋趋势调查就是明显的例子，其早期阶段只是调查美国和欧洲民意对跨大西洋关系的看法，但近些年来，在跨大西洋关系调查中，中国问题成为跨大西洋趋势调查的主要话题之一。它除了客观反映了跨大西洋两岸关系中中国因素的凸显，同时也表明了美国通过有关中国威胁等题目的植入，引导欧洲对中国民意的"美国化"。③隐含着美国所设计的逻辑推理，即在中国印象、中国责任、中国威胁、中国发展前景这四个方面隐含着一定的逻辑推理，如果中国的形象好、中国是负责任的、中国发展不构成威胁，那么认为中国的未来无论怎样发展都应该受到欢迎和支持，否则就应该受到遏制。

附 录
Appendix

B.23
中欧关系大事记

（2003.1~2013.9）

钱小平*

2003 年

1月6日 中国与欧盟首次外交政策磋商在布鲁塞尔举行。

2月14日 中国与欧盟外长会议在北京举行。

3月5日 中欧第十五次人权对话在雅典举行。

3月6日 西班牙王后索菲娅今起对中国进行为期5天的访问并参加中西建交30周年的有关活动。

4月3日 中央军委主席江泽民在北京会见欧洲制宪委员会主席吉斯卡尔·德斯坦一行。

4月25日 国家主席胡锦涛在北京会见来访的法国总理拉法兰。

---

* 钱小平，欧洲研究所信息资料室副研究馆员。

5月14日 温家宝总理在北京会见罗马尼亚总理。

6月1日 国家主席胡锦涛在出席南北领导人非正式对话会议前,在法国埃维昂会见法国总统希拉克。

6月3日 中国正式要求在欧盟的反倾销调查中获得市场经济地位。

6月13日 温家宝总理在北京会见欧盟委员会贸易委员拉米。

7月21日 国家主席胡锦涛、中央军委主席江泽民分别在北京会见来访的英国首相布莱尔。

8月19日 罗马尼亚总统伊利埃斯库今起对中国进行为期7天的访问。20日,两国元首就加强双边关系和共同关心的国际问题举行会谈并宣布两国将发展全面友好合作关系。

8月27日 匈牙利总理彼得今起对中国进行为期3天的正式访问。这是匈牙利总理40多年以来对中国的首次访问。28日,两国总理签署联合声明,并出席两国关于加强打击犯罪、扩大教育、旅游和体育交往等6个合作文件的签字仪式。

9月10日 欧盟委员会通过为欧中关系发展制定的战略文件:《走向成熟的伙伴关系——欧中关系中的共同利益与挑战》。

9月11日 国家主席胡锦涛在北京与德国总统约翰内斯·劳举行会谈。

9月13日 欧盟委员会发展和人道主义援助委员波尔·尼尔森访华。

9月18日 中国与欧盟就中国参加伽利略计划在北京举行第二轮正式谈判,并达成协议。19日,中欧卫星导航技术培训合作中心在北京正式成立。

10月6日 爱尔兰总统麦卡利斯今起对中国进行为期9天的国事访问。

▲ 中国文化年在巴黎金门宫博物馆隆重开幕。

10月13日 中国政府发表《中国对欧盟政策文件》,这是中国首份对外发表的政策文件,文件阐述了中国对欧盟的政策目标和今后5年的合作措施。同日,欧盟外长会议通过了上月欧盟委员会提交的对华政策新文件。

10月20日 首轮中英战略安全对话在北京举行。

10月28日 中欧合作打击非法移民和贩卖人口活动第四轮高级别磋商在北京举行。

10月30日 第六次中国—欧盟峰会在北京举行。国家主席胡锦涛会晤欧方领导人。中欧签署《中欧伽利略计划合作协议》《中欧关于成立工业政策对话机制框架协议》和《中欧旅游目的地国地位谅解备忘录》。

11月27日 中国与欧盟第十六次人权对话在北京举行。

12月1日 德国总理施罗德今起对中国进行为期4天的正式访问。

12月15日 中欧第十次司法研讨会在威尼斯举行。

2004年

1月26日 国家主席胡锦涛开始对法国进行为期3天的国事访问。

2月10日 中欧政策文件研讨会在北京举行,会议达成"共同行动"指南。

2月12日 中国与欧盟在北京签署《关于中国旅游团队赴欧洲共同体旅游签证及相关事宜的谅解备忘录》。

2月26日 为期2天的中欧第十七次人权对话在都柏林举行。

3月16日 欧盟理事会秘书长兼欧盟共同外交与安全政策高级代表索拉纳访华。

4月7日 国家主席胡锦涛在北京会见荷兰首相巴尔克南德。

▲ 中欧空间合作高层研讨会在北京举行。中欧签署加强科技合作的联合声明。

4月13日 欧盟委员会主席普罗迪访华。温家宝总理会见普罗迪。14日,普罗迪在中国社会科学院发表题为"欧盟在全球变革中的作用"的演讲,并为设在中国社会科学院的"中国—欧盟:欧洲研究中心项目"揭牌。

4月14日 国家主席胡锦涛在北京会见欧盟委员会主席普罗迪。

4月30日 中国与欧盟在纽约举行军控磋商。

5月2日 温家宝总理今起对德国进行为期3天的正式访问。双方宣布在中欧全面战略伙伴关系框架内建立具有全球责任的伙伴关系。

5月6日 温家宝总理访问欧盟总部。中欧发表联合新闻公报。中欧草签《中欧海关合作协定》,签署《中欧竞争政策对话》框架性文件、《中欧纺织品贸易对话机制》和《关于伽利略合作的联合声明》等多个双边合作文件。温

家宝出席中欧投资贸易研讨会并发表讲话。

▲ 温家宝总理访问意大利。两国领导人正式确定建立"中意政府委员会"，以提升两国在各领域的合作水平。9日，中意两国决定建立全面战略伙伴关系。

5月10日　温家宝总理正式访问英国并与布莱尔首相举行会晤。两国政府决定建立中英全面战略伙伴关系。

5月11日　温家宝总理访问爱尔兰并与爱尔兰总理埃亨举行会谈。

5月26日　中国与欧盟在布鲁塞尔举行有关非法移民和人口贩卖的第五次高级磋商。

5月28日　欧盟委员会宣布，欧盟与中国就焦炭贸易问题达成协议。

6月8日　国家主席胡锦涛对波兰进行为期2天的国事访问。访问期间，双方决定建立中波友好合作伙伴关系并发表联合声明。

6月10日　国家主席胡锦涛对匈牙利进行为期2天的国事访问。访问期间，双方决定建立中匈友好合作伙伴关系并发表联合声明。

6月12日　国家主席胡锦涛对罗马尼亚进行为期2天的国事访问。访问期间，双方决定建立中罗全面友好合作伙伴关系。

9月24日　中欧第十八次人权对话在北京举行。

10月8日　温家宝总理在河内第五届亚欧首脑会议上发表演讲。外交部长李肇星与欧盟现任主席国荷兰外交大臣博特、候任主席国卢森堡副首相兼外交大臣阿塞尔博恩和欧盟委员会负责人在河内举行中欧外长政治磋商。

▲ 法国总统希拉克对中国进行为期4天的国事访问并出席法国文化年开幕活动。

10月9日　中欧签署《中欧伽利略计划技术合作协议》。

10月10日　法国文化年在北京隆重开幕。

10月18日　欧盟委员会在北京宣布，解除中国向欧盟出口虾、养殖鱼类、蜂蜜、蜂王浆、兔肉和其他一部分动物源性食品的禁令。

11月11日　第三届"欧盟—中国"论坛在瑞典斯德哥尔摩大学举行。

11月30日　中国—西班牙论坛第二次会议在西班牙巴塞罗那举行。

12月3日　全国人大常委会委员长吴邦国在北京会见欧洲委员会议会议

长席德尔。

12月4日　意大利总统钱皮今起对中国进行为期6天的国事访问。

12月6日　温家宝总理在北京人民大会堂与德国总理施罗德举行会谈。

12月8日　第七次中欧峰会在荷兰海牙举行。中欧发表《第七次中欧领导人会晤联合声明》。中欧签署《中国与欧盟防扩散和军备控制问题的联合声明》《中国与欧洲原子能共同体利用核能研发合作协定》《中国与欧洲共同体科学技术合作协定的续签协议》《中欧海关合作协定》《和平利用核能研发合作协定》《中欧社会保障改革项目》及《四个中欧合作项目财政协议》等协议。

▲　温家宝总理与荷兰首相巴尔克南德举行会谈。中荷签署多个双边合作文件。

12月9日　温家宝总理在荷兰海牙出席中欧工商峰会并发表演讲。

2005年

1月11日　葡萄牙总统桑帕约对中国进行为期6天的国事访问。双方发表联合新闻公报并签署《中华人民共和国最高人民法院与葡萄牙共和国最高行政法院合作协议》《中华人民共和国政府和葡萄牙共和国政府关于经济合作协定》等7项双边合作协议。

4月18日　中国与法国在巴黎签署《中华人民共和国政府和法兰西共和国政府关于刑事司法协助的协定》。

4月21日　法国总理拉法兰对中国进行为期3天的正式访问。温家宝与拉法兰举行会谈并出席双方关于农业、航空、能源等领域20个双边合作协议的签字仪式。

4月27日　全国人大常委会委员长吴邦国在北京人民大会堂与来访的德国联邦议院议长蒂尔泽举行会谈并发表联合声明。全国人大和德国联邦议院定期交流机制正式启动。

5月6日　全国人大常委会委员长吴邦国、国务院总理温家宝分别与欧洲议会议长博雷利、欧盟轮值主席国卢森堡首相容克以及欧盟委员会主席巴罗佐

互致贺电、贺信，庆祝中国与欧盟建交30周年。

5月11日 欧盟"三驾马车"外长访华并出席在北京钓鱼台举行的庆祝中欧建交30周年招待会。

5月12日 中欧科技战略高层论坛在北京举行。

5月26日 中国和克罗地亚在北京签署《中华人民共和国和克罗地亚共和国关于建立全面合作伙伴关系的联合声明》。

6月4日 比利时国王阿尔贝二世对中国进行国事访问。

6月11日 中欧签署纺织品贸易问题备忘录，欧盟承诺对源自中国的10类纺织品终止调查。中欧双方还就到2007年年底这10类纺织品的对欧出口达成一致。

6月13日 为期2天的欧盟外长会议在卢森堡举行。会议决定放弃原定于今年6月底取消对华武器禁运的计划，并表示将不在该问题上设置新的时间进程表。

6月17日 欧盟峰会闭幕。会议就积极发展与中国的战略伙伴关系等一系列政治问题发表了一份结论性文件，重申与中国积极发展战略伙伴关系的决心，希望进一步加强与中国在政治、经济、贸易等领域的全面对话与合作。

6月28日 中国与欧盟及另外4方达成协议，确定法国的卡达拉舍为国际热核反应堆的建造地，中欧在这个战略性科技项目上的合作步入新阶段。

7月14日 欧盟委员会主席巴罗佐对中国进行正式访问。温家宝总理与巴罗佐举行会谈。

7月15日 中国国家主席胡锦涛在北京会见欧盟委员会主席巴罗佐，巴罗佐在中国社会科学院发表题为《欧盟与中国——共绘更加美好的未来》的演讲。

7月21日 中国和西班牙在北京签署《中华人民共和国和西班牙王国关于刑事司法协助的条约》。

7月28日 中国总承包商在北京与欧洲"伽利略"联合执行体签署3个应用项目合同，使中欧双方在"伽利略"计划上的合作进入实质性操作。

9月5日 第八次中欧峰会在北京举行。中欧双方发表《第八次中欧领导人会晤联合声明》《中欧气候变化联合宣言》，并签署关于在交通运输、环境保护、空间开发、北京首都机场建设等领域开展合作的文件。中欧就纺织品贸易达成协议并签署文件。

▲ 国家主席胡锦涛会见来华出席第八次中欧峰会的欧方领导人。

▲ 中欧工商峰会在北京举行。

9月6日 温家宝总理与英国首相布莱尔在北京举行会谈，并共同出席南航购买10架空客A330飞机协议、渤海银行股东发起人协议、中英政府文化交流计划、中国国家博物馆和英国大英博物馆谅解备忘录文件的签字仪式。

9月28日 中德举行两国外交部政治磋商。双方签署《中华人民共和国外交部和德意志联邦共和国外交部关于建立中德对话论坛的协议》。

10月31日 首届中国与欧盟金融服务与监管圆桌会议在上海召开。

11月2日 中国与欧盟在北京签署《中欧政府采购合作协议》，并确定建立中欧政府采购对话机制。

11月3日 全国人大常委会委员长吴邦国在北京会见由主席拉斯穆森率领的欧洲社会党代表团。

11月5日 第二十届中国—欧盟经贸混委会在布鲁塞尔召开。

11月8日 国家主席胡锦涛今起对英国、德国、西班牙进行国事访问。

11月9日 国家主席胡锦涛在伦敦与英国首相布莱尔举行会谈。中英签署总值约13亿美元的商业合约。

11月10日 国家主席胡锦涛对德国进行首次国事访问。双方签署中德文化合作协定和中德交通、卫生、通信等领域的合作文件。

▲ "欧盟未来发展"国际会议在北京举行。

11月13日 中国与欧盟海关双边高层对话磋商机制正式启动。

11月15日 国家主席胡锦涛访问西班牙并与西班牙首相萨帕特罗举行会谈。两国宣布建立全面战略伙伴关系。中国与西班牙签署《中华人民共和国和西班牙王国引渡条约》。

11月22日 中欧在北京签署《中华人民共和国政府与欧洲空间局关于和平利用空间的合作协定》。

12月4日 温家宝总理今起对法国、斯洛伐克、捷克、葡萄牙等五国进行正式访问。

12月5日 中法两国发表《关于开展青年领域合作的联合声明》并签署16项合作文件。

12月8日 温家宝总理访问斯洛伐克。访问期间，中斯签署两国政府关于促进和相互保护投资协定的附加议定书；中国信息产业部与斯洛伐克运输、邮政和电信部签署信息通信领域合作协议。

12月9日 温家宝总理访问葡萄牙。两国决定建立全面战略伙伴关系。

12月20日 中国与欧盟举行首轮战略对话。

2006年

1月12日 中国与欧盟在北京签署《中欧高速网络基础设施及其重大应用战略合作的联合声明》。中国与欧洲将建立2500兆比特/秒以上的先进网络高速互联，以支持中欧基于高带宽网络支撑的相关技术领域合作研究。

1月19日 希腊总理卡拉曼利斯对中国进行为期3天的正式访问。两国政府决定建立全面战略伙伴关系。

2月3日 中欧在维也纳举行外长会议。

2月8日 在欧盟拒绝给予全部13家被抽查的中国鞋类企业以市场经济地位后，8家中国皮鞋生产企业在广州发起成立"欧盟对华鞋产品反倾销应对联盟"，以针对近10年来欧盟对中国最大一宗反倾销案进行集体抗辩。

3月17日 欧盟反垄断机构决定对中国国际海运集装箱集团收购荷兰博格公司的交易收购案进行调查。这是欧盟第一次对中国公司海外收购展开反垄断调查。

3月23日 欧盟委员会通过欧盟贸易委员曼德尔森对中国鞋做出的裁决，并正式批准自4月7日起，对中国与越南出口欧盟的皮鞋征收为期半年的临时反倾销税。这是中欧反倾销史上金额最大的一次反倾销案，涉及中国制鞋企业1200多家和上百万人的就业，涉及金额达6.7亿美元。24日，欧洲贸易商协会发表声明，批评欧盟对中国和越南产皮鞋征收反倾销税的做法。

4月7日 欧盟开始对中国鞋征收反倾销税。

4月20日 国务院副总理回良玉率团对法国进行访问。访问期间，中法两国签署《中法两国政府关于农业合作的联合声明》。

5月21日 德国总理默克尔对中国进行正式访问。国家主席胡锦涛、国务院总理温家宝分别会见默克尔总理。双方决定建立中德战略对话机制，并签署19份双边合作文件。

5月26日 为期2天的中国与欧盟第二十一次人权对话会议在维也纳结束。

6月6日 中国与欧盟在北京举行第二轮战略对话。

7月6日 中国和黑山建立大使级外交关系。

7月10日 欧洲议会议长博雷利开始对中国进行为期6天的访问。这是欧洲议会议长13年来首次访华。国家主席胡锦涛、全国人大常委会委员长吴邦国分别会见博雷利。

9月3日 卢森堡大公亨利对中国进行为期7天的访问。

9月8日 第二届中欧商务会议高层对话论坛在日内瓦举行。

9月9日 第九次中欧峰会在芬兰赫尔辛基举行。中欧发表联合声明，并宣布正式启动商签中欧伙伴合作协定的谈判。

9月12日 中欧工商峰会在赫尔辛基举行。

9月13日 温家宝总理出席在德国汉堡召开的中欧论坛第二次会议并发表演讲。

▲ 意大利总理普罗迪对中国进行正式访问。

▲ 中国与英国签署《中国国家发改委和英国贸易投资总署关于成立中英能源工作组的谅解备忘录》。

9月14日 中德举行两国总理定期会晤，双方签署《中德青年交流协议》等8项协议。

9月18日 "中欧工业品和WTO/TBT磋商机制"第五次年会在欧盟总部举行，双方共同签署《中欧机电产品安全合作机制》。

▲ 中国海关总署、欧盟税务和关税联盟总司以及荷兰、英国的税务海关部门在布鲁塞尔签署一项启动智能化安全贸易航线试点计划的文件。

10月4日 欧盟通过对中国和越南产皮鞋的正式反倾销方案。欧盟将从10月7日起分别对两国皮鞋征收16.5%和10%的反倾销税，为期2年。

10月11日　由中国科技部和欧盟委员会研究总司联合发起的中欧科技年活动启动仪式在布鲁塞尔举行。

10月19日　中国和欧盟在双边磋商机制第二次会议上就滚动工作计划达成一致。本滚动工作计划经双方同意将定期更新，确保能够准确反映中欧双方需求并能适应新的发展。

▲欧盟宣布即日起对中国冷冻草莓征收34%的反倾销税。6个月后，欧盟将最终决定是否对中国产草莓征收长达5年的反倾销税。

10月24日　欧盟委员会在斯特拉斯堡发布题为《欧盟—中国：更加紧密的伙伴、承担更多责任》的对华政策新文件，及题为《竞争和伙伴关系：欧中贸易和投资政策》的对华贸易政策文件。

10月26日　国家主席胡锦涛与来访的法国总统希拉克会谈。两国签署中法联合声明和涉及空间合作、新发传染病预防与控制、购买空客飞机等14项合作协议。

10月31日　中国与欧盟双方官员在布鲁塞尔商定进一步加强双方在区域政策方面的对话与经验交流、打造区域政策双边合作的"路线图"。

11月7日　中国与欧盟在北京举行第二十一届中欧经贸混委会。双方签署《关于加强知识产权保护合作的谅解备忘录》等协议。欧盟同意向中国建立的50个知识产权投诉中心提供技术方面的帮助。

11月9日　中德举行首轮战略对话会议。

11月19日　保加利亚总理斯塔尼舍夫今起对中国进行为期4天的正式访问。访问期间，两国签署《中华人民共和国政府和保加利亚共和国政府经济合作协定》等三项合作协定和一项谅解备忘录。

12月5日　欧洲议会成立首个非官方的对华友好议员团体——欧中友好小组。

12月21日　中国与法国在北京草签《中国和法国引渡条约》。

2007年

1月17日　中国外长李肇星与来华访问的欧盟对外关系委员瓦尔德纳举

行会谈，双方宣布正式启动中欧伙伴关系协定的实质性谈判。这份中欧伙伴关系协定将取代1985年的中欧《贸易与经济合作协定》，成为中欧关系发展的"总纲领"。

▲ 中国商务部长易小准和瓦尔德纳签署包括加快中欧知识产权保护合作、创办中欧法学院、启动中欧商务管理培训项目在内的3项财政协议。

1月31日 中国与葡萄牙在北京签署《中华人民共和国和葡萄牙共和国引渡条约》。

3月1日 中国与法国在北京签署《中华人民共和国政府和法兰西共和国政府关于在中医药领域合作的协议》。

3月20日 中国与法国正式签署两国引渡条约。

4月8日 回良玉副总理访问荷兰。访问期间，双方签署《中荷两国政府关于农业合作的联合声明》。

5月10日 中欧谈判指导委员会举行首次会议。会议就中欧伙伴关系合作协定谈判的有关指导原则、协定框架、谈判结构、方式和议题顺序等达成重要共识。

5月11日 中国与波兰签署《中华人民共和国铁道部和波兰共和国运输部铁路运输合作谅解备忘录》。

5月22日 全国人大常委会委员长吴邦国访问匈牙利。

5月24日 全国人大常委会委员长吴邦国访问波兰。

5月27日 欧洲议会欧中友好小组正式访问中国。

5月28日 中欧外长举行会晤。

6月12日 第二十二届中欧经贸混合委员会会议结束。

6月19日 中国与比利时在北京签署《中比法语区政府2007～2010年文化交流执行计划》。

6月23日 欧洲议会对华关系代表团来华出席双方交流机制第24次会议并访问西藏。

6月24日 西班牙国王卡洛斯一世及索菲娅王后对中国进行国事访问。

6月26日 中国与保加利亚在北京签署《中保两国政府关于相互鼓励和保护投资协定的附加议定书》。

▲ 中国与比利时在北京签署《中比两国政府关于设立中国—比利时直接股权投资基金的谅解备忘录》。

6月27日 由中国科技部、意大利卫生部、欧盟科研总司联合主办的《中欧中医药大会——国际科技合作与展望》昨今两天在罗马召开。

7月3日 国务委员唐家璇在北京会见来访的欧洲社会党主席拉斯穆森及代表团一行。

7月8日 中国与瑞士签署《中国商务部与瑞士经济部联合声明》。瑞士宣布承认中国完全市场经济地位。9日，两国签署《关于设立中瑞联委会知识产权工作组的谅解备忘录》。

8月27日 德国总理默克尔访华，宣布启动为期3年的"德中同行"在华系列活动。

9月18日 中国与欧盟签署道路和内河合作谅解备忘录。

9月21日 中国与英国举行中英第二轮战略对话。

9月23日 德国总理默克尔会见达赖喇嘛。

9月25日 中法海军在地中海海域举行以联合搜救为主要内容的"中法友谊—2007"海上联合军事演习。

10月4日 主题为"中欧如何共同面对中国崛起"的中欧论坛，今起至7日在欧洲23个城市及欧盟总部所在地布鲁塞尔举行。参加这次论坛的中欧各界人士近千人，内容涉及各个领域，是近年中欧之间研讨中国崛起的规模最大的一次论坛。

10月17日 中国和欧盟在北京举行第二十四次"中国—欧盟人权对话"。

10月21日 中国与西班牙在北京签署《中国政府与西班牙王国政府关于相互承认学历学位的协议》。

11月25日 法国总统萨科奇开始对中国进行为期3天的国事访问。

11月25日 欧元集团主席、卢森堡首相兼财政大臣容克、欧洲中央银行行长特里谢和欧盟委员会经济与货币事务委员阿尔穆尼亚对中国进行为期2天的访问。

11月26日 中国和法国在北京签署《中华人民共和国政府和法兰西共和国政府关于相互促进和保护投资的协定》和《中法应对气候变化联合声明》。

11月28日 国家主席胡锦涛会见来京出席第十次中欧峰会的欧盟轮值主席国葡萄牙总理苏格拉底和欧盟委员会主席巴罗佐。

▲第十次中欧峰会在北京举行。双方发表联合声明。双方同意中国国务院和欧盟委员会将成立副总理级的中欧经贸高层对话机制,并签署《欧洲投资银行对话气候变化框架贷款协议》《中欧法学院项目联合声明》及《中欧商务管理培训项目联合声明》。

11月29日 欧盟委员会在布鲁塞尔就第十次中欧领导人会晤发表题为《欧中峰会:全面发展的伙伴关系》的公报,对会晤取得的成果给予高度评价。

2008年

1月18日 英国首相布朗开始对中国进行为期3天的正式访问。国家主席胡锦涛与布朗首相举行会晤。双方在涉及双边和多边领域各项议题上达成九项重要共识,签署包括教育、能源等领域的8项合作文件。

2月27日 中国与德国在北京签署《中华人民共和国政府和德意志联邦共和国政府2007年技术合作协定》。

3月24日 中国与欧洲原子能共同体在北京签署《中华人民共和国政府和欧洲原子能共同体和平利用核能研发合作协定》。

4月24日 欧盟委员会主席巴罗佐来华进行为期2天的正式访问。中欧双方宣布启动中欧经贸高层对话。

4月25日 首次中欧经贸高层对话在北京人民大会堂举行。双方决定,对话每年举行一次,在中欧两地轮流举行。

7月1日 中国与德国在北京签署《中华人民共和国政府与德意志联邦共和国政府2007年度财政合作协议》。

10月8日 中国与英国在北京签署《中华人民共和国与作为大不列颠及北爱尔兰联合王国国际发展部赠款托管机构的国际复兴开发银行赠款协定(中国农村开发项目)》。

10月20日 丹麦首相拉斯穆森来华出席第七届亚欧首脑会议并对中国进

行正式访问。访问期间，双方发表《中华人民共和国政府和丹麦王国政府关于建立全面战略伙伴关系的联合声明》。

11月26日　中国外交部宣布，担任欧盟理事会轮值主席的法国领导人公开高调宣布将于中欧领导人会晤后会见达赖，使中欧会晤已不具备应有的良好气氛，也无法达到预期的目的。在此情况下，中方不得不推迟中欧领导人会晤。

11月27日　法国宣布取消第5届欧中经济峰会。

12月6日　法国总统萨科齐访问波兰，并与达赖会面。

2009年

1月19日　中国和欧盟第四轮战略对话在北京举行。

1月27日　温家宝总理今起对瑞士、德国、西班牙、英国和欧盟总部进行正式访问，并出席在瑞士达沃斯举行的世界经济论坛2009年年会。

▲温家宝总理与瑞士联邦主席梅尔茨举行会谈。会谈后，两国领导人共同出席中瑞促进和相互保护投资协定及议定书签字仪式。

1月29日　温家宝总理访问德国。双方发表《中德关于共同努力稳定世界经济形势的联合声明》并签署多项双边合作文件。

1月30日　温家宝总理访问欧盟总部并与欧盟委员会主席巴罗佐举行会谈，并在会谈后共同出席中欧9个合作协议的签字仪式。

▲温家宝总理访问西班牙。中西两国发表《中华人民共和国政府和西班牙王国政府关于进一步深化两国全面战略伙伴关系的联合声明》。

2月2日　温家宝总理访问英国与英国首相布朗举行会谈。会谈后，双方发表《中英关于加强合作积极应对国际金融危机的联合声明》。两国领导人共同出席了经贸投资、电力通信、知识产权、城市发展等领域多项双边合作文件的签字仪式。

2月22日　国家副主席习近平在瓦莱塔同马耳他总理贡齐举行会谈。会谈后，双方共同出席经济、文化、司法等双边合作文件的签字仪式。

2月24日　由中国商务部部长陈德铭率领的"中国贸易投资促进团"起

程前往欧洲，将在德国、瑞士、西班牙、英国四国开展一系列贸易投资研讨、洽谈和采购活动，以推动中欧双边贸易发展，促进双向投资和经济技术合作。

3月30日 温家宝总理在布鲁塞尔会见欧盟轮值国主席、捷克总理托波拉内克。

3月31日 中欧在布鲁塞尔签署《中华人民共和国政府和欧洲共同体及其成员国关于修订海运协定的议定书》。

4月1日 中国与法国外交部共同发表新闻公报，法国拒绝支援任何形式的"西藏独立"，双方重申加强全面战略伙伴关系。

4月20日 全国人大常委会委员长吴邦国在北京人民大会堂与法国国民议会议长阿克耶举行会谈。

4月21日 中国与阿尔巴尼亚在北京签署《中华人民共和国和阿尔巴尼亚共和国关于深化传统友好关系的联合声明》。

4月29日 第八届中欧工商论坛闭幕。

5月14日 为期两天的中国与欧盟第27次人权对话在捷克首都布拉格举行。

5月18日 中欧圆桌会议第五次会议开幕式在中国天津举行。

5月20日 第十一次中欧峰会在捷克首都布拉格举行。双方签署《中欧清洁能源中心联合声明》《中欧中小企业合作共识文件》《中欧科技伙伴关系计划》等文件。

6月23日 中国与英国在伦敦签署新闻出版领域的合作谅解备忘录。

6月30日 中国与欧盟商会发布《中国欧盟商会商业信心调查2009》报告文件。

7月6日 国家主席胡锦涛在罗马会见意大利总统纳波利塔诺。会谈后，双方领导人共同出席8项合作协议的签字仪式。

8月20日 中国和塞尔维亚在北京签署《中华人民共和国和塞尔维亚共和国关于建立战略伙伴关系的联合声明》以及《中华人民共和国政府和塞尔维亚共和国政府关于基础设施领域经济技术合作协定》。

9月9日 温家宝总理在北京人民大会堂会见英国内阁首席大臣兼商业、创新和技能大臣曼德尔森。

10月7日 到访的国家副主席习近平与比利时首相范龙佩举行会谈。

10月8日 国家副主席习近平在欧盟总部会见欧盟委员会主席巴罗佐。

10月12日 到访的国家副主席习近平分别与德国总统克勒和总理默克尔举行会谈。访问期间，中德双方共同签署经济、教育以及太阳能、机电等领域9个双边合作文件。

10月15日 国家副主席习近平访问保加利亚，并分别与总统珀尔瓦诺夫、副总统马林及总理博里索夫举行会谈。

10月16日 到访的国家副主席习近平与匈牙利总统绍约姆举行会谈。

10月20日 中国和罗马尼亚在布加勒斯特签署《中华人民共和国政府和罗马尼亚政府关于互设文化中心的谅解备忘录》。

11月20日 温家宝总理在中南海紫光阁会见法国前总理拉法兰、匈牙利前总理迈杰希、英国前副首相普雷斯科特等出席"中欧战略伙伴关系研讨会"的欧方代表。

▲ 中国—欧盟第二十八次人权对话在北京举行。

11月27日 由中国商务部与法国经济工业和就业部共同主办的中法经贸合作论坛在法国巴黎举行。

11月30日 第十二次中欧峰会在中国南京举行。中欧双方续签《中欧科技合作协定》以及在节能减排、贸易和投资、环境治理等领域的5项合作文件。

12月1日 国家主席胡锦涛在北京会见欧盟轮值主席国瑞典首相赖因费尔特和欧盟委员会主席巴罗佐。

▲ 根据今日开始生效的《里斯本条约》，欧盟欧洲委员会驻华代表团今在北京举行揭牌仪式，正式更名为欧盟驻华代表团。

12月21日 温家宝总理与法国总理菲永在北京举行会谈。双方同意，在相互尊重、平等相待的基础上，继续推进中法全面战略伙伴关系。会谈后，两国总理共同出席中法两国在科技、信息、水利、文化、财政、核能、航空等领域合作文件的签字仪式。

2010年

1月11日 欧盟外交和安全政策高级代表阿什顿在欧洲议会听证会上表

示，面对中国等新兴大国的崛起，欧盟需制定新的外交政策，以应对即将形成的国际新秩序，并对新兴国家有效施加影响。

1月20日 奥地利总统菲舍尔出席在北京举行的中国—奥地利经济论坛。在此次论坛上，中奥签署4项合作协议。

3月16日 温家宝总理在北京会见英国外交大臣米利班德。

3月26日 中国与芬兰在赫尔辛基签署《中华人民共和国政府和芬兰共和国政府关于在文化、教育、科学、青年及体育领域合作谅解备忘录》。

3月29日 中国和瑞典在斯德哥尔摩签署《中华人民共和国政府和瑞典王国政府在文化领域合作谅解备忘录》。

4月28日 国家主席胡锦涛在北京人民大会堂与法国总统萨科齐举行会谈。

4月29日 欧盟委员会主席巴罗佐今起对中国进行为期3天的正式访问并出席上海世博会开幕式。

5月6日 国家主席胡锦涛与欧洲理事会主席范龙佩互致贺电，热烈庆祝中欧建交35周年。

5月24日 首届中欧政党高层论坛在北京举行。

7月1日 欧盟对中国数据卡同时发起反倾销及保障措施调查，涉案金额约41亿美元。

7月6日 欧盟委员会批准中国浙江吉利控股集团有限公司和大庆市国有资产经营有限公司并购瑞典沃尔沃轿车公司。

7月7日 全国人大常委会委员长吴邦国今起对法国、塞尔维亚、瑞士进行正式友好访问，并出席在日内瓦举行的第三次世界议长大会。

7月9日 全国人大常委会委员长吴邦国在法国总统府会见法国总统萨科齐。

7月14日 中国与塞尔维亚在贝尔格莱德签署《中华人民共和国政府和塞尔维亚共和国政府关于互设文化中心谅解备忘录》。

7月15日 德国总理默克尔访问中国。国家主席胡锦涛及国务院总理温家宝分别会见默克尔。16日，中德双方发表《中德关于全面推进战略伙伴关系的联合公报》，正式将两国关系提升为战略伙伴关系，将两国战略对话提升

为部长级。两国签署经济技术、财政、生态环保、电气、汽车、文化等领域10项双边合作文件。

7月16日 国家副主席、中央党校校长习近平在北京中央党校会见德国总理默克尔。默克尔同中央党校学员座谈，就中德关系、中欧关系、共同应对国际金融危机、气候变化等问题进行交流。

9月1日 国务委员戴秉国和欧盟外交与安全政策高级代表兼欧盟委员会副主席阿什顿在贵阳举行首次中欧战略对话。

10月2日 温家宝总理访问希腊。访问期间，温家宝总理与希腊总理帕潘德里欧举行会谈，并在希腊议会就中希关系和中欧关系发表演讲。中希发表《中希关于深化全面战略伙伴关系的联合声明》。

10月4日 温家宝总理对比利时进行正式访问，并出席第八届亚欧首脑会议和第十三次中欧峰会。

▲温家宝总理在布鲁塞尔会见法国总统萨科齐。

10月5日 正在比利时出席亚欧首脑会议的中国总理温家宝晚间飞赴德国与德国总理默克尔在柏林梅泽贝格宫举行会晤，并发表中德总理会晤联合新闻公报。

10月6日 第十三次中欧峰会在布鲁塞尔举行并发表联合新闻公报。

▲温家宝总理在布鲁塞尔出席第六届中欧工商峰会并发表演讲。

▲温家宝总理在布鲁塞尔与欧盟委员会主席巴罗佐共同出席首届中欧文化高峰论坛开幕式并致辞。

10月7日 到访的温家宝总理与意大利总理贝卢斯科尼共同出席中意建交40周年庆祝活动暨"中国文化年"开幕式并致辞。

▲温家宝总理与意大利总理贝卢斯科尼举行会谈。两国发表《中意关于加强经济合作的三年行动计划》。

10月27日 国家主席胡锦涛在北京同意大利总统纳波利塔诺举行会谈。

11月4日 国家主席胡锦涛今起对法国进行国事访问。两国签署涉及核能、航空、节能环保等诸多领域的合作协议。

11月6日 国家主席胡锦涛在里斯本同葡萄牙总统席尔瓦举行会谈。中葡双方签署涉及人文、科技、旅游、电力、通信和金融等多个领域的合作文件。

11月26日　德国总统武尔夫在柏林会见正在德国出席中欧论坛汉堡峰会第四次会议的中国国务委员马凯。

12月22日　第三次中欧经贸高层对话在北京举行。

2011年

1月4日　国务院副总理李克强开始对西班牙进行为期3天的正式访问。访问期间，中西两国在金融、电信、能源、油气、食品等领域签署16个项目合作文件。

1月6日　李克强副总理开始对德国进行正式访问。德国总理默克尔7日与李克强举行会谈。

1月10日　李克强副总理在伦敦会见英国首相卡梅伦。会见前，李克强副总理在伦敦与英国副首相克莱格举行会谈并共同出席中英双方在金融、投资、贸易、能源、低碳合作、文化以及大熊猫保护研究等领域一系列合作文件的签字仪式，涉及金额约47亿美元。

2月23日　温家宝总理同五百多名中欧青年代表和欧盟国家驻华使节一起出席在北京首都博物馆举行的"中欧青年交流年"开幕式。

3月1日　中国与瑞士在北京签署《中华人民共和国政府和瑞士联邦政府航空运输协定》。

5月12日　第二轮中欧高级别战略对话在欧盟轮值主席国匈牙利首都布达佩斯举行。

5月15日　欧洲理事会主席范龙佩抵达北京，开始对中国进行为期5天的正式访问。16日，中国国家主席胡锦涛在人民大会堂与范龙佩举行会谈。

5月16日　国家副主席习近平在人民大会堂会见来华参加第二届"中欧政党高层论坛"的欧方政党领导人。18日，第二届中欧政党高层论坛在天津举行，会议议题是：中欧贸易及经济合作的现状与前景。

6月20日　国家主席胡锦涛和乌克兰总统亚努科维奇在基辅签署《中华

人民共和国和乌克兰关于建立和发展战略伙伴关系的联合声明》。

6月24日 温家宝总理开始对匈牙利、德国和英国和进行访问。

▲ 温家宝总理与匈牙利总理欧尔班举行会谈并宣布，为促进相互投资，中方决定向匈牙利提供10亿欧元（约110亿港元）的专项贷款资金，用于两国企业合作项目，同时将购买匈牙利的国债，协助匈牙利渡过财政难关。25日，中国与匈牙利在布达佩斯签署《中匈两国政府关于互设文化中心谅解备忘录》。

6月27日 中国与英国在伦敦签署《中英两国政府关于对所得和财产避免双重征税和防止偷漏税的协定》。

6月28日 温家宝总理和德国总理默克尔在柏林共同主持首轮中德政府磋商。会后，双方发表首轮中德政府磋商联合新闻公报。中德两国签署《中德关于建立电动汽车战略伙伴关系的联合声明》。温家宝总理出席第六届中德经济技术合作论坛并发表演讲。

7月5日 国家副主席习近平在北京人民大会堂会见以主席拉斯穆森为团长的欧洲社会党高级代表团。

9月8日 中国与英国在伦敦签署《中英两国政府关于加强基础设施领域合作谅解备忘录》。

9月14日 李克强副总理出席中国—欧洲民间友好合作对话会开幕式并发表致辞。

9月27日 正在英国出席中英战略对话活动的中国国务委员戴秉国，与英国首相卡梅伦会谈。

10月19日 第六届中国—欧盟投资贸易合作洽谈会在四川成都开幕。

10月24日 为期3天的"中欧青年未来营"在北京闭幕，双方青年通过《中欧青年倡议》。

10月30日 国家主席胡锦涛抵达维也纳开始对奥地利进行访问。

11月2日 国家主席胡锦涛会见法国总统萨科齐。

11月7日 第二届中欧政党高层论坛第二次会议在布鲁塞尔开幕。

11月29日 由中国驻欧盟使团与比利时智库"欧洲之友"等机构合作举办的首届"中欧论坛"在布鲁塞尔举行。

12月2日 以"新形势下的中欧关系"为主题的第五届"蓝厅论坛"在中国外交部举行。

12月7日 外交部长杨洁篪与德国外长韦斯特韦勒在柏林举行第二轮中德外长级战略对话。

▲ 欧盟委员会决定从2014年起削减对中国、印度、巴西等19个新兴经济体的援助，并将援助重点放在最贫困国家。

12月18日 波兰总统科莫罗夫斯基对中国进行为期4天的国事访问。国家主席胡锦涛与科莫罗夫斯基举行会谈。会谈后，两国元首签署《中华人民共和国和波兰共和国关于建立战略伙伴关系的联合声明》，并出席有关双边合作文件的签字仪式。

2012年

2月2日 德国总理默克尔对中国进行为期2天的正式访问。上午，默克尔总理访问中国社会科学院，并就国际金融形势、政策及中德关系发表演讲。下午，温家宝总理在人民大会堂同德国总理默克尔举行大、小范围会谈并共同会见中外记者。

2月3日 国家主席胡锦涛和全国人大常委会委员长吴邦国分别会见德国总理默克尔。德国总理默克尔前往广州出席中德经济论坛。

2月7日 中国民航局向各航空公司发出指令，禁止中国各运输航空公司参与欧盟排放交易体系。中国民航局负责人表示，欧盟单方面立法将进出欧盟国际航班的温室气体排放纳入欧盟排放交易体系，违反了《联合国气候变化框架公约》和国际民航组织的相关原则和规定。

2月14日 第十四次中欧峰会在北京举行。温家宝总理与欧洲理事会主席范龙佩、欧盟委员会主席巴罗佐出席第七届中欧工商峰会。

2月15日 国家主席胡锦涛在人民大会堂会见欧洲理事会主席范龙佩和欧盟委员会主席巴罗佐。

2月18日 国家副主席习近平今起访问爱尔兰。

3月13日 温家宝总理与英国首相卡梅伦互致贺电，庆祝中英建交40

周年。

3月23日 欧盟委员会发布公告称，将复审52项对华反倾销措施。26日，中国商务部条约法律司负责人就此项措施发表谈话，欢迎欧方执行世界贸易组织（WTO）争端解决机制有关裁决的举措，并表示中方希望欧盟能尽早执行裁决，全面纠正其反倾销调查中违反WTO规则的做法，给予中国企业公平、公正待遇，促进双边贸易健康发展。

3月25日 爱尔兰总理肯尼对中国进行为期4天的正式访问。27日，温家宝总理在人民大会堂同爱尔兰总理肯尼举行会谈。双方宣布建立中爱互惠战略伙伴关系。

4月18日 中国科学院正式宣布其下属的成都地奥制药集团公司的创新药物——地奥心血康胶囊成功获准欧盟注册上市。这是中国成功进入欧盟市场的第一个具有自主知识产权的治疗性药品，也是欧盟成员国以外获得市场准入的第一个植物药，标志着中国具有自主知识产权的治疗性药品进入发达国家主流市场实现零的突破。

4月20日 温家宝总理今起对冰岛、德国、瑞典和波兰进行正式访问。

▲温家宝总理访问冰岛期间，中冰两国签署《中华人民共和国政府与冰岛共和国政府关于北极合作的框架协议》等多份合作文件。双方还就加快中冰自贸协定谈判，争取明年率先建成中欧之间第一个自贸区达成共识。

4月22日 温家宝总理抵达德国汉诺威，与德国总理默克尔共同出席德国汉诺威工业博览会开幕式并发表演讲。23日，中德工商峰会在汉诺威工业博览会会议中心开幕。温家宝总理与默克尔出席。

4月24日 到访的温家宝总理在斯德哥尔摩与瑞典首相赖因费尔特举行会谈。会谈后，双方发表《中华人民共和国和瑞典王国关于在可持续发展方面加强战略合作的框架文件》。25日，温家宝总理与瑞典首相赖因费尔特共同出席斯德哥尔摩+40可持续发展伙伴论坛部长对话并发表演讲。

4月25日 到访的温家宝总理在华沙会见波兰总统科莫罗夫斯基。这是中国总理25年来首次访问波兰。

4月26日 温家宝总理在华沙与16个中东欧国家领导人共同举行中国—中东欧国家领导人会晤。双方发表《中国与中东欧国家领导人会晤新闻公报》，确定了《中国关于促进与中东欧国家友好合作的十二项举措》。

4月30日 李克强副总理对匈牙利进行为期2天的正式访问，并与匈牙利总理欧尔班举行会谈。

5月2日 李克强副总理在布鲁塞尔与比利时首相迪吕波举行会谈。李克强与迪吕波共同出席两国检验检疫、设立镜子基金合作协议的签字仪式。

5月3日 李克强副总理与欧盟委员会副主席阿尔穆尼亚共同出席在布鲁塞尔皇家剧场举行的中欧城镇化伙伴关系高层会议开幕式并发表演讲。中欧发表《中欧城镇化伙伴关系共同宣言》。李克强与欧盟委员会主席巴罗佐出席中欧高层能源会议，并出席中欧能源安全、中欧促进电力市场相关合作等共同宣言和联合声明的签字仪式，双方宣布建立中欧能源消费国战略伙伴关系，标志着中欧能源合作进入一个新阶段。

5月29日 为期2天的第三届中欧政党高层论坛在布鲁塞尔举行。

6月16日 国家主席胡锦涛在哥本哈根同丹麦首相托宁—施密特举行会谈。

6月18日 国家主席胡锦涛出席在墨西哥洛斯卡沃斯举行的20国集团峰会时分别会见法国总统奥朗德和德国总理默克尔。

7月9~10日 为期2天的第三轮中欧高级别战略对话在北京举行。对话由国务委员戴秉国和欧盟外交与安全政策高级代表兼欧盟委员会副主席阿什顿共同主持。

8月30日 德国总理默克尔开始对中国进行为期2天的正式访问。温家宝与默克尔举行会谈并共同主持第二轮中德政府磋商。双方发表《第二轮中德政府磋商联合声明——展望未来的中德战略伙伴关系》，并签署《空客中国总装线二期框架协议》等10余个合作协议。国家主席胡锦涛、全国人大常委会委员长吴邦国、国家副主席习近平、国务院副总理李克强分别会见默克尔。

8月31日 温家宝总理在天津同德国总理默克尔一起与两国企业家座谈。

9月6日 欧盟委员会宣布，对从中国进口的光伏板、光伏电池以及其他光伏组件发起反倾销调查。这是中国历史上涉案金额最大的贸易争端。

9月17日 中国商务部贸易谈判副代表崇泉率中国政府代表团在布鲁塞尔与欧盟贸易总司司长德马迪就欧盟对中国光伏产品反倾销立案调查一事进行

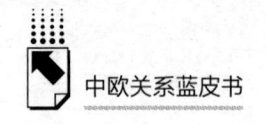

磋商。

9月20日 第十五次中欧峰会在布鲁塞尔举行。双方领导人出席中欧有关合作文件的签字仪式，并发表联合新闻公报。

▲温家宝总理在布鲁塞尔与欧洲理事会主席范龙佩、欧盟委员会主席巴罗佐共同出席第八届中欧工商峰会。温家宝发表题为《做21世纪国际合作的典范》的演讲。

▲温家宝总理在布鲁塞尔与比利时首相迪吕波举行会谈。

10月11日 第三轮中德外长级战略对话在北京举行。

10月22日 中国与拉脱维亚在里加签署谅解备忘录，决定建立双边投资促进工作组。

10月24日 中波经贸投资合作论坛在波兰首都华沙举行。

11月16日 国家主席胡锦涛与卢森堡大公亨利互致贺电，庆祝两国建交40周年。

11月27日 全国政协主席贾庆林在罗马出席中意工商晚宴并发表主旨演讲。

▲欧盟委员会决定，将从12月12日起，取消对进口中国打火机征收反倾销特别关税。

11月28日 全国人大与法国国民议会合作委员会第三次会议在法国巴黎举行。

▲全国政协主席贾庆林在罗马会见意大利总理蒙蒂并共同出席两国电信、新能源汽车等领域合作项目协议的签字仪式。

▲中欧论坛汉堡峰会第五届会议在德国汉堡开幕。

▲由中国驻欧盟使团和比利时智库欧洲之友联合主办的第二届中欧论坛在布鲁塞尔举行。

11月30日 "2012中欧文化对话年"在北京闭幕。

2013年

1月14日 中国和德国签署扩大再生能源合作意向书。

中欧关系大事记

1月18日 外交部长杨洁篪应欧盟驻华代表团团长艾德和大使邀请，与欧盟27个成员国及即将入盟的克罗地亚驻华大使举行集体会晤，就中欧关系及共同关心的国际和地区热点问题交换看法。

1月24日 中法语言年、法国汉语年活动在巴黎闭幕。

3月9日 国家主席胡锦涛与西班牙国王卡洛斯一世互致贺电，庆祝两国建交40周年。

4月6日 国家主席习近平在海南三亚同芬兰总统尼尼斯特举行会谈。两国宣布把中芬关系提升为面向未来的新型合作伙伴关系。

4月10日 第八届"中法文化之春"在北京开幕。

4月12日 国家主席习近平在北京人民大会堂会见法国外长法比尤斯。

▲中国首家在欧洲独立注册的商学院——新华都商学院（瑞士）成立仪式在瑞士苏黎世举行。

4月13日 冰岛总理约翰娜·西于尔扎多蒂今起对中国进行正式访问。李克强总理同西于尔扎多蒂总理举行会谈。双方签署《中冰自由贸易协定》并发表《中华人民共和国政府和冰岛政府关于全面深化双边合作的联合声明》。

4月22日 为期两天的第四届中欧政党高层论坛在苏州举行。

▲首届中欧青年领袖对话会在苏州举行。

4月25日 法国总统奥朗德开始对中国进行为期两天的国事访问。访问期间，国家主席习近平与奥朗德总统举行会谈，并共同出席两国政府和企业间18项合作文件签署仪式。

▲国家主席习近平和法国总统奥朗德共同出席在人民大会堂举行的中法商务论坛闭幕式。

▲中欧高等教育合作与交流平台第一次会议在布鲁塞尔举行。

4月25~28日 欧盟外交与安全政策高级代表阿什顿访华。27日，外交部长王毅在北京与来访的欧盟外交与安全政策高级代表兼欧盟委员会副主席阿什顿举行会谈。

▲中国海军第十三批护航编队结束对法国为期5天的友好访问后起程回国。

4月29日 中国国家开发银行在葡萄牙首都里斯本与葡萄牙电网签署总

额为4亿欧元（约合5.2亿美元）的再融资协议。

5月8日 欧盟委员会审议并通过拟对中国出口欧盟的光伏产品征收"临时性惩罚关税"的建议。

▲欧盟驻华代表团及欧盟各成员国大使馆举办第三届欧盟青年开放日活动正式启动。

5月14日 第二届欧洲与中国经济合作论坛在波兰卡托维茨举行。

5月15日 欧盟委员会决定对中国的无线通信网络与关键设备发起反倾销和反补贴调查。

5月15~19日 希腊总理萨马拉斯访华并出席太湖文化论坛第二届年会。16日上午，萨马拉斯访问中国社会科学院，就中希关系和希腊经济形势等问题发表演讲。16日下午，国务院总理李克强在人民大会堂同萨马拉斯举行会谈。17日，中国国家主席习近平在人民大会堂会见萨马拉斯。

5月17日 国家主席习近平在人民大会堂会见爱尔兰众议长巴雷特、参议长伯克。

5月24日 中国国务院总理李克强访问瑞士并同瑞士联邦主席毛雷尔举行会谈；李克强总理在瑞士经济金融界人士午餐会上发表题为《携手迈向中瑞务实合作的新未来》的演讲。

5月25~27日 李克强总理访问德国。26日，李克强与德国总理默克尔举行会谈并共同宣布中德语言年开幕；两国总理出席双边投资、节能环保、农业、教育等领域合作文件的签署。27日，李克强总理在柏林出席中德工商界午餐会并发表演讲。

5月27日 欧盟委员会发表声明，欧盟准备同中国在光伏"双反"案上寻求友善解决方案。

5月30日~6月7日 全国政协主席俞正声对芬兰、瑞典和丹麦三国进行正式友好访问。

6月3日 李克强总理就当前中欧关于光伏产品的贸易争端应约同欧盟委员会主席巴罗佐通电话。

6月5日 欧盟委员会宣布自6月6日起对产自中国的太阳能电池板及关键器件征收11.8%的临时反倾销税，如果中欧未能在8月6日前达成解决方案，届时税率将升至47.6%。

6月6日 中国商务部启动对欧盟葡萄酒反倾销和反补贴调查。

6月13日 经欧洲证券和市场管理局授权，中国信用评级机构——大公国际资信评估有限公司旗下的大公欧洲资信评估有限公司将正式启动全盘欧洲业务。

▲ 欧盟委员会宣布，欧盟已向世界贸易组织（WTO）提出申请，就中国对原产于欧盟的高性能不锈钢无缝钢管征收反倾销税的问题与中方展开磋商。

6月16日 中欧全面战略伙伴关系建立十周年研讨会在布鲁塞尔举行。

6月21日 第27届中欧经贸混委会在北京召开。

6月22日 中国人民银行与英格兰银行签署规模为2000亿元人民币/200亿英镑的中英双边本币互换协议。

6月23日 中国航空研究院同荷兰国家航空航天实验室以及德国—荷兰风洞分别签署两项长期科技合作合同。

6月24~25日 中国—欧盟第32次人权对话在中国贵州省贵阳市举行。

7月2日 国家主席习近平和李克强总理在北京分别会见来华出席中国—中东欧国家地方领导人会议的罗马尼亚总理蓬塔和马其顿总理格鲁埃夫斯基。

7月2~4日 中国—中东欧国家地方领导人会议在重庆举行。

7月5日 国家主席习近平会见西班牙众议长波萨达。

7月6日 中国与瑞士自由贸易协定在北京正式签署。

7月18日 国家主席习近平、国务院总理李克强在北京分别会见来华访问的瑞士联邦主席毛雷尔。

7月27日 欧盟委员会贸易委员德古赫特宣布，中国与欧盟就光伏贸易争端已达成"友好"解决方案，该方案近期将提交欧委会批准。

8月3日 欧委会正式发布公告，决定接受中国机电产品进出口商会及中国光伏企业在欧盟对华光伏产品反倾销案中的价格承诺，6日起实施，有效期至2015年年底。

8月7日 欧盟委员会对中国光伏产品反补贴调查做出初裁。欧盟暂不对产自中国的太阳能产品采取临时性反补贴措施，但对产自中国的太阳能电池及相关部件产品反补贴调查仍将继续。

8月26日 中华人民共和国和塞尔维亚共和国发表关于深化战略伙伴关系的联合声明。

9月6日 国家主席习近平在圣彼得堡会见德国总理默克尔。

9月11日 李克强总理在大连分别会见出席2013年夏季达沃斯年会的比利时首相迪吕波、芬兰总理卡泰宁、马耳他总理穆斯卡特和英国前首相布朗。

9月19~22日 全国人大常委会委员长张德江对斯洛伐克进行正式友好访问。

9月23日 英国能源和气候变化大臣爱德华·戴维开始对中国进行为期10天的访问,这是2012年5月英国首相卡梅伦会见达赖喇嘛导致中英关系僵持后第一位访华的英国政府内阁高官。

B.24 Abstract

The period 2003 to 2013 is one of the most important periods in China-EU relations. In the year 2003, China issued its first ever policy paper on the EU, and on the EU side, the European Commission publicized a Communication on "A Maturing Partnership—Shared Interests and Challenges in EU-China Relations", which laid the groundwork for furthering the bilateral relations. At the 6th China-EU Summit held in the same year, both sides expressed their willingness to establish a comprehensive strategic partnership. The bilateral relationships have henceforth entered a new stage.

In order to understand the progress of China-EU Strategic Partnership in the past ten years and to explore its future direction, this Report first makes a comprehensive review of the relations between China and the EU from the perspectives of politics, economy and culture. And then, it discusses China-EU relations against the backdrop of global governance as well as China's relations with some of the EU member states. In the last part, this Report makes a comparative analysis of China-EU relations and EU-US relations.

The past decade shows us that the China-EU relations have now entered a stable period of development after experiencing ups and downs. In spite of the challenges and disputes that are still hampering the development of the bilateral relations, the China-EU relations have stayed on an upward track and the overall strategic direction of the relationship has been a positive one. Both the international environment and the future development of China and the EU themselves decide that the next decade of China-EU relations will be brighter.

B.25

Contents

B I General Report

B.1 Reassessing China-EU Comprehensive Strategic
Partnership (2003 -2013) *Zhou Hong* / 001

Abstract: China and the EU announced their "Comprehensive Strategic Partnership" 10 years ago. In the past 10 years time, China and the EU each experienced fast internal development while giving each other impetus for development. In general terms, there are strategic cooperation elements in the China-Europe relations, but there are also ups and downs and a variety of difficulties lying between China and the EU. This report aims at giving the 10 years China-Europe relations an overall assessment, discussing briefly experiences and lessons learned, explaining cooperation between China and the EU in different fields, with different institutions and on different platforms. This report shall also try to compare the China-EU relations with EU-US relations. And finally, based on the assessment of 10 years of the China-Europe relations, this report shall make an attempt to address the issues of the driving forces and directions for the further development of the China-Europe relations.

Keywords: China-EU Relations; Three Pillars in China-EU Relations; China-EU Relations in the Context of Global Governance; Relations Between China and EU Member States; Comparison Between Chin-EU and US-EU Relations

B II Three Pillars of China-EU Relations

B. 2　China-EU Political Relations

　　　　　　　Li Jingkun, Zhao Chen, Zhang Lei, Cao Hui

　　　　　　　and Zhang Haiyang / 028

Abstract: China and the EU established the Comprehensive Strategic Partnership in 2003. In the recent years, after having experienced successively a "honeymoon" and a period of adjustment, the China-EU relations is now running smoothly. In this context, this paper first makes a general review of the three stages in the bilateral relationships, after which it discusses the roles of the China-EU political dialogues and the attitudes of the major EU institutions and actors towards China, and conducts a case study of the bilateral cooperation in the areas of security, defense and crisis management and human rights dialogue. In the conclusion part, this paper believes that no great changes will take place in the future China-EU relations while at the same time turns and twist will not disappear.

Keywords: Comprehensive Strategic Partnership; China-EU Summit; EU Institutions; Cooperation in Security and Defense; Human Rights Dialogue

B. 3　China-EU Trade and Economic Relations

　　　　　　　Chen Xin / 058

Abstract: This chapter introduces the development of the China-EU trade and investment relations in the past ten years since the announcement of the China-EU Comprehensive Strategic Partnership, analyzes the driving forces for China's trade surplus with the EU, the situation of the bilateral trade disputes, as well as the issue of the "Market Economy Status" (MES) in the bilateral trade relations. The author concludes that great changes have taken place regarding the economic strength and international positions of the two sides, as well as the international environment in the ten years ever since the establishment of China-EU Comprehensive Strategic

Partnership. The author also noted that despite the high growth rate of the trade volume between China and the EU, neither side has had made adequate preparations for the sharp rising of the bilateral trade and no efficient mechanism has been set up to react to such situations. In the future ten years, China should try to get rid of its passive status in the bilateral trade agenda, transform the former development approach to the bilateral trade which focused on forms instead of substance, and constructs a new way of thinking on China-EU economic and trade relations.

Keywords: China-EU Trade and Investment; Trade Deficit; Trade Disputes; Market Economy Status; China-EU FTA Negotiations

B. 4 "People to People" as a Pillar in China-EU Relations

Tian Dewen / 080

Abstract: In 2003-2013, China-EU have advanced cultural exchanges to improve understanding between two peoples. In 2003, China first proposed the idea of enhancing China-EU cultural exchanges. The EU responded positively after it extended its external competence in 2007. "people to people" has eventually become the "third pillar" of "China-EU comprehensive strategic partnership", side by side with the China-EU trade relations and political dialogue. After decades of development, China-EU relations has established institutionalized, cultural and "people to people" exchanges which play a positive role in China-EU relations.

Keywords: China; EU; People to People

B Ⅲ China-EU Relations in the Context of Global Governance

B. 5 International Peace and Security and the Cooperation between China and the EU in the UNSC *Cheng Weidong* / 090

Abstract: China and the EU both strongly support the United Nations Security

Council (UNSC) to play a central role in coping with global threats and challenges and in safeguarding international peace and security. However, China and the EU have so far had only limited cooperation in the UNSC. This report analyses the major factors which may affect the cooperation between China and the EU, such as the EU's status in the UN, the preference gap between China and the EU in the UN and their different perceptions of some basic international principles. It also explores the possible areas for and the objectives, ways and principles of cooperation between China and the EU in the UNSC. It draws a conclusion that although cooperation between China and the EU does exist in certain fields, there are still disparities and a long way to go before forming deep-going and comprehensive cooperation between the two sides.

Keywords: China; European Union; United Nations Security Council; International Peace; International Security

B.6   China-EU Relations against the background of
       Global Trade Governance   Liu Heng / 101

Abstract: The Engagement of China and the European Union (EU) in WTO global trade governance is an important part of the China-EU Comprehensive Strategic Partnership. Since China's accession to the WTO in 2001, China and the EU have promoted the rapid growth of bilateral trade and the healthy development of bilateral trade relations, and make contributions to the good functioning of the multilateral trading system by participating in the Doha Round negotiations, using the WTO dispute settlement mechanism, and reviewing respective trade policies and practices. The interaction between China and the EU was obviously asymmetric before 2008, the EU being offensive and China defensive. After that, the overall relations directs towards a more reciprocal status. But the interaction is far from being mature and China's capacity needs to be improved. In the present and near future, the interaction between China and the EU in the WTO will face some challenges.

Keywords: China and the EU; WTO; Doha Round Negotiations; Trade Dispute Settlement; Trade Policy Review

B. 7　China-EU Relations against the background of
　　　Global Financial Governance　　　　　　　　*Xiong Hou* / 120

　　Abstract: Under the shock of the international financial crisis, the structure of global financial governance is undergoing profound changes. Being important actors in the global financial governance, China and the EU have been adjusting their relations in this field, with deepened functional dialogues and exchange mechanisms and cooperation with a global perspective. Despite the strengthening of China's position in the global financial governance, it is still unbalanced compared with that of the EU. Along with China's rising economic power and the further openness of its financial sector, it will definitely get more involved in the global financial governance and manage to influence the rules-setting and to stabilize the financial order. It means China and the EU will have more contacts in the field of global financial governance.

　　Keywords: Global Financial Governance; China-EU Relations; International Financial Crisis

B. 8　Global Energy Governance Structure and China-Europe
　　　Energy Relations　　　　　　　　　　　　　*Xue Yanping* / 133

　　Abstract: The global energy reserves are limited. The competition over energy resources between different countries has become increasingly fierce particularly since the two oil crises in the 1970s. As the current global system of energy governance was established in the 1970s and the comparative economic strength of different nations has changed a lot, the current system of energy governance can no longer meet the needs of global economic development and is facing greater reform pressure. China and Europe are two important players in the world energy markets, thus the competition and cooperation between them in the energy field will have great impact on the emergence of future global system of energy governance.

　　Keywords: Energy; Governance; China-Europe Relations

B. 9　China-EU Relations in the Context of Global

　　　　Climate Governance　　　　　　　　　　　Fu Cong / 143

Abstract: Global warming currently is one of the major challenges faced by the whole world. Mitigation and adaptation to climate has become a core issue in global governance agenda. China and the European Union are two key actors engaged in global climate governance, on which their interactions have great influences. China and the EU depend each other in the development of low carbon economy, cooperate and compete at the same time in the construction of climate change rule-making, and come through three stages of in the UN climate change agreement negotiations. China and the EU should keep cooperation in global climate change governance, which is helpful for both parties to resolve their own problems and to enhance their international status.

Keywords: Climate Change Governance; China; European Union; China-EU Relationship

B Ⅳ　Bilateral Relations between China and EU Member States

B. 10　China-Germany: An Exemplar of China-EU Relations

　　　　　　　　　　　　　　　　　　　　　Yang Xiepu / 159

Abstract: This paper makes a comprehensive review of China-Germany relationships in the areas of politics, trade and economy and people-to-people exchanges in the past 10 years, based on which, it believes that the bilateral relations have entered a fast-track of development. In the recent 10 years, the fast-developing economic and trade cooperation between the two sides has formed a solid basis for the China-Germany relationship, the bilateral political relations have been running smoothly with frequent high-level visits, and multi-layered and wide-ranging people-to-people exchanges have enhanced the communications and mutual understandings between the Chinese and German people. However, differences in the interests and values between China and Germany still persist. In the concluding part, this paper points out that under the framework of the China-Germany strategic partnership, economic ties will continue to function as the foundation of the bilateral relationships, while at the same time, factors including Germany's competitiveness in the global economy, the European debt crisis, impacts of the TTIP on US-Germany trade and economic relations and Germany's relations with the emerging countries may bring uncertainties.

Keywords: China-Germany Relationship; Politics; Economy; Science and Technology; Culture; China-EU Relations

B.11 China-France: Strategic Cooperation in
Stability with Setbacks   *Zhang Jinling* / 189

Abstract: The China-France bilateral relations over the past ten years have maintained a good momentum, but they have suffered some setbacks. Politically, China and France have established a comprehensive strategic partnership, with frequent and fruitful high-level visits, and the political interaction between both sides has gradually been institutionalized. But the setbacks in 2008 highlighted the instability of the bilateral relations. Economically, the bilateral economic and trade cooperation continues, while the trade friction between the two countries highlights the needs for deepening bilateral economic cooperation, and avoiding the politicization of the economic issues. Cultural and human exchanges between China and France have been deepened, which further consolidated the bilateral strategic partnership. Scientific and technological cooperation has been continuously enhanced, with themes increasingly updated and key areas timely adjusted. We have enough reasons to believe that China and France will deepen in the future their bilateral relations under the premise of respecting each other's core interests.

Keywords: China-France Bilateral Relations; Strategic Partnership; Political Interaction; Economic and Trade Cooperation; Cultural and Human Exchange; Scientific and Technological Cooperation

B. 12　China-UK: Stable Partnership to Be Deepened

Li Jingkun / 216

Abstract: The bilateral relationship between China and the UK has a long history. Being the first major Western country to recognize the People's Republic of China, the UK has always been attaching great importance to advancing relations with China, especially after the smooth handover of Hong Kong's sovereignty to China in July 1997, which symbolized a new stage of the bilateral relations. In 2004 the two countries established the comprehensive strategic partnership. In the recent years, the bilateral relationships have been further strengthened in a variety of areas including high-level exchanges and contacts, economic and financial dialogues, cooperation in science and technology, and people-to-people exchanges. However, it must be recognized that twists and turns still exist in the bilateral relations, as manifested by the difficulties confronting the two sides since the second half of the year 2012. It is against this background that this paper makes a comprehensive review and analysis of the China-UK relations in the past ten years as well as a forecast of the future prospect.

Keywords: China-UK Comprehensive Strategic Partnership; Politics; Economy; Science and Technology; Culture

B. 13　Relations between China and Central and Eastern European Countries: A Bright Spot in China-EU Relations

Kong Tianping / 240

Abstract: Progress has been made in the relationship between China and Central and Eastern European countries in the last 10 years. The weight of Central and Eastern European countries in China's foreign policy has been increased. China started to deal with its relations with Central and Eastern European countries in a regional approach after 2011, and China's relations with Central and Eastern

European countries have entered a new historical stage.

Keywords: China; Central and Eastern European Countries; Foreign Relations

B.14　China and Southern-European Countries: the Bilateral Relations in the Face of the Euro Debt Crisis　　　　　　　　　*Zhang Min* / 260

Abstract: Since China and the Southern-European Countries established diplomatic relations, the bilateral exchanges and cooperation have been strengthened in the fields of politics, trade-economics, culture and scientific-technology and so on. During the period 2003 -2005, China-Italy, China-Spain, China-Portugal and China-Greece relations have been, respectively, updated to comprehensive strategic partnerships. The collaborative mechanisms between China and the Southern-European Countries have been established and improved in the last decade from 2003 - 2013. Two factors have played important roles in influencing Sino-South European Countries relations, that is, the EU's Policy towards China and its adjustment, and the domestic and international situation facing both China and Southern-European Countries and their national interests and values. Recently, the Chinese government has provided concrete supports to Southern-European Countries who have severely suffered from Euro debt crisis, which have given Southern-European Countries more confidence and courage for overcoming the difficulties. Therefore, after having endured the historical challenges, a new era of the bilateral relations can be expected.

Keywords: China and Southern-European Countries; Comprehensive Strategic Partnership; Bilateral Cooperation Mechanisms; Economic and Trade Committee System; Exchanges; Scientific and Technological Cooperation

B.15　China and Nordic Countries: Mutual Benefit and Ideological Differences　　　　　　　　　　　　　*Guo Lingfeng* / 281

Abstract: In the period 2003 - 2013, the relations between China and the

Nordic countries have generally maintained a sound momentum. Bilateral cooperation has been constantly enhanced in the fields of political dialogue, trade and economics, R&D, environmental protection, culture and education. In addition, the exchanges and cooperation at all levels and between various regions have also been strengthened. In the same time, the number of permanent institutions has grown and cooperation mechanisms have been deepened. However, discussions on democracy and human rights in the Nordic countries have directly influenced the smooth development of the relations between them and China.

Keywords: Relations Between China and Nordic Countries; Mutual Benefit; Ideological Differences

B V A Comparison between China-EU and US-EU Relations

B. 16 A Comparison between China-EU and

US-EU Political Relations　　　　　　　　　　*Zhao Chen* / 294

Abstract: The author makes a comparative study of China-EU political relationship with the Transatlantic one from four perspectives which are High Politics (including military security and geopolitical interest), values, Low Politics and institutions. Military security is the base of the transatlantic relationship, no crucial geopolitical disputes bother the relations between the US and EU, and meanwhile Europe and US have rather similar values due to their common historical origin. However, the potential space of China-EU political relationship in the above spheres is limited. Benefited from the economic globalization, the interdependence of China and Europe has been significantly deepened in the new century. Comparing with High Politics and value, Low Politics and institution building are the two possible breaking points for the China-EU political relationships.

Keywords: China-EU Relationship; Transatlantic Relationship; Traditional Politics; Non-traditional Politics

B. 17　A Comparison between China-EU and

US-EU Cooperation by Sector　　　　　　　*Zhang Haiyang* / 308

Abstract: This article reviews the mechanism building of US-EU and China-EU bilateral sector cooperation after the Cold War, and makes a comparison between the US-EU and China-EU relations regarding the achievements of their sector cooperation in recent years. It concludes that the US-EU bilateral sector cooperation lays more emphasis on the formation of international market regulations and technical standards, research and innovation cooperation in new emerging high technological industries and harmonization in trade and raw material supply against the third country, while the emphasis of China-EU bilateral sector cooperation have been on the settlement of disputes in the economic and trade sector as well as the governance cooperation in traditional domains such as agriculture, environment and energy. Comparing with the China-EU cooperation, the US-EU bilateral sector cooperation is closer, more institutionalized and more diversified in the case of social participation.

Keywords: China-EU Relationship; US-EU Relationship; Sector Cooperation

B. 18　A Comparison between China-EU and US-EU

Bilateral Treaties　　　　　　　　　　　　*Ye Bin* / 324

Abstract: This report makes a comprehensive comparison between the EU-US and the China-EU bilateral treaties. EU-US bilateral treaties have mainly been concluded under the GATT/WTO and the Transatlantic Agenda. Two thirds of EU-US treaties are related to trade relations. Recently, EU and have reached new agreements in mutule recognition, regulation harmonization, sharing of intelligence and judicial cooperation. The first China-EU bilateral treaty was concluded thirty-five years ago, much later than that between the EU and US. After China's accession to WTO, EU and China reached some agreements concerning marine matter, custom cooperation and tourism team. Under the context of TTIP between EU and US, EU and China need establish an updated and more stable legal base which should be commensurate with the EU-China Comprehensive Strategy Partnership. Compared with EU-US bilateral treaties, there are great possibilities for EU and China to negotiate new binding agreements, such as those on free trade, visa exemption, anti-terrorism and judicial cooperation.

Keywords: China-EU Relations; US-EU Relations; Bilateral Agreement; TTIP; BIT; FTA

B. 19　A Comparison between China-EU and US-EU Trade and Investment Relationss　　*Chen Xin / 351*

Abstract: This chapter makes a comparison between China-EU and US-EU trade relations with a focus on trade volume, trade weight, trade structure and trade balance, and analyzes the differences between China-EU and US-EU bilateral investment. The author suggest that we may have a better and more thorough understanding of China-EU trade relations with a transatlantic perspective. To enhance the China-EU trade relationship cannot rely only on increasing China's export to the EU, the aim of which is not only for China to become the EU's biggest trade partner, but to enhance the basis of China-EU trade relationship with a focus on further investment.

Keywords: China-EU Trade; US – EU Trade; China-EU Investment; US-EU Investment

B. 20　Comparative Study of the Cooperation between China-EU and US-EU in S&T Research and Innovation　　*Sun Yan / 364*

Abstract: With comparative analyses of such indicators as scientific co-publications, the business R&D expenditure in manufacturing by foreign-owned firms in each country, the participation in the EU's FP7 and Joint Research Centre, the inter-governmental agreements on S&T cooperation, and the mobility of research students and scientists, results of the study indicate that the dominant research and innovation cooperation is still between the United States and the European Union. Their cooperative activities are far more closely than those between China and the EU. S&T and innovation cooperation between China and the EU is characterized as Top-down, while both Top-down and Bottom-up characterize the cooperation between the USA and the EU. Concerned the cooperation in the emerging industries, China and the EU work together in the fields of supporting technology and R&D of products, while the USA and the EU tend to cooperate in setting up rules of standards and measurements in emerging technologies like electric vehicles and smart grids, which lead to an earlier competence in the future industries of great importance to the economy. Results from this comparative study suggest the emphases that our government should put when making up public policies and strategies of involving China in international S&T research and innovation cooperation.

Keywords: S&T Research and Innovation Cooperation between China and the EU; S&T Research and Innovation Cooperation between the USA and the EU

B VI Public Perceptions of China-EU Relations

B.21 Chinese Perception of the EU

Liu Zuokui / 382

Abstract: The Chinese people's Perception of the EU can be roughly divided into two groups: that of the public and of the elite, which has been surveyed from three perspectives including the favorability degree to the EU, the evaluation of the EU's international influence and the opinions towards the status quo and prospect of China-EU relations. Both the elite and public view the EU relatively optimistically and positively in general terms, however, in the recent two years the percentage of those being positive is increasingly descending. The elite's Perception towards the EU is more rational than that of the public. The public are more positive than the elite with regard to the status quo of China-EU relations, and vice versa with regard to the favorability to the EU and the future development of the bilateral relations. As a conclusion, the Chinese people's Perception of the EU have been influenced by the general atmosphere of China-EU relations, China's strategy towards the EU and the changing mentality of the Chinese people against the background of globalization.

Keywords: Chinese Public; Chinese Elite; Perception of the EU; Opinion Survey

B. 22 European Perception of China

Liu Zuokui / 393

Abstract: The Europeans'perception of China is investigated mainly from four perspectives including the impression of China, China's responsibility, China's threat and the future development of China. The surveys show that the European public's views towards China are contradictory, who are pessimistic and passive in their attitudes concerning the impression of China, China's responsibility and threat, and China – EU cooperation in the future. In the past 10 years, such negative mood of the European public towards China is ascending while the positive one is descending. However, with regard to China's future development, the European public generally "has confidence" in China. The European people's perception of China is influenced by a number of complex factors including globalization and European sovereign debt crisis, the poor image of the Chinese people abroad and the survey agencies' methodology. In addition, the opinion survey agencies of the US have played a very important role in shaping the Europeans'views towards China.

Keywords: European Public; Perception of China; Pessimistic and Passive; Opinion Survey

B Ⅶ Appendix

B. 23 Chronicle of Events over Ten Years

Qian Xiaoping / 411

皮书数据库

权威报告　热点资讯　海量资源

当代中国与世界发展的高端智库平台

皮书数据库　　www.pishu.com.cn

皮书数据库是专业的人文社会科学综合学术资源总库，以大型连续性图书——皮书系列为基础，整合国内外相关资讯构建而成。该数据库包含七大子库，涵盖两百多个主题，囊括了近十几年间中国与世界经济社会发展报告，覆盖经济、社会、政治、文化、教育、国际问题等多个领域。

皮书数据库以篇章为基本单位，方便用户对皮书内容的阅读需求。用户可进行全文检索，也可对文献题目、内容提要、作者名称、作者单位、关键字等基本信息进行检索，还可对检索到的篇章再作二次筛选，进行在线阅读或下载阅读。智能多维度导航，可使用户根据自己熟知的分类标准进行分类导航筛选，使查找和检索更高效、便捷。

权威的研究报告、独特的调研数据、前沿的热点资讯，皮书数据库已发展成为国内最具影响力的关于中国与世界现实问题研究的成果库和资讯库。

皮书俱乐部会员服务指南

1. 谁能成为皮书俱乐部成员？
- 皮书作者自动成为俱乐部会员
- 购买了皮书产品（纸质皮书、电子书）的个人用户

2. 会员可以享受的增值服务
- 加入皮书俱乐部，免费获赠该纸质图书的电子书
- 免费获赠皮书数据库100元充值卡
- 免费定期获赠皮书电子期刊
- 优先参与各类皮书学术活动
- 优先享受皮书产品的最新优惠

卡号：0979770420097831
密码：

3. 如何享受增值服务？

（1）加入皮书俱乐部，获赠该书的电子书

第1步　登录我社官网（www.ssap.com.cn），注册账号；

第2步　登录并进入"会员中心"—"皮书俱乐部"，提交加入皮书俱乐部申请；

第3步　审核通过后，自动进入俱乐部服务环节，填写相关购书信息即可自动兑换相应电子书。

（2）免费获赠皮书数据库100元充值卡

100元充值卡只能在皮书数据库中充值和使用

第1步　刮开附赠充值的涂层（左下）；

第2步　登录皮书数据库网站（www.pishu.com.cn），注册账号；

第3步　登录并进入"会员中心"—"在线充值"—"充值卡充值"，充值成功后即可使用。

4. 声明

解释权归社会科学文献出版社所有

皮书俱乐部会员可享受社会科学文献出版社其他相关免费增值服务，有任何疑问，均可与我们联系

联系电话：010-59367227　企业QQ：800045692　邮箱：pishuclub@ssap.cn

欢迎登录社会科学文献出版社官网（www.ssap.com.cn）和中国皮书网（www.pishu.cn）了解更多信息

社会科学文献出版社　　　　　　　　　　　　**皮书系列**

"皮书"起源于十七、十八世纪的英国，主要指官方或社会组织正式发表的重要文件或报告，多以"白皮书"命名。在中国，"皮书"这一概念被社会广泛接受，并被成功运作、发展成为一种全新的出版形态，则源于中国社会科学院社会科学文献出版社。

皮书是对中国与世界发展状况和热点问题进行年度监测，以专业的角度、专家的视野和实证研究方法，针对某一领域或区域现状与发展态势展开分析和预测，具备权威性、前沿性、原创性、实证性、时效性等特点的连续性公开出版物，由一系列权威研究报告组成。皮书系列是社会科学文献出版社编辑出版的蓝皮书、绿皮书、黄皮书等的统称。

皮书系列的作者以中国社会科学院、著名高校、地方社会科学院的研究人员为主，多为国内一流研究机构的权威专家学者，他们的看法和观点代表了学界对中国与世界的现实和未来最高水平的解读与分析。

自20世纪90年代末推出以《经济蓝皮书》为开端的皮书系列以来，社会科学文献出版社至今已累计出版皮书千余部，内容涵盖经济、社会、政法、文化传媒、行业、地方发展、国际形势等领域。皮书系列已成为社会科学文献出版社的著名图书品牌和中国社会科学院的知名学术品牌。

皮书系列在数字出版和国际出版方面成就斐然。皮书数据库被评为"2008~2009年度数字出版知名品牌"；《经济蓝皮书》《社会蓝皮书》等十几种皮书每年还由国外知名学术出版机构出版英文版、俄文版、韩文版和日文版，面向全球发行。

2011年，皮书系列正式列入"十二五"国家重点出版规划项目；2012年，部分重点皮书列入中国社会科学院承担的国家哲学社会科学创新工程项目；2014年，35种院外皮书使用"中国社会科学院创新工程学术出版项目"标识。

法律声明

"皮书系列"（含蓝皮书、绿皮书、黄皮书）由社会科学文献出版社最早使用并对外推广，现已成为中国图书市场上流行的品牌，是社会科学文献出版社的品牌图书。社会科学文献出版社拥有该系列图书的专有出版权和网络传播权，其LOGO（ ）与"经济蓝皮书"、"社会蓝皮书"等皮书名称已在中华人民共和国工商行政管理总局商标局登记注册，社会科学文献出版社合法拥有其商标专用权。

未经社会科学文献出版社的授权和许可，任何复制、模仿或以其他方式侵害"皮书系列"和LOGO（ ）、"经济蓝皮书"、"社会蓝皮书"等皮书名称商标专用权的行为均属于侵权行为，社会科学文献出版社将采取法律手段追究其法律责任，维护合法权益。

欢迎社会各界人士对侵犯社会科学文献出版社上述权利的违法行为进行举报。电话：010-59367121，电子邮箱：fawubu@ssap.cn。

社会科学文献出版社